JN197948

M&Aを成功に導く

ビジネス
デューデリジェンス
の実務 第4版

PwCアドバイザリー合同会社［編］

DueDiligence

中央経済社

改訂にあたって

　本書は2006年11月に初版を，2010年10月に第2版，2013年5月に第3版を出版し，お陰様で，今般，『ビジネスデューデリジェンスの実務』第4版を上梓することとなった。第3版は「株式会社マーバルパートナーズ」として出版したが，その後，2016年4月にPwCアドバイザリー合同会社と経営統合をして，現在はPwCアドバイザリー合同会社ディールズストラテジー部門として活動している。そのため，第4版は「PwCアドバイザリー合同会社」としての出版となった。我々は，単にクライアントに対してM&Aのアドバイスをするだけでなく，我々自身もまた，成長のためにM&Aを活用・実践しているのである。

　ここで，第3版を出版した2013年以降の，国内企業のM&Aの動向を振り返ってみたい。第一に，企業のM&Aへの取り組み意欲は，引き続き旺盛である。特に，日本企業が海外企業を買収しにいく，いわゆるin-outディールは，国内市場が成熟していく中で，日本企業の重要な成長アジェンダとして定着してきている。二点目として，企業のM&Aへの取り組みが進化してきている中で，デューデリジェンスの手法も高度化・多様化してきている。この点については第3版でもふれていたが，引き続きこの流れが継続していると感じている。最後に三点目として，大企業がベンチャー企業に出資するCVC（Corporate Venture Capital）が活発化している点が挙げられる。この数年間で，多くの日本企業が自らのCVCファンドを設立し，ベンチャー企業への出資・買収を積極的に行っている。

　以上のような環境変化を考慮して，第4版では以下の3点を中心に，改訂をおこなった。

① 「派生型ビジネスデューデリジェンス」の追加（第20章）
　ビジネスデューデリジェンスを実施する際に，対象会社の事業が社会的な問

題を内包していないかを確認したいというニーズが高まっている。例えば，買収した企業の工場が環境汚染や劣悪な労働環境といった問題を内包していれば，それらが買収後に明らかになった場合，社会から大きな批判を受けかねない。また，新興国でのM&Aにおいては，役職員による汚職のリスクに対しても敏感になるべきであろう。そういった潜在リスクへの対処方法として，本章では「サステナビリティデューデリジェンス」および「インテグリティデューデリジェンス」について記載した。

　また，昨今活発化しているベンチャー企業への出資に関しては，大企業を買収する場合とは，ビジネスデューデリジェンスで見るべき視点が大きく異なってくる。端的にいうと，事業基盤がしっかりとした規模となっている企業を買収する際には，どのようなリスクがあるのかを見極めるのに対して，ベンチャー企業のビジネスデューデリジェンスにおいては，事業上のリスクを挙げだすときりがなく，むしろ成長ポテンシャルを見極めることに力を割くべきである。そこで本章では「ベンチャー企業に対するデューデリジェンス」をあらたに追加した。

② 「業種別デューデリジェンスのポイント」の追加（第21章）

　限られたデューデリジェンス期間の中で，全般的に調査を行うのではなく，より買収の目的に関係する部分，またはリスクを感じている部分にフォーカスを絞ってデューデリジェンスを実施したいというニーズが高まっている。このようなアプローチでビジネスデューデリジェンスを行うには，業種毎の事業特性やKSFなどに関する知見を有していることが必須である。ここでは，業種別のデューデリジェンスの実務をお伝えすることを目的として，いくつかの事例をもとに，業種別にビジネスデューデリジェンスで見るべきポイントを例示した。限られた紙面であるが，業種毎のビジネスデューデリジェンスの実務の雰囲気が少しでも伝われば幸いである。

③ 「クロスボーダーM&Aで役立つ英単語」の追加，および全般的な加筆

　クロスボーダーM&Aが引き続き活発である現状に鑑みて，M&Aを新しく担当することになった実務担当者の方を意識して，M&Aに関する英語用語集

を追加した。また，「便利なチャート集」（第16章）についても加筆している。いずれも，実務担当者の方に少しでもお役に立てていただければとの想いで加筆をおこなった。

　また，この数年間，買収して傘下に収めた海外子会社が業績不振に陥ったということでご相談をいただくケースが増えており，「ガバナンス」および「クロスボーダー」に関する部分については，我々のこれまでの知見を盛り込むべく，加筆している。

　本改訂版が，日本企業の M&A 活用を後押しし，国内外の経済発展に少しでも貢献できれば本望である。

2018年 9 月

PwC 執筆者一同

本書の構成

　本書は，M&A 取引に携わる事業会社の担当者のために，Pwc アドバイザリーのビジネスデューデリジェンスの方法論を解説したものである。

　デューデリジェンスとは，買い手が，M&A 取引の実行に先立って，対象会社の経営実態を調査することをいう。デューデリジェンスには，ビジネスデューデリジェンス，財務デューデリジェンス，法務デューデリジェンス等の多くの種類があるが，本書においては，その中のビジネスデューデリジェンスに焦点を当てて解説を行う。

　本書は，下図のような構成となっている。

ビジネスデューデリジェンスのステップとバリューストラクチャ

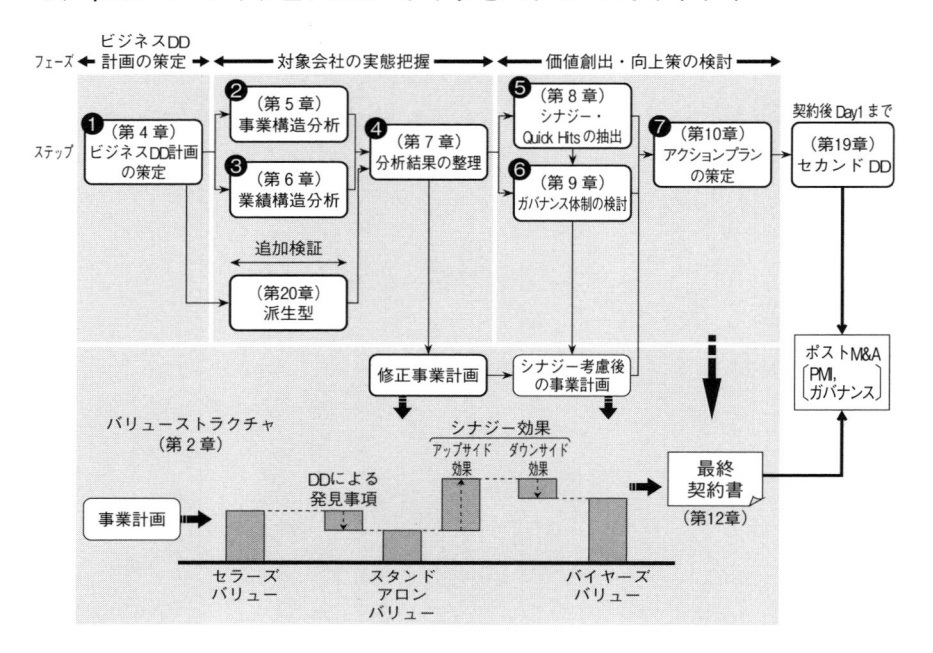

　本書では，オーソドックスなビジネスデューデリジェンスの流れに加えて，近年追加的に行われることが多いデューデリジェンスを20章で解説している。また，業種別にビジネスデューデリジェンスで肝となるポイントについて21章に追記している。

CONTENTS

第1部 ビジネスデューデリジェンスの概要

第1章 M&A におけるデューデリジェンス

第2章　ビジネスデューデリジェンスの本質

第 **3** 章	ビジネスデューデリジェンスのステップ

第2部　ビジネスデューデリジェンスの具体的な進め方

第4章　ステップ①：ビジネスデューデリジェンス計画の策定

第5章　ステップ②：事業構造分析

第 6 章 ステップ③：業績構造分析

第7章　ステップ④：「分析結果の整理」と「修正事業計画の策定」

第8章 ステップ⑤：シナジー・Quick Hits の抽出

第 **9** 章　ステップ⑥：ガバナンス体制の検討

第10章　ステップ⑦：アクションプランの策定

第11章　他のデューデリジェンスとの連携

第12章 ビジネスデューデリジェンスの結果の活用

第13章　ビジネスデューデリジェンスの変型と応用例

第14章　対象会社にとってのデューデリジェンス受入

第3部　ビジネスデューデリジェンスのテクニック

第15章　ビジネスデューデリジェンスの実施に必要な "技法"

第16章 ┃ 便利なチャート集

第17章	ビジネスデューデリジェンスとバリュエーション

第4部　次世代型ビジネス デューデリジェンス

第18章　クロスボーダー M&A の ビジネスデューデリジェンス

第19章　セカンドデューデリジェンス

第20章　派生型ビジネスデューデリジェンス

第21章 業種別デューデリジェンスのポイント

第1部
ビジネスデューデリジェンス の概要

　第1部では，M&A 取引におけるデューデリジェンスの位置づけ，デューデリジェンスにおけるビジネスデューデリジェンスの位置づけとその本質について解説した後，フルスコープのビジネスデューデリジェンスを構成する「3つのフェーズ」と「7つのステップ」を定義するとともに，「7つのステップ」と密接な関連がある「バリューストラクチャ」について概要を解説する。買収価格を交渉する際に重要な概念となる「セラーズバリュー」，「スタンドアロンバリュー」，「バイヤーズバリュー」の3つのバリューの定義についても第1部において解説する。

第 1 章

M&Aにおける
デューデリジェンス

第*1*節　デューデリジェンスの定義

デューデリジェンスとは

　デューデリジェンス（以下，「DD」という）とは，M&A 取引において[1]，「当該 M&A 取引に影響を受ける当事者（主に買い手）が，対象会社の経営の実態および経営環境を調査すること」である。

デューデリジェンスの意義

　日本語では，DD を「資産査定」や「精査」と訳すことがある。確かに DD では，対象会社や対象会社を取り巻く事業環境に関する情報収集に多くの時間を費やす。しかしながら，何のために DD を実施するかと言えば，それは当該 M&A 取引を実施するか否かの意思決定のためであり，実施する場合，買収価格を含めた買収条件をどのように設定するかを検討するためである。

　さらに近年では，DD の中で収集した情報を活用して M&A 後の全社戦略の立案や経営体制の再構築に役立てることも増えている。

　したがって DD において重要なことは，DD の中で収集した情報を誰の視点でどのように分析するか，その分析結果をどのように活用するかである。DD は，M&A 取引の意思決定に資する内容でないと意味がない。DD を意味あるものにするためにも，買い手は，どのような戦略のもと，何を実現するために，対象会社の何を手に入れたいのかを明確にしたうえで M&A 取引を実行することが必要である。

1　M&A 取引以外にも，不動産取引，上場審査，証券化の場合などにおいて調査を実施することがあり，これらもデューデリジェンスと呼ばれる。

第2節　M&Aにおける　デューデリジェンスの必要性

1　戦略実現の手段としてのM&A

　M&A取引は，企業戦略実現の手段であって，M&A取引を実行すること自体が目的ではない。

　買い手にとってDDの必要性は，当該M&A取引が自社の企業戦略の実現に真に資するものであるかを見極めるところにある。M&A取引が自社の戦略を実現するための手段であることはわが国の企業においても浸透してきているが，一方でいまだに「M&A取引を行うこと」自体が目的になっている企業が存在する。また最初は，自社の企業戦略を実現する手段として，具体的なM&A取引に取り組んでいた経営者が，取引のプロセスが進展するに伴い，その目的が「買う」ことに変質してくる事例もみられる。そのような企業の経営者は，M&A取引を行う表向きの理由として，「シナジー効果を求めたい」，「競合と競争するために規模を大きくしたい」等を挙げるが，調査してみると，必ずしもM&A取引を行わなくても，事業提携等の他の手段で十分に企業戦略を達成できる場合も少なくない。

　M&A取引を実行することとは，いわば，「顧客，技術，組織を一から作り上げる時間を買うこと」であるが，その反面，リスクも大きい。「M&A取引を行う理由」が企業戦略上，明確に位置づけられない限り，ハイリスクのM&A取引を行う必要はない。M&A取引に大金を投下しても，それが自社の戦略の実現に資さない場合は，投下資金は無駄となり，場合によっては，株主代表訴訟の対象となる。

　また，実行しようとしているM&A取引が，経営戦略の中で的確に位置づけられていない場合には，仮にDDに着手したとしても，DDを遂行するDD

実施者にとってその作業は「目的地のない航海」になり，作業は混迷する。DDを実施する際には，買い手が「M&A取引によって何を達成するか」について明確なビジョンを持っていることが不可欠である。

❷　売り手と買い手の "情報の非対称性" の解消

　また，別の側面からもDDの必要性が説明される。それは，売り手と買い手との間には，対象会社の情報について，"情報の非対称性" が存在しているが，M&A取引においてはこれを解消しなくてはいけない。そのためにDDが必要となる点である。

　ある企業のオーナーが自分の会社を売却したいと考えており，その企業の買収に興味を示す買い手がいたとしよう。両者は今後，売買価格や条件等について交渉を重ね，合意が形成されるとM&A取引が成立する。

　これが仮に新品の電気製品の購入であったら，買い手は，製品のパンフレットさえ読めばその電気製品の性能をすぐに知ることができる。店頭において，他の製品との比較検討も容易である。「これだけの性能があるのだから，この電気製品にはこれだけの対価を支払うだけの価値がある」といった判断を買い手は容易に下すことができる。

　しかしながら，企業の売買はこれとは異なる。買い手が，外部からの情報のみで企業価値を判断することは難しい。

　「売上は，今後このまま安定的に推移するのだろうか」，「競合と比較して何が強みなのだろうか」，「今の競争力は今後も継続できるのだろうか」，「企業が保有する土地はどの程度あって，時価はどれぐらいなのだろうか」，「劣化した資産はないのだろうか」，「社員の勤労モラルは高いのだろうか」，「退職金の引当は十分になされているのだろうか」等の問いに対する回答は，内部の情報がないと知ることができない。

　買い手は，対象会社の企業価値がわからないと，買収にあたって，どの程度の買収価格を売り手に提示すればよいか，判断を下すことができない。対象会

社の経営実態については，売り手が最も知悉している。これに対し，外部の買い手は，対象会社の内部情報を有していないため，経営実態を的確に把握することができない。すなわち，売り手と買い手の間に"情報の非対称性"が存在するわけである。

　そのため，M&A 取引の具体的な交渉に入る場合には，買い手は，売り手に対し，内部情報の開示を求める[2]。売り手は，機密性が高い内部情報は，本来，外部には秘密にしておきたいものであるが，企業を売却したいと考える売り手にとっては，買い手が要望するのであれば，内部情報であっても，情報を提供せざるを得ない。このような背景から，売り手は，合理的な範囲内で対象会社の内部情報を提供することになる。

　買い手は，対象会社の外部および内部の情報を収集することにより，"情報の非対称性"を解消し，売り手と対等な立場で交渉を行う。このように，買い手が売り手の協力を得ながら，企業の経営実態を調査することにより，適正な企業価値を把握すること，これが M&A 取引における DD の重要な役割である。

2　内部情報開示の際に締結するのが，機密保持契約である。企業によっては，機密保持契約を含んだ基本合意書（LOI）を締結する場合もある。なお，本書において，基本合意書（LOI）と表記している場合は，機密保持契約を含んだ基本合意書（LOI）という意味で使用している。

第*3*節　M&A における デューデリジェンスの目的

DD の目的

M&A 取引において DD を実施する目的は，以下の2つである。

- 内部目的：買い手の意思決定に資する情報の入手
- 外部目的：株主に対する説明責任

内部目的：買い手の意思決定に資する情報入手

DD を実施する目的の1つ目は，当該 M&A 取引について，買い手の意思決定に資する情報を提供することである。

当該 M&A 取引の意思決定にあたっては，買い手は，いくつもの論点を考慮して大きな判断をすることになる。最終的には，「買収するのかしないのか」を判断するが，買収するにしても，少なくとも以下については，DD の段階において見極めておく必要がある。

- いくらで買収するのか
- 買収契約書上，明記すべき条件は何なのか
- 買収後，どのようなシナジー効果が期待できるのか
- 買収後にどのようなリスクが起こりうるのか，それをどうヘッジするのか
- ヘッジできない，覚悟すべきリスクは何なのか
- 買収後，どのような経営体制を敷くと企業価値を最大化できるか

DD において収集・分析された情報は，企業価値の算定（「バリュエーション」という）において活用される。適正なバリュエーションを実施するためには，「バリュエーション」の前に「DD」を実施し，対象会社の経営状態を的確に把握しておくことが必要となるわけである。

外部目的：株主に対する説明責任

DD を実施するもう1つの目的は，「当該 M&A 取引について，経営者とし

て最善の努力を行ったこと」を買い手がそのステークホルダー（特に株主）に対して示すための適切な証拠を残すことである。

M&A は，買い手にとって大きな経営判断である。買い手の経営者は株主に対して，その M&A 取引が正当な価格での取引であることを説明する責任がある。DD を実施せずに M&A 取引を行うことは，対象会社を調査せず買収することを意味し，いわば，スーパーで野菜を買うときに，野菜の鮮度を見ずに買ってしまうようなものである。

M&A 取引において DD を実施することは，法令で義務づけられているわけではない。しかしながら，昨今，日本においても，株主に対する経営者の説明責任を問う声は日増しに大きくなっており，このような環境下，「M&A 取引において DD を行うことは必須である」という意識は，経営者に浸透している。ただし，DD が行われている場合であっても，その調査内容を詳細に見てみると，的確な DD が実施されていないケースもあり，DD の質が問われる時代になってきている。

そもそも DD とは，Due（当然行うべき），Diligence（勤勉，努力）という意味であり，企業買収の前に対象会社を調査することは，まさに，「当然に行うべき努力」なのである。今日，日本においても「DD は M&A 取引における不可欠のプロセス」と考えられるようになってきている。

トランザクションコストとリスク

DD は外部の第三者に依頼して実施されることが多い。そのコストをトランザクションコストという。ある程度のトランザクションコストをかけてでも DD を実施するのは，DD を実施しない場合，DD にかかるコスト以上のリスクを抱えるからである。そして，そのリスクは，株主等のステークホルダーに対する説明責任を十分に果たさなかったという形で買い手が負わなくてはならない。

逆に大きなリスクが想定されない場合や，M&A 取引の規模がそれほど大きくない場合は，大きなトランザクションコストの発生を避けるため，本格的な DD を実施しないケースもみられる。

しかしながら最近では，買い手の株主が，投資内容に対して発言を強めてき

ている。買い手も「時間がないことは言い訳にできない。やるべきことはきちんとやろう」との意識が強くなってきており，事業計画の妥当性検証に直結する DD を実施することは必要なトランザクションコストであると認識する傾向が強まってきている。

第*4*節 デューデリジェンス実施の
タイミング

M&A の流れ

　図表1−1のとおり，DD が実施される前には，機密保持契約，あるいは機密保持条項を含む基本合意書（以下，「LOI[3]」という）が締結される。

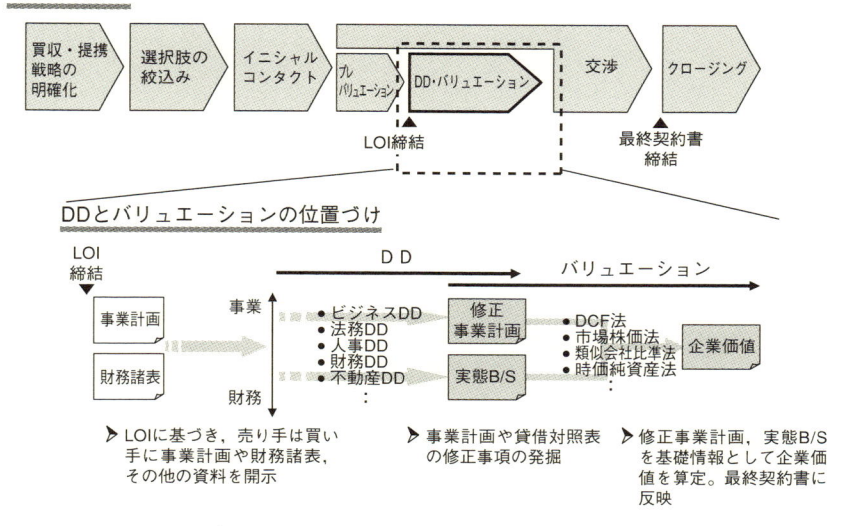

図表1−1　M&Aの流れとDDの位置づけ

デューデリジェンス実施のタイミング

　機密保持契約が締結されると，対象会社から買い手に対し内部情報が提供される。ここでいう内部情報とは，対象会社が作成した事業計画や財務諸表やその明細等の資料のことである。買い手は，対象会社から提供されたこれらの資料にもとづき，まず簡易的なバリュエーションを実施する。この段階では当然のことながら確たる金額が算出できるわけではない。しかしながらこれにより対象会社の企業価値についてある程度の価格イメージをつかむことができる。その際に資料を「DDでどこを深く分析していくべきか」という視点で読みこむことで，限られた時間での実施が求められる本格的なDDでの分析の濃淡をつけることも可能となる。その後本格的なDD実施という流れに入っていく[4]。

4　M&Aの流れは，法令等で手順が決まっているものではない。買い手，売り手，対象会社が任意に進めていくものである。したがって，M&Aの流れは，個々のディール（M&A取引）によって異なる。本章では，一般的なM&Aの流れを記載している。

第**5**節　デューデリジェンスの種類

M&A 取引においては，買い手は，様々な角度から対象会社について調査を実施する。調査のテーマによって，DD には下記のように様々な種類がある。

- 対象会社の事業の将来性を見極めるためのビジネス DD
- 実質的な資産・負債を評価する財務 DD や，対象会社が抱えている税務リスクを評価するための税務 DD
- 対象会社が抱えている潜在的法務リスクや顕在化している係争案件を評価するための法務 DD
- 経営者や社員のモチベーションやスキルを評価するための人事 DD
- 工場等の土壌汚染状況を調査する環境 DD
- 対象会社の不動産の適正時価を算定したり，建物のメンテナンス状況を調査したりする不動産 DD
- 対象会社の情報システムの状況を把握し，オペレーション上の問題点や統合に際してのリスク・改善点を調査する IT DD

実務では，これらの DD を全て実施する義務や必要性はない。各 M&A 取引の状況に鑑みながら，必要な DD を実施する。ビジネス DD を実施する場合であっても，どの範囲でどの深さで実施するかは，各 M&A 取引の状況に大きく依存する。

デューデリジェンスの体制[5]

図表 1 - 2 は，ある M&A 取引における DD 実施体制である。

意思決定機関であるステアリング・コミッティの下に，DD PMO（プロジェクト・マネジメント・オフィス）を設置した。DD PMO は，DD 全体を統

5　DD の体制については，第11章において他の DD との関連の中で詳細に解説する。

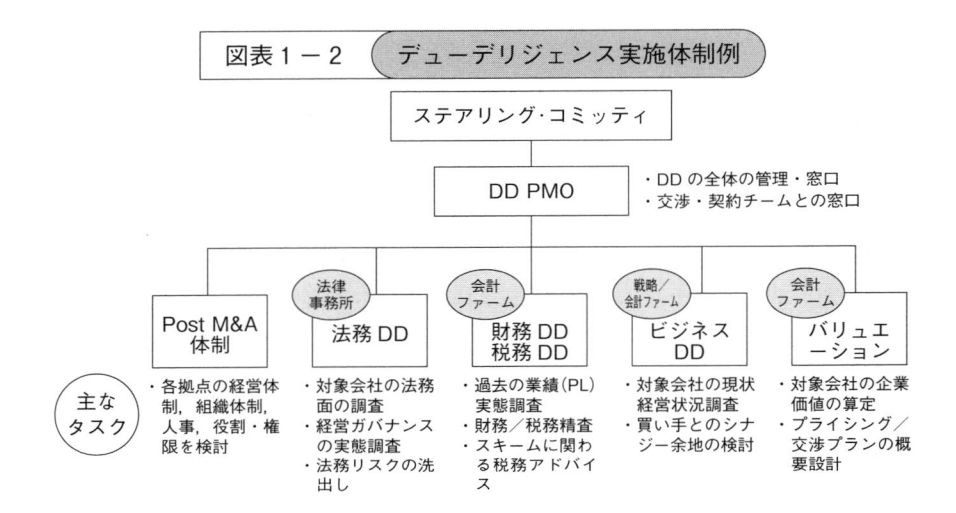

括し，チーム間の調整を行い，DDにて発見した事項を売り手との交渉に臨んでいるチームに提供する役割を担う。

　このM&A取引においては，DD PMOの下に，法務DDチーム，財務税務DDチーム，ビジネスDDチームを置いた。さらに拠点のいくつかを統合する必要があったため，DDの段階からポストM&Aの体制を想定した体制作りを担う「Post M&A体制」チームを置いた。また各チームから出てきた結果をバリュエーションに反映させるべく，バリュエーションチームもDD PMOの下に置いた。

　DD PMOチームの下にある各チームは，それぞれ法律事務所，会計ファーム，戦略コンサルティング会社等の外部専門家を雇うことが多く，DDの体制は，社内外から一時的に招集したメンバーで時限的に組成される。各メンバーのバックグラウンドや立場が異なるため，DD PMOは，強力なリーダーシップを発揮することが求められる。

本書の目的

　このようにビジネスDDは，DDの一部分として，事業の将来性を見極めるために実施されるものである。

　極めて大きなシナジー効果の創出を期待しなければいけないM&A取引や，

クロスボーダーの M&A 取引においては，ビジネス DD の質が当該 M&A 取引の成否を左右すると言っても過言ではない。クロスボーダーの M&A 取引については，対象会社が買い手と同じ業界のプレイヤーであっても，海外をビジネスの拠点としている場合は，ビジネス慣習や文化など経営環境が大きく異なるため，多くのエネルギーをビジネス DD に費やすことが多い。

　本書は，M&A 取引の DD の中でも，特にビジネス面に焦点を当て，「意思決定に資するビジネス DD」とはどのような DD であるのかについて解説する。

第2章

ビジネスデューデリジェンスの本質

第*1*節 ビジネスデューデリジェンス 実施の目的

ビジネス DD は，一般に買い手が実施するものであるが，その目的は，

- 対象会社の経営実態を把握し，事業の将来性を見極めること，
- 買い手がもたらすシナジー効果を加味した上で実現することができる「対象会社が将来生み出す価値」＝「対象会社の価値」を把握すること，
- その結果，対象会社に対する投資（買収価格）がいくらまでであれば経済合理性が成り立つか，を判断することである。

　買い手が実施するビジネス DD とは別に，債権者や親会社が実施するビジネス DD，また売り手が実施するセラーズ DD がある。セラーズ DD の重要性は，昨今ますます大きくなってきているため，本書では，第13章において別途解説する。

　第13章以外は，特に断りがない限り，買い手の視点に立ったビジネス DD について，具体的な進め方や進めるにあたっての留意点，他の DD との関連，ビジネス DD において発見した事項をどのように実務上取り扱うのか等について解説を行っていく。

第*2*節　ビジネスデューデリジェンスと因果マトリックス

　ビジネス DD の目的の１つは,「対象会社の経営実態を把握し, 事業の将来性を見極めること」であると先に述べたが, たとえばブランドイメージによって消費行動が大きく影響を受けるような消費財ビジネスの会社を買収する場合, 対象会社の買収価格はその会社のブランド力に大きく左右される。このようなとき, 買い手にとっての最大の関心事は, その企業のブランド力が今後の社会変化とともにどのように変化していくのかである。

　企業価値を創出する源泉となるキードライバーは会社によって異なる。効率的なビジネス DD を実施するためには, 何が対象会社の価値創出の源泉となっているのかを見極め, それが将来どのように変化していくかについて, つまり対象会社の「将来生み出す価値とその仕組み」を調査・分析することが必要である。以下, これについて,「因果マトリックス」を用いて説明する。

1 因果マトリックス

因果マトリックスとは

　因果マトリックスとは, 図表２－１のとおり, 縦軸の上側を "これまで＝過去から現在まで", 下側を "これから＝将来" とし, 横軸は, 左側を原因の "因", 右側を結果の "果" として, マトリックス化したものである。

これまでに生み出した価値

　買い手にとって, 過去の経営の成果である財務諸表はきわめて重要な情報源である。その財務諸表は, 右上の「Ⅰ. これまでに生み出した価値」に位置する。

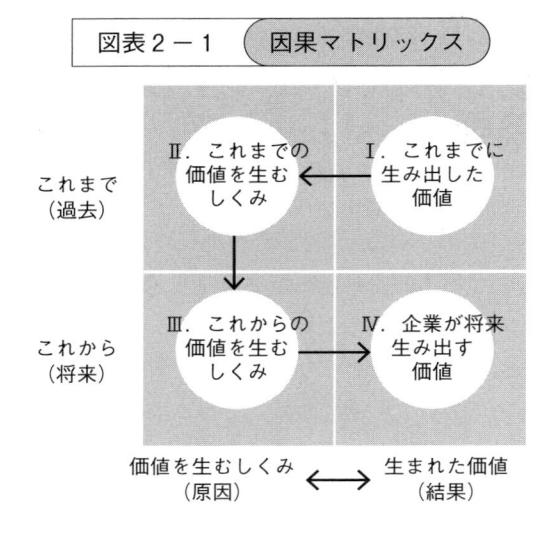

図表2−1　因果マトリックス

これまで（過去）

Ⅱ．これまでの価値を生むしくみ　　Ⅰ．これまでに生み出した価値

これから（将来）

Ⅲ．これからの価値を生むしくみ　　Ⅳ．企業が将来生み出す価値

価値を生むしくみ（原因）　←→　生まれた価値（結果）

　しかしながら，買い手が本当に知りたいのは，過去の結果ではなく，右下の「Ⅳ．企業が将来生み出す価値」である。将来収益を生むからこそ，買い手はその収益に対して対価を支払う。逆に，自分にとって価値がない会社であることが判明したら，その会社を買収しない。

企業が将来生み出す価値

　ではどうすれば，「Ⅳ．企業が将来生み出す価値」を知ることができるであろうか。財務諸表上の数字を見ただけでは，「Ⅳ．企業が将来生み出す価値」を知ることはできない。たとえば，前年度の営業利益が50百万円で，今年度の営業利益が100百万円だった場合，来年度の営業利益は，いくらになると推測できるのであろうか。

　今年度の営業利益100百万円は，図表2−1の左上にある「Ⅱ．これまでの価値を生むしくみ」があったから達成できたものである。会社には，歴史に根付くDNAが脈々と流れている。会社を取り巻く外部環境の中で，社員や経営者等の人的資源，組織体制や顧客基盤，仕入先の状況など，その企業特有のビジネスモデルが有効に働き，競争市場で一定のポジションを築くことができ，マーケットで成功する。マーケットで成功すると，価値が生み出されてくるこ

とになる。

　買い手にとって最も興味がある「Ⅳ．企業が将来生み出す価値」を知るためには，まず「Ⅱ．これまでの価値を生むしくみ」の実態を知り，さらに「Ⅱ．これまでの価値を生むしくみ」が将来どのように変遷するのか，すなわち「Ⅲ．これからの価値を生むしくみ」について考察しなければならない。

　現在の「価値を生むしくみ」が，今後どのように変化するか，それが事業計画にどのように反映されるか，買い手が新たな経営者として入ることにより事業がどのように改善するか，テコ入れ（投資）によるバリューアップ[1]の有無，事業統合によるシナジー効果の大きさ，これらをビジネス DD において洞察するのである。

② ビジネスデューデリジェンスと財務デューデリジェンスの作業領域

　図表2－2は，図表2－1の因果マトリックスに，ビジネス DD と財務 DD の作業領域を示した図である。ビジネス DD とその他の DD との連携については，第2部・第11章において詳述するので，ここでは，ビジネス DD と財務 DD の作業領域の違いについて解説する。

　対象会社の財務諸表が経営の実態を正しく反映しているかについての調査は，財務 DD の作業領域である。財務 DD の結果は，実態ベースに修正された財務諸表に反映され，バリュエーションを実施する際の基礎情報となる。

　一方，ビジネス DD は，財務 DD の結果を受け，過去の財務諸表から，対象会社はなぜ収益を計上できているのか，あるいはなぜ計上できていないのかを分析し，今後どのように変化していくかを洞察する。

　つまり，ビジネス DD の作業領域は，図表2－2においては，「Ⅰ．これまでに生み出した価値」から「Ⅱ．これまでの価値を生むしくみ」を見通し，

1　M&A 後の戦略転換やオペレーションの改善を行うことにより，企業価値の向上を目指すこと。

「Ⅲ．これからの価値を生むしくみ」を洞察することであるといえる。

　そしてその結果にもとづき，「Ⅳ．企業が将来生み出す価値」が定量化される。これがバリュエーションである。

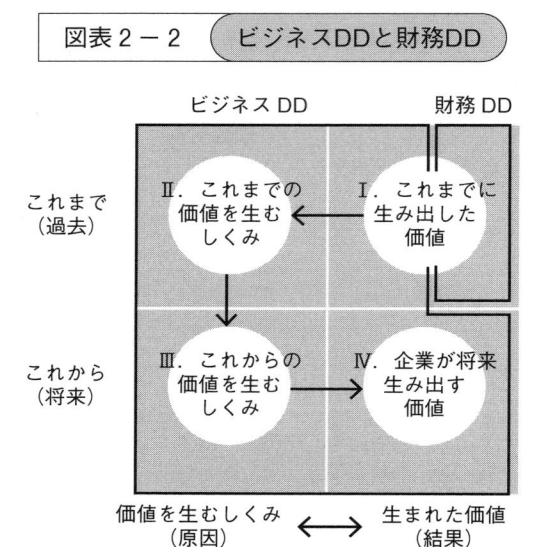

図表2-2　ビジネスDDと財務DD

第*3*節　ビジネスデューデリジェンスの出発点となる事業計画

　このようにしてみてくると，対象会社が作成した事業計画は，ビジネス DD やバリュエーションの出発点となるきわめて重要なものであることがわかる。

　ここでいう事業計画とは，売上，費用等の数値が並んだエクセルシートのみにとどまらず，対象会社の「将来戦略」も含んだ広義の事業計画である。

　「将来戦略」とは，たとえば，市場の将来動向の見通し，競合会社との競争方針，内部オペレーションの効率化計画等の戦略的な計画を意味する。

　ビジネス DD では，対象会社が策定した将来戦略が現実に達成可能なものであるかどうかを分析し，そのうえで，その将来戦略が具体的な数値（売上，費用等）に適切に落とし込まれているかを確認するという 2 段階のチェックを行う。

　ビジネス DD において，事業計画を慎重に精査するのは，事業計画の数値に基づいて，DCF 法[2]等により企業価値を算定するからである。算定された企業価値は，買収価格の形成に大きな影響を及ぼす。事業計画の売上や利益が過大計上されると，その分，企業価値が過大に算定され，買収価格が事業の本来の価値よりも高値となってしまうおそれがある。したがって，ビジネス DD において，対象会社にまず確認すべきことは，「当該事業計画が，いつ，誰により，どのような環境の下で作成されたか」である。

2　DCF 法（Discounted Cash Flow 法）は，継続企業を前提とした収益力にもとづいた算定方法であり，フリー・キャッシュフローを適切な割引率によって現在価値に還元評価する方法である。なお，他の算定方法，DCF 法や割引率についての詳細は，第17章を参照のこと。

1　強気な事業計画

　図表2−3は，対象会社の経営者について，横軸に「M&A取引"前"の経営への関与度合い」を，縦軸に「M&A取引"後"の経営への関与度合い」を示した図である。

　図表2−3の右下の領域は，売り手である対象会社の経営者が，売却後は経営から引退するケースである。このような場合，売り手は，高値で売却しキャピタルゲインを獲得することを目指して，事業計画を強めに策定しがちである。強い事業計画とは，その実現が厳しいとみられるほど，積極的すぎる事業計画のことである。買い手は，強めに策定された事業計画を現実的な計画に差し替えるよう対象会社に依頼することがあるが，ほとんどの場合，一度提出した事業計画が差し替えられることはない。提出された事業計画は，会社として機関決定したものであるからである。

　しかしながら，買い手としては，このように強めに策定された事業計画をもとにバリュエーションを実施するわけにいかない。もし，売上や利益が実力以上に高めに策定されている事業計画にもとづき，バリュエーションを行ったらどうなるだろうか。それは，買い手にとって高すぎる価値が算定されることを

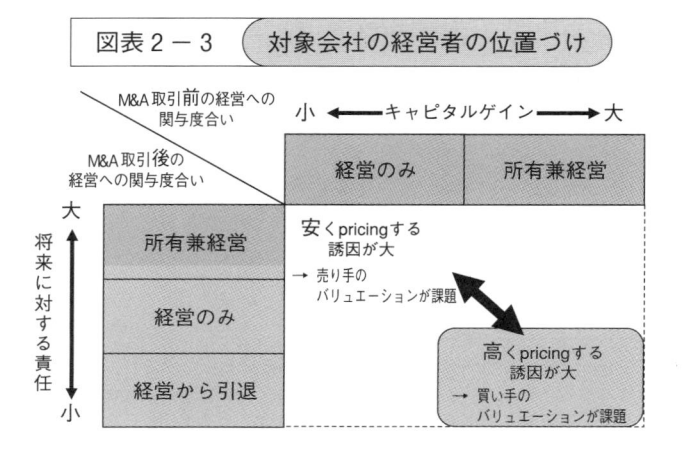

図表2−3　対象会社の経営者の位置づけ

意味する。もちろんこのバリュエーションにもとづき，高い価格で買収したとしても，買収後，それ以上に企業価値を高めることができれば，それほど大きな問題にはならないかもしれない。しかし，企業価値を高めることは，「言うは易く行うは難し」である。

そのため，買い手は，ビジネス DD において，対象会社が作成した事業計画が経営の実態や実力を適切に反映しているかどうかを調査・分析し，対象会社の実態を事業計画に反映させる必要があるのである。

2　保守的な事業計画

これとは逆に，事業計画が保守的に策定されているケースもある。

事業計画が業績評価と連動しているケース

多くの会社では，事業戦略遂行のために，3 年〜5 年にわたる中長期計画を策定している。会社によっては，第三者から見ると，"糊しろ"のある数字を中長期計画に盛り込むことがある。これは，中長期計画が各事業部や当該事業部構成員の業績評価制度とリンクしている場合に多く見られる。現場は，ほぼ達成が確実な余裕のある数値を経営陣に報告しておかないと，達成できない場合，自分個人や所属組織の評価が下がってしまう。

このような保守的な中長期計画が M&A 取引の際に買い手に提出された場合，売り手にとって過度に低い企業価値がバリュエーションにおいて算定される可能性がある。これは買い手にとっては，一見問題ないように見えるが，株式交換の場合などは必ずしもそうではない。一方の会社が保守的な事業計画を提出し，一方の会社が強い事業計画を提出すると，バリュエーション上，保守的な事業計画を提出した会社側（それが買い手側であることもありうる）に交換比率が不利となるという結果を招くおそれがあるので注意したい。

MBO（Management Buyout, 経営者による買収）のケース

　もう 1 つ，バリュエーション上，保守的な企業価値が算定されるケースとして MBO のケースがある。それは，図表 2 - 3 の左上に位置する「安く pricing する誘因が大」に該当する。

　MBO の場合，経営者は，MBO 前までは既存株主から経営を任されている立場にあり，既存株主の利益の最大化を図ることが求められる。しかしながら，MBO 後は自分が所有者兼経営者になるため，将来の責任を考えると，安い価格で譲渡してもらいたいという心理が働く。このような場合，事業計画が過度に保守的に策定される傾向がある。

　しかしながら，近年では MBO に関する対象会社の経営陣（＝買い手）の利益相反について議論される機会が多くなり，過度に保守的な事業計画とならないような配慮がなされるようになってきている[3]。

経営者のスタンスが鍵

　このように対象会社の経営者は，事業計画を策定する立場にあり，バリュエーションに関して鍵を握る存在である。対象会社の経営者が，M&A 取引前と M&A 取引後に，経営に対してどのように関与していくのかにより，でき上がりの事業計画のトーンは異なる。ついては，ビジネス DD においては，マネジメントインタビューにおいて，経営者の事業に対する思いや将来に対する経営の姿勢を確認しておくことが欠かせない。

　ビジネス DD においては，このような対象会社の経営者心理にも留意しながら，事業計画を精査していくことが必要である。

---

[3]　経済産業省の「企業価値の向上及び公正な手続き確保のための経営者による企業買収（MBO）に関する指針」（平成19年 9 月 4 日）では，意思決定プロセスにおける恣意性の排除のための工夫として，独立した第三者の立場の者に MBO の是非および条件について諮問し，その結果なされた判断を尊重することが提言されている。

3 共同で策定される事業計画

　グループ再編の場合，対象会社と買い手が共同で事業計画を策定し，それをもとにバリュエーションを実施するケースがある。

　買い手と対象会社が共同で事業計画を策定すること自体が，対象会社の経営陣にとって利益相反の構造にあるという批判があるが，グループ再編の場合は，売り手も買い手も株主を遡っていくと最終的には同じ親会社に辿り着くことがある。このような場合には，買い手と対象会社が共同で事業計画を策定することにはそれほどの違和感はない。

　一方で，グループ再編の場合であっても，当事者の中に少数株主が存在する場合は，利益相反についての配慮が必要となる。

第*4*節 「バリューストラクチャ」と ビジネスデューデリジェンス

　ビジネス DD の目的の１つは，対象会社の「価値を把握すること」と「いくらまでの買収価格ならば経済合理性が成り立つかを判断すること」であることを先に述べた。

　本節では，ビジネス DD の結果を踏まえて，対象会社の価値をどのように分析するのかについて，買い手が買収価格を絞り込んでいく過程を「バリューストラクチャ」のフレームワークを用いて解説する。

■ 「バリューストラクチャ」のフレームワーク

　「バリューストラクチャ」のフレームワークは，図表２−４のように，「セラーズバリュー」，「スタンドアロンバリュー」，「バイヤーズバリュー」の３つから成り立っている。これらのバリューの算定方法は，主に DCF 法[4]である。

　「セラーズバリュー」は，売り手にとっての売却希望価格を意味する。

　「スタンドアロンバリュー」は，ビジネス DD の分析結果を反映した対象会社の価値である。

　「バイヤーズバリュー」は，買い手にとって経済合理性が説明できる上限の価値，つまり当該 M&A 取引に最大限支払ってもよい価値である。

　以降，本節では，それぞれの価値について詳細を解説する。

4　DCF 法の詳細については，第17章を参照のこと。

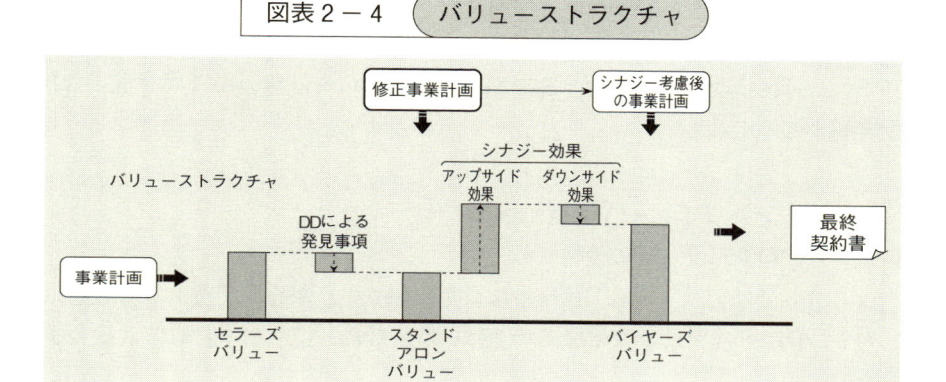

図表2－4　バリューストラクチャ

② 「バリューストラクチャ」における 3つのバリュー

(1) セラーズバリュー

セラーズバリューの性格

　LOI が締結され，DD が開始されると，対象会社は，自社の事業計画を買い手に提供する。セラーズバリューは，この対象会社が作成した事業計画をもとに算出される。対象会社が，オーナー企業の場合は，売り手であるオーナーが作成した事業計画のことである。

　対象会社が作成した「事業計画」には，売り手または対象会社が「これぐらいの価格で売却したい」と考える意思が反映されているものである。したがって，対象会社が作成した事業計画にもとづいて算定したセラーズバリューは，売り手が示唆する「売却希望価格」であると捉えることができる。

セラーズバリューが持つ意味合い

　対象会社が買い手に提出するこの段階の「事業計画」は，売り手あるいは対象会社目線で作成されることが一般的であり，対象会社の実力以上の目標値を

事業計画に織り込んでいる可能性がある。

　その場合，買い手は，セラーズバリューを買収価格とすると，高値買いとなりすぎる可能性がある。この事態を回避するためにも，買い手はビジネス DD を実施するのである。

(2)　スタンドアロンバリュー

スタンドアロンバリューの性格

　スタンドアロンバリューとは，対象会社（売り手）が作成した「事業計画」に対し，DD での発見事項を加えた「修正事業計画」にもとづく対象会社の価値を示す。

　「修正事業計画」を作成するためには，対象会社の業績の分析，収益を生む源泉となっているビジネスの「しくみ」の分析を行い，これを事業計画に落とし込むことが必要になる。たとえば小売業であれば，競合の出店状況，市場の変動予測，対象会社の過去実績などを加味して，より実現の蓋然性が高い事業計画に修正する。

　対象会社（売り手）が提出した「事業計画」の裏づけが十分ではなく，計画の実現可能性が低い場合には，買い手が「修正事業計画」として1から「事業計画」を作成することが必要となる[5]。

スタンドアロンバリューが持つ意味合い

　スタンドアロンバリューは，対象会社（売り手）が作成した「事業計画」が過度に保守的でない限り，セラーズバリューよりも低くなることが多い。

　例えば，セラーズバリューが1,000億円であっても，DD による発見事項が200億円分あれば，スタンドアロンバリューは800億円となる。

　売り手にとっては，DD が第三者のプロフェッショナルによって実施されたとしても，バリューが200億円も減額されることは心情的に受け入れ難い。このため，買収価格は，単純にスタンドアロンバリューで決まるわけではなく，交渉の中で落ち着く。

5　修正事業計画策定までのプロセスについては，第5章から第7章を参照のこと。

　しかしながら買い手にとって，スタンドアロンバリューは対象会社の素のままの価値であるため，買収価格を絞り込む上での出発点としての大きな意義を持つ。DDによって対象会社の経営の実態をどこまで把握しきれるか，結果としてスタンドアロンバリューがいくらであるのかを精査することは，買い手にとって価格交渉を行う上で極めて重要である。

(3)　バイヤーズバリュー

バイヤーズバリューの性格

　バイヤーズバリューとは，対象会社を買収することによって期待することができるシナジー効果を「修正事業計画」に加算した「シナジー考慮後の事業計画」に基づく対象会社の価値を示す。

　「シナジー考慮後の事業計画」は，対象会社が現状の経営環境のまま事業を継続するものではなく，新たな株主である買い手のもとで，新規投資や事業の協業や拡大等によってはじめて期待できるシナジー効果を加味した事業計画である。

バイヤーズバリューの算定方法

　バイヤーズバリューの算定方法であるが，実務的には，「シナジー考慮後の事業計画」を作成したうえでバイヤーズバリューを求める方法よりも，図表２－５のように，スタンドアロンバリューに，個別に分析したシナジー効果の現在価値を積み上げて，バイヤーズバリューを算定することが多い。

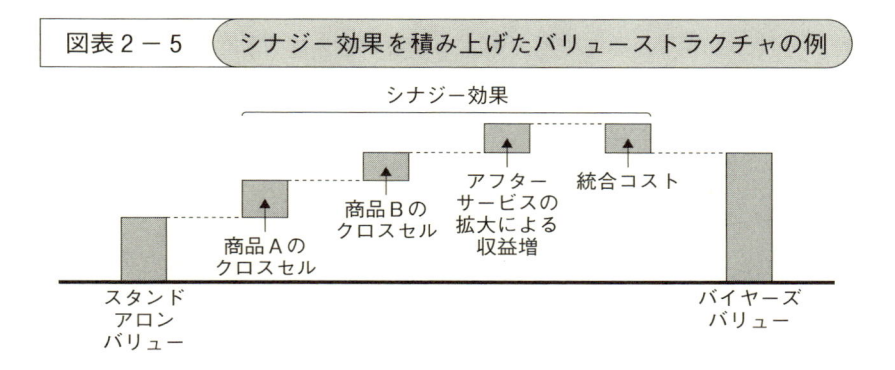

図表２－５　シナジー効果を積み上げたバリューストラクチャの例

　多額ののれんが発生する M&A 取引の場合，買い手は，決算において，当該のれんについて減損の判断を行う必要性が生じることがある。その判断の材料になるのは，対象会社に創出されるシナジー効果を考慮した後の事業計画である。この時点で「シナジー考慮後の事業計画」まで作成するのは，負担が大きいように感じる。しかし，この減損の判断を行うためや予算に落とし込むために M&A 取引後に「シナジー考慮後の事業計画」を作成するのであれば，この時点で作成しておくと，作業を前倒しで実行したことになり，ポスト M&A の経営体制や業績予想に対するイメージを早い段階からもつことができる。

シナジー効果とは

　バイヤーズバリューを把握するためには，買い手にとっては，シナジー効果の見積もりが極めて重要である。

　シナジー効果とは，M&A 取引においては対象会社の経営資源と買い手が有している経営資源を融合させ，そこに新たな価値を創出することである。

　買い手には，事業会社である買い手（ストラテジックバイヤー）と，投資ファンドなどの買い手（フィナンシャルバイヤー）の2種類があり，両者は，M&A の目的や買収ターゲットが異なる。一般的に，買い手がストラテジックバイヤーである場合には，自ら経営を行うことによりシナジー効果を創出することを狙っている。この場合，買い手は，シナジー効果の創出に自信をもっているケースが多い。

　一方，買い手が投資ファンドなどのフィナンシャルバイヤーの場合には，経営者に対し経営助言を行うことにより事業の効率化を図り，これにより株価を上げ，3年から5年の期間で株式を売却することを目的としている。買収ターゲットとなる会社は，再生目的の会社，MBO（Management Buyout，経営者による買収）の対象となる会社，ベンチャー企業，株価に割安感のある会社などである。

　フィナンシャルバイヤーによる M&A 取引の中でも純投資の場合には，投資から回収までの期間が短く，事業に対する経営指導を行うというよりは，高配当の実施などにより株価を上げ，短期で投資利益を享受する。

　いずれのケースであっても買い手はシナジー効果を期待して M&A 取引を

実行する。

アップサイド効果とダウンサイド効果

　シナジー効果には，プラス要素（これをアップサイド効果という）と，マイナス要素（これをダウンサイド効果という）がある。M&A 取引におけるアップサイド効果は，対象会社が有している資産を活用することによって得られる効果である。たとえば，対象会社の工場のラインにおいて非稼動時間を活用して別の製品ラインを流すことができるようになれば，固定費は既に吸収されているため，多額の限界利益が得られる。これがシナジー効果によって得られるアップサイド効果である。

　逆に，M&A 取引におけるダウンサイド効果とは，たとえばある買い手が新たな株主なり，経営方針が変わることを危惧して，対象会社の既存顧客が離反したり，従業員が辞めていったりすることがあるが，それらの離反がもたらす収益減のことである。また組織統合する場合はその統合にかかるコストのこともダウンサイド効果に分類することができる。

「シナジー考慮後の事業計画」作成の鍵

　「シナジー考慮後の事業計画」を作成するためには，シナジー効果のアップサイド効果とダウンサイド効果をいかに合理的に算定するかが重要である。その合理的な算定のためには，

- 買い手自身の戦略や M&A 取引の目的を明確にした上でシナジー項目を洗い出すこと
- 合理的な根拠に基づいた定量化手法をとること

この 2 つが鍵である[6]。

バイヤーズバリューが持つ意味合い

　昨今の M&A 取引では，対象会社の経営陣がその株主の利益を最大化する努力を怠らなかったかについての説明責任が問われるようになっているため，

6　シナジー効果の定量化については，第 8 章を参照のこと。

あえて入札形式をとる案件が増加している。入札になると，買い手の競合である同業他社が入札に参加してくることがあるため，買い手は合理的な範囲を超えた高値であっても対象会社を買収したくなる衝動にかられやすい。しかしながら入札になった時，買い手が最大限出してもよい価格は，合理的なシナジー効果の算定結果に基づくバイヤーズバリューまでである。

　買い手にとっては，バイヤーズバリューと合意した買収価格との差額が買収メリットであるため，買い手は，バイヤーズバリューより低い価格で買収することによってでしか買収メリットを得られないことを忘れてはならない。

❸　対象会社が成長企業の場合

対象会社が成長企業の場合は売り手が優位

　常日頃から買収対象会社を探している買い手は多いが，自社が求める条件に合致する対象会社に巡りあうことはめったにない。条件に合う対象会社が現れたとしても，そのような対象会社は，買い手の同業である競合他社にも魅力的に映るものである。そのため，入札になると，その入札価格は否応なしに天井なしになってしまい，バイヤーズバリューを上回る価格であっても，資金を用意できるのであれば是非買収したいという焦燥感にかられてしまう。

　売り手は，対象会社の事業内容を買い手よりも詳細に知りうる立場にあり，業界の事情にも精通している。そのため，買い手のシナジー効果を考慮したバイヤーズバリューを推測することは可能である。場合によっては，買い手よりも，より現実的な数字を算出することができるかもしれない。また，成長企業の場合，売却の必然性が低い場合が多く，買い手が提示するバイヤーズバリューに納得できない場合には，売却をしないという選択肢をとることができる。

　したがって対象会社が成長企業の場合は，売り手に有利な M&A 取引の構造となりやすい。

買い手にとっての最大価値

　買い手は，買収価格について株主に対する説明責任や善管注意義務[7]を負っている。したがって，M&A取引の価格は買い手にとって経済合理性を担保できなければいけない。入札においては，論理的に「ここまでしか出せない上限価格」がある。それは原則的にはこれまでに解説してきた「バイヤーズバリュー」であるが，一部例外がある。それは「再構築原価」と「防衛価値」である。

　成長企業を売却する場合，売り手は入札参加者に，お互いを競合と認識している会社を両社とも入れるなどの方法によって価格をつり上げてくる可能性が高いため，買い手は事業計画等をもとにしたバリュエーションに加え，対象会社の「再構築原価」や「防御価値」を別途算定しておくことが必要となることがある。

(1)　再構築原価

　再構築原価とは，1から同じ事業を立ちあげるためにかかるコストのことである。「同じ事業を構築するために実際にかかるコスト」の現在価値に，「構築

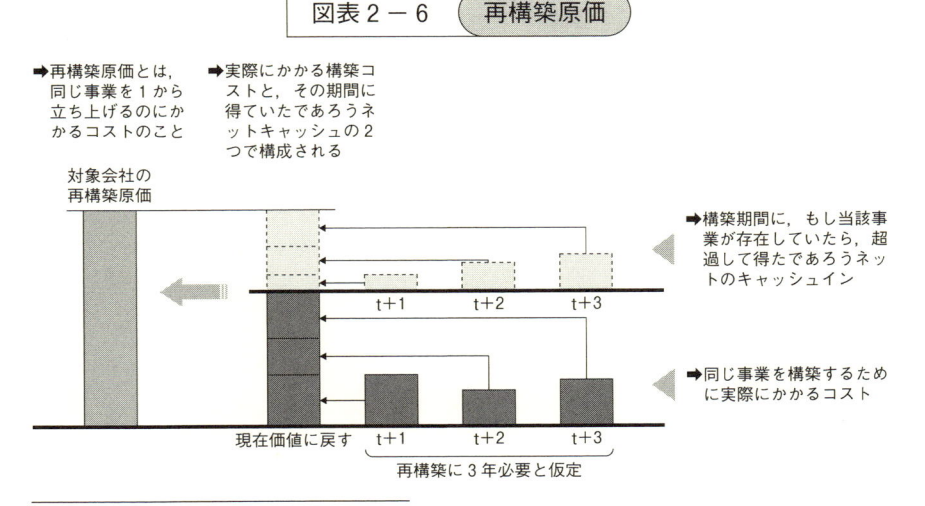

図表2－6　　再構築原価

➡再構築原価とは，同じ事業を1から立ち上げるのにかかるコストのこと

➡実際にかかる構築コストと，その期間に得ていたであろうネットキャッシュの2つで構成される

対象会社の再構築原価

➡構築期間に，もし当該事業が存在していたら，超過して得たであろうネットのキャッシュイン

t+1　　t+2　　t+3

➡同じ事業を構築するために実際にかかるコスト

現在価値に戻す　　t+1　　t+2　　t+3

再構築に3年必要と仮定

7　委任を受けた人の，職業，地位，能力等において，社会通念上，要求される注意義務であり，委任を受けた人は単に受託業務を処理するだけでよいのではなく，専門家，そのプロとしての平均的な注意を尽くす必要があるということ。

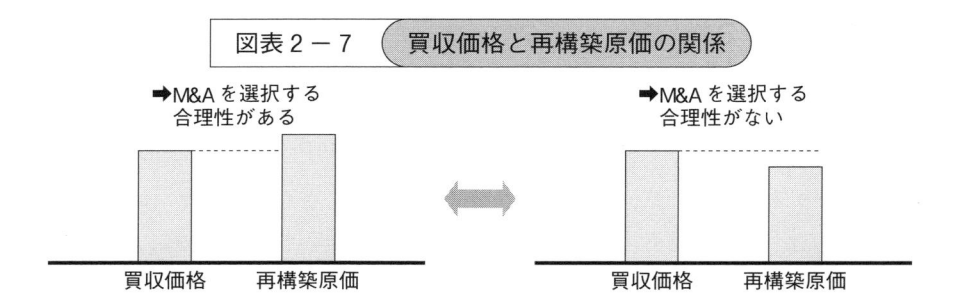

図表2－7 買収価格と再構築原価の関係

➡M&A を選択する
合理性がある

➡M&A を選択する
合理性がない

買収価格　再構築原価

買収価格　再構築原価

期間に，もし当該事業が存在していたら，超過して得たであろうネットのキャッシュイン」を機会コストと捉え加算したものである。

再構築原価が持つ意味合い

　買い手が社運をかけて，ある M&A 取引を実施し，それを新たな事業の柱としたい場合，その買い手は当該 M&A 取引だけに限定せずに，会社をあげていくらまで投資できるかを検討することになる。その際に買い手が目安とするものの1つが，再構築原価である。買い手は，再構築原価よりも安い価格で事業を手に入れることができれば，長期的な経営の観点からは，1から同じ事業を立ち上げる案よりも経済合理性があると説明することができる。

　逆に，買収価格が再構築原価を上回るのであれば，当該投資については M&A 取引を選択すべきではないということになる。1から同じ事業を立ち上げたほうが，経済合理性があるからである。

　このように成長戦略実現のために M&A 取引を選択しようとする買い手は，買収価格の検討にあたっては，対象会社の企業価値のみならず，再構築原価について試算することが必要になる局面が出てくる。

　再構築原価の試算は，スタンドアロンバリューやバイヤーズバリューの算定とはまったく異なる前提に立つ。実務的には再構築原価の算定まで実施するケースは多くないが，当該 M&A 取引の成否が買い手の社運をかけるほど重要性が高い場合は，再構築原価の算定についても十分に検討を行う必要がある。

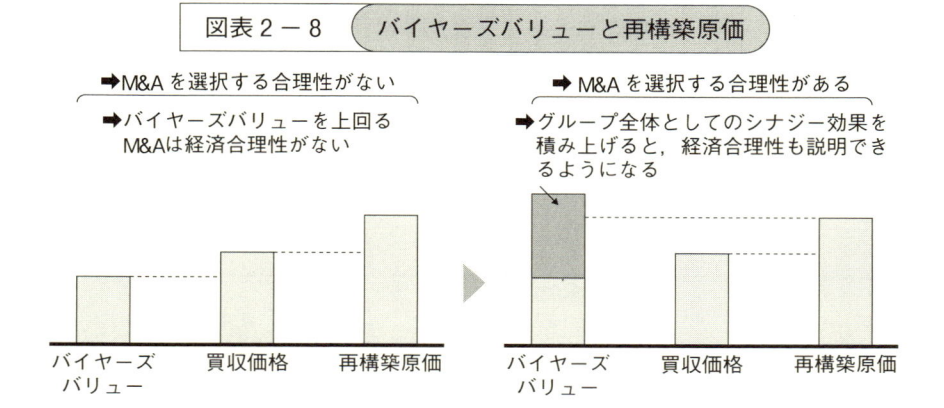

図表2－8　バイヤーズバリューと再構築原価

再構築原価を用いる場合の留意点

　再構築原価を用いる場合には，留意しておくべきことがある。

　それは，再構築原価を超えない買収価額であっても，その買収価額がバイヤーズバリューを超える場合，当該買収は，投資を上回るリターンを得ることができないという点である。

　したがって買い手は，グループ全体で生み出されるものまで含めてどれくらいのシナジー効果が期待できるかについて十分に検討し，グループ全体ではリターンがとれることを検証しておくことが必要である。もしグループ全体の視点からもリターンがとれないようであれば，そのような買収はすべきではないといえよう。

　再構築原価の考え方をとる場合，もう1つ考慮しておかなければいけない点がある。それは，事業を再構築する場合は，業界のプレイヤーが1社増えることになるため，それを業界規模やシェアにどのように反映させるべきかについて考慮しなければいけない点である。具体的には，図表2－6の「構築期間に，もし当該事業が存在していたら，超過して得たであろうネットのキャッシュイン」の分析における考慮点である。

(2)　防御価値

　論理的に「ここまでしか出せない上限価格」について，もう1つの例外は，

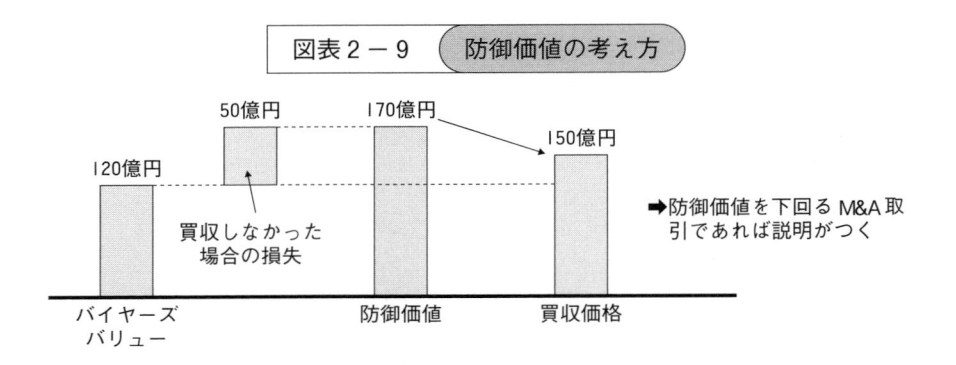

図表2−9 防御価値の考え方

「防御価値」である。

　あるM&A取引の対象会社をめぐって，買い手が同業の競合会社と入札になったとする。買い手にとっては，対象会社が競合会社に買収されると，業界の勢力図が大きく変わり，売上が激減するなど今後のビジネスに大きな影響が出てしまう。そのような際に持ち出されるのが「防御価値」の考え方である。

　たとえば買い手候補X社が，ある対象会社を買収したいと考えていたものとする。当該M&A取引において，X社にとって，対象会社のバイヤーズバリューが120億円だったとすると，この状況下でX社は120億円以上の価格で買収することには経済合理性がない。

　ところが，X社の競合会社であるA社が対象会社を買収するとX社には50億円の損失が出ることが想定されるものとする。その場合，120億円に50億円を加算した170億円がX社の防御価値である。その防御価値までの価格であれば，買い手は当該M&A取引を実施する説明がつく。

　なぜなら，仮に買収価格が150億円だった場合，当該M&A取引を実施すると，バイヤーズバリューと買収価格の差である30億円がマイナスとなるが，対象会社がA社に買収されると50億円の損失が出るからである。このような場合は，バイヤーズバリューを上回っても合理的であると考えることができる。

　ただし，このような例は実際には稀である。防御価値の考え方を濫用して，むやみにバイヤーズバリューを上回る価格でM&A取引を実行することは避けるべきである。

⑶　バリューストラクチャと時価総額

実態を反映していない時価総額

　対象会社が上場企業である場合，対象会社には株価が存在する。その株価に発行済株式数を乗じた時価総額が，スタンドアロンバリューやバイヤーズバリューを大きく上回ることがある。取引数量が少なく，アナリストがカバーしていない中小株の銘柄や，クロスボーダー M&A の場合の新興国の成長企業の銘柄にその傾向がある。売り手に交渉を託されている対象会社の経営者は，自社の実力に時価総額ほどの価値がないことを知っていても，時価総額は公開情報であるため，時価総額を基準とした価格で交渉してくる。一方で買い手は，ビジネス DD を実施した結果，たとえばバイヤーズバリューを 2 倍にしても時価総額に届かない構造にあることがわかると，時価総額を交渉の基準にできないことがわかる。

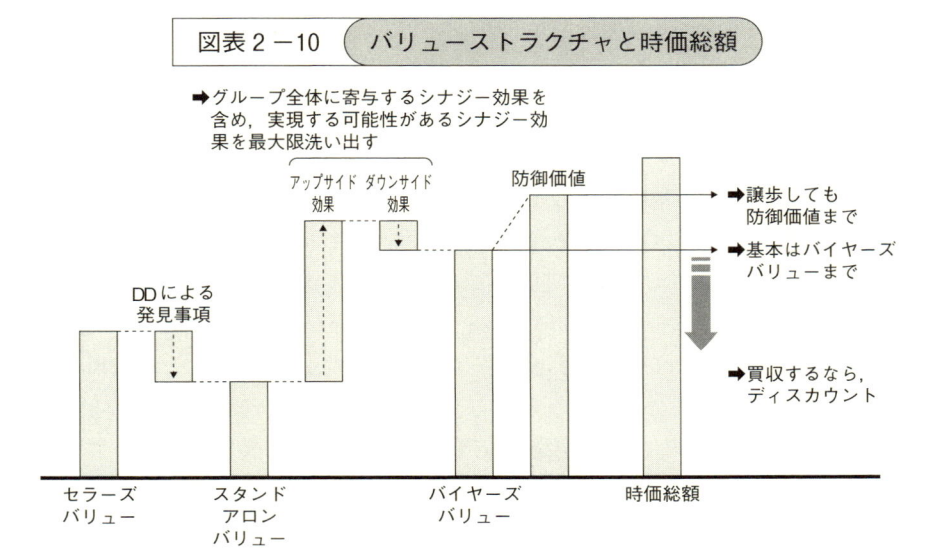

図表 2 － 10　バリューストラクチャと時価総額

買い手の判断

　このような場合に買い手が最初にやるべきことは，もっと別のシナジー効果が期待できないか分析を深めることである。

　どのような分析をしてもバイヤーズバリューが時価総額を上回らない場合は，買い手は，当該買収をあきらめるしかない。バイヤーズバリューまたは防御価値以上の価格で買収をしてはいけないという原理原則は尊重されるべきである。

　株価が対象会社の実態を反映するまで市場のメカニズムに任せるか，ディスカウント TOB で買収するか，買い手の選択肢は限定されるのである。

4　対象会社が再生企業の場合

　対象会社が再生企業の場合は，成長企業のケースと全く異なる観点を考慮する必要がある。

再生企業の最低売買価格

　対象会社が再生企業の場合，売り手は売らざるを得ない状況にいることが多い。しかも早く売却しないと対象会社の資産価値や事業価値が刻々と劣化していくため，時間的な余裕がない。

　このような場合スポンサーとして救済に入る買い手は，同業者が多く，誰の目にも当該買い手が順当だと見られることが多い。なぜなら再生会社の債権者やその他のステークホルダーから極めて短期間に納得や支援を得ることが必要だからである。このような状況にある M&A 取引の場合，一見すると買い手側に有利な条件になっているようにみえることがある。

　しかしながら現実は，買い手は，早々にクロージングさせることを求められ，ビジネス DD にも十分な時間をかけられないなど，当該買収には潜在的なリスクが相応に残ってしまう。明確に認識しきれないリスクを抱えながらスポンサーとなることを周囲から期待される買い手は必ずしも有利な立場にいるとはいえない。

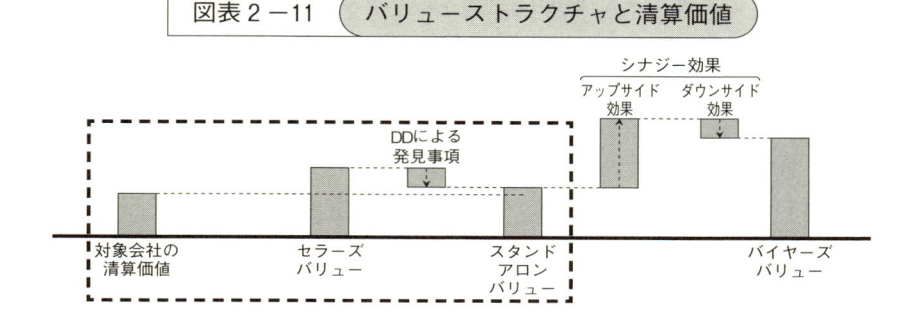

図表2-11　バリューストラクチャと清算価値

そのリスクを減らすために，買い手は，事業譲渡を選択するなどストラクチャリングでヘッジするが，価格についてもリスクヘッジのために低い価格からの交渉となる。その際に基準となるのが「対象会社の清算価値」である。

清算価値とは

対象会社を清算する場合，建物等の賃貸借契約を中途解約するための違約金，すべての従業員に対して支払われる退職金等，多額の特別損失が発生する。また，工場や店舗の稼動を徐々に縮小していくため，操短に伴う損失も発生する。このような清算に伴うコストや損失と，会社に残っている剰余金を相殺して算定した価値が清算価値である。

たとえば会社を清算して5億円のキャッシュが手元に残ることになったとしよう。一方で，同じ対象会社に対して「3億円まで出す」と買い手に言われたらどうするであろうか。従業員の雇用の維持や歴史的背景等の経済合理性以外の判断基準を除くと，売り手である株主は，経済合理性の観点からは，より多くキャッシュを手にできる清算を選択するであろう。

対象会社を清算することによって得られるキャッシュが，売却によって得られるキャッシュを上回るのであれば，売り手は売却よりは清算を選択することが経済合理性に合っているのである。

清算価値は価格交渉の下支えにもなる

したがって再生企業を買収する場合は，事業計画等をもとにするバリュエー

ションに加え，清算価値を別途算定しておくことが必要である。

　買い手は，交渉にあたって，売り手には「これ以下の価格で売却することができない」という下限値の制限があることを理解しておくことが必要である。

5 バリューストラクチャの全体図

　図表2−12は，横軸に「バリューストラクチャ」を，縦軸に価値をとったものである。「バリューストラクチャ」において，交渉上，左側に位置する価値構造の要素が論点となるケースは対象会社が再生企業のケースである。

　逆に右側に位置する価値構造の要素が論点となっているケースは，アーリーステージのベンチャー企業やクロスボーダー M&A 取引の中でも新興国の成長企業が対象会社であるケースである。

　このようにバリューストラクチャのどこが大きな論点になるのかについては，一つひとつの M&A 取引の特徴によって異なるものである。

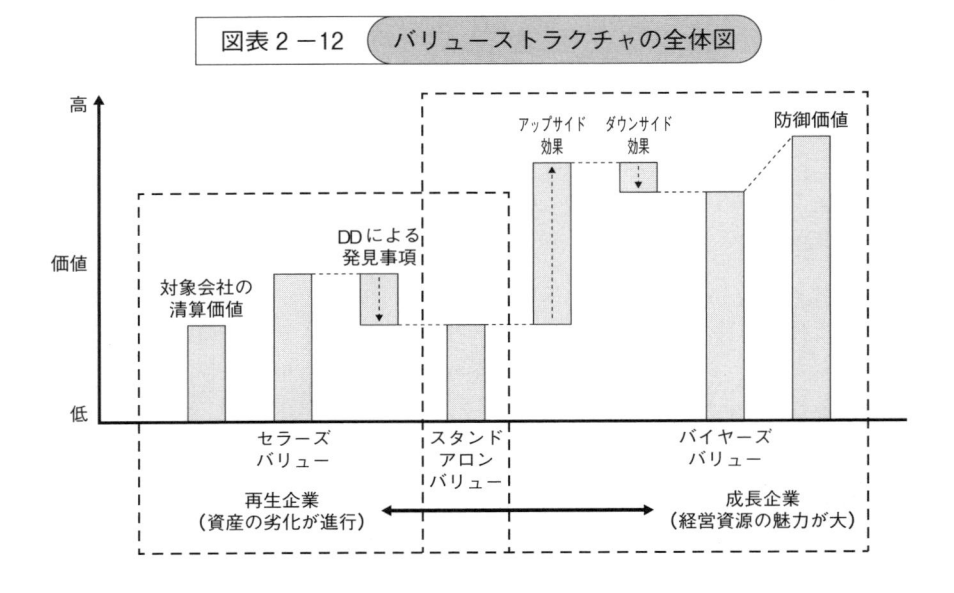

図表2−12　バリューストラクチャの全体図

第3章

ビジネスデューデリジェンスの
ステップ

第 *1* 節 ビジネスデューデリジェンスの全体像

3つのフェーズと7つのステップ

本章では，ビジネス DD の作業をいかに進めていくかについて概要を解説する。ビジネス DD の作業は，図表3−1のとおり，3つのフェーズ，7つのステップから構成される。

1つ目のフェーズおよびステップは「①ビジネス DD 計画の策定」である。

2つ目のフェーズは対象会社の実態の把握であり，「②事業構造分析」，「③業績構造分析」，「④分析結果の整理」の各ステップを実施する。

3つ目のフェーズは価値創出・向上策の検討であり，「⑤シナジー・Quick

| 図表3−1 | 「ビジネスDDのステップ」と「バリューストラクチャ」 |

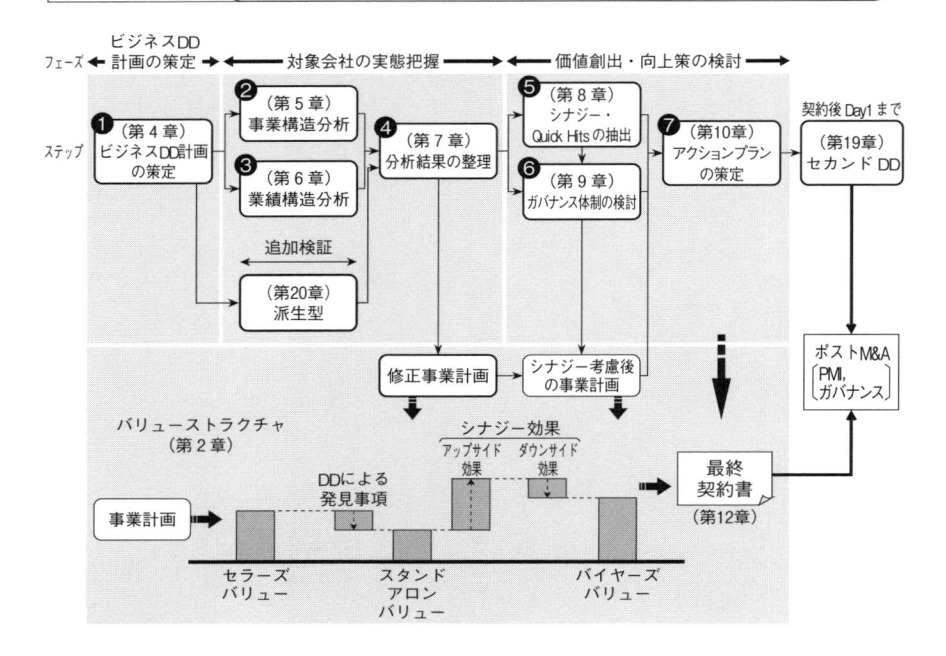

Hits の抽出」,「⑥ガバナンス体制の検討」,「⑦アクションプランの策定」の各ステップを実施する。

各ステップとバリューストラクチャの関係

　ビジネス DD の7つのステップは,先に説明した「バリューストラクチャ」と密接な関係にある。

　2つ目のフェーズである「対象会社の実態把握」の結果が「バリューストラクチャ」のスタンドアロンバリューに,3つ目のフェーズである「価値創出・向上策の検討」結果が,バイヤーズバリューに反映される構造である。

　以降,ビジネス DD の基本的な進め方である3つのフェーズ,7つのステップの概要を解説する。

第*2*節 ビジネスデューデリジェンスの各ステップの概要

1 ビジネスデューデリジェンス計画の策定

「①ビジネスDD計画の策定」は，ビジネスDDの範囲（スコープ）を定義し，アプローチ，実施期間，成果物の方向性を定め，実施体制や初期仮説を構築するフェーズである。この仮説の精度が高ければ高いほど，作業を効率的に進めることが可能になり，次のフェーズである「対象会社の実態把握」を効率的に進めることができる。

2 対象会社の実態把握

ビジネスDDにおいて，必ず実施されるのが，対象会社の本来の実力と現時点の経営課題を分析する「対象会社の実態把握」である。このフェーズでは現状のまま事業を継続した場合の「対象会社が将来生み出す価値」，つまりスタンドアロンバリューを把握する。対象会社の事業性を見極める上で重要なフェーズと位置づけられる。

「対象会社の実態把握」フェーズの具体的な作業は，ビジネスDDにおいて中核となる「②事業構造分析」（第5章にて詳述），対象会社の過去実績を構造的に分析する「③業績構造分析」（第6章にて詳述），「④分析結果の整理」（第7章にて詳述）の3つのステップから構成され，結果として「修正事業計画」が作成される。

(1)　「②事業構造分析」

　買収するのは，対象会社という"企業"である。しかしながら価値を生むのは，その"企業"が営んでいる"事業"である。買い手が興味あるのは，一般的に価値のある"事業"であるため[1]ビジネス DD では，"企業"体としての視点ではなく"事業"に着目した分析に主眼をおく。

　「②事業構造分析」では，対象会社が収益を生む源泉となっているビジネスの「しくみ」を分析し，対象企業の競争優位（劣位）を抽出することで将来性を見極める。そのための分析手法には，マクロ環境分析，市場動向分析，競争環境分析，ビジネスプロセス分析，ビジネスインフラ分析の5つがある。

(2)　「③業績構造分析」

　「②事業構造分析」がビジネスの「しくみ」に焦点を当てていたのに対し，「③業績構造分析」は，対象会社の事業活動の「結果」を製品・組織などの視点から分解し，対象会社の課題・テコ入れ余地，および強みを把握するものである。業績を切り分ける視点には，一般的に事業，製品，顧客，拠点，機能（組織）の5つがあり，それぞれ分析の深さ（細かさ）を定めて分析を進めていく。また，分析手法には，時系列分析と競合ベンチマーク分析の2つがある。

(3)　「④分析結果の整理」と「修正事業計画の策定」

　「④分析結果の整理」と「修正事業計画の策定」では，「②事業構造分析」と「③業績構造分析」における発見事項を整理し，対象会社（売り手）の事業計画のロジックや根拠が十分ではない場合，既存の事業計画に修正をかける，あるいは買い手が一からモデリングを実施し修正事業計画を作成する。この修正事業計画が「バリューストラクチャ」のスタンドアロンバリューの基礎となる。

1　企業ブランドを獲得するための M&A 取引もある。その場合であっても，当該ブランドを育ててきたのは事業であることが多い。

❸ 価値創出・向上策の検討

「価値創出・向上策の検討」フェーズは、ポストM&Aの準備作業という位置づけである。M&A取引が成立してクロージングを迎えると、Day1後、新たな株主のもとでの業務がスタートする。これを順調に移行させるためには、DDの期間に万全な準備作業を実施しておくことが必須である。

ポストM&Aの準備作業には、シナジー効果を創出するための作業と、子会社となる対象会社に対する経営のしくみを設計する作業の2つがある。前者については「⑤シナジー・Quick Hits の抽出」（第8章にて詳述）にて、後者については「⑥ガバナンス体制の検討」（第9章にて詳述）にて、さらにこれらを実行するための計画策定を「⑦アクションプランの策定」（第10章にて詳述）にて、詳述する。

(1) 「⑤シナジー・Quick Hits の抽出」

シナジーおよびQuick Hits は、ともにM&A取引後に創出されるシナジー効果のことであり、価値創出・向上を目的とした施策である。「⑤シナジー・Quick Hits の抽出」では、対象会社の事業構造を抜本的に見直すことによって生まれるシナジー効果から、共同購買のような個別施策を導入することによるシナジー効果まで、価値創出や価値向上につながるシナジー効果全てを洗い出す。

Quick Hits は、このシナジー効果のうち、数カ月以内などポストM&A直後に実現させるシナジー効果のことである。不安を感じているかもしれない対象会社の社員や取引先に対して、当該M&A取引の効果や意義を実感してもらうことを主な目的としたシナジー効果であるため、ポストM&Aをスムーズに滑り出させるためには、是非とも有効に活用したい施策である。

(2) 「⑥ガバナンス体制の検討」

「⑥ガバナンス体制の検討」は、ポストM&A[2]に向けた体制作りを計画す

るステップである。新経営体制をどうするか，どのような意思決定のしくみにするかを契約締結後に検討し始めるのでは遅すぎる。DD の作業期間に入ったら，ポスト M&A の体制作りについても検討を開始することが近年の M&A 取引においては一般的である。

　「⑥ガバナンス体制の検討」の作業は，大きく２つある。１つは，「統合委員会の組成・運営」であり，これは合併など買い手と対象会社の組織を統合する場合に重要である。組織統合を伴う場合，当事者同士で統合委員会を組成することが多く，その準備は DD の期間に開始することが多い。

　もう１つは，「経営ガバナンスの設計」であり，組織統合を伴わない場合に重要である。買い手が子会社となる対象会社に対して，グループ経営の観点からどのような規律と動機づけを提供すべきかについて設計する。

(3)　「⑦アクションプランの策定」

　「⑦アクションプランの策定」では，主に「⑤シナジー・Quick Hits の抽出」にて分析した定量的および定性的なシナジー効果や Quick Hits を実現させるために具体的な工程表を作成する。施策ごとに概要，アプローチ方法，具体的なアクション（誰が，何を，いつまでに）をできる限り詳細化する。また作成したアクションプランは，"絵に描いた餅"であっては困る。シナジー効果や Quick Hits を確実に実現させるためのインセンティブ制度導入の考え方についても「⑦アクションプランの策定」の中で解説する。

2　本書では "ポスト M & A" と記載しているが，PMI（Post Merger Integration）と同義である。弊社では，Merger ではない組織統合プロジェクトを支援することも多く，PMI を広義にとらえることができる "ポスト M & A" という表現を使っている。

第*3*節　ビジネスデューデリジェンスの実施スコープ

　ビジネス DD をフルスコープで実施する場合は，第2節に解説したように3つのフェーズ，7つのステップを踏んで作業を実施する。

フルスコープのビジネス DD を実施するケース

　対象会社が非上場企業の場合は，買い手と同じ業界の国内の同業他社であってもビジネス DD をフルスコープで実施することが多い。シナジー効果を把握，分析する目的もあるが，対象会社が非上場会社である場合，市場株価が存在しないため，バリュエーションの実施に先立って対象会社の実態を調査することが必須となるためである。

　また議決権の50％超など買い手が対象会社の経営権を取得する場合にも，対象会社の上場の有無を問わず，フルスコープのビジネス DD を実施する。これは，M&A 取引後に対象会社の経営に責任を負う立場となるため，買い手として対象会社の実態把握が必須となるからである。

部分的にビジネス DD を実施するケース

　他方，買い手のニーズによっては，3つのフェーズ，7つのステップの全ては実施しないこともある。

　たとえば上場会社にマイノリティ出資をする場合は，当該対象会社の株式を市場で買い付けることも1つの取得方法となる。この場合，ビジネス DD とまでは呼ばないが，株式取得のリスクに見合った相応の調査を実施する。具体的には，買い手の財務部等が社内でバリュエーションを実施し，割安か過度に割高ではないか等の判断を行い，必要な決裁手続きをとった上で出資を行う。

　ストラテジックバイヤーであっても小規模なハンズオフの投資の場合や，ハンズオンしないベンチャーキャピタルや投資ファンドなどによる投資の場合は，スタンドアロンバリューで投資判断が行われる。そのような場合は，対象会社

の実態を把握するために①〜④までのステップのビジネス DD にフォーカスしたスコープとすることが多い。

　一方，ストラテジックバイヤーによる M&A 取引のうち，買収価格が高目で落ち着きそうな場合などでは，シナジー効果の分析や買収後の経営体制を想定しておくことが極めて重要である。そのような場合は，⑤〜⑦のステップに注力して作業を実施することが多い。

第*4*節　ビジネスデューデリジェンスの進化

ビジネス DD の重要性の高まり

　DD というと，必死になって対象会社のアラ探しをしている光景を想像する読者も多いのではないだろうか。これはある意味間違ってはいない。これを図表3－2では，"リスク発見型 DD" と呼んでおり，一昔前の DD はこのタイプが主流であった。

　しかしながら，DD は，大きく進化している。ポストM＆Aの早い段階においてシナジー効果を実現させるために，どのようなバリューアップ策が可能であるのかを DD の期間にいかに抽出するかに焦点があてられるようになってきた。特に，オペレーショナルな論点に加えて，M&A 後の戦略的な議論の重要性が高まっている。図表3—2では，"シナジー創造型 DD" がこれにあたる。"シナジー創造型 DD" では，買い手と対象会社が "win-win の関係" になるよう，M＆A取引後にどのようなビジネスの拡大が可能であるのかを検討する発散型のディスカッションを多用することが多い。

　また，DD の期間に実施すべき作業はさらに増えている。ポストM＆Aにおいて買収子会社の経営ガバナンス体制をどのように設計すればいいのかを DD において検討しようという意識が高くなっている。これを図表3－2では，"ポストM＆A検証型 DD" としている。

　DD の内容は時代とともに進化している。とはいえ，"リスク発見型 DD" を実施せずして DD は成立しない。"リスク発見型 DD" に加えて，どのような目的でどのタイプの DD を追加していくかを買い手は判断する。

　"シナジー創造型 DD" にあたるビジネス DD が，ビジネス DD のステップにおいては「⑤シナジー・Quick Hits の抽出」に，"ポスト M&A 検証型 DD" が「⑥ガバナンス体制の検討」にあたる。

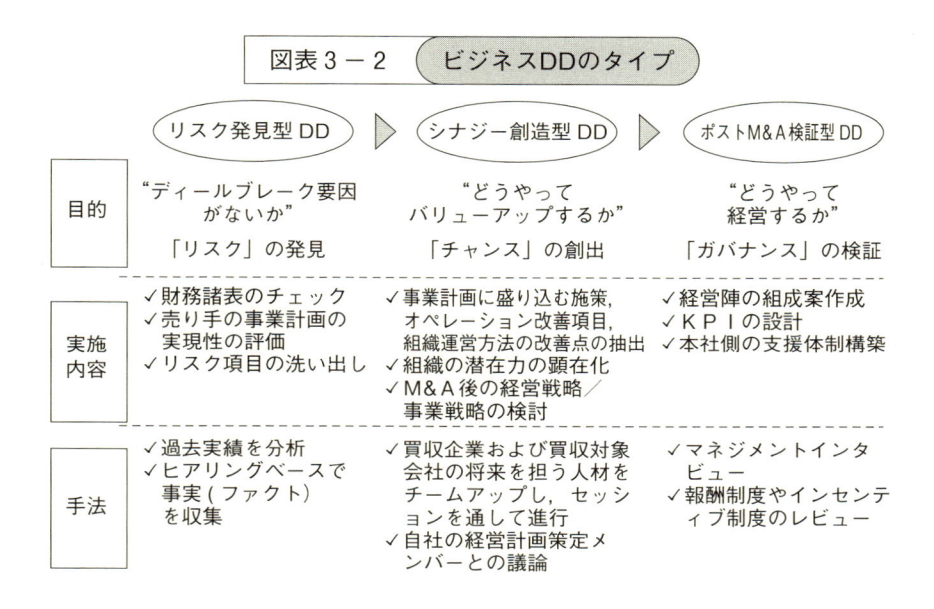

図表3－2　ビジネスDDのタイプ

	リスク発見型 DD	シナジー創造型 DD	ポストM&A検証型 DD
目的	"ディールブレーク要因がないか" 「リスク」の発見	"どうやってバリューアップするか" 「チャンス」の創出	"どうやって経営するか" 「ガバナンス」の検証
実施内容	✓財務諸表のチェック ✓売り手の事業計画の実現性の評価 ✓リスク項目の洗い出し	✓事業計画に盛り込む施策,オペレーション改善項目,組織運営方法の改善点の抽出 ✓組織の潜在力の顕在化 ✓M&A後の経営戦略／事業戦略の検討	✓経営陣の組成案作成 ✓KPIの設計 ✓本社側の支援体制構築
手法	✓過去実績を分析 ✓ヒアリングベースで事実（ファクト）を収集	✓買収企業および買収対象会社の将来を担う人材をチームアップし, セッションを通して進行 ✓自社の経営計画策定メンバーとの議論	✓マネジメントインタビュー ✓報酬制度やインセンティブ制度のレビュー

留意しておくべきこと

　異なる目的のビジネス DD を実施する場合に留意しておきたい点がある。それは，"リスク発見型 DD" と "シナジー創造型 DD" の両方を実施する場合，この2つの DD の実施メンバーを明確に分けることである。"リスク発見型 DD" の DD 実施者は，経営実態を把握するために厳しい追及を行う場合がある。その同じ DD 実施者が「さあ，将来について語りましょう。どのようなシナジー効果が創造できるかディスカッションしましょう」と対象会社の社員に呼び掛けても，対象会社の社員は，「罠かもしれない。言質をとられないようにしなくては」と警戒し，将来について仮定の話をする雰囲気にはならない。この両作業部隊は，混成チームではなく，別々のチームとして対象会社とコミュニケーションをとることが望ましい。

　一方，"ポストM＆A検証型 DD" については，買い手の経営陣の中でも限定的なメンバーで検討をすすめることが多く，"リスク発見型 DD" と "ポストM＆A検証型 DD" の DD チームとは作業上の絡みはそれほど多くない。したがって "ポストM＆A検証型 DD" は，情報共有の必要性がない限り，他の目的を擁する DD チームとはほぼ独立した形で作業を進める形でよい。

第*5*節　ビジネスデューデリジェンスの成果物

　ビジネス DD の成果物の内容は，実施したビジネス DD のスコープやどの分析に重点をおくか等に大きく依存するが，成果物の形態としては，実務上，以下の3部構成とすることが多い。

- エグゼクティブサマリー編
- 本編
- 添付資料編

エグゼクティブサマリー編

　エグゼクティブサマリーには，実施したビジネス DD の調査範囲，アプローチ，スケジュール，体制について記載したうえで，重要発見事項にフォーカスした分析および想定されるリスクとそれらへの対応策，交渉のためのバリューストラクチャに関する情報等を簡潔に記載する。

本編

　本編には，実施した調査や分析の全容を構造的かつ網羅的に詳細に記載する。

　プロジェクションを実施する場合は，エクセルシートの内容は添付資料編に入れ，プロジェクションの主要な前提事項や結果を本編に記載する。

　またシナリオ分析を実施している場合は，シナリオの概要や結果，分析結果の意味合いを本編にて記載する。

添付資料編

　添付資料編には，エグゼクティブサマリー編および本編に記載した事象にかかわる詳細データや背景事実，インタビューサマリー等をまとめる。

　参考のために，本書巻末付録に「ビジネス DD の報告書イメージ」を載せた。

　以上，本章では，ビジネス DD の作業項目や体制について概要を解説した。

　第 2 部は，ビジネス DD の 3 つのフェーズ，7 つのステップについて，その進め方や留意点などの詳細について，ステップごとに解説する。

第2部
ビジネスデューデリジェンスの具体的な進め方

　第2部では，ビジネスデューデリジェンスの「7つのステップ」について，買い手の視点からステップごとに作業の進め方や留意点，アウトプット例について事例を用いて解説する。ビジネスデューデリジェンスの結果については，他のデューデリジェンスの結果を踏まえて，買収価格や当該 M&A 取引の最終契約書に反映させるが，その際の留意点や論点の取り扱い方などについても解説する。

　第2部においては，対象会社や売り手さらに債権者など，買い手以外の立場で実施する際のビジネスデューデリジェンス，また作業実施環境に制限がある場合において活用できるエクスターナルデューデリジェンスやショートデューデリジェンスについても解説する。

第 4 章

ステップ①
ビジネスデューデリジェンス
計画の策定

第*1*節 「ビジネスデューデリジェンス 計画の策定」の概要

1 位置づけ

　ビジネス DD における最初のステップは，「①ビジネス DD 計画の策定」である。「①ビジネス DD 計画の策定」のステップにおいては，一般的なプロジェクト管理手法と同様に，ビジネス DD の範囲，アプローチ，実施期間，成果物の方向性を定め，実施体制や初期仮説を構築する。

図表4－1　ビジネスDDにおける「ビジネスDD計画の策定」の位置づけ

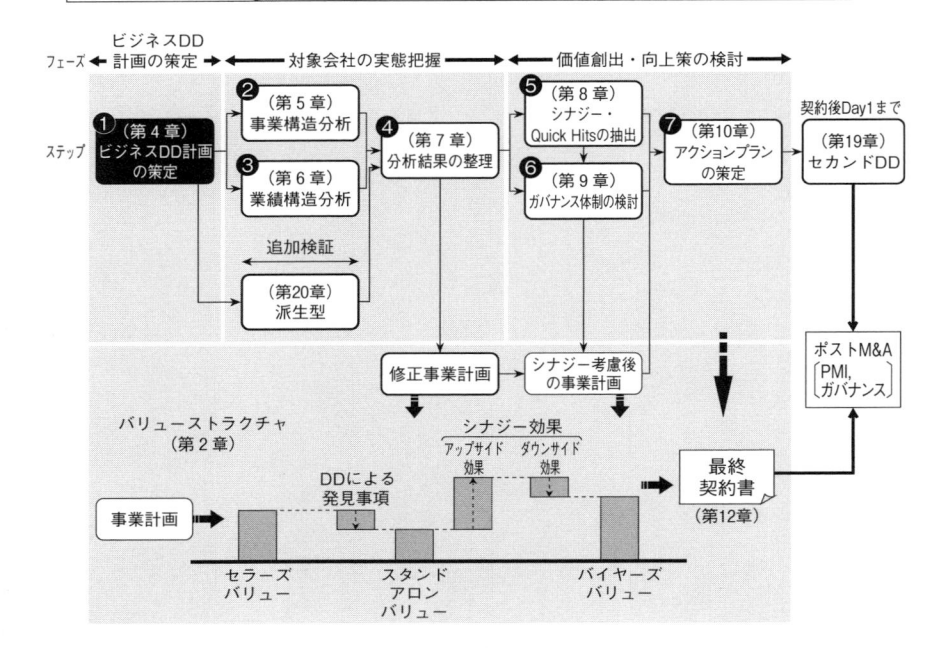

2　本章の構成

　本章では，第2節において，「①ビジネスDD計画の策定」の進め方について解説する。具体的には，図表4－2のステップに従って，「**1**　目的・目標の設定」，「**2**　調査範囲の定義」，「**3**　マイルストーンの設定」，「**4**　実施体制の構築」，「**5**　仮説構築」の各作業について解説する。

　第3節では，「ビジネスデューデリジェンスと一般的な調査分析との相違点」について解説する。

　そして最後の第4節において，対象会社が事業再生会社である場合についてDD計画策定における留意点について解説する。

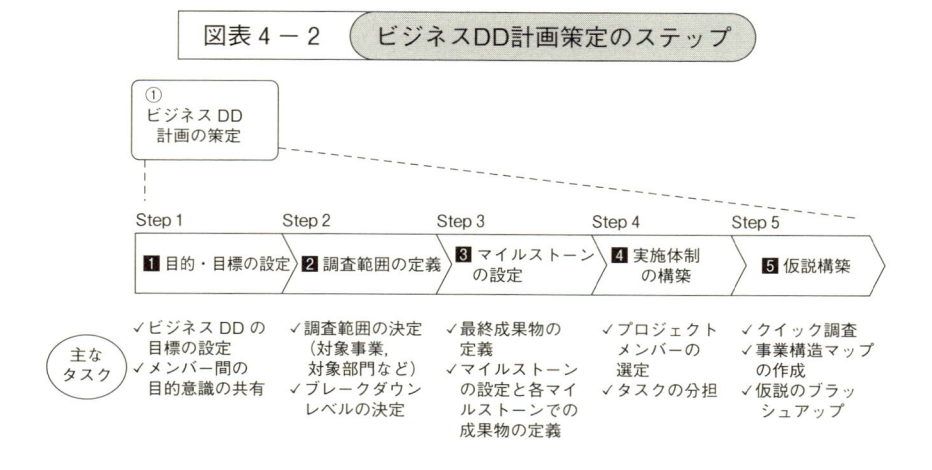

図表4－2　ビジネスDD計画策定のステップ

Column

ビジネスDD期間は2カ月が限界

　対象会社の規模にもよるが，ビジネスDDの期間は，3週間～2カ月程度が適正である。

　2カ月を過ぎると，まず対象会社のビジネスDD受入隊が疲弊してくる。1人風邪をひくと，データルームにいる他のメンバーにもすぐうつる。体力が弱っている状況では，感染が早い。対象会社のビジネスDD受入隊の体力が限界を迎えると，処理が滞りはじめ，情報が出てこなくなる。そうなると，今度は，DD実施者が，必要な情報が入手できず，分析が進まなくなることにストレスを感じ始める。分析が進まないと，次には買い手が意思決定に支障が出てくることに苛立ち始める。このような負のスパイラルは，我々の経験則では，概ね2カ月くらいで迎えることが多い。

　2カ月もビジネスDDをやっていると，次第に木を見て森が見えなくなる状況に陥ってくる。長い場合でも，ビジネスDDは，2カ月内には終わらせたいものである。

第*2*節　「ビジネスデューデリジェンス計画の策定」の進め方

1　目的・目標の設定

(1)　目的・目標の設定の意義

「①ビジネス DD 計画の策定」においては，まず，ビジネス DD の目的・目標を設定する。

ビジネス DD 開始時に，ビジネス DD の目的（何のために）と目標（達成するもの），さらにビジネス DD の位置づけを明確に設定しておくと，当該 M&A 取引においてビジネス DD に求められる成果物と最終的な成果物との隔たりを少なくすることができる。

例えば，ビジネス DD の目的には「DD 対象会社の経営実態を調査することにより，買い手にとって本 M&A 取引の意思決定に資する材料を提供すること」が挙げられる。また，ビジネス DD の目標には「第三者として客観的な視点で合理性のある事業計画 5 カ年分を作成する」ことが例として挙げられる。

ビジネス DD を進めていく中で調査範囲や投入リソース等で判断に迷った場合には，最初に設定した目的や目標に照らして意思決定することで大きなブレをなくすことができる。

(2)　目標を設定する際の留意点

以下，ビジネス DD の目標を設定する際の留意点について解説する。

留意点①　タイムラインを設定する

ビジネス DD の目標を設定する際には，目標を達成するタイムラインも同時に設定しておく。今から 1 〜 2 年後に達成する目標か，3 〜 5 年超の中長期

的な期間で達成する目標かによって，ビジネス DD の計画期間は勿論，分析の視点も異なってくる。短期的な目標であれば，既存の市場や競争環境分析で十分な場合が多いが，中長期的な目標であれば，潜在的な市場や新技術の動向なども視野に入れた上で，ビジネス DD の分析を進めなければならない。

留意点②	プロジェクトメンバー間で共有する

　ビジネス DD を実施する目的や目標（位置づけ）をプロジェクトメンバー間で共有することで，プロジェクトメンバー全員が，何のために，どのような成果物が必要かを明確に認識することができる。

　ビジネス DD には，各部門から異なる目的意識や立場のメンバーが関与するため，メンバー間の意識にバラつきがあることが多い。そのため，ビジネス DD 開始時にビジネス DD の目的や目標を共有しておくことは，メンバーの目的意識を 1 つの方向に導き，メンバー間やチーム間の無駄な作業や認識違いを防ぐために重要である。

　実務的には，ビジネス DD 開始時にプロジェクトメンバー全員を集めて，「キックオフミーティング[1]」を実施し，その中でビジネス DD の目的や目標を共有する機会を設けている。

❷　調査範囲の定義

(1)　調査範囲確定の意義

　調査範囲の定義とは，ビジネス DD の目的に基づいて，アプローチ方法，調査対象，実施期間，成果物などを定義するステップである。

　ビジネス DD では，短期間に多くのステークホルダーとのかかわりがある中で作業を進めていかなければならない。特に，外部のアドバイザーの参加を得てビジネス DD を実施する場合には，調査範囲については常に擦り合わせ

1　キックオフミーティングとは，プロジェクトの開始を宣言するための集まりを指す。プロジェクト計画の詳細等が説明される場合もあれば，プロジェクトメンバーの顔合わせ程度の場合もある。

を行うことが重要である。

(2)　調査範囲を定義する際の留意点

以下，調査範囲を定義する際の留意点について解説する。

留意点①　3つの観点から定義

　1つ目の留意点は，調査する対象会社の「ａ．事業領域の広さ」，「ｂ．ブレークダウンレベル」，「ｃ．分析の手法」の3つをセットで定義することである。この3つの観点のうち，どれか1つが欠けても後々混乱が起こりうる。

　「ａ．事業領域の広さ」は，ビジネスDDの対象となる事業領域を示す。「ｂ．ブレークダウンレベル」は，事業（セグメント）⇨部門⇨製品群⇨製品のように事業をどこまで細分して検証するかを意味する。「ｃ．分析の手法」の種類とは，損益計算書（以下，「P/L」という）の検証，将来P/Lの予測，損益分岐点分析等の種類を示す。

　図表4－3は，繊維事業を営むＡ社を対象としたビジネスDDにおける調査範囲の例である。この例では，主要事業である繊維事業以外を調査範囲から除外している。さらに繊維事業は，製品レベルにまでブレークダウンされ，3

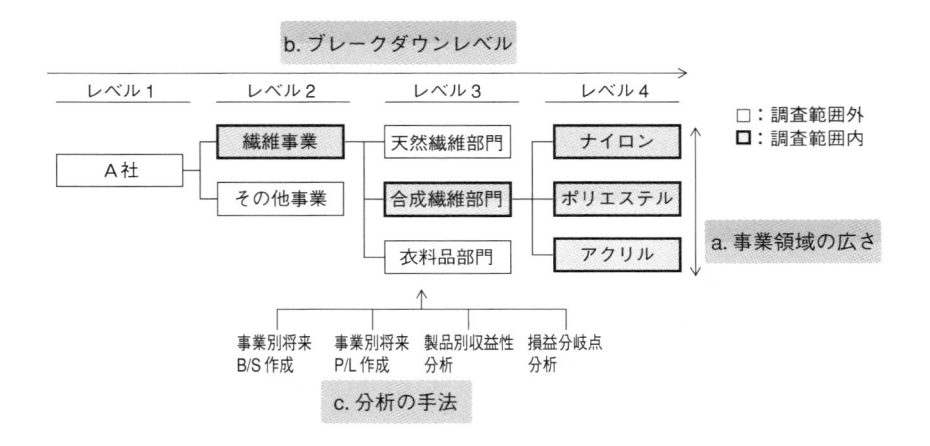

図表4－3　調査範囲を定義する際の3つの観点（例）

つの製品が調査範囲となっている。分析の手法は，事業別将来貸借対照表（貸借対照表は以下，「B/S」という），事業別将来 P/L，製品別収益性分析，損益分岐点分析等を用いることを定義している。

留意点②	調査範囲変更の可能性を認識する

　ビジネス DD では，与えられた時間を最大限有効利用し，かつ無駄な作業を極小化することが求められる。ということは，当初設定した調査範囲は極力変更しないことが無駄な作業をしないで済む方法のようにみえる。調査範囲が変更されると，タスクが増加し（図表 4 - 4 参照），プロジェクトメンバー（対象会社，買い手，DD 実施者[2]を含む）の疲弊につながるためである。

　しかしながら，ビジネス DD の作業の進捗とともに，買い手の問題意識が変化することは通常であるし，重要性が低かった論点が途中で重要ポイントになることもよく起こる。当初に定義した調査範囲が最後まで変わらないケースはむしろ稀である。

　では，ビジネス DD では，どのように調査範囲を設定すればよいのだろうか。この問いに対する，効果的な解決策は，特にビジネス DD の初期段階では，「調査範囲は柔軟に設定しておき，少なくとも週単位で見直すようにする」である。

　これは，一般的な調査分析の観点からは奇異に映るかもしれない。「調査範囲を変えること」は，プロジェクトマネジャーを含めたプロジェクトメンバーのストレスを生む。しかしながら，ビジネス DD においては，買い手の意思決定に資する情報を入手することが必須である。時には大きな軌道修正が必要な場面があることを忘れてはならない。

2　ビジネス DD は，買い手が自社で実施する場合や，アドバイザーに作業を委託する場合があるが，ここでは，その両者を含めて，実際にビジネス DD の作業を実施する人を DD 実施者と呼んでいる。

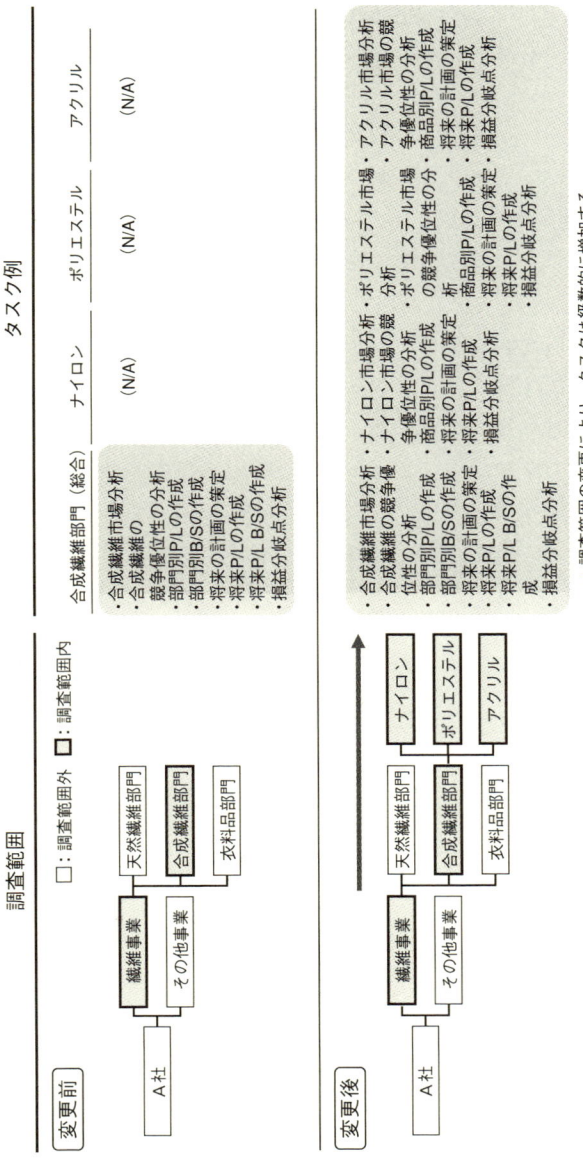

図表 4 − 4　調査範囲の変更のインパクト（例）

❸ マイルストーンの設定

(1) マイルストーンの設定の目的

　マイルストーンとは，プロジェクトのゴールに到達するための道標である。ビジネス DD 実施の目的を達成するために必要な成果物が何であるかを考慮し，どの時点でどのような成果物が必要なのかを明確にした上で，マイルストーンを設定する。

　マイルストーンを設定することにより，プロジェクトメンバーはプロジェクトのスピード感を認識することができる。タイトな期間設定がメンバーに過酷な業務を強いるビジネス DD であるが，明確なマイルストーンなしでは，「このタイミングまで全力を尽くす」というパワーを引き出すことも困難である。

　マイルストーンが設定されていないと，ビジネス DD の途中段階で，買い手と DD 実施者との間で，状況確認を行う機会がなくなってしまう。その結果，買い手が求めている DD と DD 実施者の作業との間に隔たりができてしまうおそれがある。

(2) マイルストーンの設定の留意点

　以下，マイルストーンを設定する際の留意点について解説する。

留意点① 意思決定のタイミングに合わせたマイルストーンの設定

　ビジネス DD のマイルストーンは，M&A 取引のスケジュールや売り手および買い手の意思決定のタイミングにあわせて，現実的なタイミングで設定することが重要である。

留意点② スケジュールは逆算で設定

　ビジネス DD のタスク別スケジュールは，各マイルストーンの時期と必要な成果物から逆算し，さらに投入リソースを勘案して決定していく。初期段階でのタスクの設定においては，詳細レベルの作業まで綿密に落とし込む必要は

図表 4 － 5 マイルストーンの設定 （例）

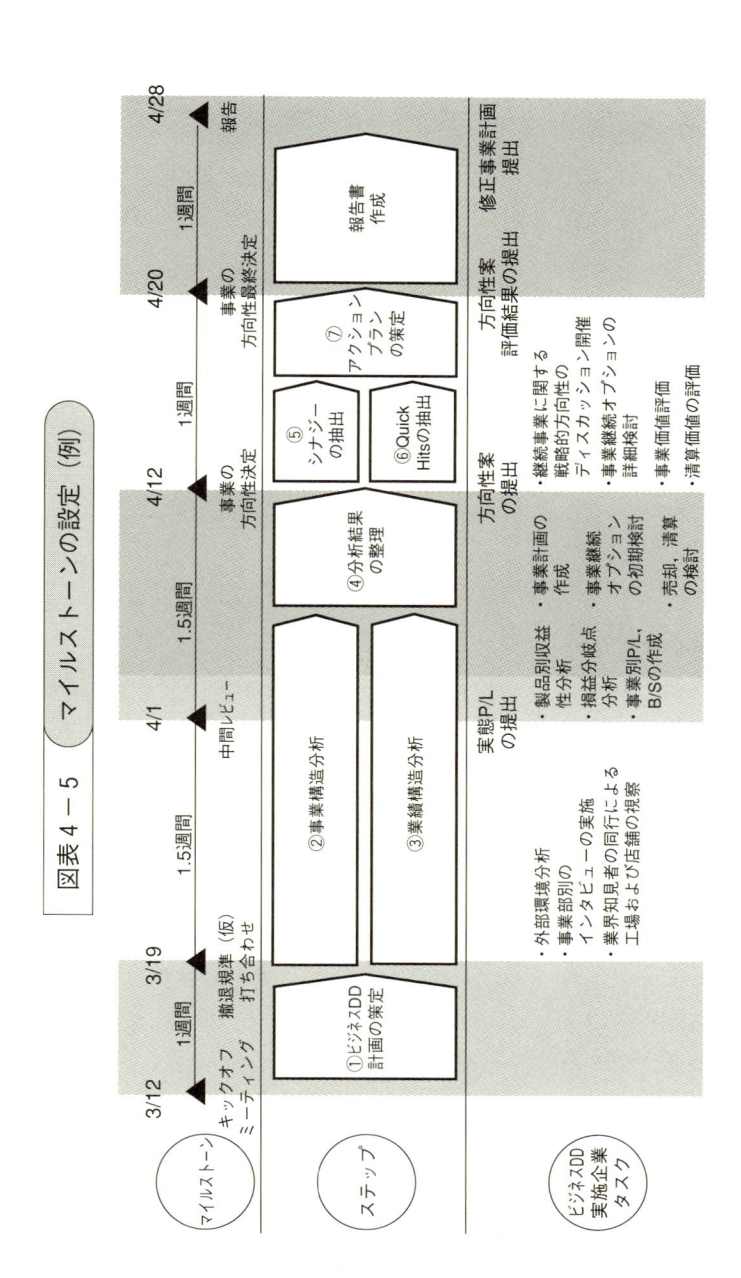

なく，大まかなレベルの設定でよい。タイムスケジュールを事前に綿密に計画
することは，多くの不確定要素を抱えているビジネス DD においては至難の
技である。特に，事業構造分析（第5章参照）および業績構造分析（第6章参
照）のタイムスケジュールは対象会社の経営情報の管理状況や対象会社との協
力度合いなどにも依存するため，プロジェクトチームの思惑どおりに進まない
ことがしばしばである。

留意点③	積上げ方式でのマイルストーン設定は御法度

　タスクを積み上げていくことによってマイルストーンを設定するやり方はビ
ジネス DD においては逆効果である。タスクの積上げは，多くの場合，分析
の各プロセスに「余裕を持たせた」スケジュールを意味する。ビジネス DD
の期間を無用に長期化させることのないマイルストーンの設定が望ましい。

4　実施体制の構築

(1)　ビジネスデューデリジェンスの体制（例）

　図表4－6は，ある M&A 取引におけるビジネス DD 実施体制である。こ
の M&A 取引は，複数の買い手候補を競わせる入札となった案件であったた
め，買収価格が高めになることが想定された。

　そのため，当該ビジネス DD においては，「対象会社実態調査」チームと
「シナジー検討」チームの2チームに分ける体制をとった。「対象会社実態調
査」チームは，前述のリスク発見型 DD を担当し，「シナジー検討」チームは，
シナジー創造型 DD に対応したビジネス DD を実施するという体制である。

「対象会社実態調査」チームの役割

　「対象会社実態調査」チームは，対象会社が買い手に開示してきた事業計画
の実現可能性を精査するチームである。

　この M&A 取引の場合は，対象会社には，A事業およびB事業以外にも，

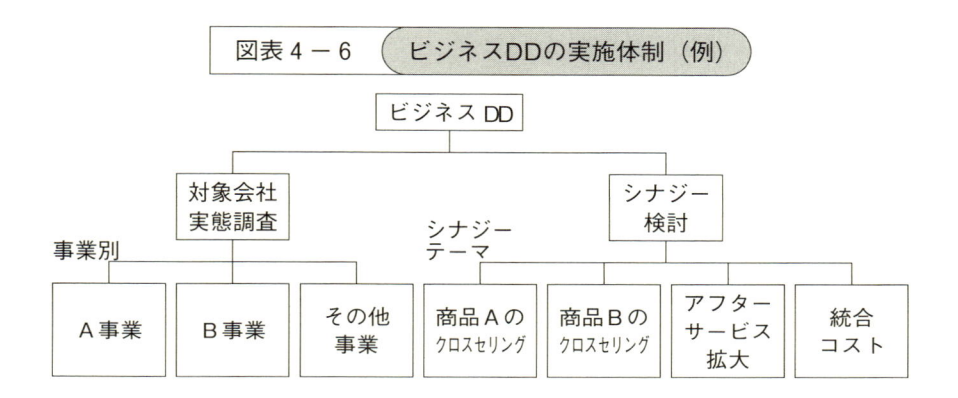

図表4－6　ビジネスDDの実施体制（例）

いくつか小さい事業があったが，売上および利益の大半を稼ぎ出すのは，Ａ事業およびＢ事業であったため，この2事業に焦点を当てたビジネスDDのチーム体制を組んだ。

　ただし，網羅性を担保するために，その他の小さい事業については，大きなリスクが内在していないかについて，別途，その他事業チームにおいて調査を実施した。

「シナジー検討」チームの役割

　「シナジー検討」チームは，当該M&A取引において，どのようなシナジー効果がいくらぐらい，どの時点で，どちらの会社に（買い手側か，対象会社側か）発現するのかを検討するチームである。

　「シナジー検討」チームを組成するためには，最初にどのようなテーマのシナジー効果がありそうかについて仮説を立てることが必要である。仮説上のテーマをもとにチーム編成し，検討を進めるが，途中で実現する可能性が高いシナジー効果のテーマが変わったり，1つのテーマが複数のテーマに分かれていったりすることがある。この場合は，DD開始後，間もないタイミングであれば，臨機応変に途中でチーム編成を変えた方がよい。

(2)　プロジェクトメンバーの選定要件

　プロジェクトメンバーの選定は，対象会社，買い手およびDD実施者にお

いてそれぞれ選定要件が異なる。

①　対象会社

　対象会社では，窓口担当者，事業責任者および現場スタッフ，経営企画担当者の指名が必要である。

　ビジネス DD においては，DD 実施者からのインタビュー依頼や資料提供依頼が大量に対象会社に寄せられるため，それをさばく窓口担当者が必要となる。この窓口担当者には事業責任者のスケジュールを押さえることができる権限を有する役職者（企業規模にもよるが，部長クラス以上）を指名し，ビジネスDD 期間中は可能な限りビジネス DD のタスクに専念する体制が望ましい。

　ビジネス DD では，事業責任者および現場スタッフの協力が必要不可欠である。事業に関する重要な意思決定を担う事業責任者だけでなく，事業そのものに精通している現場スタッフを確保できるかがビジネス DD の成功を左右することになる。

　事業別の業績管理を行っている経営企画担当者の確保もビジネス DD には欠かせない。特に，業績構造分析などでは，過去業績の詳細を説明してもらうことが必要になる。場合によっては，経営企画担当者に事業別 P/L や商品別収益性分析のための資料等の作成を依頼するケースもある。そのような場合は，経営企画担当者のプロジェクトへの巻き込みは必須である。

②　買い手およびデューデリジェンス実施者

　買い手および DD 実施者においては，コミュニケーション担当，リソース／インフラ担当，分析担当の各担当をおくことが重要である。

　特にコミュニケーション担当の役割はきわめて重要である。ビジネス DDに会計ファームやコンサルティング会社などの外部アドバイザーを起用する場合には，買い手と DD 実施者（外部アドバイザー）の双方に最低 1 名ずつ，専任のコミュニケーション担当者がいるといい。このコミュニケーション担当者は個別事業の分析作業はせず，コミュニケーションに徹する。

　DD も終盤を迎えると，プロジェクトチームには，あらゆる情報が行き交い，財務 DD など他の DD チームから情報を受け取る，調査範囲の変更が起こる

など，状況の変化が激しくなる。こうしたときに，「コミュニケーション担当にすべての情報が集まっている」という安心感は，極度の緊張感の中で進むビジネス DD を成功に導くための鍵となる。

　また，DD 全体への参加人員が多い場合や調査対象の場所が複数にわたる場合などは，連絡手段や移動手段の調整・手配だけでもかなりの負荷となる。このような場合，リソース／インフラ担当として買い手側から担当者を選任しておくことで，対象会社とのコミュニケーションを円滑化させることができ，作業の効率化に大きく貢献する。

　分析担当者については，規模の大きいプロジェクトでは，事業ごとに分析担当者と事業計画担当者をおくことで，役割分担を明確にして進行させることが効率化につながる。

　「ビジネス DD 計画の策定」は，各 DD チームとの関係構築を行っておく意味でも重要なステップである。この時期にビジネス DD 以外の各 DD の実施体制を把握し，各 DD チームとの顔合わせをしておくことで，他の DD チームとの情報共有や協力体制が必要となった場合，迅速に対応することが可能となる。それにより DD の効率を格段に向上させることができ，さらに対象会社の負荷も軽減できる。

(3)　プロジェクトメンバー選定の留意点

　以下，プロジェクトメンバーを選定する際の留意点について解説する。

| 留意点① | メンバーはできるだけ専任に |

　ビジネス DD は，買い手にとって重大な意思決定に資する資料を短期間でまとめ上げる作業である。膨大な情報収集や分析作業に追われるメンバーには体力面，精神面ともに極度の負荷がかかる。対象会社のメンバーにとっても精神的な負荷がかかるのは同様である。したがって，このような業務に取り組むメンバーには，極力他の業務から解放される環境を整えるように配慮することが望ましい。

留意点②	メンバーは可能な限り最初から参画させる

　ビジネス DD の途中でプロジェクトに合流すると，キャッチアップに多くの時間を要してしまうため，プロジェクトメンバーは，可能な限り最初から参画してもらうことが望ましい。また，プロジェクトメンバーの人数は，多少余裕をもたせた方がよい。スコープの変更や健康上の問題が起こるため，結局最後は全員がフル稼動になることが多い。

留意点③	タスクと責任分担を明確にする

　初期段階で事業分析を担当するプロジェクトメンバーのタスク分担と責任・権限を明確にしておくことは，メンバーのコミットメントを高めるうえで重要である。この点を明確にせず単に「作業を割り振って」しまうと，調査範囲の変更等があった際に責任の所在が不明確となり，混乱が生じる可能性がある。

Column

プロマネは情報管理を徹底せよ

　ビジネス DD を実施する際には，通常の執務スペースとは別に，特別にプロジェクトルームを確保している。そのプロジェクトルームは，夜や昼食時にメンバーが席を外す時間帯は施錠する。

　帰宅時に資料やデータの入った PC を持ち出すことは厳禁である。特に疲れている際には電車にかばんを置き忘れることも想定されるため，電車には手ぶらで乗る。

　重要な分析結果や技術情報が記載された資料をメールで添付送付する場合はパスワードをつけるが，タイトルで内容がわかる場合があるため，送ってはいけない人へ間違って送ってしまうことがないよう宛先は必ず別の人に確認してもらう。

　廃棄資料もプロジェクト期間中はプロジェクトルームにためておき，M&A 取引終了後に廃棄する。コピー機やシュレッダーは，できるだけプロジェクトルームに専用機を用意する。プロジェクト期間は，コピー機やシュレッダーのメンテナンス会社を呼ばない。壊れたらもう1台調達する。他の会社から聞いた話であるが，コピー機が記憶しているデータを盗まれたことがあったらしい。毎日の掃除もメンバーがいる時間帯に入ってもらい，ゴミ箱に重要情報が紛れていないか確認してから清掃者に渡す。

　夜タクシー帰りが続くと，だいたいいつも同じドライバーの車がビルの外で待

っているが，特に複数人で乗りあわせて帰宅する場合，車内で打ち合わせをしない。ドライバーも連日，同じ人やその関係者を乗せていると何の件について話をしているのか，悟ってしまうかもしれない。

　以上は注意していれば防げる情報流出であるが，こちらが気をつけていても防げない情報流出もある。たとえば，以前，対象会社で，インタビューをした際に盗聴器を仕掛けられたことがあった。この事件以降，我々はネガティブな噂がある案件では，盗聴器探査機を持っていくことにしている。プロマネは情報管理を徹底するよう心がけなければならない。

5　仮説構築

　仮説構築とは，ビジネス DD の実施に先立って，仮の結論または仮の解決策を設定することである。これは，初期的な知識にもとづいて，「対象会社の価値の源泉は何なのか，何が価値創出の機会になるのか」などについてとりあえずの仮説を立てる作業であり，これにより，作業のおおよその目星をつけることが可能となる。なお，通常のプロジェクトでは，提案書作成段階で，仮説構築作業をほぼ終了させておく場合が多い。

　仮説構築は，大きく3つのステップから構成される。

(1)　クイック調査

(2)　事業構造マップの作成

(3)　仮説の構築

(1)　クイック調査

調査の目的

　クイック調査は，仮説構築にあたっての予備知識を広く浅く得るために実施するものである。

調査手法

　クイック調査では，新聞記事検索が有効である。新聞記事は事例も取り上げ

ており，業界における重要なトピックを短時間で収集することができる。新聞記事は，「日経テレコン21」[3] などのデータベースを使うと簡単に入手できる。また，ビジネス誌や，該当する業界について書かれた業界専門雑誌，新聞，アナリストレポートなどにも目を通しておくとよい。

先進事例の入手

　成長戦略を策定する場合には，仮説構築段階で業界の先進事例を入手しておくことが重要である。対象会社と業界の先進事例を比較し，突出もしくは不足している点を洗い出すことで，効率的に成長の仮説を立てることができる。

　また，対象会社が先進的な企業である場合や，業界において前例がないような場合には，他の業界における先進事例が参考となる。例えば，業界として初めてアフリカ地域への進出を検討する場合，他の業界におけるアフリカ地域進出の成功・失敗事例を初期段階で入手・分析しておくことなどがその一例である。

深掘りは後の作業

　どの業界においても，トピックとなっている要素がいくつかある。まずは，そうした重要なトピックを収集することが重要である。

　ただし，この段階では重要そうなトピックについての概要を把握することにとどめ，深掘りは避ける。時間をかければ限りなく情報はとれるが，論点が明確でないと後々無駄な作業となってしまうこともある。あくまでも，仮説構築のための頭の体操ということを念頭に置いておく。

(2)　事業構造マップの作成

①　事業構造マップとは

　事業構造マップとは，そのビジネスが顧客に対して何を，どのように提供しているかを図示したものである。一般的には，縦軸にどのような商品やサービスを提供しているかを，横軸にその製品やサービスが開発されてから市場に出

3　日本経済新聞社が保有するデータベースをインターネット上で提供する会員制のビジネス情報サービス。（http://t21.nikkei.co.jp）

るまでの付加価値の流れを示す。図表4-7は事業構造マップの一例であるが，対象会社や仕入先，販売先，外注先等をマッピングすることで，対象会社がどのような商品を取り扱い，どのような企業と取引しているのかといった事業の構造を知ることができる。

②　事業構造マップ作成の目的

重要な論点の把握

　事業構造マップを作成する第1の目的は，分析の調査範囲や重要な論点を把握することである。対象会社の事業構造を十分に把握することなく，やみくもにビジネスDDを進めてしまうと，重要性の低い情報の収集や焦点が外れた仮説構築をしかねない。事業構造マップは，「対象会社の実態把握」や「バリューアップ機会の抽出」を実施するためのベースとなる。

マクロ的な視点で事業を鳥瞰する

　事業構造マップを作成するもう1つの目的は，対象会社が行う事業についてマクロ的な視点を示すことである。図表4-7は，合成繊維事業の仕入から販売までの流れを示したものである。このケースでは，対象会社は製造工程のうち紡糸工程までをその事業領域としている。この場合，対象会社の社員や役員は最終製品を販売しているスポーツ用品メーカーや自動車メーカーの売上動向を案外把握していないことが多い。自らが行う事業をミクロ的な視点のみで見ていることが多いのである。しかしながら，最終製品の売上が対象会社の売上に影響を与えることはいうまでもない。買い手にはマクロ的な視点も提供することが必要であり，こういった分析はDD実施者が実施する業界分析の中で構造化していくことになる。

③　事業構造マップ作成の留意点

留意点①	重要な論点が一目で把握できるように作成

　事業構造マップ作成における1つ目の留意点は，今後の短期のキャッシュフローに大きな影響を与える取引先，取引関係を明らかにすることである。図表

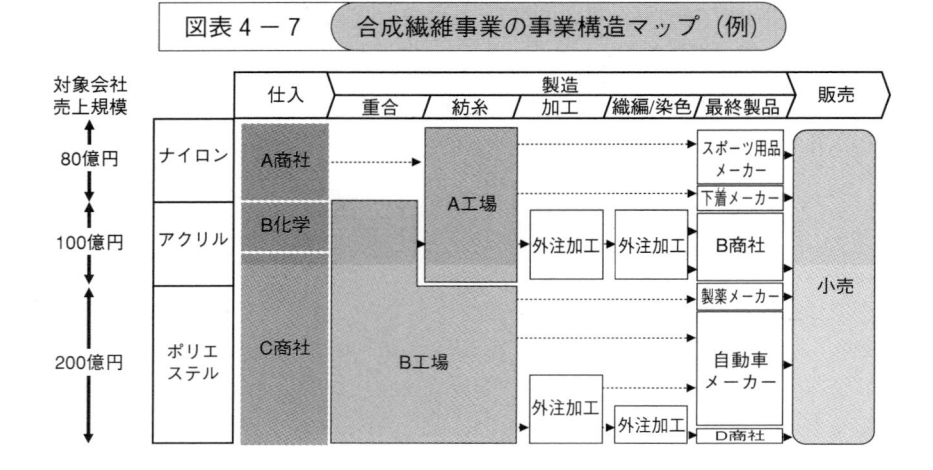

図表4－7　合成繊維事業の事業構造マップ（例）

4－7を例にとると，C商社からの仕入額および自動車メーカーへの売上高の割合が大きく，この2社が対象会社の収益に大きな影響を与えていることが一目でわかる。仮に自動車メーカーへの売上が減少することがあれば，それに伴ってこの企業の売上にも影響が生じ，短期的なキャッシュフローに大きな影響を与える。事業構造マップを作成する際は，対象会社に最も影響を与える取引先が一目で把握できるように作成することが重要である。

留意点②　修正を繰り返し，最適なマップを作成

2つ目の留意点は，続くステップである仮説構築，検証に伴い，事業構造マップを繰り返し修正していくことである。事業構造マップは，必ずしも一度で最適なマップが作成できるわけではない。というのも，企業のビジネスは複雑であり，どのような示唆を導出するかにより，プロセスの「視点」や「並べ方」が異なってくる。たとえば，図表4－7では，対象会社の事業が製造を中心とした事業を行っているため，製造工程の分析が重要であることがわかる。そのため，論点の抽出がしやすいように製造工程を細分化している。

なお，ビジネスプロセスはMECE[4]である必要はあるが，すべての項目を詳

4　MECE：Mutually Exclusive Collectively Exhaustive。ミッシー。それぞれが重複することなく，全体集合としてモレがないこと。

細化する必要はない。ビジネス DD は，当該 M&A 取引についての意思決定をすることが目的であるため，その目的に必要な範囲で細分化し，深掘りすれば十分である。

(3)　仮説のブラッシュアップ

①　初期仮説にはしばられすぎない

クイック調査において収集した情報にもとづき，可能性の高い結論を抽出し，仮説のブラッシュアップを行う。仮説は，1回で構築できる場合もあるが，通常は修正を繰り返して確立していく。なぜなら，調査や分析を進めていく中で，新たな視点が出てきたり，留意点が絞られることは多々あるからである。そもそも当初の仮説が間違っているというケースもある。したがって，仮説はあくまで仮説であって，何度もリバイスされるものであることを認識し，初期仮説にしばられることなく，仮説変更について柔軟に対応していくことが重要である。

②　あらゆる側面から該当可能性が高い論点を抽出

分析の初期段階においては，あまりに堅固で柔軟性のない仮説を構築してしまうと，その後のビジネス DD の作業において自由度を失い，最悪の場合，見当違いの仮説の検証に時間をとられてしまう。

このような事態を避けるために，初期段階では，外部環境や内部環境，リスク発見型の側面とシナジー創造型の側面というように多面的な視点から，対象会社のビジネスについて鳥瞰的に全体観をみておくべきである。そうした中で，可能であれば業界専門家の意見も取り入れながら，重要性の低い論点の優先順位を落としていく。初期仮説の構築の段階で，良質な論点および仮説の抽出を実施するにはある程度の経験が必要である。図表4－8は，論点の抽出時によく使用するチェックリストのサマリーである。図中に記載された項目は，膨大なチェックリストの一部であるが，その視点については，先に述べた外部環境や内部環境，リスク発見型の側面とシナジー創造型の側面を網羅している。

なお，仮説の構築を行う場合にはブレーンストーミングやディスカッションを行うと短時間で効率的に仮説を立てるべき論点を絞り込んでいくことができる。

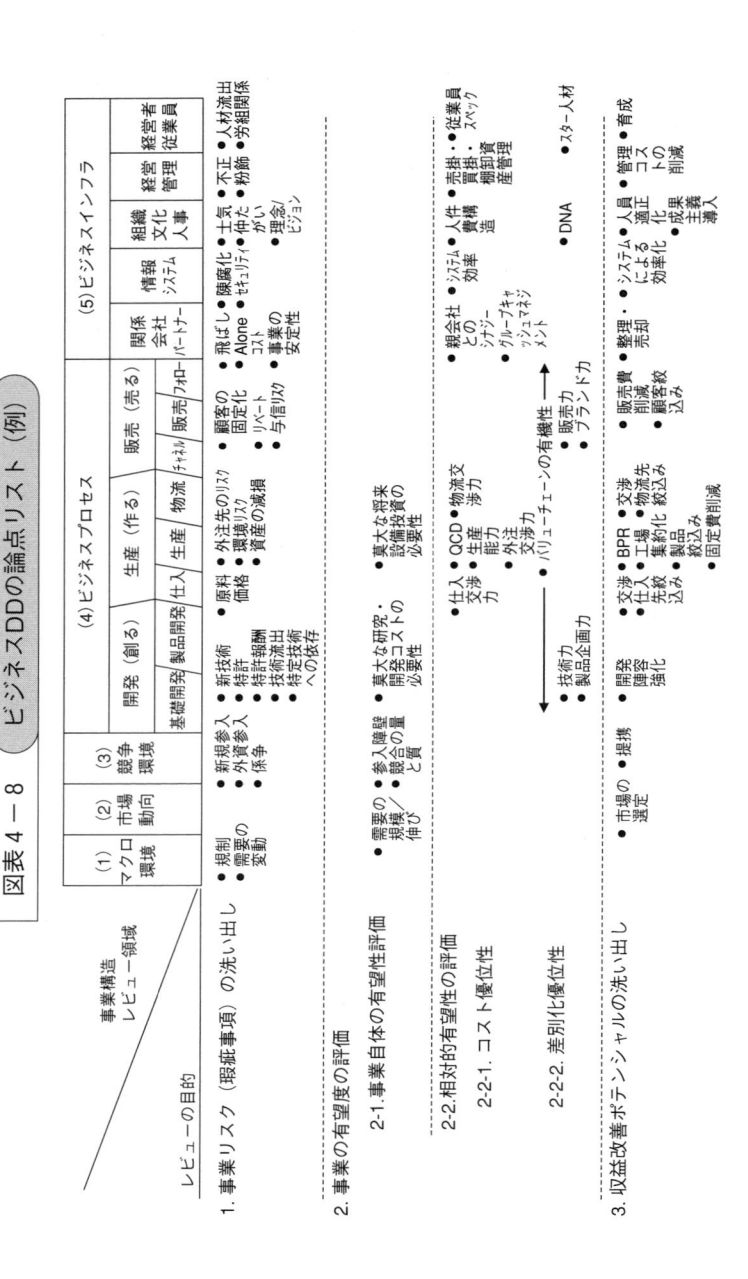

図表 4 - 8　ビジネスDDの論点リスト（例）

③　重要な論点に対する初期仮説を SWOT で整理

　当該ステップにより抽出された仮説を整理する場合には，SWOT 分析が有効である。事業構造マップの作成や業界クイック調査から浮かび上がった業界トピック等を参考に，対象会社の競争優位性，すなわち「強み（Strength）」および「弱み（Weakness）」，対象会社が所属する業界の魅力度，すなわち成長性や安定性，参入障壁や規制緩和といった「機会（Opportunity）」および「脅威（Threat）」に影響を与える論点を抽出し，これらに対する仮説をSWOT 形式で整理する。

　特に，SWOT に該当する仮説を重視する理由は，それらの仮説が，以後の分析の方向性に重要な影響を与えるからである。「強み」や「機会」を強く示唆する仮説の場合には，分析の主眼は「業界の成長によって今後どれだけの恩恵を受けられるか」，「競争力を維持し続けるために必要な先行投資は十分か」といったものになる。逆に，「弱み」や「脅威」を示唆する仮説の場合には，分析の主眼は「規模縮小やシェアの低下に耐えうる力はあるのか」，「業績の悪い事業から撤退したら生き残りの余地があるのか」といった，ある種後ろ向きのものになる。このようにして構築された仮説を，第 5 章「事業構造分析」以降のステップで具体的に，検証する。

　本節で取り上げたこれら 5 つのステップの実施により，最終的には図表 4 － 9 に示すようなコントロールシートを作成する。このコントロールシートには，調査範囲やマイルストーンの設定，実施体制，初期仮説などが盛り込まれる。

図表4－9 コントロールシート（例）

コントロールシート

プロジェクト名	プロジェクトX	対象会社名	A社
分析対象（レベル）	合成繊維部門（レベル3）	プロジェクトマネージャー	B氏
作成者氏名	D氏	初回作成日 20XX/　/	アップデート日 20XX/　/

ビジネスDD概要

背景と目的

背景：

目的：

調査範囲定義

	レベル1	レベル2	レベル3	レベル4
	A社	繊維事業	天然繊維部門	ナイロン
		その他事業	合成繊維部門	ポリエステル
			衣料品部門	アクリル

□ 調査範囲外
▨ 調査範囲内
■ シート対象

1 目的・目標の設定

2 調査範囲の定義

主要なマイルストーン

項目	step.1 撤退基準（仮）打ち合わせ	step.2 中間レビュー	step.3 事業の方向性仮決定	step.4 事業の方向性最終決定	step.5 最終報告
期日	○月○日	○月○日	○月○日	○月○日	○月○日
主要タスクイメージ					
成果物					

3 マイルストーンの設定

作業環境構築

☑ ディール関係者パーティーリスト作成　　　　　□ 買い手側アドバイザー間の調整
☑ DDに必要なインフラ（部屋、ネットワーク等）の手配依頼　　□ 情報伝達経路の定義、対象会社の了解取得

体制構築

名前（*）	所属	本ビジネスDDにおける位置づけ・役割	Report To	関与度合い
A氏	当社	ディール責任者		
B氏	当社	DD統括プロジェクトマネージャー	A氏	60%
C氏	当社	利害関係調整窓口（ビジネスDD共通事務局）	B氏	33%
D氏	当社	合成繊維部門分析主任	B氏	100%
E氏	外部アドバイザー	（ビジネスDD委託先）プロジェクトマネージャー	（B氏）	100%
F氏	外部アドバイザー	合成繊維部門分析担当者	E氏	100%
G氏	外部アドバイザー	修正事業計画作成担当者	E氏	100%
H氏	業界OB	繊維業界知見者	（E氏）	50%

外部ステークホルダー	位置づけ	ディールにおける役割・影響力
Z社	対象会社大株主	
A銀行	対象会社メイン行	
B銀行	対象会社準メイン行	

4 実施体制の構築

主要論点および仮説検証

主な論点（*）	当初仮説（現時点での結論）	検証手法

5 仮説構築

第*3*節　ビジネスデューデリジェンスと一般的な調査分析との相違点

　ビジネス DD には，一般的な調査分析と比べて，いくつかの相違点がある。

　主な相違点は，以下の3つである。本節では，これらの相違点がビジネス DD の作業に与える影響やその対応策について解説する。

- **1** 買い手の調査目的のすり合わせが必要
- **2** 利害関係が複雑に絡むため，プロジェクトマネジャーの役割が重要
- **3** 現場の巻き込みが必須

1 買い手の調査目的のすり合わせが必要

トップマネジメント間でも共有されていないことが多い

　M&A 取引は，買い手の意図や目的をもって始まり，売り手や対象会社の同意を得た上で本格的に開始される。しかしながら，買い手のトップマネジメント間では，必ずしも当該 M&A 取引の意図や目的が明確に定まり，共有されているとは限らない。たとえ共有されていたとしても，立場や関与の度合いにより，認識や捉え方に温度差がある場合が多い。目的が誰にとっても明確である一般的な調査分析とは異なり，ビジネス DD は，目的意識が定まっていない中で作業を実施しなければいけない点がその特徴の1つである。

　買い手のトップマネジメント間で認識にギャップがある場合，調査範囲の定義や投入リソース，スケジュールなど重要な意思決定において足並みが揃わないだけでなく，ビジネス DD に求める成果が異なり，結果として，求める成果と実際の成果物とに隔たりが生じてしまう。

　こうした事態に陥らないためには，ビジネス DD 開始時にトップマネジメント間で目的や目標をすり合わせておくことが必要である。すり合わせた内容

は，可能な限り文書化しておくことが望ましい。

2 利害関係が複雑に絡むため，プロジェクトマネジャーの役割が重要

立場の異なる関与者が多い

一般的な調査分析では，調査実施者は，依頼者の方だけを向いていればよいが，ビジネス DD においては，そうはいかない。

買い手，対象会社とも，当該 M&A 取引に関与するメンバーは，トップマネジメントを中心にごく限られた人数であるが，実際にビジネス DD を実行する場合は，これらのトップマネジメントを中心としたメンバーの方だけを向いているのでは，十分でないことが多い。買い手，対象会社の DD 遂行メンバーは限定的である一方，当該 M&A 取引の影響を受ける関与者は多い。対象会社の取締役，株主，金融機関等のステークホルダー，さらに F A（Financial Adviser），財務 DD や法務 DD などの他の DD を担当するアドバイザーなど，実に多くの関与者が 1 つの M&A 案件に携わる。

各関与者は，それぞれに立場が異なり，異なる懸念事項，問題意識，利害関係が存在する。ビジネス DD においては，これらの関与者の異なる思惑や利害をうまくマネージすることが求められる。

プロジェクトマネジャーの役割

この状況をうまくマネージする役割を担うのが，プロジェクトマネジャ（以下「プロマネ」と表記）である。

会計ファームやコンサルティング会社などの第三者が買い手側の DD 実施者として参画する場合，その現場統括者がプロマネと呼ばれることが多い。プロマネは，ビジネス DD が始まる前の準備段階から最終的な報告を行うまでの段取りをつけ，プロジェクトを成功に導く役割である。当該 M&A 取引の FA や各アドバイザーといった外部との調整だけでなく，プロジェクトメンバ

ーの指名，タスクの割り振り等の内部の調整も多い。プロジェクトの規模によってプロマネの負担は異なるが，その大小に関係なく，プロジェクト全体を円滑に進めるために重要な役回りを演じるのがプロマネである。

　同業同士での M&A 取引や対等合併のような場合，買い手と対象会社はお互いに対等意識が強く，対等のバランスが崩れると些細なことから対立構造をまねきやすい。両社の対立が顕在化すると，ビジネス DD のプロジェクトメンバーの選定やプロジェクトルームの場所すら，一向に決められない状態も起こりうる。そうした場合に，外部の第三者がプロマネとして参画していれば，大局観に立って，当該 M&A 取引を成功に導くために必要なサポートや助言をしてくれることが期待できる。

③　現場の巻き込みが必須

現場部局[5]を早めに巻きこむこと

　一般的な調査分析においては，調査実施後すぐに大きな施策が組織をあげて動き出すことはあまりなく，社内で必要十分な段取りを組み，関係者がある程度納得したうえで，物事が動く。一方，M&A 取引においては，クロージングを迎えた直後には，ポスト M&A の作業がすぐに始まる。実は，ポスト M&A は，ビジネス DD の段階から既に始まっている。ポスト M&A をスムーズに進めるためにも，買い手の現場部局をできるだけ早い段階からビジネス DD に巻き込んでおくことが必須である。ポスト M&A の段階になってから，現場部局が「なぜこの会社を買収することになったのか。同じ業界だったら，○○社のほうが，シナジー効果があるのに。どういう判断だったのか。」と疑問を呈し出すことがないようにしなければならない。M&A 取引は機密事項であ

5　買い手側の M&A の責任者は，M&A が完了するまでは，経営企画部や社長室であることが多い。M&A が完了した後は，関連事業部や販売・製造等の現場部局が責任者となり，対象会社との事業統合作業や連携を行うことが一般的である。現場部局とは，このような関連事業部や販売・製造等の現場の部署を指す。

るため現場部局との情報共有は，ほぼ意思決定がなされた後になることがあるが，M&A を成功に導くためには，ビジネス DD の早い段階から現場部局のメンバーに参画してもらった方がよい。

　ビジネス DD に参画してもらう現場部局のメンバーは，可能な限り当該ポスト M&A の作業にも関与することが望ましい。参画するメンバーがポスト M&A にも関わると自覚すれば，当事者意識が生まれ，「本当にこのシナジー効果は実現できるのか」，「実現するために必要なことは何か」など，ビジネス DD の段階から具体的な検討を行うことができる。また，ビジネス DD からポスト M&A まで継続して関与するメンバーがいることで，ビジネス DD で検討した過程や内容が M&A 取引後まで引き継がれ，スムーズにポスト M&A のプロセスを開始することができる。

第5章

ステップ②
事業構造分析

第1節 「事業構造分析」の概要

1 位置づけ

事業構造分析は,「①ビジネスDD計画の策定」(第4章)において構築した仮説を実際に検証していくステップである。

「対象会社の実態把握」フェーズにおいて,「②事業構造分析」は,「③業績構造分析」(第6章)と並ぶ重要なステップである。「③業績構造分析」が対象

| 図表5−1 | ビジネスDDにおける「事業構造分析」の位置づけ |

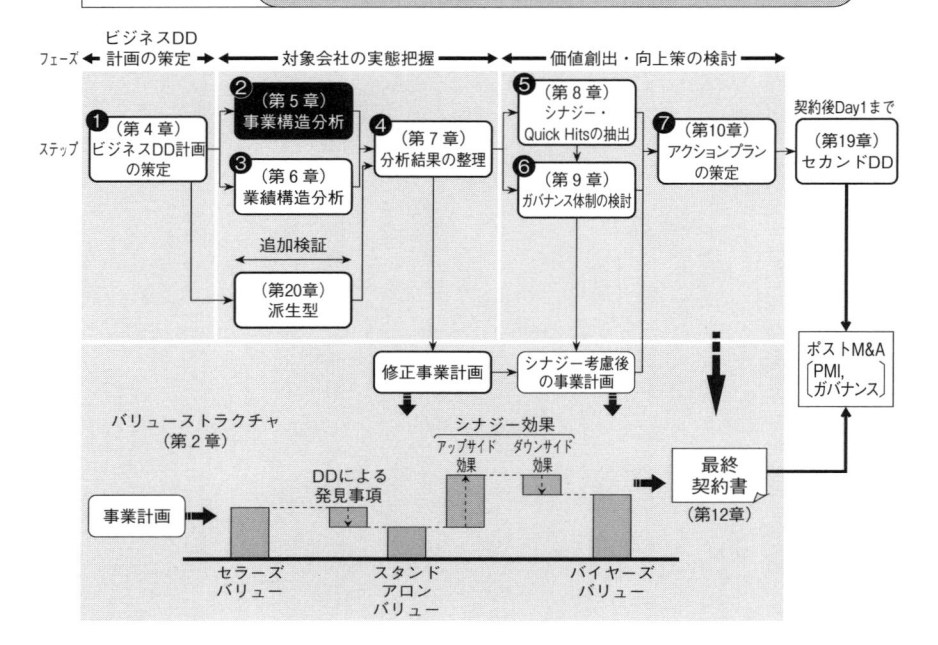

会社の業績を分析するのに対して，「②事業構造分析」においては，対象会社が収益を生む源泉となっているビジネスの「しくみ」を分析し，「なぜ対象会社の収益は競合と比較して高い（低い）のか」，「何が対象会社の価値創出の源泉となっているのか」，といった疑問に応えることで，競争優位（劣位）を分析し，対象会社の将来性を見極める。

❷　本章の構成

　「②事業構造分析」においては，図表５−２のフレームワークにもとづき，第２節において，「❶マクロ環境分析」，「❷市場動向分析」，「❸競争環境分析」，「❹ビジネスプロセス分析」，「❺ビジネスインフラ分析」ごとに解説する。

図表５−２　事業構造分析の全体像

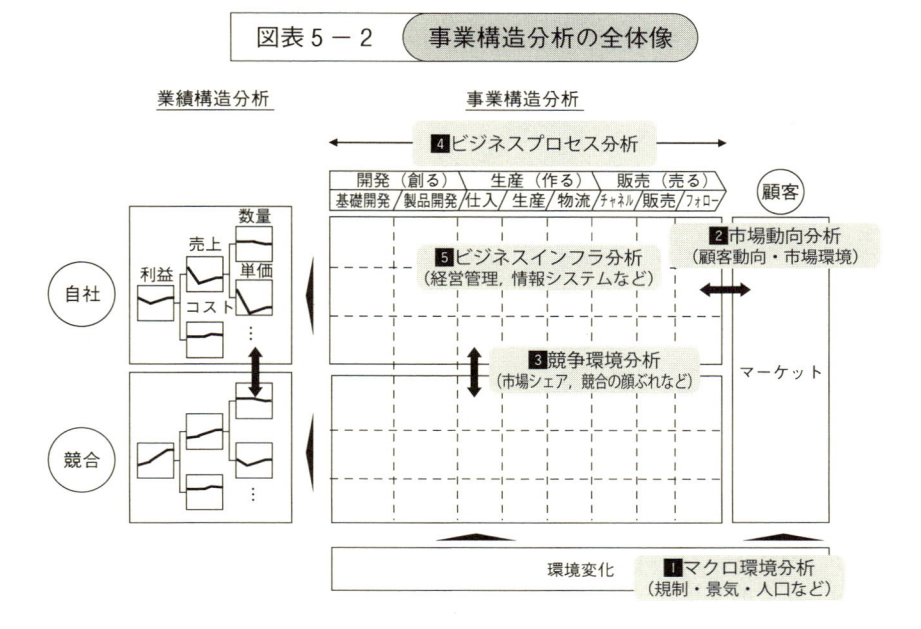

第*2*節　各分析の解説

1　マクロ環境分析

　マクロ環境とは，企業にとって新たな市場機会を創出させるまたは脅威を与えるなど，対象会社に間接的に影響を与える外部環境要因のことである。具体的には，経済動向や法規制，人口統計，政治，ライフスタイルの変化，技術革新，金利や為替，原油価格等の要因である。これらは，対象会社だけでなく競合他社，さらには市場全体にも影響を与え，企業や組織の力では簡単に変えることができないものが多い。

(1)　マクロ環境分析の有効性

　マクロ環境が変化した場合，業績にどのようなインパクトを与えることになるのかは基礎情報として把握しておく必要がある。

　特に，マクロ環境が企業業績に大きな影響を及ぼす業界（例：石油・石炭に代表されるような資源関連業界や通信・医薬のような規制業界）では，規制が撤廃されただけで大きな市場が誕生したり，逆に規制強化により既存市場が急激に縮小したりすることがあるため，マクロ環境分析は不可欠である。

(2)　PEST のフレームワーク

　マクロ環境を分析するにあたっては，PEST のフレームワークが用いられることが多い。「① Politics（政治的要因）」，「② Economics（経済的要因）」，「③ Social（社会的要因）」，「④ Technology（技術的要因）」の4つの頭文字をとって PEST 分析と呼ばれている。

①　Politics（政治的要因）

　Politics（政治的要因）とは，法律や条例の改正，政府・関連団体の動向等の政治的な環境要因を指す。政治的要因による環境変化は，他の 3 つのマクロ環境変化と異なり，時間の経過に従って少しずつ変化していくものではない。「20XX年 4 月施行」というように，ある日を境に，これまでのビジネスが突然成り立たなくなるようなきわめて重大な影響をもたらすことがある。再生可能エネルギーの固定買取制度は Politics の例である。

②　Economics（経済的要因）

　Economics（経済的要因）とは，景気動向や，景気動向に伴って変化する金利，物価，為替などの環境要因を指す。経済的要因による環境変化は，設備投資動向や雇用動向，さらに消費動向にも影響を与える。

図表 5 － 3		PEST分析の例（製薬・ヘルスケア業界）
	分析の視点（例）	製薬業界における論点	市場へのインパクト

	分析の視点（例）	製薬業界における論点	市場へのインパクト
Politics	・法規制，税制の変更 ・政府／関連団体の動向	・資本の自由化（外資の市場参入） ・医療費抑制策（老人保護法／健康保険の改正／薬価の引き下げ） ・薬事法の改正（厚生省）	・2018年には，診療報酬と介護報酬の同時改定により，収益性が悪化 ・社会保障費抑制のため，国はジェネリック医薬品を推奨 ・セルフメディケーション税制（資料費控除の特例）により，スイッチOTC医薬品購入時には，所得控除の適用が可能に
Economics	・景気 ・デフレ／インフレ ・為替／金利	・景気の回復 ・研究開発費	・開発をやりつくした新薬（低分子化合物など）では開発難易度が上昇し，研究開発費が高騰（ブロックバスターの減少等） ・アンメッドメディカルニーズの充足に向け，各社，先端医療（バイオ医薬品や再生医療製品等）に経営資源を投入（グローバルでM&Aが加速化）
Social	・人口構造の変化 ・世論／社会的意識	・有病率・受療率の高い高齢者／要介護老人の人口 ・自然・健康志向	・2025年までに，団塊世代が後期高齢者（75歳以上）となり介護・医療費等が急増する見込み ・健康意識の高まりや予防医療により，健康寿命が延伸
Technology	・技術革新	・IT 技術の進化・電子カルテの導入・レセプトの電子化 ・ゲノム創薬	・センサーによる生体情報やAIが，正確な診断を支援 ・クラウド・ICTの発達により，遠隔・在宅医療が可能に ・ビッグデータやAIが，創薬候補を効率的に探索

③　Social（社会的要因）

Social（社会的要因）とは，高齢者人口の増加といった人口動態，ブランド志向や健康志向といったライフスタイルや価値観の変化等を指す。社会的要因の多くは，少子化，高齢化等のように，時間の経過とともに変化していく要因であるが，2025年問題[1]のようにある年を境に生じる要因もある。

④　Technology（技術的要因）

Technology（技術的要因）とは，IT の新技術の誕生や普及による市場変化等を指す。革新的な技術は大きな新しい市場を生む一方で，既存の市場を破壊することも多い。

2　市場動向分析

市場動向分析は，対象会社の事業が属する市場の現状，過去のトレンド，今後の見通し等を分析することであり，ビジネスモデル（B to B，B to C を問わず）に関係なくほぼすべての業界，企業において必要な分析である。成熟市場の日本においては，今後も現状の売上高を確保することは可能か，新たな市場，顧客を確保することはできないのかといった論点は，常にビジネスＤＤの大きな論点である。

市場動向分析では，以下のような論点を分析することが多い。

- ●市場の成長（衰退）はこのまま継続するのか
- ●市場成長のドライバー（要因）になっているものは何か
- ●現状のトレンドが変化するとしたらどのような要因が考えられるのか
- ●市場（顧客）のニーズが変化する可能性はないのか　など

1　団魂の世代が後期高齢者となり，医療費が嵩む問題。

(1)　市場動向分析のステップ

　市場動向分析は，図表5－4のとおり，「Step 1："市場"を定義する（セグメンテーション）」，「Step 2：市場の存在意義を考える（KBF[2]とドライバーの抽出）」，「Step 3：トレンドの継続性／変化可能性を予測する」の3つのステップに分けられる。

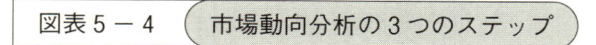

図表5－4　**市場動向分析の3つのステップ**

市場動向分析のステップ

Step1.	Step2.	Step3.
"市場"を定義する（セグメンテーション）	市場の存在意義を考える（KBFとドライバーの抽出）	トレンドの継続性／変化可能性を予測する

複数回Trial & Errorを繰り返す

分析の視点・分析例

- ・市場をさまざまな切り口（広義／狭義，需要／供給の論理等）で捉える
- ・市場規模を算出する

- ・Key Buying Factor（購買決定要因）を抽出する（BtoCビジネスは消費者／BtoBビジネスは顧客の顧客を分析する）
- ・ドライバーを抽出（特定化）する

- ・トップダウンとボトムアップの双方から算出した市場のトレンド，過去の変局点を分析する
- ・Step2で抽出したドライバーの継続性，変化可能性を分析する

(2)　Step 1："市場"を定義する（セグメンテーション）

　市場動向分析の最初のステップは，対象会社の市場を定義することである。現実には，対象会社が属する市場を適切に定義することであるが，これは実務上困難を伴う作業である。

　図表5－5は，ある企業の市場のシェアを示したものであるが，市場の定義を「副資材製造問屋」に限定するのか，あるいは「繊維専門商社」まで含めるのかによって，対象会社の市場規模や市場シェアはまったく異なることがわかる。

2　Key Buying Factor。購買決定要因。

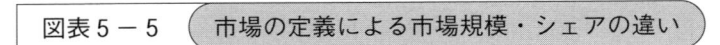

図表5-5 市場の定義による市場規模・シェアの違い

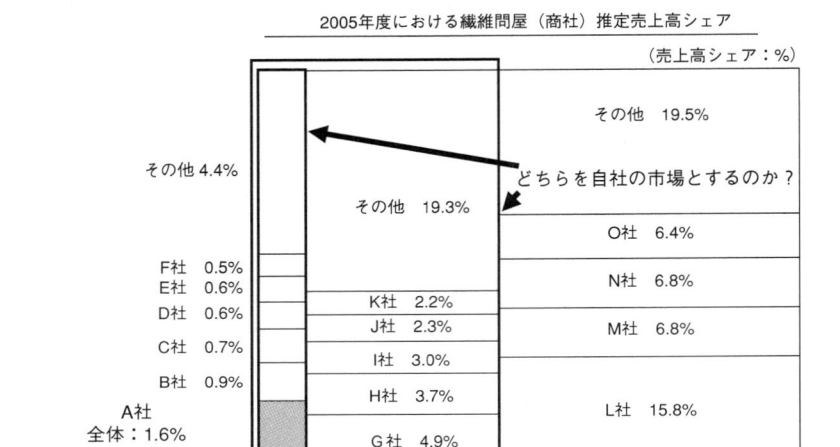

広義の市場と狭義の市場

　図表5-6は，上記2つ「副資材製造卸市場」と「繊維専門商社市場」の市場推移を示している（2つの市場は規模が異なり，グラフ上のスケールも異なっているが，ここでは規模は重要ではないため，無視して頂きたい）。

図表5-6 各市場のトレンド

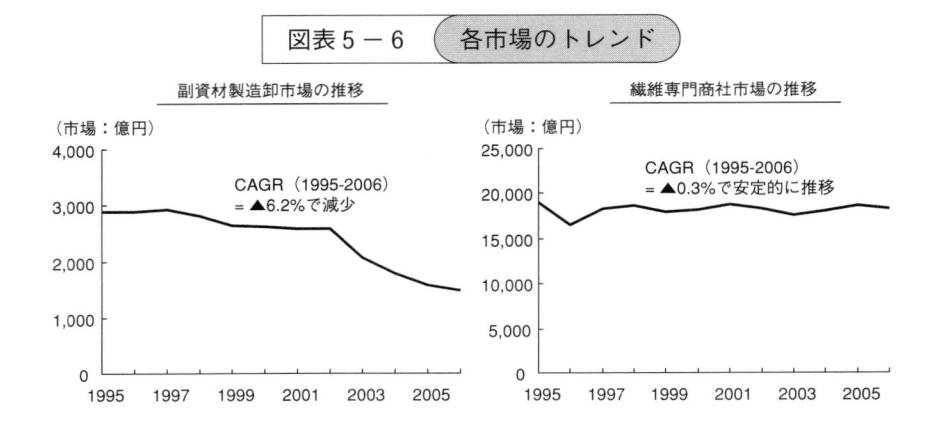

　「副資材製造卸市場」を見てみると，過去10年間で年率（CAGR[3]）6.2%の水準で減少しており，衰退市場に分類される。しかしながら，「繊維専門商社市場」を見てみると年率0.3%ほどで減少しているものの，ほぼ横ばいで推移している安定的な市場といえる。

　このように，対象会社の事業が，成長または安定市場と衰退市場にまたがっている場合は，市場を細分化して，それぞれ市場動向を分析することが重要である。

市場規模の算出（需要サイドと供給サイド）

　世の中には，市場規模の算出にあたりおおむね2種類の統計が存在する。1つは，需要（買い手）サイドから算出した統計であり，もう1つは供給（売り手）サイドから算出した統計である。本来，図表5－7のとおり，市場とは需要と供給がバランスしたところを指し，統計が正確であればどちらのサイドから算出しても同様の結果が得られるはずだが，実際の統計ではそうならないことが多い。

　図表5－8のとおり，供給（売り手）サイドから捉えた場合の市場と，需要

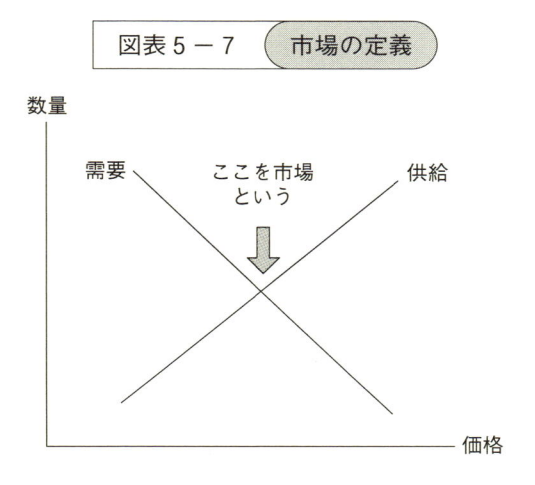

図表5－7　市場の定義

3　CAGR：Compound Annual Growth Rate。年間平均成長率。

図表5－8	供給サイドと需要サイドからの市場規模			
	算出方法	主な情報源	統計データの主な活用用途	メリット／デメリット
供給（売り手）サイドからの市場規模	● 売り手の販売総額（売上）の積み上げ	● 業界団体 ● 官公庁統計	● 業界プレーヤーの顔ぶれが固定化されているような成熟産業の市場規模算出	● 数値の出所が確実であり，信頼性は高い ● 供給者の現状に捉われた数値であることが多い
需要（買い手）サイドからの市場規模	● 買い手のコスト（支出）の積み上げ	● 一部の官公庁統計（総務省家計消費等）	● 上記の成熟産業に加え，新規事業等の潜在的な市場規模算出	● 今まで気づかなかった潜在的な需要（ニーズ）を捉えることができる ● 未開拓の需要が多く含まれており，ノイズをうまく取り除く必要がある

（買い手）サイドから捉えた市場には，下記のような特徴がある。

供給（売り手）サイドからの市場規模

　供給（売り手）サイドからの市場規模は，基本的に売り手の販売または出荷総額（売上）の積み上げにより算出する。この主な統計データには，業界団体や官公庁が集計した統計データ等が挙げられる。これらのデータは，既存市場の販売総額であるため，業界プレイヤーの顔ぶれがある程度固定化されている成熟産業の市場規模を算出する際に利用される。

　これらの統計データのメリットとしては，数値の出所が確実であり，一部の例外を除き，比較的信頼性が高いことがある。

　他方デメリットとしては，現状の供給者（売り手）が販売した数値であるため，潜在的（未開拓）な市場を把握することが難しい。たとえば，オフィス用品の通信販売をしているアスクルなどの市場は，カウネットなどの同業他社の売上などを積み上げても実体に即した市場規模にはならない。アスクルやカウネットが狙っている市場は会社で使われる文房具，什器，オフィスで飲まれるコーヒーなどこれまで近所の文房具店や各種オフィスサービス等で扱っていたほとんどすべての商品・サービスであるため，供給サイドから積み上げようとすると関連する商品・サービスを提供している企業の売上高のうち，消費者向

けを除く企業向けの売上高をすべて積み上げなくてはならなくなってしまう。

　供給者の申告をもとに出荷数量・金額で市場規模を算出している場合は，どうしても過大な市場規模になりがちであることに留意が必要である。

需要（買い手）サイドからの市場規模

　需要（買い手）サイドからの市場規模は，基本的に買い手のコスト（支出）の積み上げにより算出する。この主な統計データには，総務省の家計消費動向など，一部の官公庁による統計データ等が挙げられる。これらのデータは，既存市場の消費者の支出額合計であるため，成熟産業の市場規模を算出する場合，また新規事業等の潜在的な市場規模を算出する場合に利用される。

　これらの統計データのメリットとしては，これまで企業が取りこぼしている市場や認識していない潜在的な需要（ニーズ）や代替品市場を定量化することができることが多い点があげられる。上記のアスクルの例でいえば，ターゲットとしている企業の売上高にオフィス関連用品支出の割合を乗じる方法である。

　デメリットとしては，潜在的なニーズを測定しているため，期待する市場規模以外のノイズが含まれている可能性があり，これらの市場規模の数値を利用する場合は，ノイズを補正する必要性がある。

　上記のとおり，市場規模の算出には大きく2種類の統計データが存在するため，分析目的により，どちらの統計データを使うべきか判断が必要である。また，一般的に「○○業界の市場規模」というデータがあった場合，それは需要サイドから算出されたものなのかそれとも供給サイドから算出されたものなのか，算出（収集）方法について確認することが重要である。

(3)　Step 2：市場の存在意義を考える（KBF とドライバーの抽出）

　市場の定義（セグメンテーション）を行ったら，次に，当該市場における KBF（Key Buying Factor）を抽出し，そのドライバーを特定化する。KBF とは，購買決定要因のことであり，顧客が商品の購買を決める際に重視する要素のことをいう。

KBF 抽出のポイント

　KBF を抽出する際のポイントは，対象会社の所属する業界が B to B 型，または B to C 型であるかによって異なる。対象会社（業界）が B to C 型である場合，KBF を抽出する際には消費者のニーズを分析することが重要なポイントとなる。図表5－9は，小売業界の KBF と小売業3社への評価および業績結果を分析したものである。この結果では，小売業界における KBF が，「取り扱っている商品群が多い」，「全般的に品揃えが良い」であることがわかる。また，これらのポイントに対して消費者から評価を得ているA社，B社に対して，C社は評価が低く，営業利益率も低くなっていることがわかる。このように B to C 型の業界では，KBF を的確に把握し，それに応えた優れたビジネスモデルを提供している企業がより高い収益を上げていることが多い。

　所属する業界が B to B 型である場合，KBF を抽出する際には顧客の顧客を分析することが重要なポイントとなる。これは，対象会社のニーズというものは，その顧客（対象会社の顧客の顧客）のニーズに依存するためである。これを B to B to C 型という。

　KBF を抽出するためには，B to B 型のビジネスモデルの場合は顧客へのイ

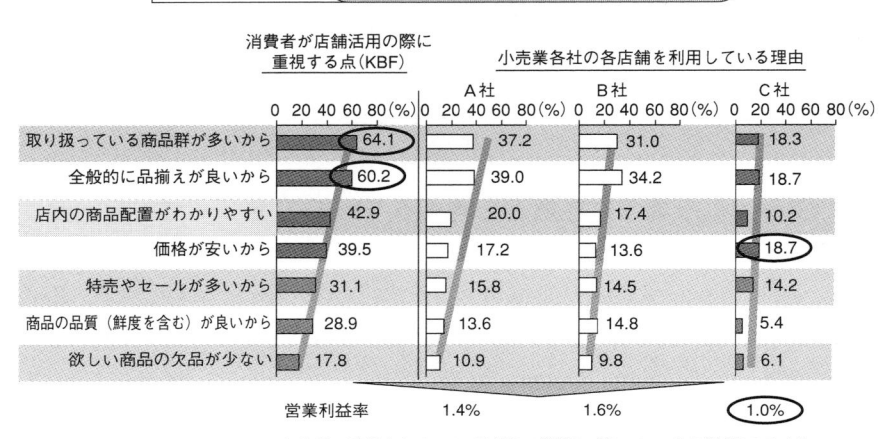

図表5－9　KBFの抽出と小売業3社への評価

→ 小売業で重視されるのは，品揃えの"質"に対して，C社は"価格の安さ"に注力してしまっており，消費者ニーズへの対応力は不足している

ンタビュー，B to C 型のビジネスモデルの場合は消費者調査を行う必要がある。消費者調査においては，母集団の偏りには注意しなければならないが，近年は，電話調査やグループインタビュー等だけでなく，インターネットのアンケートを利用するケースが多い。

ドライバーを抽出せよ

　KBF を抽出したら，その KBF と相関性の高いドライバー（指標）を抽出（特定化）する。一般的には，KBF は定性的な要因であることが多い。図表5－10は，いくつかの業界における一般的な KBF とドライバーの一例である。KBF に大きなインパクトを与えるドライバー（指標）が明確になれば，このドライバーのトレンドが把握できるレベルまで市場を詳細化し，過去トレンドの変局点や何かしらの指標との相関関係，繰り返しのパターン等の視点から分析を行い，トレンドの変化等の兆候を読み取る。この KBF とドライバーの抽出は，市場の存在意義を考えることであり，市場動向分析を行う主要目的の1つといえる。

図表5－10　　一般的なKBFとドライバーの例

	業界	一般的なKBF （購買決定要因）	ドライバー
B to C型	・小売業界	・取扱い商品数・豊富な品揃え	・1店舗当たり売場面積
	・高級化粧品業界	・店頭での接客・サービスの質	・販売客数／店員1人当たり接客数 ・販売額／販売客数
B to B型	・バイオベンチャー業界	・新製品開発力	・新製品開発数／研究投資額 ・新製品上市数／新製品開発数 ・上市品の売上高平均
	・自動車部品業界	・モジュール化・QCD・グローバル対応	・1部品当たり販売総額 ・地域ポートフォリオ

(4)　Step 3：トレンドの継続性／変化可能性を予測する

　最後に，当該市場のトレンド（市場の KBF やドライバー）について，現状のまま長期的に継続するのか，もしくは変化する可能性があるのかといったトレンドの継続性／変化可能性を抽出する。具体的には，トップダウン（市場規模やシェアの推移等）とボトムアップ（数量や単価，顧客当たりの売上高の積み上げ）により算出した市場規模の推移，ドライバーのトレンドや過去の変局点の要因分析を行う。そして，今後どのような市場の変化が予測できるのか，これまでの市場環境分析の結果やマクロ環境分析をもとに予測する。

トレンドの継続性／変化可能性に注目

　市場動向のトレンドを分析する際には，ドライバーの継続性や変化可能性に注目することが重要である。たとえば，「過去の成長トレンドが今後も継続するのか」，「市場は飽和状態にあり，今後の成長を期待できないのではないか」，「市場のトレンドが変化するとしたら何が起こったときなのか」といった視点でドライバーを分析することにより，現状だけでなく，将来の市場動向を予測する示唆を得ることができる。このような視点は，事業構造分析の目的である事業計画の前提を検証するため，KBF やドライバーの抽出と並んで極めて重要なステップといえる。

3　競争環境分析

　競争環境分析とは，対象会社の競合はどのような企業なのか，競合の顔ぶれと競合の事業内容や製品ラインアップ，最近の動向，シェアの推移を把握し，対象会社との違いや競合の特徴を分析することである。

　競争環境分析の目的は，「対象会社が競争力を有しているのかどうか」，そして「今後も競争力を維持できるのかどうか」を見極めるための業績（結果）指標の情報を収集することにある。

(1)　市場シェア

　競争環境を把握するためには，まず市場シェアの推移を調査・分析する必要
がある。市場シェアは製品やサービスの競争優位性を表す結果指標であり，規
模の経済性（売上面，コスト面ともに）がどの程度重要な業界かによって，市
場シェアの重要性は大きく変わってくる。

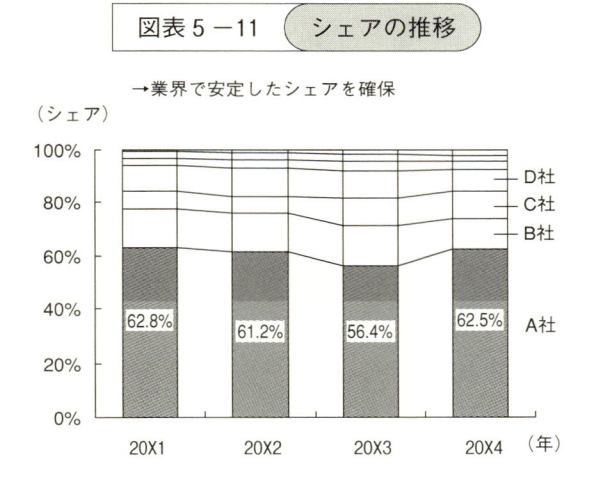

図表5－11　シェアの推移

→業界で安定したシェアを確保

(2)　競合の顔ぶれ

潜在的競合にも注意

　競争環境分析を行う際に留意したい点は，企業にとっての競合は，既存の競
合に限らないということである。すなわち，既存の競合に限らず，新規参入企
業，対象会社の製品やサービスに対する代替品の登場といった潜在的な競合も
対象会社にとって競合となり得る。

　新規参入企業が出現すれば，競争が激化することが考えられる。また，対象
会社の製品に取って代わる新製品が登場し，かつそれが低価格であれば，途端
に対象会社の売上は打撃を受けてしまう。たとえば，レンタルビデオショップ
や CD ショップは，You Tube，Amazon Prime，Hulu，Netflix，など動画配
信事業者の出現により，動画の無料化・低価格化が進行して一気に衰退した。
また，アップルのデジタルオーディオプレーヤーである iPod の登場により，

図表 5 −12　　競争環境分析（人材派遣業）の例

競合の種類	分析例
既存市場における 既存の競合	• 大規模で幅広い人材をそろえている会社が伸びている一方で， 　専門的な人材をそろえている会社も高収益を上げている • 差別化のため，専門分社化する傾向がある
既存市場における 新規競合	• 人材派遣業は許認可事業であるが，容易に許認可が取得できる 　こと，および初期投資額が少ないことから，参入障壁が低く， 　毎年多くの事業者が新規参入している
代替品市場における 既存・新規競合	• 当面は，人材不足や非正規志向の高さなどを背景に代替の脅威 　は低いと考えられる。ただし，長期的には AI などによる単純 　労働の代替が進むことが想定され，機械化が脅威になり得る。

ソニーのウォークマンの市場シェアが急速に低下した例もある。

　潜在的な競合の分析は難しいが，新規参入や代替品の登場次第では，対象会社は競争力を維持できない可能性もあるため，できる限りそれらの動向を把握しておく必要がある。

競合のインパクトの把握

　競争環境分析において重要なことは，競合の動向および新規参入，代替品による影響が，対象会社にとって「いつ，どの程度のインパクトとして影響が出てくるのか」を把握することである。

　たとえば，規模の経済が働く業界で大手企業による寡占化が進んでいる市場の場合，または規模の経済は働かなくとも顧客のスイッチングコスト[4]が高い業界の場合は，新規参入は困難であり，対象会社にとってのインパクトは小さい。一方，特殊な技術やノウハウを必要としない業界や顧客のスイッチングコストが低い業界であれば参入障壁が低く，対象会社にとって相当のインパクトが予想される。

　これらを読み解き，解釈することが重要な作業である。

4　顧客が商品やサービスに対して既に行った投資のうち，他企業に購入先を切り替えると無駄になる投資のことを指す。

■4　ビジネスプロセス分析

　ビジネスプロセスとは，製品およびサービスが開発されてから市場に出るまでの一連のビジネスの流れのことであり，バリューチェーン[5]でいう企業の主活動を意味する。ビジネスプロセス分析とは，この企業の主活動を個別の機能（プロセス）に分解し，企業の内部環境を分析しやすくするフレームワークである。

(1)　ビジネスプロセス分析のステップ
　ビジネスプロセス分析は，図表5－13のとおり，「Step1：対象会社のビジネスプロセスを把握する」，「Step2：競争要因の抽出と強み／弱みの比較・分

図表5－13　　ビジネスプロセス分析の3つのステップ

ビジネスプロセス（バリューチェーン）分析のステップ

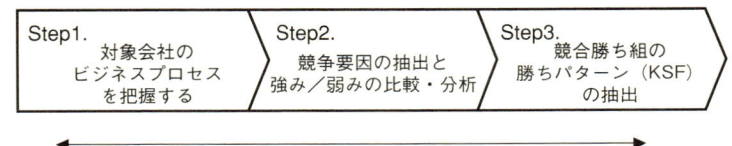

| Step1. 対象会社のビジネスプロセスを把握する | Step2. 競争要因の抽出と強み／弱みの比較・分析 | Step3. 競合勝ち組の勝ちパターン（KSF）の抽出 |

複数回Trial & Errorを繰り返す

分析の視点・分析例

- ・対象会社のビジネスプロセスを把握する
- ・対象会社のビジネスプロセスだけではなく，最終製品／サービス全体のバリューチェーンを把握する

- ・各ビジネスプロセスで何が競争要因なのかを特定する
- ・鍵となるビジネスプロセスを特定する

- ・当業界における重要成功要因（KSF）を特定化する
- ・対象会社が当業界に勝ちパターンの要件を充足できるか見極める

5　バリューチェーンとは，製品やサービスを顧客に提供するという企業活動を，研究開発／調達／製造／物流／販売／マーケティング／アフターフォローといったそれぞれの業務が，一連の流れの中で順次，価値とコストを付加・蓄積していくものととらえ，この連鎖的活動によって顧客に向けた最終的な"価値"が生み出されるとする考え方。M・E・ポーターが提唱した概念。

析」,「Step3：競合勝ち組の勝ちパターン（KSF[6]）の抽出」の3つのステップに分けられる。

(2) ビジネスプロセス分析の目的

　ビジネスプロセス分析の目的は，ビジネスプロセスを構成する各要素（機能）がどのような構造によって，最終的な製品やサービスの付加価値を創出しているのか，あるいは企業の売上や利益に対してどのように影響を与えているのかを分析することで，企業の強みや弱み，経営課題を抽出することである。

　ビジネスプロセスは，図表5−14のとおり，業界によって異なるが，企業の競争優位の源泉はビジネスプロセスを分解することによって分析できる。ビジネスプロセス分析を行うことによって，事業計画をレビューまたは修正する際に必要となるドライバーを抽出すること，もしくは業績を改善させるような戦略施策策定に必要となる事業の重要成功要因（KSF）や競合他社の勝ちパターンを抽出することができる。そのためビジネスプロセス分析は事業構造分析

図表5−14	各業界のビジネスプロセス（例）

さまざまな業界のビジネスプロセス（バリューチェーン）例

製造業	研究開発	調達	製造	物流	販売	マーケティング／アフターフォロー
小売業	業態開発	店舗開発	MD（商品）	物流	店舗オペレーション	
ディベロッパー	資金調達	用地取得	ディベロップメント	リーシング	アセットマネジメント／プロパティマネジメント	
アパレル	織り・編み	染色	加工	流通（問屋）	企画・マーケティング	小売
リース	資金調達	企画	審査・営業	購買	運用・回収	処分・中古販売

6　KSF：Key Success Factor。成功要因。

の中でも特に重要な分析として位置づけられる。

(3)　Step1：対象会社のビジネスプロセスを把握する

　ビジネスプロセス分析においては，可能な限り早い段階に正確なビジネスプロセスを把握しておく。ビジネスプロセスを適切に分解することなく分析を進めても，他社との有効なベンチマークを行うことができない。また，正確なビジネスプロセスを把握しておくことは，企業の強み，弱みをプロセス全体の視点で抽出できる点においても必要である。部分的に見れば一見強みであっても，プロセス全体で見れば価値に影響を及ぼす弱みとなっているかもしれない。全体観を持った分析を行うためにも，最初の段階でビジネスプロセスを正確に把握することは重要である。

　なお，対象会社のビジネスプロセスを把握すると同時に，図表5─15のように対象会社の川上・川下の企業・ビジネスプロセスを把握し，最終製品・サービスを提供するまでの付加価値構造の中で，対象会社がどのような位置づけにあるのかを把握しておくことが望ましい。

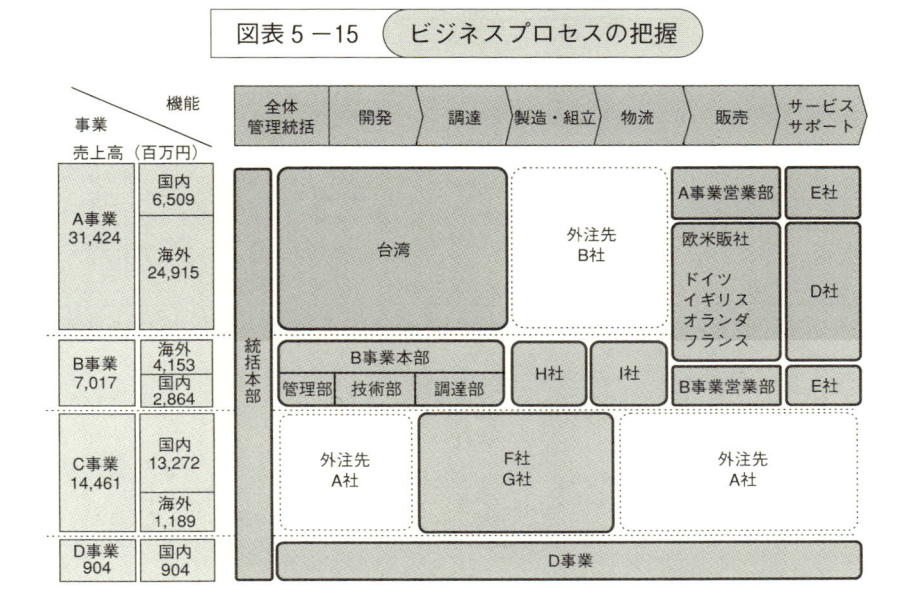

図表5─15　ビジネスプロセスの把握

(4)　Step 2：競争要因の抽出と強み／弱みの比較・分析

　一般的にビジネスプロセス分析を行う場合には，競合他社（特に勝ち組といわれている競合他社）とベンチマークするケースが多い。ベンチマークとは，開発，製造，販売にいたる各プロセスの現状について競合他社と比較・分析し，示唆を抽出することをいう。ベンチマークを行うと，図表 5 － 16 で示すように対象会社単独で分析するよりも対象会社の強みや弱みがより明確になる。また，競合他社と類似する部分を抽出することにより業界特性を把握することができる。

(5)　Step 3：競合勝ち組の勝ちパターン（KSF）の抽出

　ここまでの分析において，業界内で勝ち組・負け組といわれている企業の特徴や傾向を把握できているはずである。さらに勝ち組が当業界で生き残っていくうえで決定的に重要な強み（KSF）を絞り込み，具体的には，図表 5 － 17 のように，事業毎に KSF を突き止め，対象会社がその KSF を達成している

図表 5 － 16	強み・弱みの比較・分析

	企画・開発	リーシング	運営・管理
A社	→近年は消極的 ・70-80年代は積極的に出店を行っていたが，資金面の制約もあり90年代以降の新規出店は少ない	→特筆すべき強みはない ・古い物件が多く，テナントも直営店が主であり，外部テナントへの魅力度は低い ・空室率は近年7〜10%程度で推移しており，業界の要注意ライン（5%）を超えている状況	→遅れているテナントの管理体制 ・テナント販売実績を管理情報として本部で日次把握するシステムを現在構築中 ・資金面から十分な予算が取れず，テナント個店毎の販売状況も管理出来ていない為，積極的な販促支援やテナント入替が出来ていない
競合B社	→大型ショッピングセンター（SC）開発を展開 ・積極的なSC開発を進めつつ，近年では証券化スキームも活用し，資金調達の多様化を図っている ・大型SCの新規出店に加え，有力既存SCの増床も計画的に実施	→集客力のあるテナントミックス ・高い飲食店比率等，集客力を意識したテナントミックスを構成し，SC全体の魅力度を強めている ・2年に一度リニューアルを実施し，SCの魅力度を維持している	→積極的なテナント運営 ・ITを活用して全テナントの販売データを3時間毎に把握している ・3ヶ月以上不振が続くテナントに対する専門チームによる経営指導や，従業員に対する集合研修により，SC全体の集客レベルを維持している

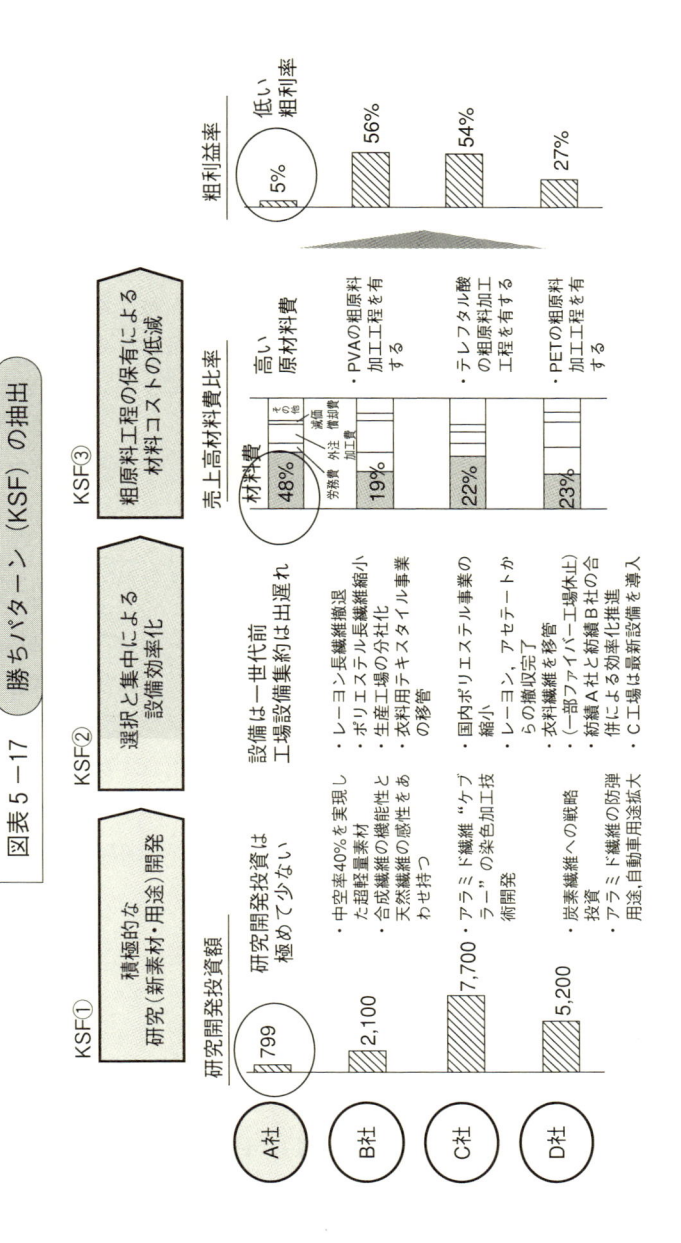

図表 5 −17　勝ちパターン（KSF）の抽出

かどうかを分析する。KSF は，市場動向分析や競争環境分析の結果や業界知見者へのインタビューなどにより洞察することができる。

　このような分析は，既存企業の勝ちパターンと比較して，対象企業がその要件を充足できるかどうかを分析したい場合に実施するものである。もちろん，既存の勝ちパターン（KSF）には存在しない特有の勝ちパターン（KSF）が存在する可能性もあるため，当該分析をもって対象会社の生き残り策（優位性を強化できる戦略）について絶対的な結論が出せるわけではない。しかしながら，時間に制約が限られているビジネス DD においては，生き残る見込みがあるか（優位性を強化できる見込みがあるか）を手際よく見極めるために，既存の勝ちパターン（KSF）の要件を充足できるかどうか分析するケースが多い。

5　ビジネスインフラ分析

　ビジネスインフラとは，経営管理，組織管理，人材管理，労務管理，情報システムといったビジネスの主活動をサポートする活動をいう。言い換えれば，ビジネスプロセス分析で明らかにした開発，製造，販売の各プロセスの活動をサポートしたり，各プロセス間のコミュニケーションの円滑化を支援したりする機能である。したがって，ビジネスインフラ分析とは，「ビジネスインフラが各プロセスの遂行を阻害していないか」，あるいは「各プロセス間の連携がうまくとれているか」といった点を明らかにすることを意味する。

(1)　ビジネスインフラ分析の意味合い

利益の阻害要因を発見

　ビジネスインフラは，支援機能と位置づけられるが，実際にはビジネスの阻害要因となっているケースも多い。最も多く見受けられる問題は，部門間の情報共有がうまく行われていないケースや不適切な業績評価指標が用いられているケースである。

　図表 5 - 18は，需要情報が販売部門から製造部門に伝わっていない事例であ

る。こういうケースにおいて，製造部門が過剰在庫の問題を引き起こすと，製造部門に問題があるとされがちだが，部門間の情報共有というビジネスインフラにも問題があるとも指摘できる。また，各製品部門間の連携がとれていないことで，部品の共通化，設備やシステムの共同利用等が進まず，コスト削減が図られていないことは，しばしば見受けられるケースである。

　一方，不適切な業績評価指標を用いているケースとして見受けられるのが，成熟産業であるにもかかわらずいまだに売り上げのみを重視している場合である。

図表５−18　ビジネスインフラ分析の例

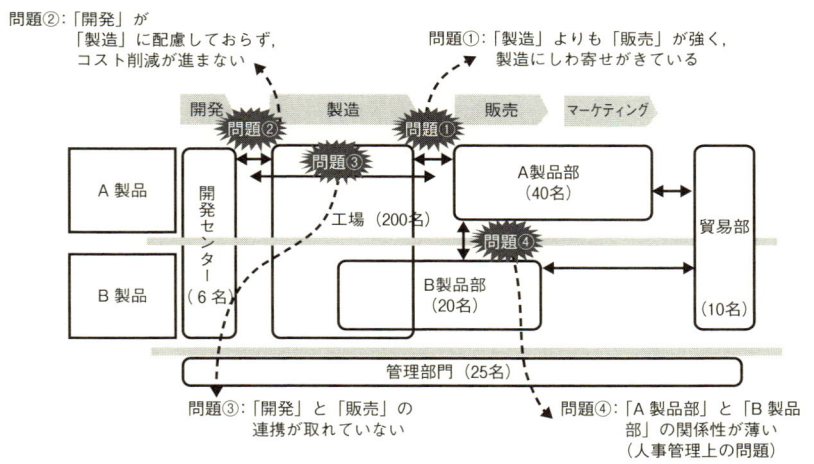

	現在の組織上の問題	問題の具体例
問題①	「製造」よりも「販売」が強く，製造にしわ寄せがきている	・営業は売り上げのみを目標としており，とにかく売り上げを稼げればよいという考えが強く，工場生産計画や在庫状況を考慮していない場合が多い ・経営が短納期での契約を行うため，製造を見込み生産を増やさざるを得ない ・営業からの需要情報が少なく，需要変動がつかめずに副資材などの在庫が多くなってしまう
問題②	「開発」が「製造」に配慮しておらず，コスト削減が進まない	・一度量産化された製造ラインの改善が十分になされず，製造成熟に伴う製造原価の低減が少ない ・工場の工程を考慮してコスト削減を実施するような新製品開発を行っていないため，製造時の歩留まりが悪くなっている傾向がある
問題③	「開発」と「販売」の連携が取れていない	・海外向けの OEM 商品の開発では，顧客からの新製品開発要求を満たすことができず，潜在的な受注を逃してしまうケースが複数ある ・技術志向の研究が先走りしてしまい，顧客の要求に応えるための製品開発が遅れている傾向がある
問題④	「A 製品部」と「B 製品部」の関係性が薄い	・人材交流がほとんどないため，お互いが持っている長所を共有し，それを生かす事ができていない

経営管理の業績評価が過度に売り上げを重視すると，利益を度外視した営業活動が行われるようになる。これも同様にビジネスインフラに問題があると指摘できる。

ビジネスプロセスとビジネスインフラは表裏一体

　ビジネスプロセスとビジネスインフラは常に表裏一体の関係にあり，どちらが欠けてもビジネスが成り立たない。また，ビジネスインフラは，ビジネスプロセスと密接に関連すると同時に企業の窮境要因になっている可能性が高い。したがって，ビジネスインフラ分析は，対象会社のコアの業務ではないからといって分析を怠ってはならない。

(2)　ビジネスインフラ分析のポイント

　ビジネスインフラ分析を行う際には，全体最適の視点を持つことが重要である。たとえば，販売部門と製造部門との間で情報共有ができておらず，企業の全体最適が阻害されているケースがよく見受けられる。しかしながら，こうした問題は意外と内部では認識されていないことが多い。また，現場スタッフはそうした問題を認識していても，管理部門のスタッフは認識していないこともある。企業の内部にいると，どうしても部門最適に陥りがちであるため，外部の人間として全体最適の視点を示してあげることが重要である。

第*3*節　「事業構造分析」を実施するうえ
での留意点

　事業構造分析を実施するにあたり重要なことは，事業構造分析はあくまでも目的を達成するためのツールに過ぎないということを認識しておくことである。したがって，事業構造分析によりビジネスのしくみや強み，弱みなどを明らかにする際は，常に事業構造分析の目的（本質的な戦略課題を抽出し，業績に影響を与えるドライバーを抽出すること）を念頭に置いておく必要がある。決して，アカデミックな研究のように，分析の精度を上げることが目的にならないよう注意しなければならない。ビジネスのしくみをいくら精緻に解明したとしても，事業計画の妥当性の判断や対象会社の実態把握および本質的な戦略課題の抽出やそれに対する打ち手（バリューアップ機会）に影響を及ぼさない論点であれば，時間をかけて分析しても，それは何の意味もなさない。逆に，6割の精度であっても，将来事業計画の妥当性が判断できているのであれば，それは十分に意思決定の判断材料となりうる。

　ビジネス DD は限られた時間の中で実施されるため，無駄な作業を極力減らし，効率的かつ効果的に実施することが求められる。事業構造分析の実施にあたっては，分析それ自体が目的にならないように常に意識することが重要である。

第6章

ステップ③
業績構造分析

第 *1* 節 「業績構造分析」の概要

1 位置づけ

「対象会社の実態把握」フェーズにおいて，「③業績構造分析」は，「②事業構造分析」（第5章）と並ぶ重要なステップである。「②事業構造分析」は，主に定性的に対象会社のビジネスモデルを分析するのに対して，「③業績構造分析」は，対象会社の業績を中心に定量的な分析を行い，「対象会社のどこに課

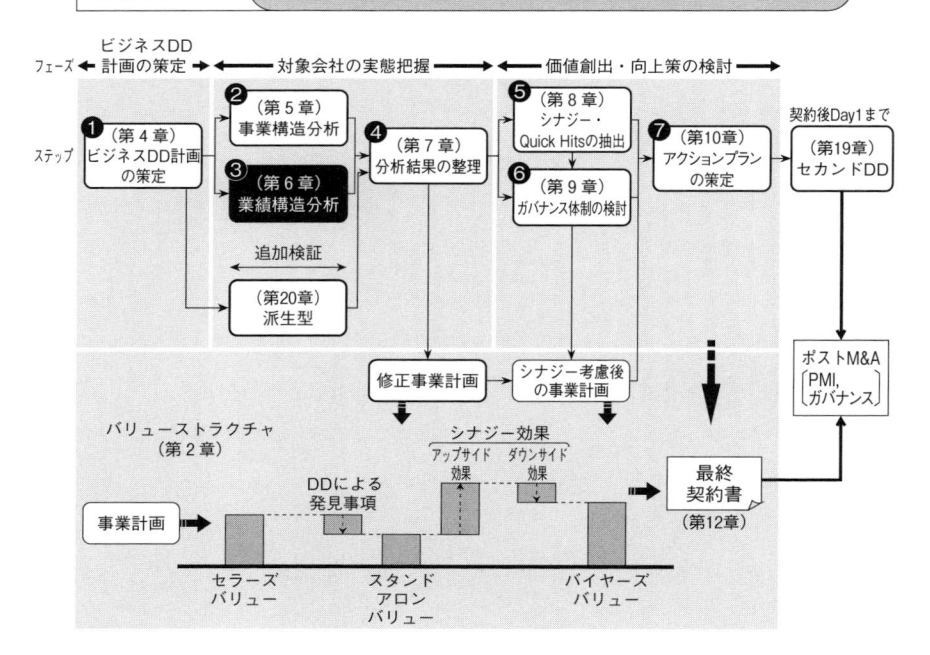

図表6−1　ビジネスDDにおける「業績構造分析」の位置づけ

題があるのか」，「何が対象会社のドライバーとなっているのか」を明らかにしていくステップである。

2　本章の構成

「③業績構造分析」では，下記の3点が重要な観点である。

①　分析のメッシュ（視点×深さ）

②　業績評価指標の選択

③　意味合いの抽出

本章においては，上記の観点から業績構造分析について解説していく。

図表6－2　業績構造分析の観点

第2節 分析のメッシュ （視点×深さ）	×	第3節 業績評価指標 の選択	×	第4節 意味合いの抽出

Column

会計処理に踊らされず，本当の収益力を見極める

　業績を分析する際，会計操作によって本当の実力が見えなくなっていないかに注意を払うことにしている。

　まず「特別損失の計上」が例として挙げられる。ある製造業で，5年ほど前に構造改革と称して溜まりに溜まった在庫を処分し，多額の特別損失を計上していた。その後の5年間は，V字回復とはいかないまでも，順調に業績を回復させ，少ないながら営業利益は黒字を維持していた。しかし，倉庫に見学に行ったときに驚いた。処分したはずの在庫が山のように溜まっていたのである。5年前に在庫を一掃したそうなのだが，5年かけてまた在庫が溜まってしまったようだ。この製造業の経理担当者は，「また，特別損失で処理します」と言っていたが，本来であれば，毎期発生するようなコストは，売上原価に算入されるべき性格のものである。そこで特別損失を売上原価として，実質の営業利益を算出してみると，継続的な赤字であることが発覚した。

　また複数事業を営む企業であれば，本社経費の配賦については，細心の注意を払うものである。あるアパレルメーカーでは，各地域ごとに事業部が分かれていた。当時，アパレル業界は，首都圏が好調で，地方は苦戦しているというのが一般的であったが，このアパレルメーカーの業績を見ると，首都圏と地方では営業利益率に大きな差がなかった。よくよく調べてみると，配賦基準が地方を援助するような内容となっていた。担当者とディスカッションしながら，本社経費をさらに精緻に配賦したところ，地方は大赤字であることがわかった。地域ごとの収益力を正確に把握できたため，地方拠点統廃合を実施し，収益力を回復することができた。

　実態と会計上の数字との間に乖離がありそうな場合は，現場に足を運ぶとよい。百聞は一見にしかずである。

第*2*節　分析のメッシュ

　業績構造分析において最初にやるべき重要なことは，分析対象を適切なメッシュに分解することである。

■ 分析の視点 × 深さ

　分析のメッシュは，対象会社の業績を「どの視点から分解すべきか（分析の視点）」と「どの程度の深さまで分解すべきか（分析の深さ）」により決まる。

　分析の視点とは，たとえば，事業別，製品別，機能別といった視点であり，対象会社の状況や買い手のニーズに適した視点を選択することが重要である。たとえば，買い手が，対象会社を傘下に置くことで関西でのシェア拡大を目指しているとすれば「拠点別」の視点が必要になるであろうし，販売力の強化を意図した M&A 取引であれば，物流，販売，マーケティング，アフターフォローといった「機能別」の分析の視点が必要になるであろう。

　一方，分析の深さとは，視点ごとの分析の細かさを指す。たとえば，製品の視点で分析を行う場合に，ある程度まとまった製品群を単位として分析するか，よりブレークダウンした製品ごとに分析するかということである。分析が細かくなればなるほど課題が具体化される反面，分析に要する労力や時間が増大する。ビジネス DD は限られた時間と人数で実施することが多い。重要な意思決定に必要な分析の深さを見極め，必要以上に細かい分析にとらわれないよう注意しなければならない。

2 一般的な視点

　対象会社の業績を分析する際の一般的な視点の例として，以下が挙げられる。

(1)　事業別の視点

(2)　製品別の視点

(3)　顧客別の視点

(4)　拠点別の視点

(5)　機能（組織）別の視点

　以下，これらについて説明していく。

(1)　事業別の視点

　対象会社が，収益構造の異なる複数の事業を有している場合，まずは各事業別の視点で分析を行い，対象会社の業績や買い手にとって重要な事業とそうでない事業を見極めることから始める。

　事業別分析によって重要であると判明した事業については，以降に述べるような製品別や顧客別等のブレークダウンした視点での分析をさらに進めていくなど，メリハリをもって効率的に DD を行うことが可能となる。また，事業別の収益性を見極めることで，M&A 取引実行後の「選択と集中」といった戦略レベルでのアクションを検討することができる。

(2)　製品別の視点

　製品別の視点は，製品ポートフォリオの再構築を行う際などに重要である。

　図表6―3は，ある繊維メーカーの製品別収益性分析を示している。縦軸に営業利益，横軸に売上高をとり，各製品の収益性をウォーターフォール図で示したものである。現状，この会社は，売上高1,730百万円，営業利益▲246百万円であるが，製品の絞り込みを行えば，単純計算で，売上高は430百万円減少するが，営業利益は50百万円の黒字に転換が可能になることがわかる。

　ただし，製品別の収益性分析においては，固定費配賦後の営業利益だけでは

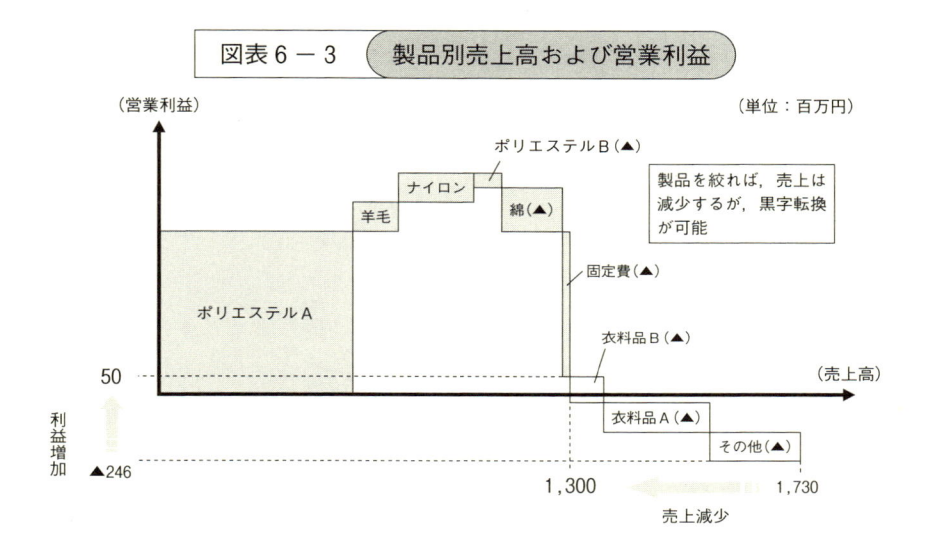

図表6－3　製品別売上高および営業利益

なく，売上高から変動費を控除した限界利益も分析しないと，製品廃止について誤った判断をしてしまう可能性があるため，注意が必要である。仮に，衣料品A・Bを廃止したとしても，衣料品A・Bに配賦されていた固定費は削減されず，今後は残された他の製品だけで負担することになるからである。

(3)　顧客別の視点

　顧客別の視点は，対象会社がBtoBビジネスを行っているケースにおいて，きわめて重要である。

　顧客別の収益性分析は，図表6－4のように対象会社の顧客別の売上高構成比や収益性を分析し，対象会社の今後の収益にどのようなインパクトを与える可能性があるかを分析するものである。たとえば，収益の大部分が特定の1社に集中している場合には，その顧客を失うことは企業存続に関わる大きな経営課題であり，対象会社のビジネスリスクは非常に高いと判断される。また，当該顧客を失わないまでも，当該顧客の業績によって対象会社の業績も左右されるため，当該顧客の業績見通しもあわせて分析する必要がある。

　顧客別収益性分析に基づけば，顧客の選択と集中，または新規顧客獲得によるリスク分散などの検討につなげることもできる。

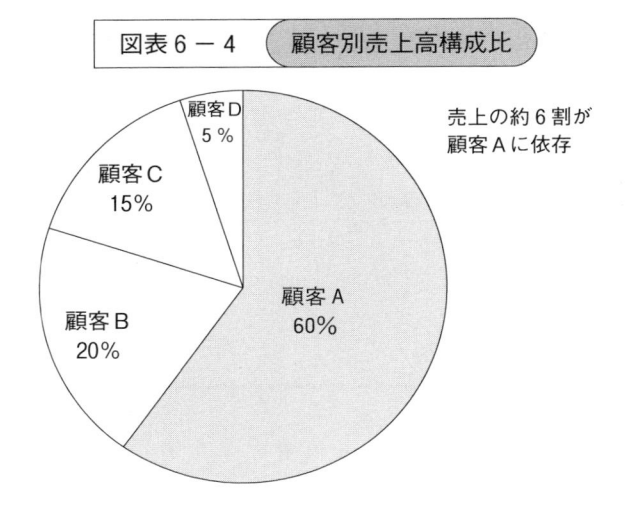

図表 6 − 4　顧客別売上高構成比

売上の約 6 割が
顧客 A に依存

顧客 D 5 %
顧客 C 15%
顧客 B 20%
顧客 A 60%

(4)　拠点別の視点

　拠点別の視点は，地域ごとに収益単位が独立している場合や地域ごとにビジネス環境が大きく異なる場合に有益である。

　特に，小売・流通業などにおいては，拠点別の分析は必要不可欠である。

　拠点別収益性分析の際は，単純に行政区に応じた分類だけではなく，たとえば，都市型と地方型，路面店型とテナント型などの視点を用いるなど，対象会社の事業特性に応じた分類を用いることで，経営課題をより浮き彫りにできる。

(5)　機能（組織）別の視点

　機能別の視点は，開発，製造，販売といったビジネスプロセスごとの強みや課題を見極める場合に用いる視点である。

　図表 6 − 5 のように，売上高開発費率や販売費率，製造コスト構造などについて競合と比較をすることで，対象会社の強みや課題に関する示唆を得られることが多い。特に，販売機能の強化や開発力の獲得といった対象会社の機能に着目した M&A 取引であれば，機能の視点からの競合ベンチマーク分析は必要不可欠である。

図表6－5　機能別分析（例）

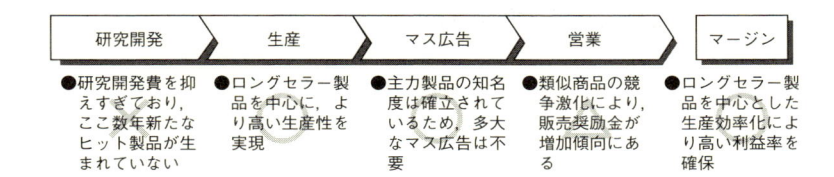

研究開発	生産	マス広告	営業	マージン
●研究開発費を抑えすぎており，ここ数年新たなヒット製品が生まれていない	●ロングセラー製品を中心に，より高い生産性を実現	●主力製品の知名度は確立されているため，多大なマス広告は不要	●類似商品の競争激化により，販売奨励金が増加傾向にある	●ロングセラー製品を中心とした生産効率化により高い利益率を確保

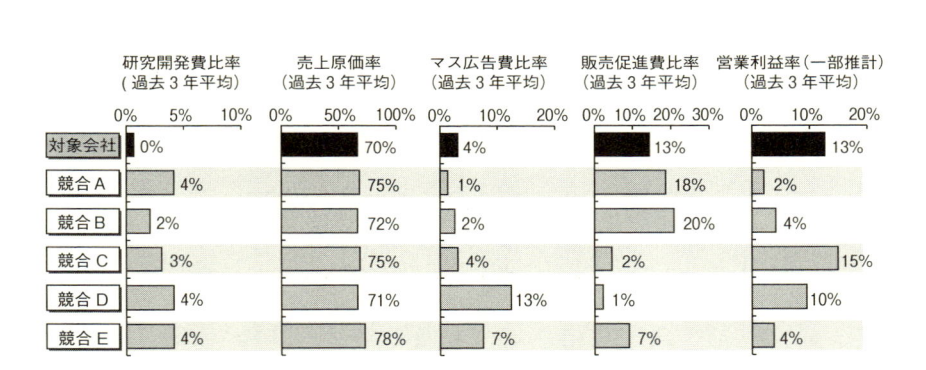

研究開発費比率（過去3年平均）／売上原価率（過去3年平均）／マス広告費比率（過去3年平均）／販売促進費比率（過去3年平均）／営業利益率（一部推計）（過去3年平均）

	研究開発費比率	売上原価率	マス広告費比率	販売促進費比率	営業利益率
対象会社	0%	70%	4%	13%	13%
競合A	4%	75%	1%	18%	2%
競合B	2%	72%	2%	20%	4%
競合C	3%	75%	4%	2%	15%
競合D	4%	71%	13%	1%	10%
競合E	4%	78%	7%	7%	4%

第*3*節　業績評価指標の選択

　業績構造分析においては，適切な業績評価指標を選定して分析することが重要である。対象会社がどんな事業を営んでいるかによって，重要な指標は異なるため，業界や業態によって適切な指標を用いて分析する。

　本節では，図表6－6の体系図に基づき，「**1**総合力分析」，「**2**収益性分析」，「**3**コスト構造分析」，「**4**効率性分析」について解説する。

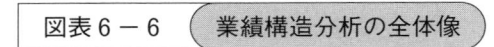

図表6－6　　業績構造分析の全体像

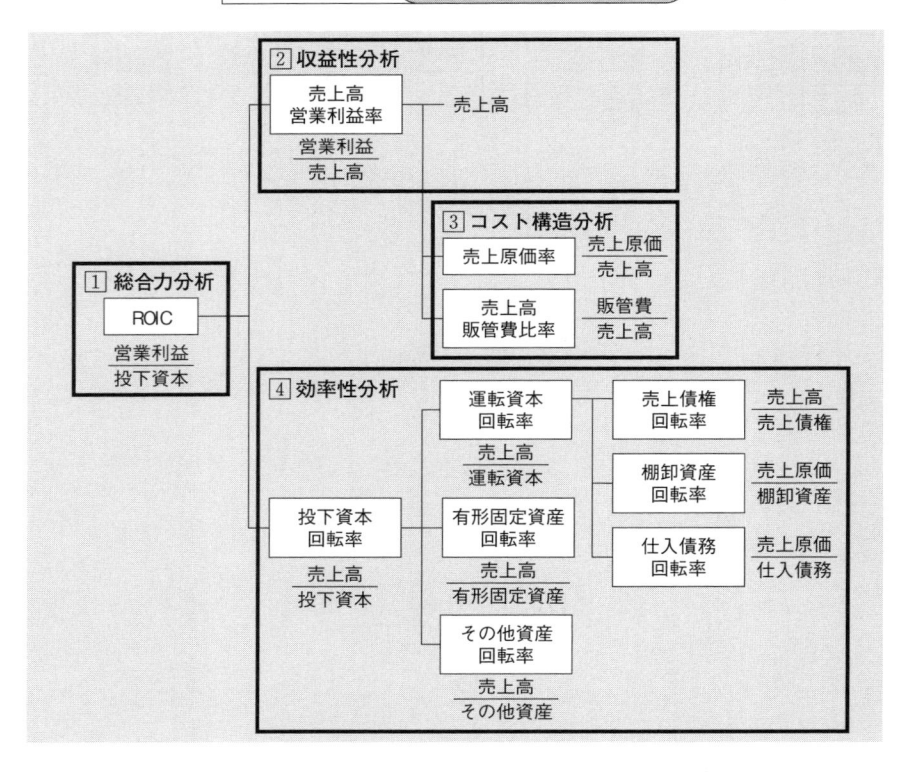

1 総合力分析

(1) ROIC とは

　買い手が知りたいのは，対象会社の本業から得られる収益力についての情報である。対象会社の総合的な業績を知る指標としては，資産効率や投資効率を総合的に測る業績評価指標である ROIC[1] が有効である。

$$ROIC = \frac{営業利益}{投下資本}$$

　ROIC とは，投下資本（自己資本＋他人資本）に対して，どの程度の利益を獲得したかを示す指標である。一般的に，分母には，株主資本と有利子負債の合計額を，分子にはそれら資本の調達コスト（債権者への支払利息と株主への配当）を控除する前の利益をとることが多い。つまり，ROIC は，資本の調達方法（借入の割合が大きいのか，株主資本の割合が大きいのか）の違いによる収益の違いを排除し，資本構成を加味しない総合的な企業の収益力を見ることができる。

収益性と資産効率性の指標

$$\underset{\text{ROIC}}{\frac{営業利益}{投下資本}} = \underset{\text{売上高営業利益率}}{\frac{営業利益}{売上高}} \times \underset{\text{投下資本回転率}}{\frac{売上高}{投下資本}}$$

　ROIC は，ROIC を構成する要素に分解することで企業価値に影響を与えるさまざまな要因を見極めることができる。

　まず，ROIC は，上記の式に示すように，収益性を表す売上高営業利益率と資産効率性を表す投下資本回転率に分解することができる。

　これは，ROIC を高めるためには，売上高に対する収益性を高め，かつ，投下した資本に対してより大きな売上を上げる必要があることを意味する。当然，

1　ROIC：Return on invested capital。投下資本利益率。

両者を向上させることがより ROIC を高めることにつながるが，一般的には，収益性を高めるべきか，資産効率性を高めるべきかは，業界やその企業が提供している製品・サービスによっても異なる。たとえば，同じ製造業であっても付加価値の低い大量生産品を扱う企業であれば，回転率を上げて資産効率性を上げることが重要になる。一方で付加価値の高い少量生産品を扱う企業であれば，収益性を向上させることが重要となる。

その時々によって適切な分母・分子を選択する

より厳密な分析を行う場合には，分母に用いる投下資本からは非事業資産[2]を控除することが望ましい。ただし，その場合には，分子に用いる数値も非事業資産から得られる利益を控除する必要がある。また，より厳密な指標とするために，税引後営業利益を用いるケースもある。いずれの場合にも，実態を正しく把握するためには分子と分母を対応させなければいけないため，投下資本および営業利益に何を含めるべきかについては十分な検討が必要である。

(2) ROIC を用いた分析事例

ここでは，競合他社との ROIC 比較を紹介する。図表6－7は，B社と主な競合4社の ROIC を，縦軸に投下資本回転率，横軸に営業利益率をとってプロットしている。横軸は収益性を示しており，右へ行くほど収益性が高いことを示している。一方，縦軸は資産の効率性を示しており，上に行くほど資産の効率性が高いことを示している。したがって，右上に行くほど会社全体としての総合力は高く，逆に左下へ行くほど総合力は低い，いわゆる負け組企業であるといえる。このグラフではB社の ROIC は競合他社と比較して最も低いことがわかる。また，投下資本回転率は競合平均をやや下回る程度であるが，営業利益率は競合平均よりもかなり低いことが読み取れ，回転率よりも収益性の低さに問題があることが推察できる。

---

2 非事業資産とは，資産のうち，余剰現預金や遊休資産，売買を目的とした有価証券等で，事業運営に直接的に貢献していない資産を指す。

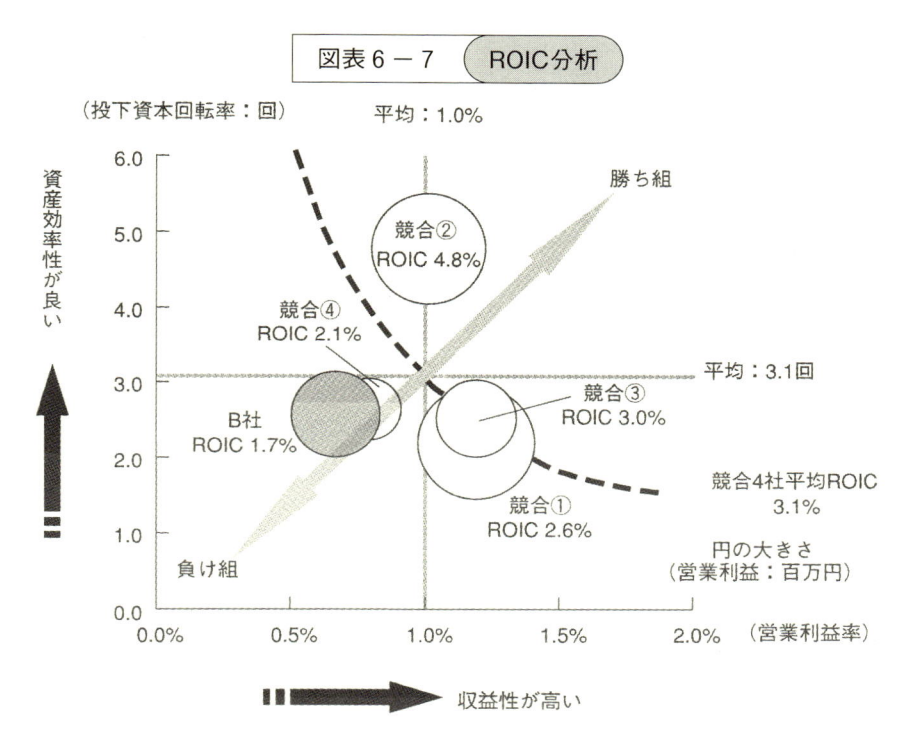

図表6－7　ROIC分析

（投下資本回転率：回）　　　平均：1.0%

(3)　他の類似指標

ROIC と類似した指標として ROA[3]，ROE[4]がある。対象会社の業界や分析の目的等によってはこれらの指標を用いることも有用である。

①　ROA

$$ROA = \frac{営業利益}{総資産}$$

ROA は，総資産に対してどれだけの営業利益を上げられたかを示した指標である。

ROA ではすべての資産を分母に含め，仕入債務などの事業負債をネットしないため，資産の効率性を見る点では ROIC に劣るところがある。ただし，一

3　ROA：Return on assets。総資産利益率。
4　ROE：Return on equity。自己資本利益率。

方でROAはROICよりもなじみやすく，理解しやすいという利点もある。

　なお，ROAの分子に経常利益が用いられることが多いが，分母では投下資本の資本構成を加味していないため，経常利益ではなく支払利息控除前の利益を用いる方が望ましい。有価証券などの非事業資産が大きい場合は，営業利益に受取配当などの営業外収益を加えると，分母と分子が一致する。

② ROE

$$\text{ROE} = \frac{\text{当期純利益}}{\text{株主資本}}$$

　ROEは，株主資本に対して，どれだけの利益を上げられたかを示した指標である。すなわち，株主の視点に立った投資効率指標である。しかしながら，通常ROEの分子には当期純利益が用いられるが，当期純利益は特別損失などを控除した後の利益であるため，買い手が知りたい本業の収益力を必ずしも示していないことがある。また，債務超過の会社や株主資本が大きく毀損している企業の場合には，ROEの数値がマイナスになるような異常値が算出されてしまうため，注意が必要である。

② 収益性分析

　収益性を判断する指標として最もよく用いられる指標が，売上高営業利益率である。以下では，売上高営業利益率およびその指標の構成要素である売上高について説明する。

(1) 売上高営業利益率

$$\text{売上高営業利益率} = \frac{\text{営業利益}}{\text{売上高}}$$

　売上高営業利益率は，本業から生み出される収益性を分析する際に用いられる最も一般的な指標である。この指標は，業界によって水準が大きく異なるた

め，同業他社と比較して，対象会社の収益性を判断する必要がある。

　また，時系列で営業利益率の推移を分析することで，業界における大きな環境変化やビジネス構造の変化を知ることができる。

　図表6－8は，大手ゼネコン4社の営業利益率を比較したグラフである。このグラフからわかるとおり，2013年度を境に各社の営業利益率が改善していることが読み取れる。大手4社で同様の変化が見られることから，この業界において2013年度に大きな環境変化が起こったことが推測できる。

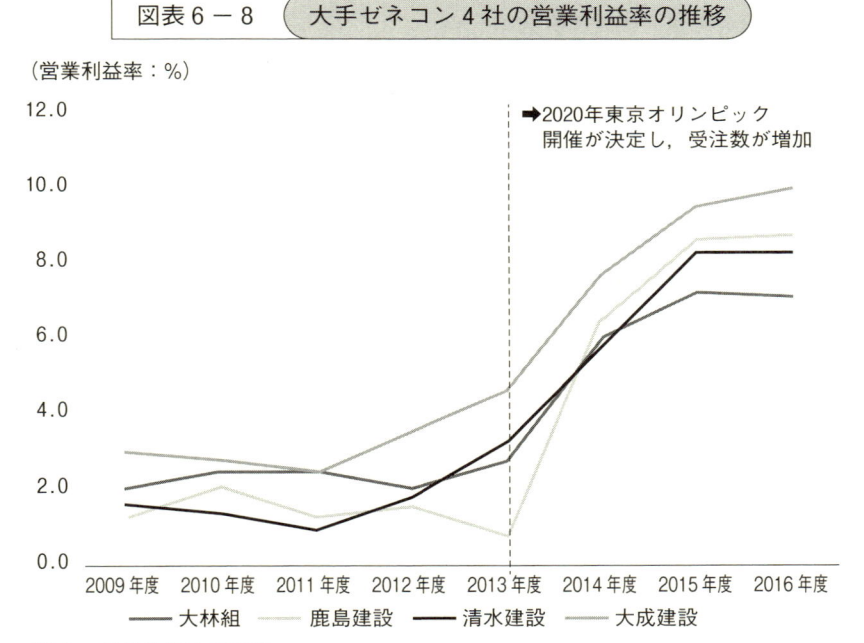

図表6－8　大手ゼネコン4社の営業利益率の推移

（出典：各社公開財務情報）

(2)　売上高

　売上高の分析は，対象会社の①規模・成長性の把握，②重要性の高い領域の絞込み，③問題の所在の明確化のために行われる。

① 規模・成長性の把握

売上高は対象会社の規模を知るための重要な指標である。買い手が対象会社の実態を把握する場合には，競合他社と比較した相対的な評価も重要であるが，一方で将来どれだけの規模のビジネスが期待できるかや，買収後に自分たちで経営ができる規模かどうかの評価も行わなければならない。また，買い手にとって当該M&A取引の目的が規模の経済の追求にあるのであれば，売上高は重要な指標である。

② 重要性の高い領域の絞込み

ビジネスDDは，限られた時間の中で効果的かつ効率的に実施しなければならないため，まず対象会社の事業全体の内で重要性が高い領域を絞り込む必要がある。すなわち，「対象会社の収益は，主にどの事業から生まれているのか」，「どの製品が対象会社の収益源となっているのか」などを明らかにするこ

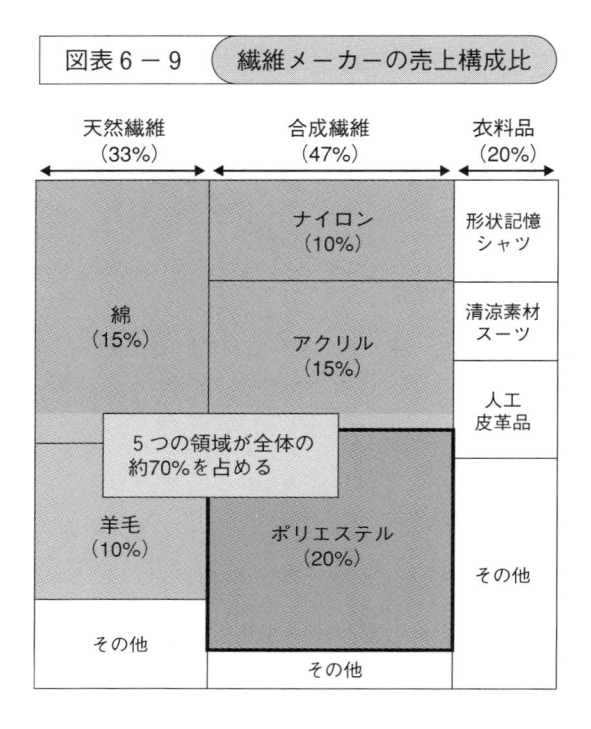

図表6-9 繊維メーカーの売上構成比

とである。これは，対象会社の価値の源泉を把握し，分析対象を絞り込むために必要な作業である。分析対象を絞り込むことでより効果的かつ効率的な分析が可能となる。

　図表6－9は，ある繊維メーカーの収益構造を示している。この企業において最も重要な領域は，売上高の約20％を占める「ポリエステル」である。また，ポリエステルに天然繊維の「綿」，「羊毛」ならびに合成繊維の「ナイロン」，「アクリル」を加えると，売上高の約70％に達する。そこで，分析の大部分はこの5領域に費やし，残りの領域については簡易的な分析で済ませることが効率的である。実際，残りの領域はすべて売上高に占める割合が5％以下であり，詳細な分析を行ったとしても重要な示唆が得られる可能性は低いだろう。

③　問題の所在の明確化

　売上高は，因数分解することによって，対象会社の価値がどこで生まれ，どこで失われているのかといったことをより具体的に究明できる。

　図表6－10のように，売上高を「売上高＝単価×数量」に分解することで，単価の下落に問題があるのか，それとも売上数量の減少に問題があるのかといった分析が可能である。

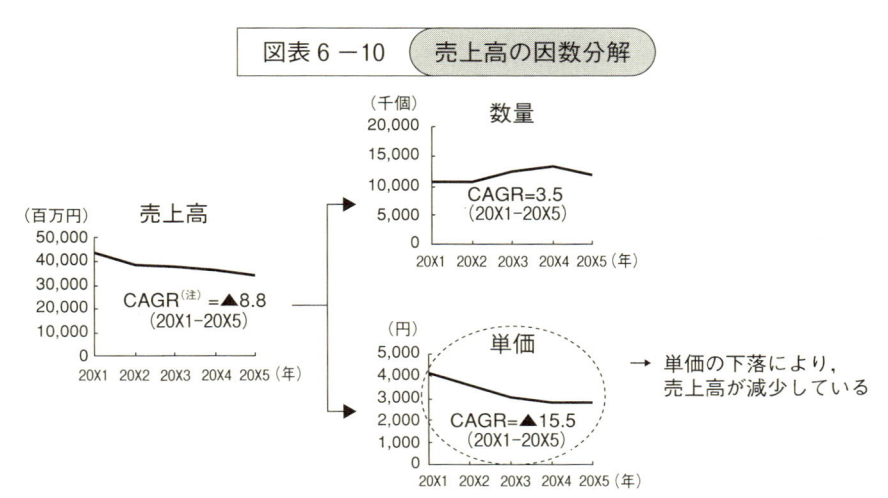

図表6－10　売上高の因数分解

（注）　CAGR：Compound Annual Growth Rate。年間平均成長率

　たとえば，ホテル業であれば，「売上高＝部屋当たり単価×部屋数×稼動率」に分解することで，売上高が減少している理由を明らかにし，M＆A取引後に講ずべき施策の検討が可能となる。

(3)　その他の類似指標

　最近では営業利益率の代わりにEBITDA[5]マージンを業績評価指標として用いるケースが多く見られる。EBITDA マージンも，営業利益と同様に企業の本業の収益性を示した指標である。EBITDA は，営業利益に減価償却費を足し戻した指標であり，減価償却費の増減による収益性の変動や会計方針の違いによる恣意性を排除できる。鉄道業や建設業のように設備投資を積極的に行う業界では，設備投資額の増減により営業利益率が大きく変動するため，EBITDA を使うことは有効である。ビジネス DD の結果がバリュエーションに反映されることを考えれば，キャッシュフローに関する業績評価指標（EBITDA，EBITDA マージンなど）にフォーカスして分析を行うことも有益である。

5　EBITDA は事業から得られる収益である営業損益に，キャッシュアウトを伴わない費用（主に減価償却費）を足し戻して算定する。EBITDA は営業利益と同様に企業の本来の収益性を示す指標であるが，減価償却費を足し戻していることで営業利益よりもキャッシュフローに近い指標である。

3 コスト構造分析

　コスト構造を分析する方法には，主に対売上高比率による分析と，コストを固定費と変動費に区分して行う損益分岐点分析がある。

⑴ 対売上高比率

① 対売上高比率分析とは

　対売上高比率分析とは，売上原価，販管費をブレークダウンし，売上高に対するこれら費用の比率を算出し，対象会社の課題やドライバーの所在を明らかにすることである。コスト構造には，業界特性の違いが顕著に出る。たとえば，売上原価率は業界によって大きく異なる。同じ製造業であっても，製薬業界の売上原価率は約30％であるのに対して，食品業界は約65％にも上る。したがって，競合他社との比較により，業界の平均的な数値を把握したうえで，コスト構造を分析することが求められる。

　図表6−11は，製造業D社とその競合他社のコスト構造を比較したものである。この比較によって，D社と競合との間にはいくつかの差異を見いだすことができ，どこにD社の課題がありそうか，どこに強みがありそうかといった見当をつけることができる。具体的には，内製・外製の管理体制や原料の調達管理等についての示唆が得られる。ただし，図表6−11の指標はあくまで業績の結果指標であるため，課題や強みがありそうな箇所については，事業構造分析により個別に追求しなければならない。業績構造分析と事業構造分析は表裏一体の関係にある。たとえば，図表6−11では，競合と比較して外注加工費の割合が高くなっている。しかし，コスト削減のために外注に出しているとも考えられるため，外注自体に問題があるとは言い切れない。業績構造分析では，結果として数字に現れてくる側面を認識し，その原因は事業構造分析において突きとめなければならない。

　業績構造分析で見当をつけた課題や強みの所在と，事業構造分析で明らかになった原因とを照らし合わせた結果が図表6−12である。コスト構造分析によ

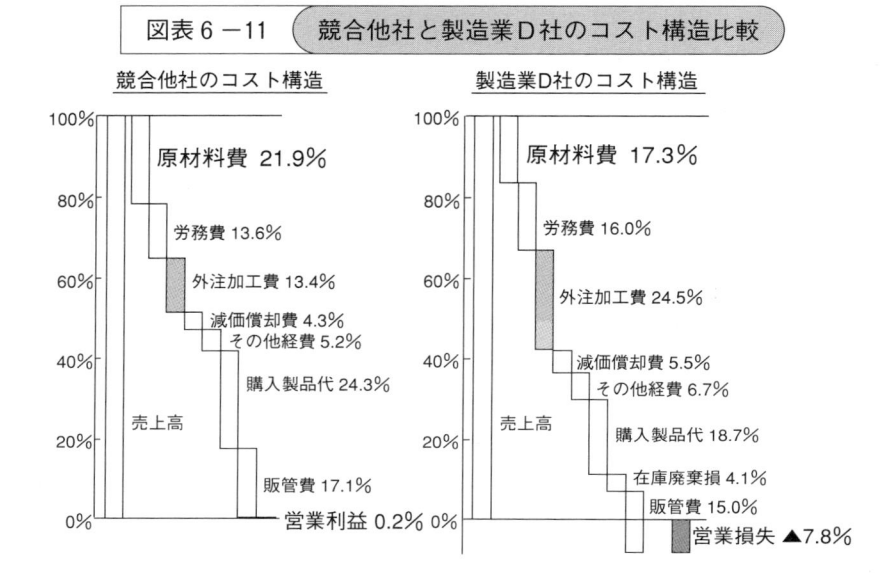

図表6-11　**競合他社と製造業D社のコスト構造比較**

り分解した各コストは，この図表に示すように各ビジネスプロセスあるいはビ
ジネスインフラに対応させて，プロットすることができる。このように，業績
構造分析の結果と事業構造分析におけるビジネスプロセス分析やビジネスイン
フラ分析の結果とを照らし合わせることで，問題の原因や本質を追求すること
ができる。

　たとえば，売上原価率や原材料費比率などの定量分析の結果と，ビジネスプ
ロセス分析（第5章参照）における仕入体制などの定性分析の結果を照らし合
わせることで，売上原価率や原材料費比率が高い原因について，「仕入先の絞
込みが行われていない」，「部品点数の見直しや部品の共通化等の取組みが行わ
れていない」といった本質的な原因を突き止めることができる。

②　費目別分析の留意点

　ここでは，対売上高比率分析を行う際に注目すべき留意点を，一部ではある
が，費目ごとに紹介する。なお，費目ごとの分析上の留意点については，第8
章の「シナジー・Quick Hits の抽出」も参考にしていただきたい。

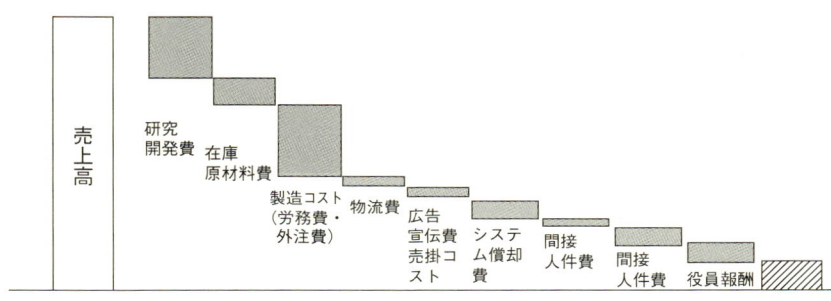

図表6－12　事業構造分析との関係

(a)　原材料費

　原材料費に関しては，売上高に対する比率の経年推移を分析し，大きな変動の有無をチェックする。また，より本質的な要因を把握するためには，製品当たりの原材料の投入量や単位当たりの調達単価等までブレークダウンし，経年推移や変動要因を分析することが必要である。

(b)　外注費

　外注には大別して「キャパシティを補完するための外注」と「自社で有していない機能や技術を補完するための外注」がある。対象会社が行っている外注が，いずれに該当するかを見極めることが重要である。

　一般的には，外注の活用により，費用を変動費化することや，自社内での対応よりも低いコストに抑えることができることも多い。しかしながら，外注費があまりにも膨らんでいる企業の場合には，同業他社よりも高い単価で外注するなど外注管理に甘さがないかなどを分析する必要がある。

(c)　物流費

　流通業などでは，コストの中で物流費の占める割合は高い傾向にあり，その

重要性は高い。物流費は，自社で物流設備や人員を保有し配送を行っている会社か，自社で物流を行わず外部の物流業者に委託している会社か，両方を効率的に活用している会社かによって，コスト構造や計上金額が異なるため，対象会社と同業他社の比較を行う場合は，それぞれがどのような物流体制を備えているかを踏まえて，比較する必要がある。

　物流費は，買い手との統合によるシナジー効果を比較的期待できる費目であるため，事業構造分析と合わせて，可能な限り正確に把握することが求められる。

(d) 人件費

　人件費を分析する場合には，社員数や社員の構成比の経年推移を分析する必要がある。最近ではどの会社も派遣社員やパート社員の割合を増やすことにより，固定費削減を図っているが，組合が強い会社や地方の会社の場合には，工場の従業員がほとんど正社員である場合もある。図表6−13の例では，積極的に人件費を変動費化させてきたことがわかる。

　また，図表6−14のように1人当たり人件費，従業員1人当たり売上高を分析することで，対象会社の課題についての示唆を導出できる可能性がある。

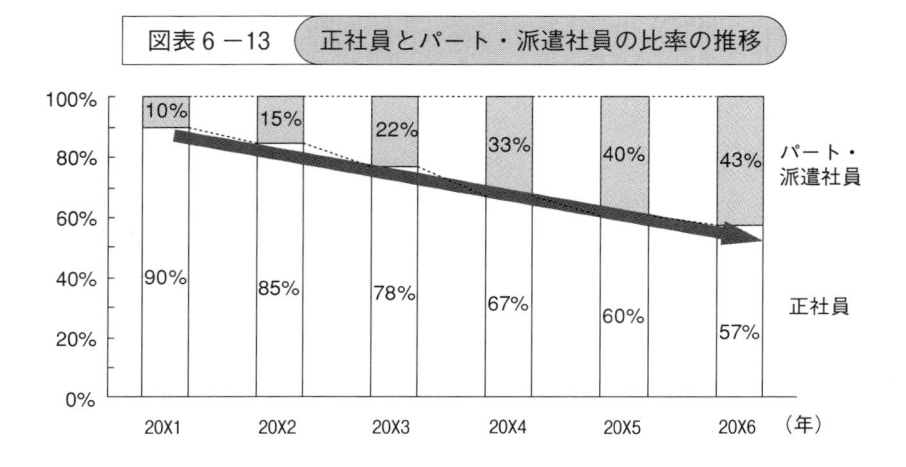

図表6−13　正社員とパート・派遣社員の比率の推移

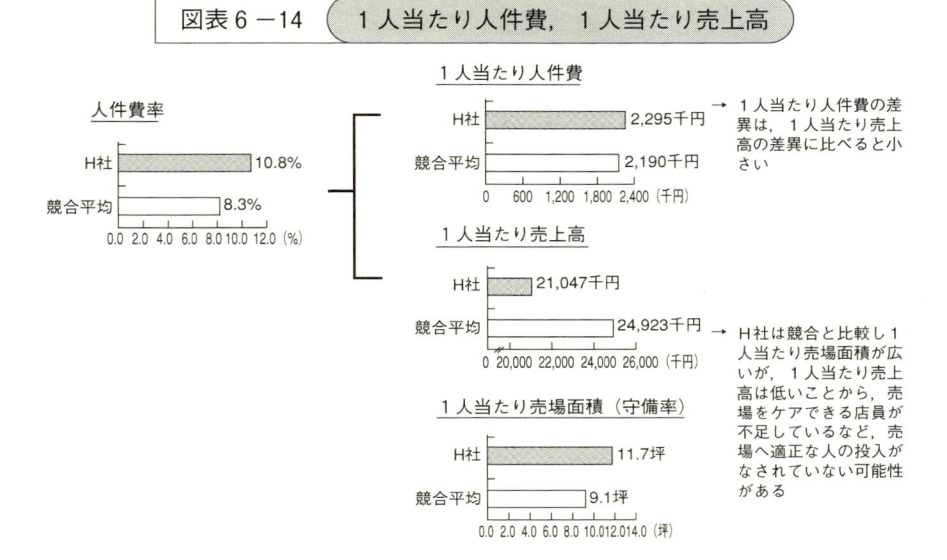

図表6－14　１人当たり人件費，１人当たり売上高

(2)　その他の類似指標

①　損益分岐点分析とは

　コスト構造を分析する場合，競合他社との比較に加え，対象会社のコストを固定費と変動費に分解し分析することで，重要な示唆が得られることがある。これを損益分岐点分析という。損益分岐点売上高とは，収益と費用が等しく，利益がゼロとなる売上高である。

　固定費と変動費に分解する目的は，売上の変化によって利益がどれだけ影響を受けるのか，すなわち，売上の変動がどれだけ深刻な結果をもたらすコスト構造になっているかを把握することである。なお，事業構造分析により得られた市場の動向やマクロ環境の変化要因とも照らし合わせれば，それらの外部環境要因が対象会社にとってどれだけインパクトをもたらすものであるのかをある程度予想することができる。

　損益分岐点売上高は，次の算式で求めることができる。

$$損益分岐点売上高 = \frac{固定費}{1 - \dfrac{変動費}{売上高}}$$

$$= \frac{固定費}{1 - 変動費率}$$

②　損益分岐点分析の留意点

　固定費の割合が高い場合は，売上高がわずかに変化しただけで，損益が大きく変化する。一方，固定費の割合が低い場合は，売上高の変化による影響はそれほど大きくない。すなわち，固定費の割合が高い会社は固定費の割合が低い会社に比べて，より大きな利益を上げられる機会がある一方で，売上が下がると一気に赤字に落ち込む可能性がある。言い換えれば，ハイリスク・ハイリターンの企業である。

　図表6−15は，固定費率の低いE社と固定費率の高いF社を例にとり，固定費率の違いによる利益への影響を示している。この図表からも明らかなように固定費の割合が高いF社は，同じ売上の変動であっても利益の変動リスクがE社より大きい。対象会社の事業リスクを把握するためにも，対象会社の売上高と利益の関係を把握しておく必要がある。また，損益分岐点分析を実施してお

図表6−15　固定費率の違いによる利益の変動リスク

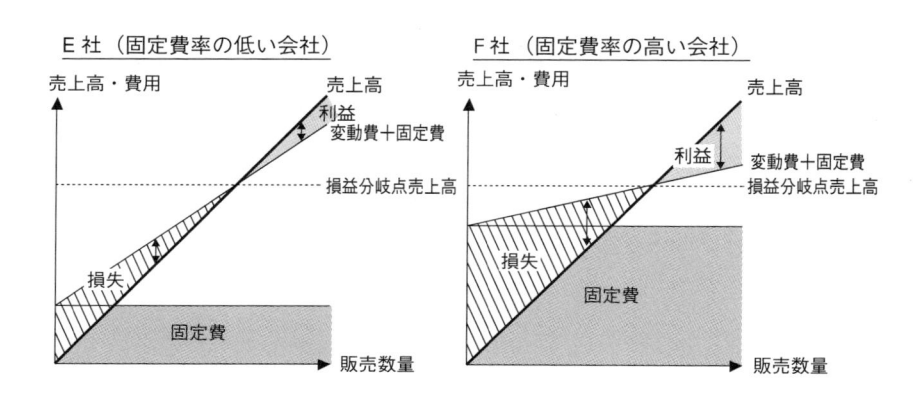

くと，M&A 後のアクションプランを検討する際に，固定費を減少させる，固定費の変動費化を進める等の施策を検討する際に参考となる。

4　効率性分析

　ROIC を要素分解した指標に投下資本回転率がある。また，投下資本回転率を分解した指標として運転資本回転率や有形固定資産回転率がある。これらは投下資本あるいは資産をどれだけ効率的に活用できているかを示した指標である。

　一般的に，資産効率性は，売上高営業利益率や粗利率などの収益性と比べて短期間での改善が可能であるため，効率性の改善による企業価値向上をM＆A取引の目的とする買い手も多い。資産効率性が低い会社をターゲットにし，短期間でその会社の資産を圧縮し効率性を改善させることで企業価値を向上させ，イグジットする，というやり方は，投資ファンドに多く見られる手法である。

　以下では，これらの指標に基づき，効率性分析について説明する。

(1)　投下資本回転率

$$投下資本回転率 = \frac{売上高}{投下資本}$$

　投下資本回転率は，投下した資本に対してどのくらい売り上げられたのかを示す指標である。本来，十分な収益力を持つ事業を有しているにもかかわらず，過剰な資産や負債，もしくは多角化したその他のビジネスが足かせとなり，全体としての業績が低迷している企業も少なくない。そのような会社の場合，投下資本回転率は低く，まだ内部的にも改善の余地があるといえる。逆に，この比率が高い場合には，その会社は既に能力の限界に近い状態で稼動しているとも考えられ，これ以上の回転率の改善が難しい可能性もある。

(2) 運転資本回転率

$$運転資本回転率 = \frac{売上高}{運転資本}$$

運転資本とは，企業が事業を行うにあたり，最低限必要な資金をいい，運転資本＝売上債権＋棚卸資産－仕入債務により算出する。運転資本回転率が著しく低い場合は，対象会社に滞留債権や不良在庫があり，経営効率が悪化している可能性が考えられる。また，業界によっては，毎期の運転資本回転率の変動が激しいため，一時点のみで効率性の判断を行うのではなく，経年の推移を分析する必要がある。たとえば，図表6－16は，半導体メーカーの売上債権，棚卸資産，仕入債務の回転率を示している。半導体業界は市況の変動が激しいため，それによって運転資本の回転率も大きく変動することが多い。このような場合には，経年の推移を分析し，指標を変動させるドライバーが何かを把握しなければならない。

また，会社によっては売上債権の回収時期，仕入債務の支払時期，売上の季節変動等の関係により期末時点の回転率が一時的に好転（悪化）している場合

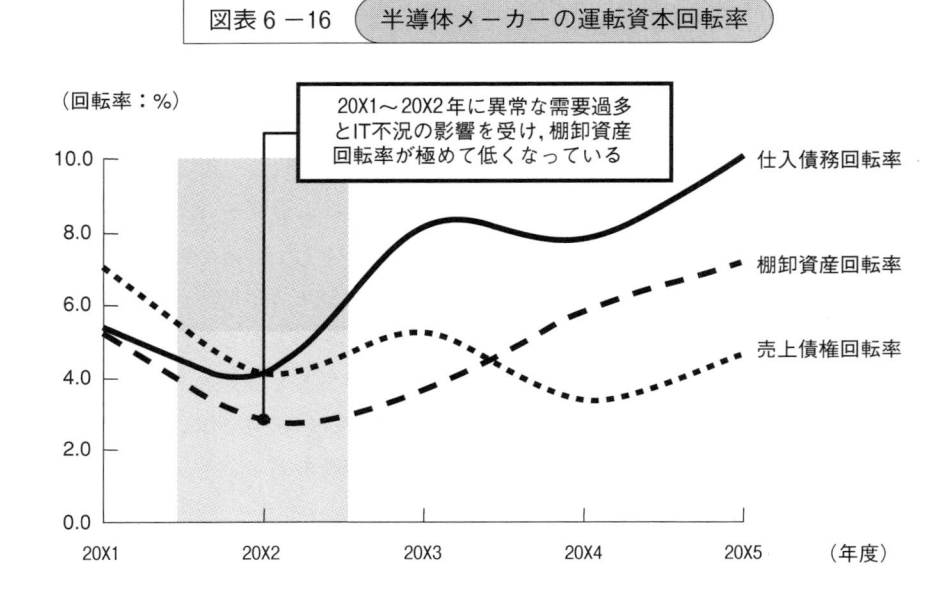

図表6－16 半導体メーカーの運転資本回転率

もあり得る。それらもあわせてチェックすることが必要である。

①　売上債権回転率

$$売上債権回転率 = \frac{売上高}{売上債権}$$

　売上債権回転率は，売上債権の回収がどの程度効率的に行われているかを示す指標である。回転率が高いほど，早く代金回収ができていることを意味する。消費者向け店頭販売を行っている小売業のように，現金販売が主である業界の場合，重要性は低いが，卸売業，建設業，製造業などのように未回収が発生する可能性が高い業界の場合には，多額の滞留債権がないかをチェックする必要がある。

②　棚卸資産回転率

$$棚卸資産回転率 = \frac{売上原価}{棚卸資産}$$

　棚卸資産回転率は，会社が棚卸資産をどれだけ効率的にコントロールし，売上を上げているかを示す指標である。競合と比較して回転率が低い場合には，サプライチェーンの効率化が立ち遅れていたり，多額の滞留在庫や不良在庫を抱えている可能性がある。

③　仕入債務回転率

$$仕入債務回転率 = \frac{売上原価}{仕入債務}$$

　仕入債務回転率は，仕入債務が適切に管理されているかを示す指標である。競合と比較して，回転率が著しく異なる場合には，どのような支払条件にもとづいているのか，支払の滞りが生じている等の問題がないかをチェックする必要がある。なお，仕入債務は，仕入コスト（原材料費）に対応するものであるため，分子には売上高ではなく売上原価を用いるのが一般的である。

(3)　有形固定資産回転率

$$有形固定資産回転率 = \frac{売上高}{有形固定資産}$$

　有形固定資産回転率は，有形固定資産がいかに効率的に活用され，収益の創出に貢献しているかを示す指標である。設備投資が積極的な業界の場合にはこの指標が重要となる。設備投資額が大きい業界としては，建設業，不動産業，鉄道業などがある。これらの業界の企業の場合，設備投資が着実に売上に結びついているかを検証することが重要である。

　また，有形固定資産回転率がきわめて高くなっている場合には，設備投資が過小に抑えられ，設備の老朽化や陳腐化が進んでいることが考えられる。M＆A取引により会社を取得した後に多額の設備投資を要するとなれば，大きな資金負担を被ることにもなりかねないため，注意が必要である。

(4)　その他の類似指標

　運転資本回転率については，同様の指標として運転資本回転日数がある。たとえば売上債権回転日数であれば，取引先に対する売掛金の発生から現金回収までの平均日数を表す。同様に，仕入債務回転日数であれば，買掛金発生から支払いまでの平均日数となる。回転率と比較して，どちらが優れているというものでもないが，売上債権回転日数や仕入債務回転日数を売上構成の高い主要取引先や仕入割合の高い仕入先との平均的な決済条件と比較し，不自然な乖離がないかをチェックすることができる。

　運転資本回転日数の算式は，以下の通りである。

$$売上債権回転日数 = \frac{売上債権}{売上高/365}$$

$$棚卸資産回転日数 = \frac{棚卸資産}{売上原価/365}$$

$$仕入債務回転日数 = \frac{仕入債務}{売上原価/365}$$

Column

決算月の月次チェックを忘れずに

　通常我々がビジネスDDを行う際には，まず期ごとまたは半期ごとの数字の推移から分析を行い，これらの長期的な業績分析が終わったら，あわせて月次の分析も行うことにしている。期ごとの分析ではわからない，売上，売掛金，買掛金，在庫の動きが見えてくるからである。

　たとえばアパレル業界の特徴として，冬物の仕入れピークとなる10月〜11月は在庫が膨れ上がり，かなりの運転資金を必要とする。これを把握するには，3月末のB/Sだけを見ていては駄目なので，月次のP/L，B/Sも分析の対象とすべきである。

　ビジネスDDを行っていると，決算対策のために"押し込み販売"，"在庫飛ばし"といったように，時折，恣意的な数字作りを現場が余儀なく行っている場合がある。数字を一定の時系列で追っていくと，このような悪しき慣習が見えてくることがある。

　しかし，なぜ悪しき慣習をやめないのだろうか。我々が関与したある消費財メーカーの営業担当者は，こう語ってくれた。「はじめは，ほんの少しだけという気持ちで押し込み販売をやっていたが，数年やっているとそれが雪だるま式に増えていき，気がついたときにはもう止められない状態であった」と。

第*4*節 意味合いの抽出

　業績構造分析においては，対象会社の業績を適切な単位に分解し，適切な評価指標を選定することが重要であることは既に解説した通りであるが，もう1つ重要なのは，対象会社の事業の実態を示唆する意味合いをいかに抽出できるかである。

　意味合いの抽出には，対象会社へのヒアリングや事業構造分析（第5章にて詳述）の結果による検証に加えて，時系列比較や競合ベンチマークによる業績構造分析が有用である。

　本節では，意味合いを抽出するための**1**時系列分析，および**2**競合ベンチマーク分析について解説する。

1　時系列分析

(1)　時系列分析とは

　時系列分析とは，対象会社の業績の経年変化を追うことで，現状把握や将来予測をすることをいう。業績構造分析により得られた定量的な情報に，各種調査や対象会社の担当者へのインタビューで得られた情報を加えることによって，業績に影響を与えた外部環境要因，またはビジネスプロセス，ビジネスインフラ等の内部環境要因の変化を読み取ることができる。つまり業績の変化が競争の激化や規制緩和等の外部環境要因によるものか，それともプロセス改善やコスト構造の変化，組織変更等の内部環境要因によるものかを見極めるための基礎情報を時系列分析は提供するのである。

(2)　時系列分析の留意点

時系列分析の留意点は，下記のとおりである。

留意点①	データの整合性をとること

企業は組織変更や製品カテゴリーの変更を行うことが多く，特定の組織や製品カテゴリーに関して一貫性のある時系列データを保有していないことも多い。また，事業名や組織名，製品カテゴリー名は同じであっても，そのセグメントの対象としている範囲を変更しているケースも多い。このため，分析にあたっては，最初に分析対象データを確認し，整合性を取るための調整の要否を見極める必要がある。データの整合性を取るための調整は，過去データを分析に必要な区分に集計し直す作業が発生するので，多大な労力と時間が必要となるため，注意が必要である。

留意点②	長期にわたるデータを取得すること

業績構造の変化を見極めるためには，ある程度の長期にわたって一貫性のある時系列情報を作成し分析することが重要となる。時系列情報は10年程度とることが望ましく，少なくとも5年程度の情報は入手したい。

留意点③	比較に用いる指標の選択

比較すべき指標の選択にあたっては，単純に営業利益や売上高の推移で環境要因の変化を捉えることができる場合もあるが，事業特性に応じたKPI[6]を用いることで，より的確な分析が可能となるケースも多い。たとえば，ホテル業であれば稼動率，小売業であれば坪当たり売上高，通信業であれば会員当たり売上高（APRU[7]）といったものである。

また，比較に用いた指標を沿線人口推移やターゲットとする年齢層の人口推移等のマクロ環境のトレンドに照らし合わせることで，その推移の示唆すると

6　KPI とは，Key Performance Indicator の略。主要な業績評価指標を意味する。

7　APRU とは，Average Revenue Per User の略。顧客1人当たりの平均売上を意味する。音声通話に関する売上を「音声 APRU」，データ通信に関する売上を「データ APRU」と分けて呼ぶことがある。

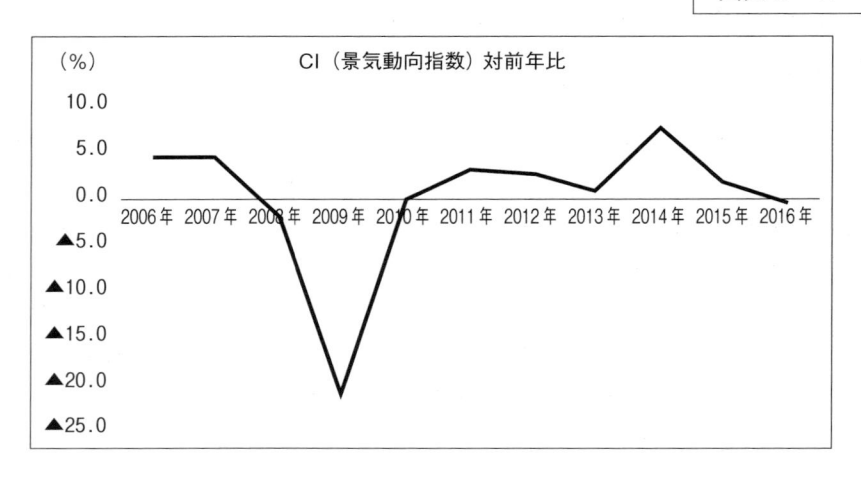

ころをより明確にすることができる。

(3)　時系列分析の事例

　ここでは，売上高の経年変化に着目した時系列分析の例を紹介する。図表6－17は，2006年から2016年までの，CI（景気動向指数）と広告業界の売上高の対前年比推移を表したものである。

　右図では，2007年から急激に売上高対前年比が悪化していることがわかる。

　一方，景気動向指数（CI）をみると同時期に下落に転じ，リーマンショックが起きたことがわかる。

　このように，意味合いの抽出には，業績指標の推移を業界トレンドやマクロ環境のトレンドに照らし合わせることが有効である。

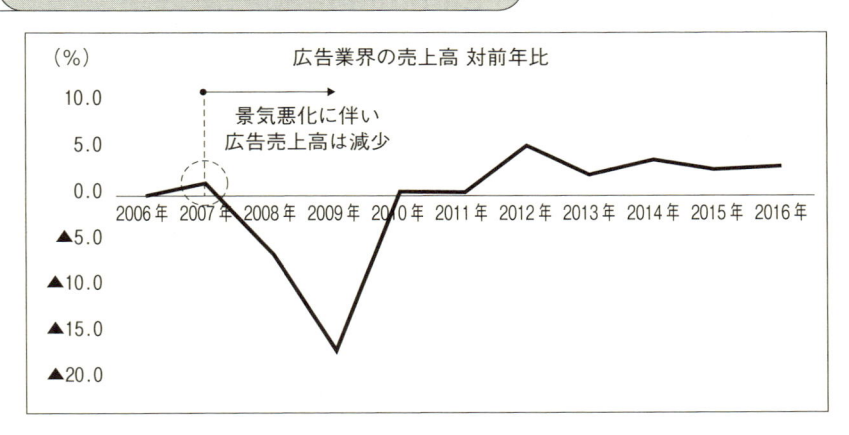

日経平均株価と大手GMSの営業利益の推移

② 競合ベンチマーク分析

(1)　競合ベンチマーク分析とは

　競合ベンチマーク分析とは，対象会社と類似のビジネスを行っている競合他社とを比較する分析のことである。競合ベンチマーク分析を行うことで，「業界特性の把握」と「対象会社の強み，弱みの特定」を行うことができる。

　業界特性の把握は，対象会社と競合各社の類似性に着目し，「対象会社の属する業界がどのような特性を有しているのかを理解すること」である。特に，資本構成やコスト構造等は，業界ごとに類似性が見られることが多いため，ビジネス DD の実施前に主要な財務指標がどの程度の水準であるかを理解しておくとよい。

(2)　競合他社選定の留意点

　競合ベンチマーク分析においては，どの会社を競合他社として選定するかによって，分析結果に対する納得性が大きく異なるため，競合他社の選定は慎重に行う必要がある。

　競合他社を選定する際は，対象会社の担当者に「普段の事業展開において，どの会社と競合すると自己認識しているか」をヒアリングしておくと，実際の競合他社を確認できるとともに，非常に納得感の高い企業を抽出することができる。

　競合他社の絞込みは，対象会社との事業の類似性に着目して実施するが，競合がほとんど存在しないケースもあり得る。その場合は，ビジネスモデルやキードライバーが類似しているといった条件をもとに，範囲を広げたうえで競合他社を選定することも1つのアプローチである。

　また，大規模なM＆A取引を実施した等の理由で業績が安定していない企業や，極度の経営不振に陥っているような企業のデータは，比較対象として適切でない可能性が高いため，競合他社の分析では用いない方がよい。

(3)　競合ベンチマーク分析の事例

　図表6－18は，小売業A社とその競合他社のROICを比較したものである。ROICから始まる各指標を競合他社平均と比較することで，A社の強みや弱み，企業価値向上の糸口を見つけ出すことができる。

　図表6－18の例では，A社は資産効率性は高いが，収益性は競合他社と比較して低い状況にある。企業価値を向上させるためには，収益性の改善，特に売上原価率の低減が不可欠であることが読み取れる。競合他社と比較することで，それぞれの比率が良いのか悪いのか，競合他社平均と乖離がある場合には，今後どこにどの程度の改善余地が残されているのか等を推察することが可能である。

　以上，3つの観点から業績構造分析を説明した。定量的な分析をしているとついつい業績指標ばかりに気をとられ，事業構造分析と照らし合わせることを忘れがちである。定量的な分析（結果分析）と定性的な分析（原因分析）は表裏一体であるため，数字の変化ばかりに意識を取られず，実際のビジネスの現状がどうなっているのかを分析することを忘れないように注意したい。そのためにも，「何のためにどのような分析をするのか」という仮説と調査設計をあらかじめ持って分析を実施することが重要である。

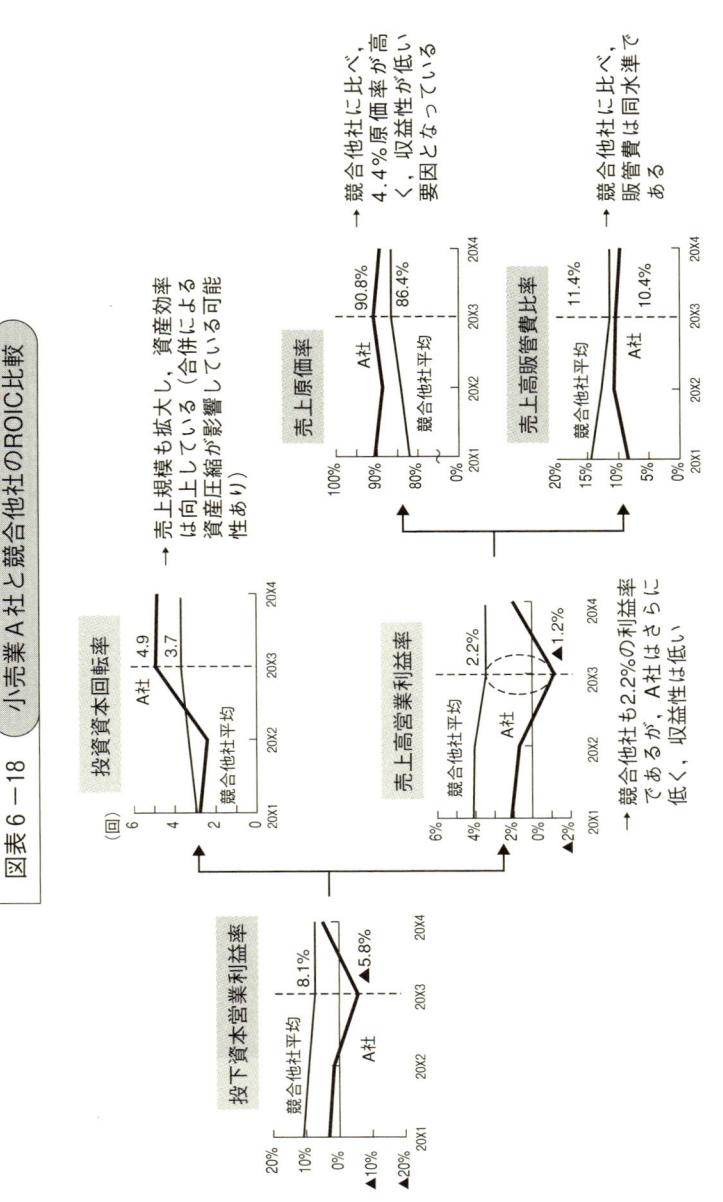

図表6−18　小売業A社と競合他社のROIC比較

第7章

ステップ④
「分析結果の整理」と
「修正事業計画の策定」

第*1*節 「分析結果の整理」と「修正事業計画の策定」の概要

1 位置づけ

「④分析結果の整理」は，図表7－1のとおり，ビジネスDDにおける「対象会社の実態把握」フェーズの最後のステップに位置づけられる。

このステップは，「②事業構造分析」および「③業績構造分析」で発見された事項を整理し，それら発見事項を事業計画に反映させるステップである。買

| 図表7－1 | ビジネスDDにおける「分析結果の整理」の位置づけ |

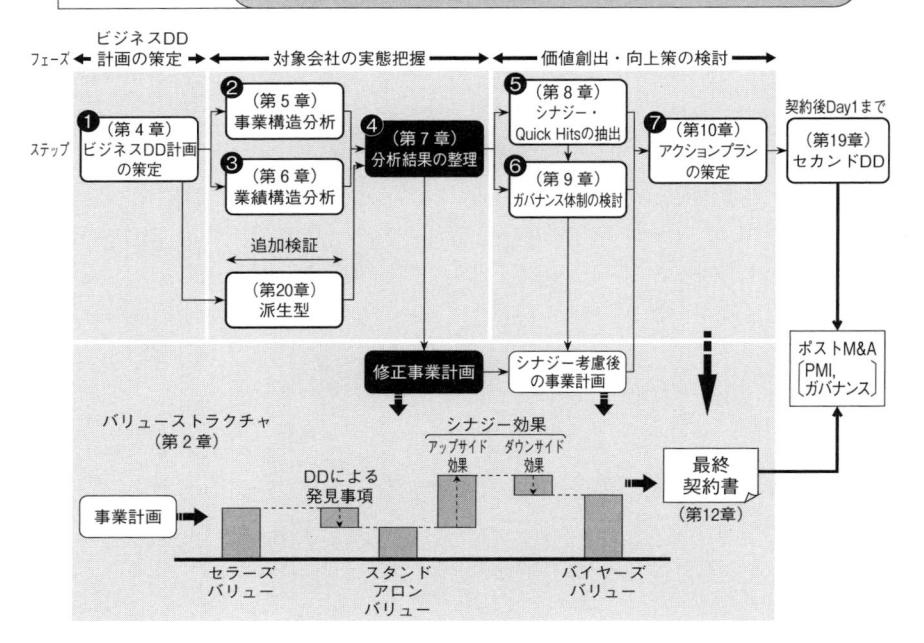

い手は，ここで作成された修正事業計画をもとにバリュエーションを実施し，バリュエーション結果を参考にして買収価格や合併比率などの検討を行う。このため，修正事業計画の作成は，ビジネス DD においてきわめて重要なステップである。なお，分析結果のうち定量化が難しいものについては，最終契約書等に反映するなどの措置を取る（詳細は第12章を参照）。また，これら分析結果は，シナジー効果や Quick Hits の機会の抽出（詳細は第 8 章を参照）や統合後のポスト M&A の施策検討（詳細は第 9 章を参照）の際の基礎資料としても活用できる。

　本章においては，「事業構造分析」および「業績構造分析」における発見事項を実務上どのように整理し，修正事業計画にどのように反映するのかについて解説する。

❷　本章の構成

　図表 7 − 2 は「④分析結果の整理」と「修正事業計画の策定」のアプローチ

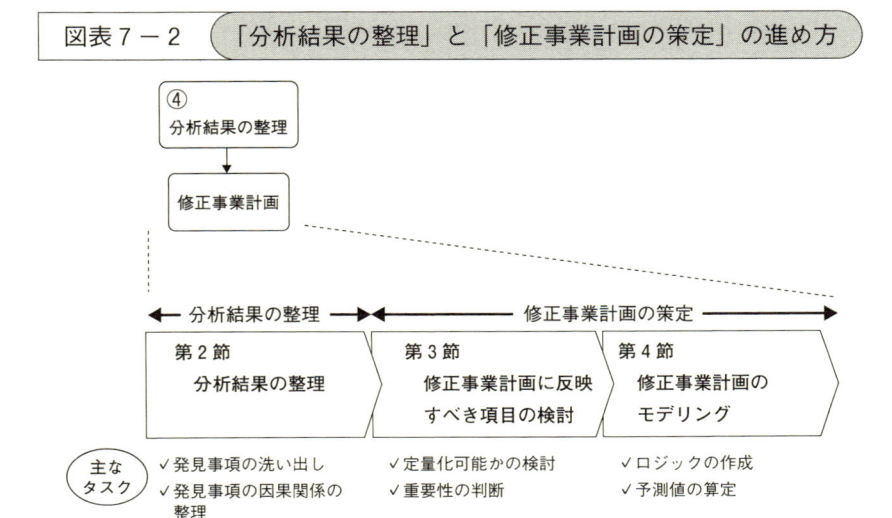

図表 7 − 2　「分析結果の整理」と「修正事業計画の策定」の進め方

を整理したものである。

　「④分析結果の整理」では，まず「②事業構造分析」と「③業績構造分析」における発見事項を整理する（第2節）。さらに，それら発見事項のうち修正事業計画に反映すべき項目の検討を行う（第3節）。そして，これに基づき，修正事業計画のモデリングを行う（第4節）という手順である。

　本章では，このアプローチに基づき，「④分析結果の整理」と「修正事業計画の策定」について解説する。

第*2*節　分析結果の整理

1　分析結果の整理の目的

　分析結果を整理する目的は，買い手の目線に立った修正事業計画を作成するための基礎情報を作成することである。

　「事業構造分析」（原因）と「業績構造分析」（結果）を結びつけることで，対象会社の内部環境および外部環境に関する情報（示唆）を得，対象会社で何が起きていて，今後どのような方向に向かいそうか，キードライバーは何かといった点を明確にする。

2　分析結果の整理方法

　分析結果の整理は，「事業構造分析」のフレームワークに従って分析結果を抽出し，それを該当する P/L 項目および B/S 項目に割り当てると，因果関係を整理しやすい。その際に有効であるのが，図表 7 − 3 のような整理フォーマットである。

　図表 7 − 3 は，縦軸に「業績構造分析」のフレームワーク（財務諸表の項目）を，横軸に「事業構造分析」のフレームワークをとった表である。なお，縦軸，横軸とも対象会社の事業特性に合ったものを適宜使用すればよい。

　「事業構造分析」と「業績構造分析」は，「事業構造分析 ＝ 原因分析」，「業績構造分析 ＝ 結果分析」というように分析の視点が異なるだけで，同じ会社の同じ状況を分析していることにほかならない。両方の分析結果を照らし合わせる

図表7−3　「分析結果の整理」フォーマット

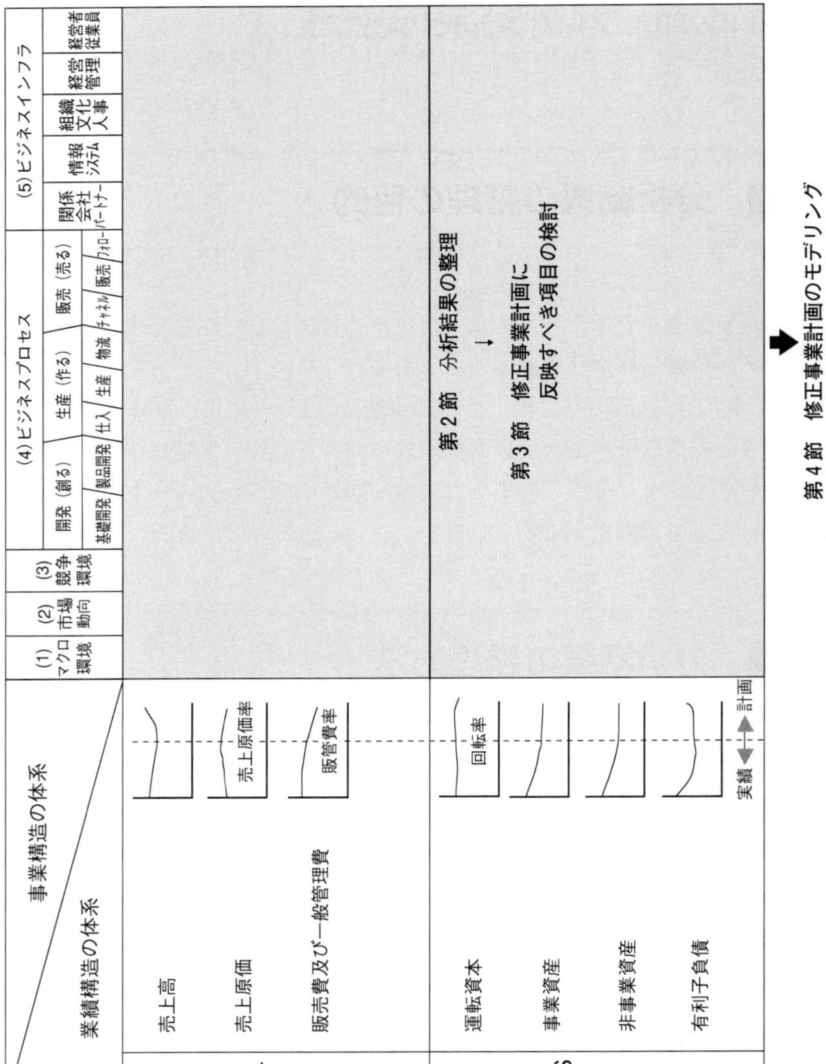

第2節　分析結果の整理
↓
第3節　修正事業計画に
反映すべき項目の検討

第4節　修正事業計画のモデリング

ことにより，因果関係をより明確にすることができる。分析結果を整理する際の留意点は，全体からの視点に立って，検討すべき項目にモレがないか，そして定量的にどれくらいのインパクトがあるかを意識することである。

❸　分析結果の整理の具体例

　ここでは，分析結果の整理について，修正事業計画作成の視点から具体的な例を用いて紹介する。以下(1)～(5)に記述した発見事項をまとめたのが図表7－4である。

(1)　マクロ環境

　マクロ環境の分析からは，主に売上高や売上原価に影響を与える項目が抽出されることが多い。具体的には，景気の回復による消費の拡大や技術革新による既存製品（技術）の陳腐化による売上高の減少，原油や鉄鋼価格の高騰に伴う売上原価の増加などがある。

　事例では，分析の結果「c.原料の市況変動リスク」が発見されたため，整理フォーマットの売上原価欄に「売上原価の増減」と記載した。

(2)　市場動向

　市場動向の分析からは，主に売上高に関する発見事項が抽出される。具体的には，少子高齢化によるターゲット顧客の減少や，価格競争による販売単価の下落に伴う売上高の減少などがある。

(3)　競争環境

　競争環境の分析結果からも，マクロ環境や市場環境と同様，売上高に関する発見事項が抽出されることが多い。具体的には，特許の期限切れに伴い類似製品が増加することによる単価の下落，法律の改正に伴う新規参入業者や代替品の登場による売上高の減少などがある。ただし，競合企業による新製品開発や

図表7－4　分析結果の整理（具体例）

業績構造 ＼ 事業構造	(1) マクロ環境	(2) 市場動向	(3) 競争環境	(4) ビジネスプロセス｜開発（創る）｜基礎開発／製品開発	生産（作る）｜仕入／生産／物流	販売（売る）｜チャネル／販売／フォロー	(5) ビジネスインフラ｜関係会社パートナー	情報システム	組織文化人事	経営管理	経営者従業員
P/L項目 売上高	a.競合の特許期限切れ →販売単価の下落					b.新規受注の内諾 →販売数量の増加	k.熟練技術者の退職 →売上高の減少				
売上原価	c.原料の市況変動リスク →売上原価の増減				d.製造ラインへの新規設備投資 →減価償却費の増加　／　e.生産人員の増加 →労務費の増加		k.熟練技術者の退職 →外注費の減少				
販売費および一般管理費				f.研究開発費の親会社負担 →研究開発費の増加				l.システム投資 →管理費の増加			
その他損益				g.製品に関する訴訟 →特別損失の発生	h.環境対策のための設備除去 →特別損失の発生						
B/S項目 運転資本	a.競合の特許期限切れ →運転資本の減少					b.新規受注の内諾 →運転資本の増加　／　i.在庫水準の改善 →運転資本の減少　／　j.回収サイトの延長 →運転資本の増加					
事業資産					d.製造ラインへの新規設備投資 →設備投資額の増加　／　h.環境対策のための設備除去 →事業資産の減少			l.システム投資 →設備投資額の増加			
非事業資産											
有利子負債					d.製造ラインへの新規設備投資 →投資資金の調達						

新規事業展開については，水面下で準備を進めていることが多く，事業計画に織り込みにくい。

事例では，分析の結果，計画期間内に「a.競合の特許期限切れ」が生じる事実が発見されたため，整理フォーマットの売上高欄に「販売単価の下落」と，運転資本欄に「運転資本の減少」と記載した。

(4) ビジネスプロセス

① 開発（創る）

開発では，過去の研究開発費の過度な抑制や親会社による研究開発費の一部負担などが発見されることがある。特に，技術革新が目覚ましい事業では，M&A取引後に多額の研究開発投資が必要となる可能性がある。あわせて，高度な技術を持つ人材の採用コストや育成コストなどの必要性も発見事項として抽出する必要がある。

事例では分析の結果「f.研究開発費の親会社負担」が発見されたため，整理フォーマットの販売費および一般管理費欄に「研究開発費の増加」と記載した。

また，現在「g.製品に関する訴訟」があることがわかったため，その他損益欄に「特別損失の発生」と記載した。

② 生産（作る）

生産では，一括購買による調達コスト削減策，過去の設備投資の過剰抑制による設備買い替えの必要性といった発見事項がある。

事例では，分析の結果「d.製造ラインへの新規設備投資」の必要性が指摘されたため，整理フォーマットの売上原価欄に「減価償却費の増加」，事業資産欄に「設備投資額の増加」と記載した。また，当該設備投資にあたり資金調達が必要となるため，有利子負債欄に「投資資金の調達」と記載した。

また，新規設備の導入に伴って，「e.生産人員の増加」が見込まれるため，売上原価欄に「労務費の増加」と記載した。

さらに，20X8年3月期に「h.環境対策のための設備除去」が予定されているため，その他損益欄に「特別損失の発生」，事業資産欄に「事業資産の減少」と記載した。

③ 販売（売る）

販売では，販売促進費や広告宣伝費に関する発見事項がある。販売費に関する費用は，主に変動費が多いが，競争の激化から過去の水準と同じレベルの費用対効果が得られなくなる可能性も検討する必要がある。また，取引先との契約変更，受注の内諾などの事実が判明していれば，これらも発見事項として抽出する。

事例では，分析の結果「b.新規受注の内諾」が発見されたため，整理フォーマットの売上高欄に「販売数量の増加」と記載した。これは運転資本の増加にもつながるため，運転資本欄にも「運転資本の増加」と記載した。

また，景気悪化の影響を受け，前期末の在庫が平常時より高い水準にあったが，徐々に解消されており，今後は「i.在庫水準の改善」が見込まれるため，「運転資本の減少」と記載した。

さらに，取引先からの強い要請により売掛金の「j.回収サイトの延長」が見込まれるため，運転資本欄に「運転資本の増加」と記載した。

(5) ビジネスインフラ

ビジネスインフラに関する項目でよく見られるのは，情報システム投資や採用コストの増加などである。情報システムについては，陳腐化したシステムの刷新やセキュリティ対策の不備への対応などに大規模な投資を必要とすることがある。なお，ビジネスインフラに関する事業計画の変更の際には，ITDD や人事 DD などとの情報共有が重要である。

事例では，分析の結果「l.システム投資」が発見されたため，整理フォーマットの事業資産欄に「設備投資額の増加」，販売費および一般管理費欄に「管理費の増加」と記載した。また，外注パートナー先で「k.熟練技術者の退職」が予定されていることがわかったため，売上高欄に「売上高の減少」，さらに売上原価欄に「外注費の減少」と記載した。

以上，本節では事業構造分析のフレームワークに従って，具体的な発見事項の抽出例を取り上げた。

第*3*節　修正事業計画に反映すべき項目の検討

　本節では，分析結果の整理において抽出された事項のうち，修正事業計画に織り込むべきか否かの検討方法について解説する。

　まず，分析結果の整理において抽出された事項について，定量化が可能かどうかを検討する。定量化が難しければ，最終契約書の表明・保証（詳細は，第12章を参照）において対応するなどの手立てを行う。事例では，「g.製品に関する訴訟」について，判決の行方が想定できず損害賠償の金額が不明であることから，これは最終契約書に盛り込むこととした。

　一方，定量化が可能な項目については，大まかにどの程度の経済的インパクトがあるのかをはじき出し，意思決定に大きな影響があるか，という視点から修正事業計画に反映すべきか否かを検討する。発見事項として抽出されたものであっても，意思決定に大きな影響を与えない項目であれば，精緻に修正事業計画に織り込むことが必ずしも適切とは限らない。修正事業計画のモデル構造が複雑になり過ぎないよう，修正事項として反映するか否かを適宜取捨選択していく技術も必要である。

　事例では，「k.熟練技術者の退職」とあるが，今回はパートナー先で代替の技術を早急に準備してもらうなどの措置がとれることを確認できたため，売上

図表7−5　反映すべき項目の検討プロセス

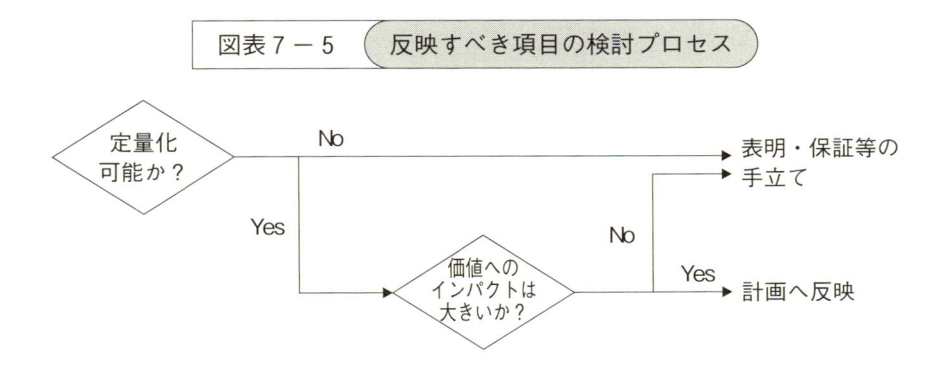

や外注費に与える影響は軽微で収まると考えられ，修正事業計画への反映は行わないこととした。

　なお，発見事項のうち，シナジー効果の検討やポスト M&A の検討の材料となるものは，以後のステップでの検討項目とした。

第*4*節　修正事業計画のモデリング

　本節では，修正事業計画の作成方法として，ロジックの作成方法，すなわち
モデリングについて具体的な事例を用いて解説する。

1　P/L 項目の予測

(1)　売上高の予測

①　一般的な予測方法

　売上高は，トップラインともいい，修正事業計画の作成にあたっては最も精
査に時間をかける項目である。売上高は，マクロ環境，市場動向，競争環境等
の外部環境要因の影響を大きく受ける一方で，対象会社の事業拡大計画，マー
ケティング戦略，新商品の開発計画等の内部環境要因にも影響を受ける項目で
ある。したがって，これらの要因を総合的に勘案したうえでモデリングを行わ
なければならない。

　売上高の予測方法は複数あるが，よく用いられる方法には以下の4つがある。

(a)　市場規模×市場シェア

　今後の市場規模予想および対象会社の今後のシェア獲得見込みから，対象
会社の売上高を予測する方法

(b)　拠点別積上げ

　既存拠点の売上高と新規拠点の売上高の合計。その際，既存拠点について
は成長率＝X％で売上拡大，もしくは，成長率＝▲X％で売上の縮小を見込
む。

(c)　販売単価×販売数量

　販売単価の動向および販売数量の見込みの掛け算により，対象会社の売上

高を予測する方法

(d)　過去の成長率に基づく予測

　　過去実績の売上高成長率を参考に，今後の売上成長率を想定して対象会社の売上高を予測する方法

　　実務的には，主要な製品については販売単価と販売数量を予測して売上高を算出し，それ以外の製品については市場規模とシェア獲得の見込みから売上高を算出するなど，複数の予測方法を組み合わせて全社の売上高を予測することもよく行われる。

②　ケース：売上高の予測

　では，実際に数値例を用いて売上高の予測方法を解説する。ここでは上記①(c)「販売単価×販売数量」により売上高を予測する。

　まず販売数量は，直近期において900トンの売上があったものの，景気の悪化により20X8年3月期は数量の減少が見込まれている。しかし，20X9年3月期からは取引先が開発する新製品への部品納入がほぼ確定しており（b.新規受注の内諾），20X9年3月期で900トン，その後は年間1,050トンの販売が見込まれている。

　一方，販売単価は90百万円/トンとこれまで安定した推移を見せているが，20X0年3月期に「a.競合の特許期限切れ」が判明しており，価格競争が生じる可能性がある。よって，20X0年3月期以降，単価の下落を見込む。

　以上の結果，作成した売上高の予測は図表7－6のとおりである。

図表7－6　　売上高の予測（例）

（単位：百万円）

	実績	計画				
	20X7年3月期	20X8年3月期	20X9年3月期	20X0年3月期	20X1年3月期	20X2年3月期
売上高	81,000	72,000	81,000	92,610	90,758	90,758
販売数量（トン）	900	800	900	1,050	1,050	1,050
販売単価（百万円／トン）	90	90	90	88	86	86

　なお，数値例では計画期間を 5 年としているが，必ずしも 5 年にしなければならないわけではない。計画期間は，収益が安定し，継続的に維持可能な収益に達するまでの期間を設定する。エネルギー産業やインフラ産業のような業種では，投資からリターンまでの期間が比較的長期にわたるため，計画期間を長めに設定することが多い。成熟期に入っている製造業などの場合，中期経営計画を 4 ～ 5 年で策定することが多く，実務上も計画期間を 5 年とするケースが多い。

(2)　売上原価の予測

①　一般的な予測方法

　売上原価は，主に売上高に連動する変動費が多く含まれている一方で，市況の変化，製造ラインへの投資計画，一括購買による調達単価低減などの要因によって影響を受ける項目が含まれている。

　したがって，まずは業績構造分析で実施したコスト構造分析をもとに，どの単位で予測するのが適切かを検討する必要がある。ここでは，一般的に用いられる 2 つの方法を紹介する。

　(a)　売上高×売上原価率

　　対象会社の事業が，卸売業や小売業であれば，シンプルに上記算式で十分なケースも多い。より精緻化する場合は，商品群別や商品別に算出することが必要である。

　(b)　売上原価＝原材料費＋労務費＋外注加工費＋減価償却費＋その他経費
　　　　＝（仕入単価×生産数量）＋（時間単価×労働時間）＋（外注単価×外注量）
　　　　　＋減価償却費＋（売上高×その他経費率）

　　対象会社の事業が製造業などで，予測期間の生産量や原材料の調達コストに変動が予想される場合，投資計画，人員増加などの予定がある場合は，上記算式により詳細に予測する。

　　また，対象会社の事業が複数あり，事業ごとに原価構造が異なるようであれば，事業ごとに売上原価を予測する。基本的には売上原価は変動費であるため，予測期間の生産量や人員に大きな変動がなく，大規模な設備投資が必要ないような状況であれば，シンプルに売上高×売上原価率により予測値を算定しても，

精緻に検討した場合と差異がないケースも多い。必要以上に時間と労力をかけ過ぎないよう，まずどの単位で予測するかを検討することが重要である。

なお，原材料に関しては，たとえば原油や鉄鋼の市況が今後どのように推移するかは，業界の専門家でも予測が困難なことが多い。このような場合には，専門家が発表している複数の予測値から楽観シナリオと悲観シナリオなど複数のシナリオを設定する方法も1つである。

② ケース：売上原価の予測

先程と同様に，数値例を用いて解説する。今回，「事業構造分析」および「業績構造分析」の結果，下記の3つの事項が発見されており，これを修正事業計画に反映する。

- 生産量の拡大に伴う人員の追加採用（e.生産人員の増加）
- 20X9年3月期に新規設備投資（1,000百万円）を予定（d.製造ラインへの新規設備投資）
- 原料の市況変動リスクがある（c.原料の市況変動リスク）。ただし，仕入単価の予測は困難

ケースでは，計画期間中に設備投資の実施と人員の追加採用が予定されているため，単純に売上原価率の予想値を売上高にかけて算出するのではなく，売上原価を原材料費，労務費，減価償却費，その他経費に分解して予測を行った。

まず，労務費は，人員の増加について，1人当たり人件費×増加人員数で労務費の増加を見込んだ。ついで，新規設備投資1,000百万円に対応する減価償却費を，対象会社が採用している償却方法，投資する設備の耐用年数により織り込んだ。その他経費は，変動費がほとんどのため直近期の対売上高比率一定と想定した。

なお，原材料費については原料の市況の変動リスクが発見されたものの，確度の高い定量化が困難であるため，悲観ケース（仕入単価が値上がりする一方で価格転嫁が困難なケース）とベースケース（現状の仕入単価が維持できるケース）を想定した。仕入単価に掛け合わせる生産量は簡便的に販売数量を使用した。

以上の結果，作成した売上原価（ベースケース）の予測が図表7－7である。

図表7－7　売上原価の予測（例）

（単位：百万円）

	実績	計画				
	20X7年 3月期	20X8年 3月期	20X9年 3月期	20X0年 3月期	20X1年 3月期	20X2年 3月期
売上原価	68,500	62,378	68,600	76,887	76,716	76,654
（%）	84.6%	86.6%	84.7%	83.0%	84.5%	84.5%
（内訳）　原材料費	49,500	44,000	49,500	57,750	57,750	57,750
労務費	12,000	12,800	12,800	12,800	12,800	12,800
減価償却費	5,000	3,800	4,300	4,050	3,925	3,863
その他経費	2,000	1,778	2,000	2,287	2,241	2,241

(3)　販売費および一般管理費（販管費）の予測

①　一般的な予測方法

販管費には，物流費や販売促進費などの変動費のほか，本社の賃借料や人件費などの固定費が含まれている。また，研究開発費の追加投資や売上維持のための施策諸費用，環境対策費用といった費用，システム投資に伴う減価償却費や管理費用，人材採用のための費用などさまざまな要因によって影響を受ける費目が含まれている。

売上原価の予測と同様に，業績構造分析で把握したコスト構造に基づき，どの単位で予測を行うべきかをまず見極める必要がある。通常は，販管費を固定費と変動費に分類し，変動費については売上高または従業員数などに連動させて予測を行うことが多い。また，減価償却費は，システム投資や本社設備に関する投資などが予定されていれば，それらの償却費を計算する必要がある。

なお，すべての費目について詳細な修正を加えるのは効率性の観点からも現実的ではない。重要性の低い項目や企業価値への影響が小さい項目，費用の性質から変動が小さい科目については，一定もしくは売上高に比例して推移すると予測しても意思決定に影響を与えないケースが多い。

②　ケース：販管費の予測

　販管費についても，事例を用いて解説する。今回，分析の結果，下記2つの事項が発見されており，これを修正事業計画に反映する。そのほかの販管費は，変動費と固定費に区分し，変動費は売上高比率一定で，固定費は20X2年3月期の数値を横引きとした。

- 研究開発費の一部を親会社が負担しており，M&A取引後は親会社からの支援はなくなることが判明（f.研究開発費の親会社負担）
- 会計システムが整備されておらず，買収後の管理を鑑みると新規システム投資（800百万円）が必要（l.システム投資）

　まず，親会社が負担している研究開発費を追加で計上した。また，ITDDチームより取得した投資概算額を用いて，計画期間の減価償却費を算定した。

　以上の結果，作成した販管費の予測が図表7－8である。

図表7－8　　販管費の予測（例）

（単位：百万円）

	実績	計画				
	20X7年 3月期	20X8年 3月期	20X9年 3月期	20X0年 3月期	20X1年 3月期	20X2年 3月期
販売費および一般管理費	7,400	7,739	7,850	8,151	8,037	8,036
（％）	9.1%	10.7%	9.7%	8.8%	8.9%	8.9%
（内訳）研究開発費（変動費）	500	750	750	750	750	750
販売促進費（変動費）	2,800	2,489	2,800	3,201	3,137	3,137
減価償却費（固定費）	500	900	700	600	550	549
人件費（固定費）	1,600	1,600	1,600	1,600	1,600	1,600
その他（固定費）	2,000	2,000	2,000	2,000	2,000	2,000

(4)　その他の項目の予測

①　一般的な予測方法

事業計画の予測は，基本的に営業利益までを中心に行う。なぜなら，企業の本来的な収益力は，本業から得られる利益，すなわち営業利益であるからである。バリュエーション上も DCF 法を用いる場合は，借入に対する利息支払コストは割引率で考慮し，営業利益をベースにフリー・キャッシュフローの計算を行う。

以上のように，基本的には営業利益を中心に事業計画のレビューを行うことになるが，将来発生する特別損失，あるいは不動産賃貸収入などのように支払利息以外で経常的に発生する収益および損失がある場合には，これらを計画に織り込む必要がある。また，有価証券や固定資産の売却・除却により発生する損失，欠損金の繰越控除による節税効果，環境規制などの法律改正により発生することが明らかな損失など，経常的でない収益や費用であっても計画期間中に高い確度で発生が見込まれる項目については，修正事業計画に織り込む。

②　ケース：その他の項目の予測

この事例では，分析の結果，20X0年 3 月期において生産設備の除却により500百万円の特別損失（h.環境対策のための設備除去）が見込まれるため，事業計画に織り込んだ。

以上の結果，作成したその他の項目の予測が図表 7 － 9 である。

図表 7 － 9　　その他の項目の予測（例）

（単位：百万円）

	実績	計画				
	20X7年 3 月期	20X8年 3 月期	20X9年 3 月期	20X0年 3 月期	20X1年 3 月期	20X2年 3 月期
特別利益	680	0	0	0	0	0
特別損失	700	0	0	500	0	0

2 B/S 項目の予測

　ここでは，B/S 項目のうちバリュエーションに必要となる運転資本，および固定資産の予測方法について解説する。

(1) 運転資本項目の予測

① 一般的な予測方法

　運転資本に含まれる科目は，売掛金や受取手形などの売上債権，棚卸資産（在庫），買掛金や支払手形等の仕入債務のことである。なお，IT システム業やサービス業など仕入以外の費用が大きい会社の場合には，仕入債務に未払費用や未払金なども含めた方がよいケースもある。

　運転資本は，特に売上高の増減や支払／回収サイトの変化により影響を受ける。売上規模が拡大する場合や景気の悪化で落ち込んでいた売上が回復すると想定している場合，取引先からの債権回収サイトの延長要請があった場合などは，運転資本も増加し，一時的にキャッシュフローが悪化することがあるので注意が必要である。

　運転資本は，一般的に科目ごとに回転日数または回転率を算出し，売上または売上原価の増減に連動させて予測する。回転日数は，特段の変動要因が見込まれない場合は過去3年程度の平均値を計算し，その回転日数を計画期間を通じて一定と置くことが多い。

　ただし，在庫の圧縮，売上債権の回収サイト変更，手形割引やファクタリングの実施などにより，過去数年間の回転日数の数字のブレが大きい場合は，対象会社の経理担当者に状況確認をし，特殊要因を補正した平均値を採用するなどの措置を取るのが望ましい。また，財務 DD のチームから「実態 B/S[1]」を入手できる場合は，「実態 B/S」をもとに回転日数を算出するとよい。

1　対象会社の B/S は，財務 DD において，財産の実態を反映した B/S に修正される。これを「実態 B/S」という。

②　ケース：運転資本の予測

先程の事例を用いて，B/S 項目を予測する。

図表 7 － 4 では 4 つの発見事項が挙げられているが，このうち下記 2 つの事項が回転日数の変動要因として発見されており，これを修正事業計画に反映する。

- 20X9年 3 月期からの受注が決定している取引先は売上債権の回収サイトが毎月末締め60日後払いの契約になっているため，売上債権回転日数が延びることが予想される（j.回収サイトの延長）

- 20X7年 3 月期は，景気の悪化の影響で売上高が減少し，平常時に比べ在庫が積み上がっている状態にある。20X8年 3 月期に入り，在庫の調整は進んでおり，今後の回転日数は従来の水準に戻ることが見込まれる（i.在庫水準の改善）

運転資本増減の予測を示したのが，図表 7 －10である。ここでは，まず過去 3 年の回転日数を算定している。次に，計画期間の回転日数を予測するが，ここで上記発見事項を勘案し，売上債権回転日数は20X9年 3 月期より取引先の債権回収サイトを取引額に応じて加重平均した50.0日とし，棚卸資産回転日数は，上記の理由から20X7年 3 月期を除く20X5年 3 月期および20X6年 3 月期の 2 年平均回転日数である28.0日とした。仕入債務は，過去 3 年の回転日数の平均である44.1日を用いて運転資本の増減を算定している。

なお，図表 7 － 4 に記載されている「b.新規受注の内諾」および「a.競合の特許期限切れ」は，いずれも売上高の予測に影響を与えるが，運転資本の回転日数には影響を及ぼさない。

図表7－10　運転資本の予測（例）

2．計画期間の回転
日数を算定

➡

（単位：日）

	実績			計画				
	20X5年3月期	20X6年3月期	20X7年3月期	20X8年3月期	20X9年3月期	20X0年3月期	20X1年3月期	20X2年3月期
売上債権回転日数	41.1	40.5	40.4	40.7	50.0	50.0	50.0	50.0
棚卸資産回転日数	27.9	28.1	40.0	28.0	28.0	28.0	28.0	28.0
仕入債務回転日数	44.5	44.1	43.9	44.2	44.1	44.1	44.1	44.1

⬆ 1．実績より売上高
回転日数を算定

⬇ 3．運転資本
の予測

（単位：百万円）

	実績			計画				
	20X5年3月期	20X6年3月期	20X7年3月期	20X8年3月期	20X9年3月期	20X0年3月期	20X1年3月期	20X2年3月期
売上債権	13,004	10,959	8,955	8,019	11,096	12,686	12,433	12,433
棚卸資産	8,828	7,604	8,888	5,523	6,214	7,104	6,962	6,962
仕入債務	14,080	11,933	9,742	8,712	9,777	11,174	10,962	10,956

(2)　固定資産の予測（設備投資と減価償却）

①　一般的な予測方法

　固定資産の数値を予測するにあたっては，次の2点に留意する必要がある。

　1つは，償却性資産について，計画期間における減価償却を忘れずに反映することである。

　もう1つの留意点は，減価償却費と設備投資額が大きく乖離している場合である。DCF法による評価における継続価値（詳細は第17章を参照）は，主に営業利益をベースに算定するケースが多い。減価償却費が設備投資額とのバランスにおいて過大である場合，営業利益水準が低くなってしまうことがある。その場合には減価償却費と設備投資が均衡するまで計画期間を延長するなどの

調整が必要である。

②　ケース：固定資産の予測

　事例では，図表 7 － 4 で取り上げた「d.製造ラインへの新規設備投資」，「l.システム投資」について設備投資を見込む必要がある。なお，「h.環境対策のための設備除去」においても，本来固定資産の予測に入れるべきであるが，本ケースにおいては，ほぼ償却が終わっており，簿価が備忘価額程度であったため，あえて 1 つの項目として予測の中に組み込まなかった。数字のインパクトが大きくない項目であれば，いたずらにモデルを複雑にしない方がよい。

　定常的な設備投資の水準とされる4,500百万円に，20X9年 3 月期に予定されている製造ラインへの投資1,000百万円，20X8年 3 月期に必要とされるシステム投資800百万円を追加で計上した。なお，これに伴う減価償却費の予測は，それぞれ売上原価，販管費の予測で説明したとおりである。また，計画期間最終年度の減価償却費4,412百万円（売上原価中の減価償却費も含む）は，過去の平均的な減価償却費の水準からみても妥当であると判断し，計画期間の延長などは必要ないものとした。

　設備投資および減価償却費の予測を示したのが，図表 7 －11である。

図表 7 －11　**設備投資および減価償却費の予測（例）**

（単位：百万円）

		実績	計画				
		20X7年 3 月期	20X8年 3 月期	20X9年 3 月期	20X0年 3 月期	20X1年 3 月期	20X2年 3 月期
設備投資		5,000	5,300	5,500	4,500	4,500	4,500
	定常的設備投資	4,500	4,500	4,500	4,500	4,500	4,500
	新規製造設備	500	0	1,000	0	0	0
	システム投資	0	800	0	0	0	0
減価償却費		5,500	4,700	5,000	4,650	4,475	4,412
	売上原価	5,000	3,800	4,300	4,050	3,925	3,863
	販管費	500	900	700	600	550	549

図表7-12

損益計算書

		実績	計画				
		20X7年3月期	20X8年3月期	20X9年3月期	20X0年3月期	20X1年3月期	20X2年3月期
売上高		81,000	72,000	81,000	92,610	90,758	90,758
	販売数量（トン）	900	800	900	1,050	1,050	1,050
	販売単価（百万円／トン）	90	90	90	88	86	86
売上原価		68,500	62,378	68,600	76,887	76,716	76,654
（%）		84.6%	86.6%	84.7%	83.0%	84.5%	84.5%
（内訳）	原材料費	49,500	44,000	49,500	57,750	57,750	57,750
	労務費	12,000	12,800	12,800	12,800	12,800	12,800
	減価償却費	5,000	3,800	4,300	4,050	3,925	3,863
	その他経費	2,000	1,778	2,000	2,287	2,241	2,241
売上総利益		12,500	9,622	12,400	15,723	14,042	14,104
（%）		15.4%	13.4%	15.3%	17.0%	15.5%	15.5%
販売費および一般管理費		7,400	7,739	7,850	8,151	8,037	8,036
（%）		9.1%	10.7%	9.7%	8.8%	8.9%	8.9%
（内訳）	研究開発費（変動費）	500	750	750	750	750	750
	販売促進費（変動費）	2,800	2,489	2,800	3,201	3,137	3,137
	減価償却費（固定費）	500	900	700	600	550	549
	人件費（固定費）	1,600	1,600	1,600	1,600	1,600	1,600
	その他（固定費）	2,000	2,000	2,000	2,000	2,000	2,000
営業利益		5,100	1,883	4,550	7,572	6,005	6,068
（%）		6.3%	2.6%	5.6%	8.2%	6.6%	6.7%
営業外収益		280	200	200	200	200	200
営業外費用		1,200	100	120	120	120	100
経常利益		4,180	1,983	4,630	7,652	6,085	6,168
（%）		5.2%	2.8%	5.7%	8.3%	6.7%	6.8%
特別利益		680	0	0	0	0	0
特別損失		700	0	0	500	0	0
当期純利益		4,160	1,983	4,630	7,152	6,085	6,168
（%）		5.1%	2.8%	5.7%	7.7%	6.7%	6.8%
法人税等		1,664	793	1,852	2,861	2,434	2,467
税引後当期純利益		2,496	1,190	2,778	4,291	3,651	3,701
（%）		3.1%	1.7%	3.4%	4.6%	4.0%	4.1%
EBITDA		10,600	6,583	9,550	12,222	10,480	10,480

「修正事業計画」（例）

貸借対照表

（単位：百万円）

	実績	計画				
	20X7年 3月期	20X8年 3月期	20X9年 3月期	20X0年 3月期	20X1年 3月期	20X2年 3月期
現金及び預金	7,300	11,161	11,735	14,768	17,719	19,438
売上債権	8,955	8,019	11,096	12,686	12,433	12,433
棚卸資産	8,888	5,523	6,214	7,104	6,962	6,962
その他流動資産	9,858	9,858	9,858	9,858	9,858	9,858
流動資産計	35,000	34,560	38,903	44,417	46,971	48,690
有形固定資産	43,570	44,170	44,670	44,020	44,045	44,133
投資有価証券	1,500	1,500	1,500	1,500	1,500	1,500
その他投資等	15,522	15,522	15,522	15,522	15,522	15,522
固定資産計	60,592	61,192	61,692	61,042	61,067	61,155
資産合計	95,592	95,752	100,595	105,459	108,038	109,845

	実績	計画				
仕入債務	9,742	8,712	9,777	11,174	10,962	10,956
短期借入金	0	0	0	0	0	0
その他流動負債	1,850	1,850	1,850	1,850	1,850	1,850
流動負債計	11,592	10,562	11,627	13,024	12,812	12,806
長期借入金	5,000	5,000	6,000	6,000	6,000	5,000
その他固定負債	500	500	500	500	500	500
負債計	17,092	16,062	18,127	19,524	19,312	18,306
資本金・資本剰余金＋利益剰余金	78,500	79,690	82,468	85,935	88,726	91,539
純資産合計	78,500	79,690	82,468	85,935	88,726	91,539
負債・純資産合計	95,592	95,752	100,595	105,459	108,038	109,845

	実績	計画				
設備投資額	5,000	5,300	5,500	4,500	4,500	4,500
減価償却費（売上原価＋販管費）	5,500	4,700	5,000	4,650	4,475	4,412

　以上，主要な P/L，B/S 項目を中心に事業計画の予測方法を解説してきた。図表7−12は，図表7−6〜図表7−11までの項目を統合した「修正事業計画」である。

　修正事業計画は，バリュエーションおよびプライシングの基となるものであるが，一方で将来には不確実性が付きものであり，一定の前提をおいた予測とならざるを得ないことも事実である。それゆえ，DD 実施時点での最善の見積りを基に，意思決定に重要ではない部分を精緻に分析し過ぎないようにすることも重要となる。

　また，出来上がった修正事業計画については，過去との連続性の確認や対象会社が作成した計画との差異分析を行うことにより，修正事業計画の数字の意味合いの分析や根拠固めに，ある程度時間をかける必要がある。

　本章では，これまでに実施された「事業構造分析」や「業績構造分析」の結果をどのように整理し，それらをどのように事業計画に反映するかについて述べた。次章以降は，「対象会社の実態把握」を踏まえた「価値創出・向上策の検討」について解説する。

第 8 章

ステップ⑤
シナジー・Quick Hits の抽出

第*1*節 「シナジー・Quick Hits の抽出」の概要

1 位置づけ

　「⑤シナジー・Quick Hits の抽出」は，図表8-1のとおり，「価値創出・向上策の検討」フェーズにおける最初のステップである。

　「価値創出・向上策の検討」は，本章の「⑤シナジー・Quick Hits の抽出」，第9章の「⑥ガバナンス体制の検討」，第10章の「⑦アクションプランの策定」

図表8-1　ビジネスDDにおける「シナジー・Quick Hitsの抽出」の位置づけ

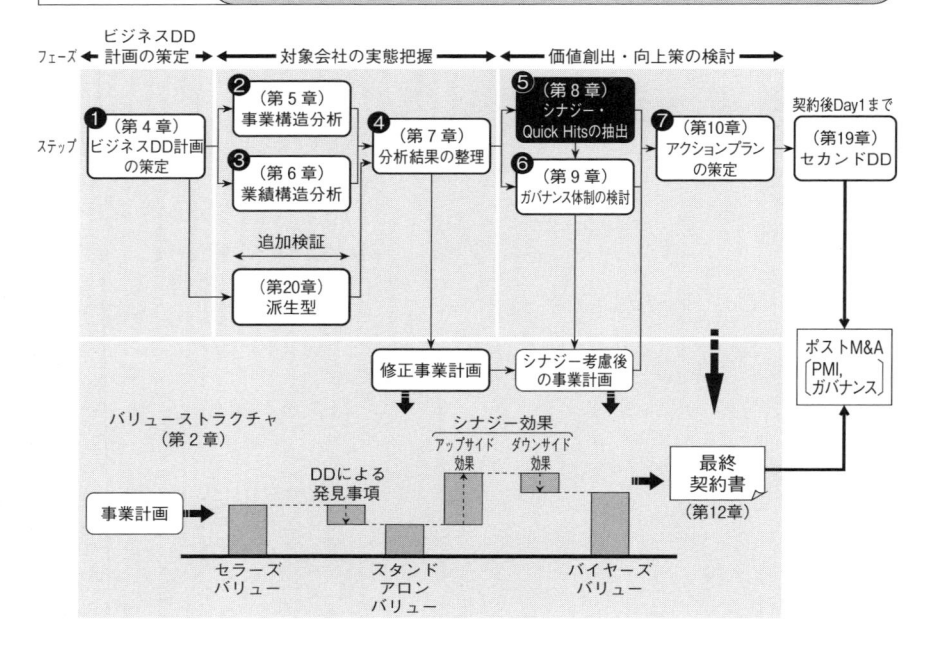

の3つのステップから構成される。

　M&A 取引の買い手は，買収によって事業や機能を補完することだけではなく，何かしらのシナジー効果の創出を期待する。しかし，ただの漠然としたイメージや期待感だけでは，実際に価値が創造されることはありえない。

2　本章の構成

　買い手が対象会社とのシナジー効果を期待して M&A 取引を実施する場合，「買い手の経営資源を活用し，どのようなシナジーを創出させるか」，が重要である。ここでは，第5章で紹介した「②事業構造分析」および第6章で紹介した「③業績構造分析」のフレームワークを使って，シナジーの抽出方法を解説する。

シナジーの抽出ステップ

　シナジーの抽出ステップは，図表8－2のようにまず事業構造分析のビジネスプロセス分析，ビジネスインフラ分析の視点，業績構造分析の P/L 項目，B/S 項目の視点から，想定されるシナジーを抽出する。これが第2節の「シナジーの抽出方法」である。次に，抽出されたシナジーを実現可能性，経済性の視点から評価する。どのような評価軸を用いるかなどについては，第3節「シナジーの評価」にて解説する。最後に，シナジーを事業計画に反映させるが，これは第12章において詳述する。

　これらに加え，第4節では，ケースを交えた「シナジー抽出の具体例」を，またシナジーのうち，施策効果の実現が1年以内に見込まれる「Quick Hits の抽出」については第5節において解説する。

図表8−2　シナジーの抽出ステップ

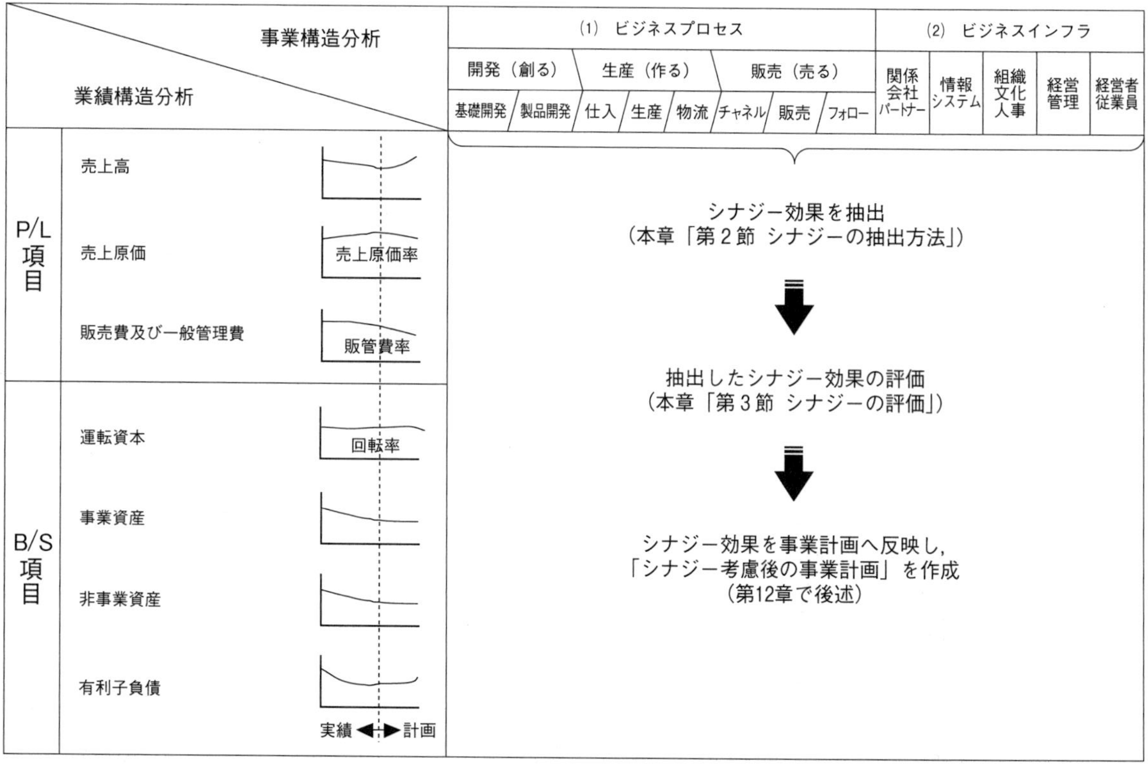

表側：事業構造分析 / 業績構造分析

P/L項目
- 売上高
- 売上原価
- 販売費及び一般管理費

B/S項目
- 運転資本
- 事業資産
- 非事業資産
- 有利子負債

（実績 ⇔ 計画）

グラフ指標：売上原価率、販管費率、回転率

(1) ビジネスプロセス

開発（創る）		生産（作る）			販売（売る）			関係会社パートナー	情報システム	組織文化人事	経営管理	経営者従業員
基礎開発	製品開発	仕入	生産	物流	チャネル	販売	フォロー					

(2) ビジネスインフラ

シナジー効果を抽出
（本章「第2節　シナジーの抽出方法」）

↓

抽出したシナジー効果の評価
（本章「第3節　シナジーの評価」）

↓

シナジー効果を事業計画へ反映し、
「シナジー考慮後の事業計画」を作成
（第12章で後述）

第*2*節　シナジーの抽出方法

■1　事業構造分析の視点

(1)　ビジネスプロセスの視点

　ビジネス DD では，ビジネスプロセスの視点から対象会社の事業を分析するため，ここではシナジーの抽出においても，同様の視点を用いる。

　ビジネスプロセスの視点から見た場合，代表的なシナジーには以下があげられる。

①　開発（創る）

　開発のビジネスプロセスには，基礎開発や製品開発がある。当該プロセスで想定されるシナジーには，開発に関する各種データベースの共同利用や，技術供与により，開発精度や開発スピードを向上させること，また製品開発の成功率向上による上市する製品数の増加等が挙げられる。

　開発に関連するシナジーは，大きな収益が見込めるヒット商品を効率的に生み出すことにつながり，売上増加に対するインパクトは大きい。このシナジーは，過去実績から製品開発における成功率や上市率を製品別に分析することにより，その効果を定量的に算定することが可能である。

　しかしながら，研究開発業務には，属人的な要素が大きい。優秀な研究者や技術者・デザイナーやクリエーターは，当該 M&A 取引を嫌って退職するかもしれない。退職に至らなくとも，モチベーションを維持できるかどうかは不確実である。シナジーの創出に対して，意思をもった「ヒト」の経営資源に対する依存度が高い場合は，シナジー創出の不確実性は高まる。経営資源の種類によってシナジー創出の難易度が異なることについては，次節において詳述する。

② 生産（作る）

生産のビジネスプロセスには，仕入や生産，物流がある。当該プロセスで想定されるシナジーには，集中購買により仕入コストを削減する，物流拠点の集約によりコストを削減するなどが挙げられる。

生産においては，対象会社と買い手の生産拠点の機能領域に重複がある場合，拠点を統廃合することによって，コスト削減を期待できる。重複した拠点を新たな製品の生産ラインとすることにより，製品供給力を高め，売上の機会損失を解消するシナジーも想定できる。ただし，拠点の統廃合時には，一時的に，工場閉鎖などの統廃合コストが必要となる。ポストM&Aで工場閉鎖などの作業を進める場合は，そのコストを，ディスシナジーとして認識する必要がある。買い手が工場の新たな用途を見出せない場合，買い手は，売り手の責任においてそれらの拠点の整理をすることを求め，契約上，売り手に表明・保証させることも1つの方法である。

③ 販売（売る）

販売のビジネスプロセスには，チャネル政策や販売，サービス・フォローがある。当該プロセスで想定されるシナジーには，買い手・対象会社の製品を双方の顧客に対して販売するクロスセリング[1]や，優れた営業手法を他方にノウハウ提供する営業力強化などがある。

業界で2番手あるいは3番手にいる買い手は，業界中位の会社を買収することにより，マーケットシェアを一挙に拡大させ，「業界首位になる」こともできる。M&A取引が成功し，業界首位のポジションになると，業界のプライスリーダー[2]の地位を確立することも可能である[3]。

また，同業同士のM&A取引では，買い手と対象会社の営業拠点，顧客や

---

1 クロスセリングとは，ある商品に関連する別商品の販売を促進することであり，「クロスセリング」または「クロスセル」という。商品を販売する際に，関連性の高い商品を並べて提供することで，販売促進につなげることを目的としている。

2 プライスリーダー（Price Leader）とは，たとえば，ある業界において，市場で価格支配力を持ち合わせている企業，価格先導者のことを指す。

3 ただし，このようなディールの場合，当該M&A取引により，一部地域での事業が独占状態になる可能性もあるため，独占禁止法の観点からの注意は別途必要である。

チャネルが重複している場合がある。このような場合，「実際の売上が当初予定していた目標数値を下回った」という声もよく耳にする。これは買い手と対象会社の顧客の重複によるカニバリゼーション[4]がその要因であり，両社が担当する事業・製品・地域の整理が重要な課題となる。

(2)　ビジネスインフラの視点

　ビジネスインフラの視点から見た場合，代表的なシナジーとして情報システム統合によるコスト削減，マネジメントメンバー刷新や間接人員の効率化，経理・財務部門の強化による管理会計の強化等が挙げられる。

　金融機関の合併においては，情報システムの統合が話題にのぼることが多い。事業運営上，情報システムが重要な機能を果たす金融機関の場合，買い手・対象会社双方の強みを活用し，シナジーを創出するにはシームレスな情報システムの統合が必要不可欠である。このような情報システムの統合は，両社のシステム費用削減のコストシナジーとして重要であるが，定量的な観点以外に，統合を象徴するイベントとして話題になることが多い。

　一般的に，買い手の情報システムが対象会社の情報システムより優れている場合には，買い手のインフラに統一し，逆の場合は，売り手のインフラに寄せることになる。また，両社の情報システムが老朽化している場合，全く新たな情報システムを構築することもある。

　買い手，対象会社ともに自社のシステムに固執しすぎると，政治的な結着になり，部分的につぎはぎしたシステム統合になることがあるが，この方法は効率的ではない。いずれかの情報システムをベースにして，早期に完全統合することが最も効率的である。情報システムの統合は，M&A 取引における最重要検討事項の1つであり，覇権争いの材料となることが多いため，M&A 取引の早い段階でシステム統合の方針を決定しておくことが求められる。

　ビジネスインフラは，統合方針の擦り合わせを乗り切れば，その後は安定したコスト削減効果を得られることが多い。ポスト M&A では，いかに早期にインフラ統合を実現し，安定した運用体制を築けるかが鍵となる。

4　カニバリゼーションとは，同一企業のブランドや製品同士が，市場で同じ顧客層を取り合って売上や利益を奪い合うことをいう。

2 業績構造分析の視点

　次に業績構造分析の視点から見たシナジーについて P/L, B/S の科目ごとに解説する。

　なお，業種・業態によって期待できるシナジーは異なるが，本書では，イメージしてもらい易いシナジーを例示して解説する。

(1) P/L 項目

① 売上高

　売上増加につながるシナジーには，買い手の独自製品を対象会社の顧客に販売するクロスセリング，店舗のリニューアル，ブランド統一による PR 効果，商品カバレッジの拡大などがあるが，市場動向や競争環境など，自社ではコントロールできない要因に依存することも多く，短期間で確実に成果を見込める施策は限られている。

　その中でも，クロスセルは，比較的短期間に成果が見込める施策である。消費者の購買履歴情報を上手に活用して，誰がいつ何を買ったか，その際に一緒にどのような商品を買ったのか，このような情報を分析することにより，クロスセリングの対象となる関連性の高い商品を見つけることが可能である。

　たとえば，あるアパレルメーカーでは，顧客の直近購入時期，単価，頻度などの履歴だけでなく，購入時間・タイミングや離脱ページを基に，顧客個人個人の行動特性や興味のある商品を理解した上で，クロスセルキャンペーンを実施している。

　キャンペーンでは，ユーザーが興味を持つであろうリコメンデーションだけでなく，特定の商品を買うことで，他の商品への購買意欲をそそる，いわゆるハブ商品を提案することで，費用対効果の高いマーケティングを可能にしている。

図表8－3　売上高に関連するシナジー（例）

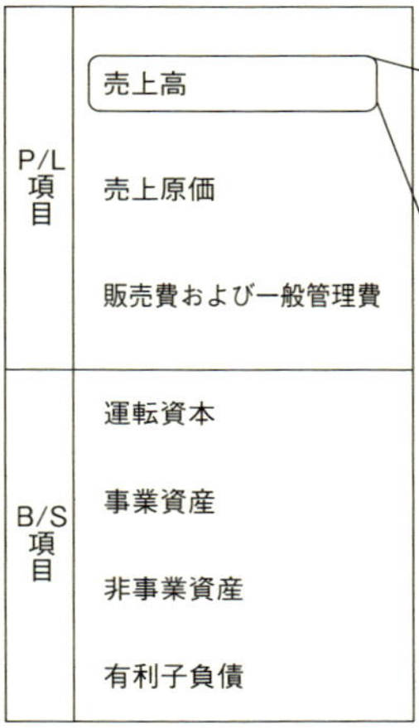

P/L項目	売上高
	売上原価
	販売費および一般管理費
B/S項目	運転資本
	事業資産
	非事業資産
	有利子負債

シナジー	効果	
	超短期	短中期
クロスセル	○	○
店舗のリニューアル	○	○
ブランド統一によるPR効果		○
商品カバレッジの拡大		○

（注）　○は一般に効果があるもの

②　売上原価

　原価項目に関連するシナジーは，サプライヤの絞込みや生産拠点の統廃合など，社内調整だけで実現できるものが多く，施策の実現可能性は高い。したがって，シナジーの抽出に投入できる人員や資本の経営資源に制約がある場合は，売上原価項目に注力して分析することも1つの考え方である。

　M&A取引は，対象会社が従来からの付き合いなどで関係を絶つことができなかった取引先との関係を見直す好機となる。たとえば取引先やサプライヤとの契約内容を見直し，契約条件を改善することは1つの施策である。

　しかしながらサプライヤとの支払サイト延長を実現させるためには，相手からの同意をとりつけることが必要である。通常の契約内容交渉では，条件変更は難しいが，M&A取引は，従来の付き合い方を変える1つのきっかけになる。状況によっては，対象会社だけでなく，買い手や金融機関（銀行），株主などのステークホルダと連携してサプライヤと交渉することも一策である。

図表8－4　売上原価に関連するシナジー（例）

P/L項目	売上高
	売上原価
	販売費および一般管理費
B/S項目	運転資本
	事業資産
	非事業資産
	有利子負債

シナジー	効果	
	超短期	短中期
競争入札の導入	○	○
共同仕入によるボリュームディスカウント	○	○
サプライヤ・外注先の見直し・絞込み		○
不採算ブランドからの撤退		○
購買部門の統廃合		○
工場や生産ラインの統廃合		○
PB商品導入による原価率低減		○
商品コンポーネントの共有化		○
外注作業の内製化		○
歩留まりの向上		○
発注精度の向上		○

（注）　○は一般に効果があるもの

③　販売費および一般管理費

販売管理費項目に関連するシナジーについては，人件費，営業費，物流費，その他販管費に分けて解説する。

人件費

販売費および一般管理費のうち，人件費に関する施策には，従業員の賞与水準の見直しや役員報酬の削減，間接部門のアウトソーシングなど自社内で実現できるものが多く，確実に成果が見込め，即効性を期待できる。

しかしながら，人員の削減や極端な賞与カットの施策を導入すると社員のモチベーション低下による人材流出リスクや，企業イメージの低下を招くため，実施には細心の注意が必要となる。人件費に関連する施策では，効果とリスクのバランスを考慮することが重要である。

| 図表8－5 | 販売費及び一般管理費：人件費に関連するシナジー（例） |

		効　果	
シナジー		超短期	短中期
給与・賞与カット		○	○
役員数・役員報酬カット		○	○
間接部門人員の削減		○	○
希望退職		○	○
所定外賃金の抑制（残業規制等）		○	○
採用抑制		○	○
間接部門の統廃合			○
間接部門のアウトソーシング			○
派遣・パート社員の活用		○	○
社宅の廃止		○	○

P/L項目
売上高
売上原価
販売費および一般管理費

B/S項目
運転資本
事業資産
非事業資産
有利子負債

（注）　○は一般に効果があるもの

営業費

　販売費および一般管理費のうち，営業費に関する施策には，社用車の削減・リース化や電話会議システムの活用による出張費削減など，自社主導で実現できるものと，取扱ブランド・取引先・流通チャネルの見直しや絞込みなど社外のステークホルダとの交渉が必要であるものがある。

　多額のライセンスフィーが発生する業態の場合，取扱ブランド数の絞込みによるライセンスフィーの削減は，多くの場合厳しい交渉が必要ではあるが，実現可能性が見込める施策の1つである。特に，ブランドポートフォリオの管理体制が不十分な企業の場合は，収益性や成長性の低いブランドに対して過剰なライセンスフィーを支払っている可能性がある。そのような場合は，ブランド／製品ポートフォリオを分析し，ライセンスフィーの削減余地があるかどうか検討する余地がある。

　一方，営業に関するコストを削減すると，販売活動を支援する効果を弱め，収益性を悪化させることになりかねないため，施策の検討にあたっては，バランスに配慮することが必要である。

図表8－6　販売費および一般管理費：営業費に関連するシナジー（例）

	効果	
シナジー	超短期	短中期
リベートの削減	○	○
広告媒体の見直し	○	○
ブランド・取引先の見直し・絞込み		○
流通チャネルの見直し・絞込み		○
広告代理店との契約見直し		○
営業拠点の統廃合		○
ITシステムの変更・見直し		○
コールセンターの統廃合		○
Web会議システムの導入（出張の削減）	○	○
社用車の削減・リース化	○	○
社員旅行の廃止	○	○

P/L項目
　売上高
　売上原価
　販売費および一般管理費

B/S項目
　運転資本
　事業資産
　非事業資産
　有利子負債

（注）○は一般に効果があるもの

物流費

　販売費および一般管理費のうち，物流費に関するものは，3PL[5]業者への委託，買い手と対象会社の共同配送や共同倉庫の導入などが挙げられる。施策の実現には，社外のステークホルダとの交渉を必要とする施策は多いが，即効性を期待できるものも多い。

　卸売業や商社，製造業の場合，販売費および一般管理費に占める物流費の比率が高いことが多く，物流に関する複数の施策を積み上げることによってコスト削減効果が期待できる。

| 図表 8 － 7 | 販売費および一般管理費：物流費に関連するシナジー（例） |

P/L項目			効　果	
	売上高	シナジー	超短期	短中期
	売上原価	共同配送の導入	○	○
	販売費および一般管理費	3PL 業者への委託		○
		ITシステムの導入		○
B/S項目	運転資本	共同倉庫の導入		○
	事業資産	物流拠点の統廃合		○
	非事業資産	庫内業務委託契約の見直し	○	○
	有利子負債	物流拠点の家賃見直し		○

（注）　○は一般に効果があるもの

5　3PL：3rd Party Logistics。企業の流通機能全般を一括して請け負うアウトソーシングサービスのこと。

その他販管費

その他の販管費には，不動産や研究開発に関連する施策，オフィスサプライの契約見直しなど，一般経費に関連する施策が挙げられる。

対象会社の管理体制がゆるく，経費の決裁基準が曖昧である場合，コスト削減の余地があることが多い。競合他社とのベンチマークから高い水準にある費用項目については，決裁基準を確認したうえで，運用状況について実態をヒアリングすることが有益である。

図表8－8	販売費および一般管理費：その他販管費に関連するシナジー（例）

P/L項目	売上高			分類	シナジー	効果	
						超短期	短中期
	売上原価			一般経費	保有不動産の流動化		○
	販売費および一般管理費				本社の統合・移転	○	○
					情報システム部のアウトソーシング		○
B/S項目	運転資本				賃借契約の見直し		○
	事業資産				研究領域の絞込み		○
	非事業資産				研究開発費の削減		○
	有利子負債				省エネ推進による水道光熱費の削減	○	○
					オフィスサプライの契約見直し	○	○

（注）　○は一般に効果があるもの

(2)　B/S 項目

①　運転資本

　運転資本の改善施策には，CMS[6]や売上債権流動化などによって運転資本を効率的に運用する施策が挙げられる。P/L には現れない効果であるが，キャッシュフローへの貢献が大きいため，見落とすことなく，十分に検討したい項目である。

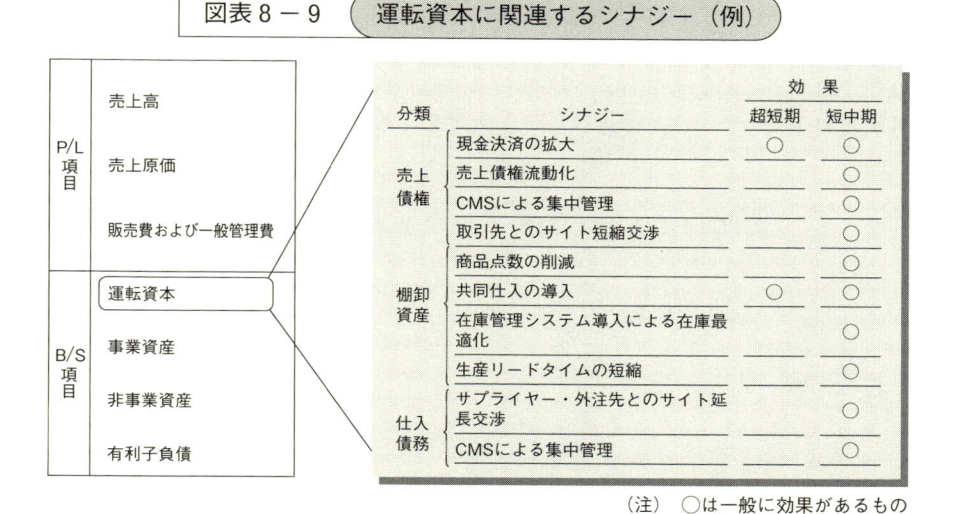

図表8－9　運転資本に関連するシナジー（例）

P/L項目	売上高
	売上原価
	販売費および一般管理費
B/S項目	運転資本
	事業資産
	非事業資産
	有利子負債

分類	シナジー	効果 超短期	効果 短中期
売上債権	現金決済の拡大	○	○
	売上債権流動化		○
	CMSによる集中管理		○
	取引先とのサイト短縮交渉		○
棚卸資産	商品点数の削減		○
	共同仕入の導入	○	○
	在庫管理システム導入による在庫最適化		○
	生産リードタイムの短縮		○
仕入債務	サプライヤー・外注先とのサイト延長交渉		○
	CMSによる集中管理		○

（注）　○は一般に効果があるもの

6　CMS：キャッシュマネジメントシステムの略称。コンピュータや通信回線を活用し，企業内やグループ内にある資金を一元的に管理する手法。

②　非事業資産

　非事業資産の圧縮施策には，遊休資産の売却や保有不動産の流動化などが挙げられる。

　事業に十分に活用されていない土地や設備であっても，保有していることにより，維持管理コストなどの費用が発生する。このような遊休資産である土地や建物を売却することにより，不要な維持管理コストを削減することができ，売却代金を借入金の返済や，コア事業への投資に活用することができる。対象会社が保有する資産が事業に本当に必要な資産なのかどうかをゼロベース思考で検討することが重要である。

　ただし，遊休資産の売却の際には，売却価格が簿価を下回ると，P/L に売却損が計上されることに注意が必要である。これらの施策はキャッシュフローへの貢献が大きいため，見落とすことなく，十分に検討したい項目である。

図表8−10　非事業資産に関連するシナジー（例）

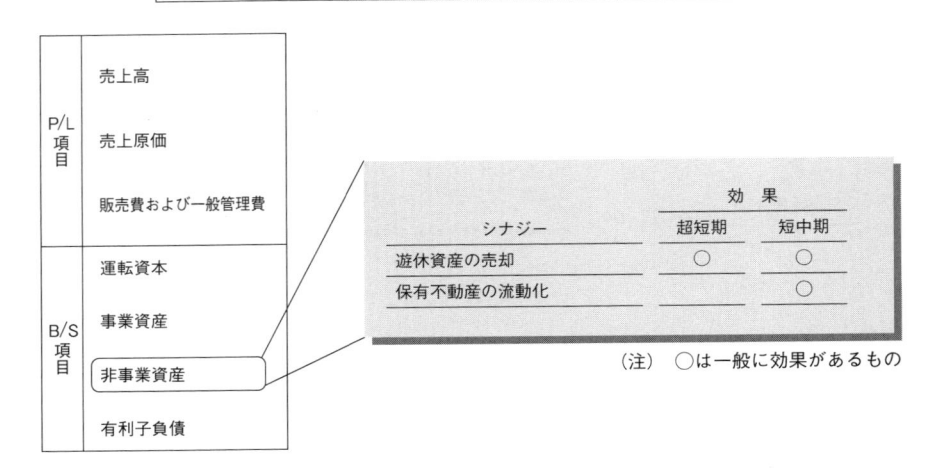

		効　果	
シナジー		超短期	短中期
遊休資産の売却		○	○
保有不動産の流動化			○

（注）　○は一般に効果があるもの

P/L 項目	売上高	
	売上原価	
	販売費および一般管理費	
B/S 項目	運転資本	
	事業資産	
	非事業資産	
	有利子負債	

3 シナジーの整理方法

　このように事業構造および業績構造の視点から抽出したシナジーは，図表8 −2にあるフレームワークを活用して整理すると，その後の作業が効率的に実施できる。

　図表8 −11は，本章前述の「**1**(1)③販売（売る）」において記載した「業界首位になる」ケースに関連するシナジー政策をまとめたものである。

　なお，図表8 −11と似た図表を第7章の図表7 − 4において解説したが，図表7 − 4は，事業構造分析および業績構造分析において発見した事項を整理したものであるのに対し，図表8 −11は，抽出したシナジー項目を整理したものである。

図表8-11　シナジーの整理方法（例）

企業価値のフレームワーク	事業構造分析	ビジネスプロセス上の中長期シナジー								ビジネスインフラ上の中長期シナジー				
		開発（創る）		生産（作る）			販売（売る）			関係会社パートナー	情報システム	組織文化人事	経営管理	経営者従業員
		基礎開発	製品開発	仕入	生産	物流	チャンネル	販売	フォロー					
P/L項目 売上高							超過収益力を得る効果 →売上高の増加							
売上原価							仕入単価圧縮の効果 →売上原価の増加							
販売費および一般管理費							人件費削減の効果 物流コスト削減の効果 →販管費の減少							
B/S項目 運転資本							超過収益力を得る効果 →運転資本の増加 仕入単価圧縮の効果 →当初、運転資本の減少							
事業資産														
非事業資産														
有利子負債														

実績 ◀━▶ 計画

第*3*節　シナジーの評価

❶　シナジーの評価軸

　本節では，抽出したシナジーをどのように評価するのかについて解説する。

(1)　実現可能性と経済性

　シナジーは，「実現可能性」および「経済性」の2つの評価軸を用いて，優先順位付けする。当然のことであるが，シナジーを抽出しても，M&A取引後に，具体的な行動を起こさないとシナジーは創出されない。シナジーに優先順位を付けることによって，ポスト M&A においてどのシナジー施策に対して経営資源を優先的に投入すべきか，何に先に着手すべきかを絞り込むことができる。

(2)　優先順位

　図表8−12のように，実現可能性が高く，経済的な効果も大きいシナジーは，優先度が高い。

　実現可能性もしくは経済的な効果のどちらかが低いシナジーは，その内容について再検討したうえで，さらなる優先順位付けを検討する。

　実現可能性，経済的な効果が共に少ないシナジーは，項目として抽出はするが，ポスト M&A における実行の優先順位は落としてもよい。

　ビジネスDDの実施期間内に，具体的な実現可能性や経済性分析まで終わらないことがある。その場合は，ビジネスDDが終了した後であっても，最終契約書締結の直前までシナジーの分析作業を継続し，詳細化していく。シナジーの実現が M&A の成否を決めるといっても過言ではないことを忘れてはならない。

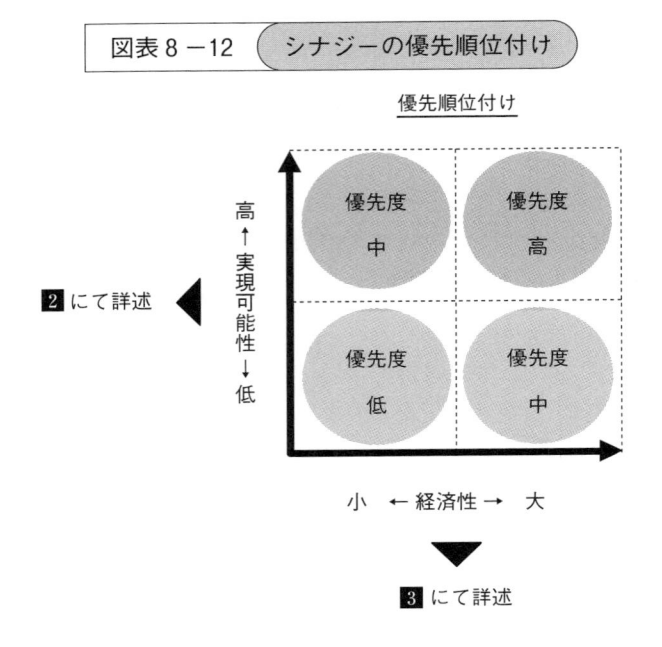

図表8−12 シナジーの優先順位付け

優先順位付け

2 実現可能性の評価

シナジーの「実現可能性」を評価する際は,「合意形成」と「リスク・課題」をみる必要がある。

(1) 合意形成

「合意形成」が必要な相手は,社内の関係部署や労働組合,顧客,取引先,債権者や株主等の利害関係者である。

たとえば,仕入れについて集中購買というシナジーを検討する場合,サプライヤとの交渉が必要であり,合意が得られないとシナジーは実現しない。

サプライヤなど合意形成の相手が社外のステークホルダである場合,社外の関係者に当該M&A取引の存在を知られないように留意しなければならない

が，「仮に，○○を相談させてもらう場合，どのような対応が想定されるか」といった形で感触をあらかじめ確かめておくことが必要となることもある。

(2)　リスク・課題

　「リスク・課題」とは，シナジー施策を実施する場合に想定されるリスクや課題のことである。たとえば，工場の閉鎖を伴うようなシナジーの場合，社員のモチベーションが低下する可能性がある。さらに工場売却に伴う土壌汚染の問題が発生するリスクも排除できない。このような施策の「リスク・課題」は事前に十分に検討しておくことが必要である。

　また，「ヒト」，「モノ」，「カネ」，「情報」の4つの経営資源のうち，最も判断が難しいのは，「ヒト」に依存するシナジーである。

　図表8-13のシナジー創出の難易度マップは，横軸をこれまでみてきたビジネスプロセスの各機能，縦軸に「ヒト」，「モノ」，「カネ」，「情報」をとり，その中に具体的な経営資源を記載したものである。

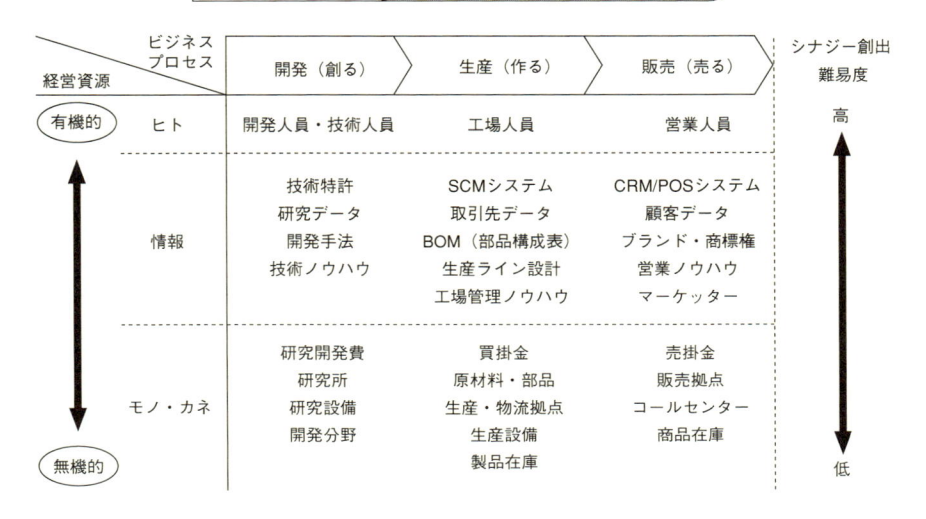

図表8-13　シナジー創出の難易度マップ

経営資源	ビジネスプロセス	開発（創る）	生産（作る）	販売（売る）	シナジー創出難易度
有機的	ヒト	開発人員・技術人員	工場人員	営業人員	高
	情報	技術特許 研究データ 開発手法 技術ノウハウ	SCMシステム 取引先データ BOM（部品構成表） 生産ライン設計 工場管理ノウハウ	CRM/POSシステム 顧客データ ブランド・商標権 営業ノウハウ マーケッター	
無機的	モノ・カネ	研究開発費 研究所 研究設備 開発分野	買掛金 原材料・部品 生産・物流拠点 生産設備 製品在庫	売掛金 販売拠点 コールセンター 商品在庫	低

「ヒト」に関連するシナジー

　「ヒト」に関連するシナジーは，不確実性を伴う施策であり，実現可能性が予測しにくい。

　過剰な報酬カットや人員削減といった人事政策を安易に実施すると，従業員のモチベーションは急激に低下する。M&A取引とその後の人事関連の施策をきっかけとして，対象会社の優秀な人材が他社に流れることは往々にして起こる。人材の流動性は日本でも高くなってきており，社員の退職を無理に引き留めることは難しい。「ヒト」への依存度が高いシナジーについては，「ヒト」のモチベーションによって，ポストM&Aにおいて当初想定していた以上の成果をもたらすかもしれないし，逆に，シナジーが全く創出されない結果に終わるかもしれない。

　実務的には，「ヒト」に依存するシナジーについては，効果を定量化することが困難であるため，定性的な評価項目として整理しておく程度にとどめることが多い。

「情報」に関連するシナジー

　「情報」に関連するシナジーは，形式知なのか暗黙知なのかによって，情報活用のし易さが異なる。

　特許や取引先データといったものは，形式知としてデータベース化されているなど，特定の人以外でも外形的には取り出せる形になっている。一方で，技術ノウハウや営業ノウハウなどは，暗黙知として，ある特定の人にしかわからないようなブラックボックス化された形になっている。形式知となっている情報は，買い手と対象会社の間において相互利用が可能であるため，その効果を測定することは比較的容易であるが，暗黙知となっている情報は，どの程度，相互利用が可能であるかを予見することは容易ではない。

　実務的には，形式知化された実現性の高い施策は定量化し，その効果を考慮するが，暗黙知的な施策については，内容を整理する程度にとどめ，シナジーを買収価格に織り込まないことが多い。

「モノ」と「カネ」に関するシナジー

　原材料や部品，現金といった「モノ」「カネ」に関連するシナジーは，実体のある資産を活用したシナジー施策が多く，シナジーの創出をある程度定量的に見込みやすいし，その実現の可能性についても予測しやすい。

　実務的には，施策内容が現実味のあるものであれば，その効果を定量化し，買収価格に織り込む。

3　経済性の評価

　もう 1 つの評価軸である「経済性」の評価とは，各シナジーを定量化したうえで，その経済的効果の大きさを，評価することである。

　ここでは，シナジーを，売上成長を期待する売上シナジー，コスト削減を期待するコストシナジー，またネガティブな影響をもたらすディスシナジーに整理したうえで，シナジーの定量化におけるポイントについて解説する。

(1)　シナジーの種類：売上シナジー，コストシナジー，ディスシナジー

売上シナジー

　売上シナジーは，買い手と対象会社が両社の取り扱っている製品をお互いの顧客に販売するクロスセルなどを実施することにより，売上成長を見込むものである[7]。顧客ニーズや市場動向，競争環境の影響を受けるため，コストシナジーと比較すると実現可能性は低い。

　たとえば，図表 8 −14 にある「②Ｘ社がＹ社の顧客に対するクロスセル」，「③Ｙ社がＸ社の顧客に対するクロスセル」は，Ｘ社とＹ社が保有する製品・サービスをお互いの顧客に対して販売することにより，それぞれ年間約7.5億円，約20億円の営業利益増を見込む，という施策である。

7　売上面において，買い手と対象会社の間で，お互いの商品カバレッジと商圏のカバレッジを補完することを「ホワイトスペース」を埋めるシナジーという。

図表 8 −14　抽出したシナジーの定量化の例

期待されるシナジー効果（想定効果）	算出ロジック（シナジーによるP/Lインパクト）	事業インパクト（営業利益）	(注)倍率	一時的コスト（統合コスト）	経済的効果（現在価値）
①企画担当 MD のノウハウ共有化	生産性向上後の売上高　現状の売上高〔1,000億円×〔1＋1％〕−〔1,000億円〕Y社売上高　生産性向上率　Y社売上高	＝10億円×10倍−	改善投資20億円MD研修費用・研修施設投資	＝80億円
②X 社が Y 社の顧客に対するクロスセリング	クロスセルによる増加顧客数　X社顧客1人当たり営業利益〔2百万人×50％×10％〕×〔600億円/8百万人〕Y社顧客数X社・Y社　新規顧客　　X社営業利益　X社顧客数顧客重複率　獲得率	＝7.5億円×10倍−	販売梃入れ10億円営業マン教育・販売インセンティブ	＝65億円
③Y 社が X 社の顧客に対するクロスセリング	クロスセルによる増加顧客数　Y社顧客1人当たり営業利益〔8百万人×50％×10％〕×〔100億円/2百万人〕X社顧客数X社・Y社　新規顧客　　Y社営業利益　Y社顧客数顧客重複率　獲得率	＝20億円×10倍−	販売梃入れ10億円営業マン教育・販売インセンティブ	＝190億円
④業務の重複排除によるコスト削減	整理従業員数　　　1人当たり人件費〔2,000人×10％〕×〔0.05億円〕Y社バックオフィス 整理対象　Y社バックオフィス従業員数　業務割合　1人当たり人件費	＝10億円×10倍−	リストラ費用20億円割増退職金等	＝80億円
⑤X 社と Y 社の生産拠点統合	現状の生産拠点維持費用　統合後の生産拠点維持費用〔500億円+200億円〕−〔500億円+190億円〕X社費用　Y社費用　　X社費用　Y社費用	＝10億円×10倍−	拠点統合コスト10億円移転費用・施設清算費用	＝90億円
⑥X 社と Y 社の物流センターの集約	現状の生産拠点維持費用　統合後の生産拠点維持費用〔250億円+100億円〕−〔250億円+95億円〕X社費用　Y社費用　　X社費用　Y社費用	＝ 5 億円×10倍−	販売梃入れ5 億円セールスパーソン教育・販売インセンティブ	＝45億円
⑦類似ブランドの統廃合	売上高減少分　　　　費用減少分〔50億円〕　−　〔37億円＋ 8 億円〕当該製品　　　当該製品 当該製品への による売上高　　原価　　間接費配賦分	＝▲ 5 億円×10倍−	0 億円	＝▲50億円
⑧従業員やキーパーソンの流出	流出従業員数　　　従業員1人当たり利益貢献〔2,500人× 5 ％〕×〔100億円/2,500人〕Y社フロント 流出見込率　Y社営業利益 Y社フロント従業員数　　　　　　　　　　従業員数	＝▲ 5 億円×10倍−	0 億円	＝▲50億円

（注）　ここで使用している「10倍」という数字は，「営業利益×（1 −実効税率（40％と仮定））／割引率（ 6 ％と仮定）」より算出したもので，実務上，簡易的に事業価値を算出する際によく使用する数字である。

　この事例の場合，X 社・Y 社が取り扱う製品には競合他社が取り扱っていない製品があり，かつ両社でカニバリゼーションが起こらない状況にあるため，その実現性は高いものと認識し，これを売り上げシナジーとして見積もっている。

コストシナジー

　コストシナジーは，買い手と対象会社が両社の重複する業務を効率化するこ

とにより，コスト削減を見込むものである[8]。買い手と対象会社といった自らの努力によってコントロール可能な施策が多く，実現可能性の高いものが多い。

　例えば，図表 8 -14にある「⑤X社とY社の生産拠点統合」は，X社とY社がそれぞれ保有する生産拠点を統合し，重複業務を廃止することにより，年間約10億円のコスト削減を見込む，という施策である。

　この事例の場合，M&A 取引の交渉初期の段階から，拠点を統合することの合意がなされていたため，その実現性は高いと認識されていたこと，また過去の拠点統合の実績からコスト削減効果のインパクトの10億円は現実的な見積りであることから，これをコストシナジーとして見積もっている。

ディスシナジー

　ディスシナジーは，M&A 取引によりもたらされる追加投資や人材や顧客の流出など，企業価値を毀損させるシナジーである。

　買い手と対象会社をシステム統合するための IT 投資，営業強化に伴う中途採用人材の人件費と採用コスト，顧客重複のカニバリゼーションに伴う売上の減少，ノウハウ共有のための研修費などが挙げられる。

　図表 8 -14の場合，「⑧従業員やキーパーソンの流出」がディスシナジーであり，対象会社であるY社の一部の人材（フロント従業員の 5 ％）が他社に流出することにより，年間約 5 億円の営業利益が減少する，というものである。

　当該 M&A 取引に，対象会社の経営者や従業員のうち全員が賛成しているとは限らない。買い手の立場からは，優秀な人材の流出というようなディスシナジーを極力減らす対応をすべきであるが，現実にそのリスクが顕在化する可能性があるならば，そのリスクをディスシナジーとして見込むことは，シナジーを定量化する上では欠かすことはできない。

効果を考慮しないシナジー

　M&A 取引では抽出したシナジー全てを定量化し，買収価格へ反映させるわ

8　調達，生産設備，開発等のコスト面において，買い手と対象会社の経営資源が重複している場合，重複を避けることにより得られるコスト削減の統合効果のことを「クロススペース」におけるシナジーという。

けではない。利益の創出を期待するシナジーの場合でも，シナジーを見込まないケースもある。実現可能性に対して不確実性が高く，その効果の測定が難しい場合は，たとえ抽出したシナジーであったとしても，定量化しないこともある。

図表8－14の「①企画担当MDのノウハウ共有化」は，ノウハウの共有化という不確実性の高いシナジー施策の効果を算定しているが，買収価格を検討する際にはこの効果を考慮しなかった。不確実性の高い施策効果を過度に期待しないことがM&Aにおいて失敗しないための基本である。

(2)　シナジーの定量化

次に，前述した，ある買い手がM&A取引により「業界首位になる」という事例を使ってシナジーの定量化の手法を具体的に解説する。

効果ごとに定量化

最初の作業は，「業界首位になる」ことにより，どのような具体的な効果が期待できるかを抽出することである。この事例の場合，図表8－11のとおり，P/L項目について以下の4つの具体的な効果が期待できると仮定しよう。

- 価格調整力を有することによる超過収益力を得る効果
- 人材を効率的に配置することによる人件費削減効果
- 仕入物量が増加することによる仕入単価圧縮効果
- 配送が効率化されることによる物流コスト削減効果

各効果の定量化

図表8－15は，シナジーの経済性評価を整理する際に用いる表の一例である。本表では，「業界首位になる」ことによるシナジーを，4つの効果ごとに定量化している。シナジーがない場合と比較して，どの程度のキャッシュインがあるのか，あるいは一時的なキャッシュアウトがあるのかを見積もったものである。

企業価値に与える影響を定量化するため，P/Lの営業利益に加え，投資や減価償却，運転資本といったキャッシュフロー項目を認識している。図表8－

11の運転資本に記載されている 2 つの項目の定量化は，4 つの具体的な効果ごとに表中で計算される。ここでは，おおよその効果が判断できればよいため，詳細な P/L までは作成しない。

投資額の算定

効果を算定する上で，忘れてはならない作業が，投資額の算定である。シナジーは，投資がないと発現しないものも多い。投資額を算定し，投資に見合った効果であるのか，投資回収に何年を要するのかを把握する。

投資額を把握することによって，対象会社の資金繰りや資金調達方法に問題がないかについても判断する。

タイミングの確認

P/L 項目を見積もる際には，シナジーが現れるタイミングについても注意が必要である。効果の発現は一時的なものなのか，それとも継続して効果があるものなのかを確認する。

図表 8 −15では，5 年の期間で効果を見積もっているが，事業計画の期間と合わせた期間にしておくと，企業価値算定の際の作業がスムーズになる。

算定根拠の確認

シナジーを検証する場合，効果が目標値になっていることがある。ある事例では，「売上高10％アップ」というシナジーが当初見積もられていた。ところがこれには根拠がなく，実際には「売上高10％アップを目指したい」という経営上層部の言葉が一人歩きしたものであり，「売上高10％アップ」は目標にすぎないということが後にわかった。このような場合，算定根拠の妥当性を担保するために，たとえば小売業の場合は，店舗の損益をモデル化して，過去の実績に基づき，大型・中型・小型といった店舗規模に応じた損益モデルを構築し，効果を算定し直すことが必要である。

シナジーを算定する際には，算定根拠を明示し，その算定根拠の妥当性を確認することが重要である。

図表8-15　「業界首位になる」ことによるシナジー効果(例)

No	具体的効果	算出根拠	項目	20X8 3月期	20X9 3月期	20X0 3月期	20X1 3月期	20X2 3月期
				効果（単位：百万円）				
1	超過収益力を得る効果	・超過収益力を得ることにより，単価調整力が得られる。 ・その結果，売上単価の下落率が低くなると同時に，売上高が増加する。 ・売上高が増加する分，売掛金が増加し，運転資本が増加する。	売上高	1,200	1,350	1,500	1,700	2,200
			売上原価	945	998	1,052	1,148	1,301
			人件費					
			その他販管費					
			営業利益	255	352	448	552	899
			特別損失					
			投資（資本的支出）					
			減価償却費	25	25	26	27	29
			売掛金の増加分	2	8	6	7	10
			棚卸資産の増加分					
			買掛金の増加分					
			小計	278	369	468	572	918
2	人件費削減効果	・人材を効率的に配置することにより，製造部門と営業部門の人件費削減効果が見込まれる。 ・早期退職は導入せず，配置転換により人員を吸収する。 ・M&A後1～2年は段階的に実施する。3年以降は体制が整い人件費を製造部門で150百万円／年，営業部門で150百万円／年を削減できる。	売上高					
			売上原価	-50	-70	-150	-150	-150
			人件費	-50	-70	-150	-150	-150
			その他販管費					
			営業利益	100	140	300	300	300
			特別損失					
			投資（資本的支出）					
			減価償却費					
			売掛金の増加分					
			棚卸資産の増加分					
			買掛金の増加分					
			小計	100	140	300	300	300
3	仕入単価圧縮効果	・買い手と対象会社とで一括購入することにより，仕入物量が増加し，仕入単価の圧縮が可能である。 ・売上原価削減が期待できる。 ・仕入金額が減少する分，当初は運転資本が縮小する。	売上高					
			売上原価	-105	-100	-100	-100	-100
			人件費					
			その他販管費					
			営業利益	105	100	100	100	100
			特別損失					
			投資（資本的支出）					
			減価償却費					
			売掛金の増加分					
			棚卸資産の増加分					
			買掛金の増加分	-5				
			小計	100	100	100	100	100
4	物流コスト削減効果	・買い手および対象会社の物流ルートを整備することにより，効率的な配送が可能となる。 ・80百万円／年の物流コストの削減が見込める。 ・効率化のための初期投資として初年度だけ300百万円のコストが発生する。	売上高					
			売上原価	-80	-80	-80	-80	-80
			人件費					
			その他販管費					
			営業利益	80	80	80	80	80
			特別損失					
			投資（資本的支出）	300				
			減価償却費					
			売掛金の増加分					
			棚卸資産の増加分					
			買掛金の増加分					
			小計	-220	80	80	80	80
	合　計		売上高	300	400	500	600	960
			売上原価	-235	-250	-330	-330	-330
			人件費	-50	-70	-150	-150	-150
			その他販管費					
			営業利益	585	720	980	1,080	1,440
			特別損失					
			投資（資本的支出）	300				
			減価償却費					
			売掛金の増加分	24	27	30	34	45
			棚卸資産の増加分					
			買掛金の増加分	-5				
			ネットキャッシュイン合計	256	693	950	1,046	1,395

第*4*節　シナジー抽出の具体例

　実際の M&A 取引では，シナジーを過剰に見積もるケースが多いが，シナジーを適切に抽出し，買収価格に反映させることにより，M&A を成功に導いた企業もある。本節では，専門商社 A 社の事例を紹介する。

❶　ケース：専門商社A社による買収

　本ケースの買い手である A 社はある特定の商材を取り扱う専門商社である。国内販売をメインとしており，従業員数は単体で約5,000名である。株主は国内でも有数の大手製造業 X 社であり，その100% 子会社という資本関係にあった。事業では，これまで他社に先駆けて顧客のニーズを捉え，業界内でもトップ5に入る地位を築いてきた。しかし，市場環境の変化や競合企業との競争激化に伴い，近年業績が伸び悩むようになってきた。そこで A 社は，自社単独での成長と合わせて M&A 取引による成長を検討していた。

　M&A 取引の対象候補となった B 社は，同業の専門商社で A 社とは地域的な重複が比較的少ない。規模は A 社よりも小さく，従業員数は約1,000名である。株主は創業者一族であり，経営者を兼務しているいわゆるオーナー企業であった。A 社と同様に国内販売をメインとしており，一部の地域において競合関係にあり，営業・物流拠点が重複している。A 社と比べると B 社の財務体質は弱く，金融機関からの借入金に対する金利負担の重さは経営者にとって悩みの種の1つであった。

　そこで，A 社は B 社に対して買収を提案し，事業の方向性について何度も検討を重ねた結果，買収の提案から8カ月後に基本合意を締結し，さらに4カ月後に最終契約が締結され，M&A 取引は成立に至った。本件は，妥当な買収価

格により買収が成立しただけでなく，シナジーも想定していた以上に実現し，M&A取引の成功事例となった。

では，なぜA社は，M&A取引の約半数が失敗するといわれる中，このケースでは上手く実施することができたのだろうか。

2 6つの成功要因

本ケースでは，図表8-16のようなシナジーをビジネスDDで抽出した。このケースにおいてみられるシナジー抽出の上手さや成功要因として，以下の6つが挙げられる。

- (1) シナジーを適切に捉えていたこと
- (2) ディスシナジーを慎重に評価したこと
- (3) P/Lだけでなく，B/Sに与える影響を検証したこと
- (4) タイムラインに沿ってシナジー効果の実現を見込んだこと
- (5) どちらの会社に帰属するシナジーなのかまで意識したこと
- (6) シナリオを作成したこと

(1) シナジーを適切に捉えていたこと

M&A取引を成功に導くための鍵は，高値づかみをしないことである。

M&A取引の買収価格が高くなってしまう要因の1つは，シナジーを過剰に見込んでしまうことである。本来M&A取引の買収価格に考慮すべきでないものまでシナジーとして認識してはいけない。

A社のケースでは，カニバリゼーションが想定される一方で，買い手が注力していない販売地域を対象会社が商圏としていたため，クロスセルの効果や商圏拡大効果が見込めた。商圏が広がることによる売上増加や事業の補完・強化による効果を，比較的保守的に見積もったことが成功要因の1つであった。A社は，保守的に見積っただけでなく，見積もったシナジー効果が実現できない事態を想定したバックアッププランも準備していた。

(2)　ディスシナジーを慎重に評価したこと

　M&A 取引のよくある失敗の1つに，シナジーのみを評価し，ディスシナジーを考慮しない（または，ディスシナジーを楽観的に見積もりすぎる）ことがある。M&A 取引においてシナジーを享受するには，対象会社をテコ入れする，または円滑に統合するための人材やインフラ整備の投資が必要となることが多い。

　A社のケースでは，文化や歴史の異なるB社に対して，その収益体質をいかに変革してもらうかが重要なテーマであった。そのためのコストをディスシナジーとして，事前に適正に見積もるために，A社とB社との間で何度も買収後の体制について意見交換を行い，やらなければいけないこと，およびそれにどれくらいのコストがかかるのかを慎重に検討した。その結果が，図表8-16のコストシナジーにおける経営者の派遣，営業強化に伴う中途採用，IT システムの統合のディスシナジーである。

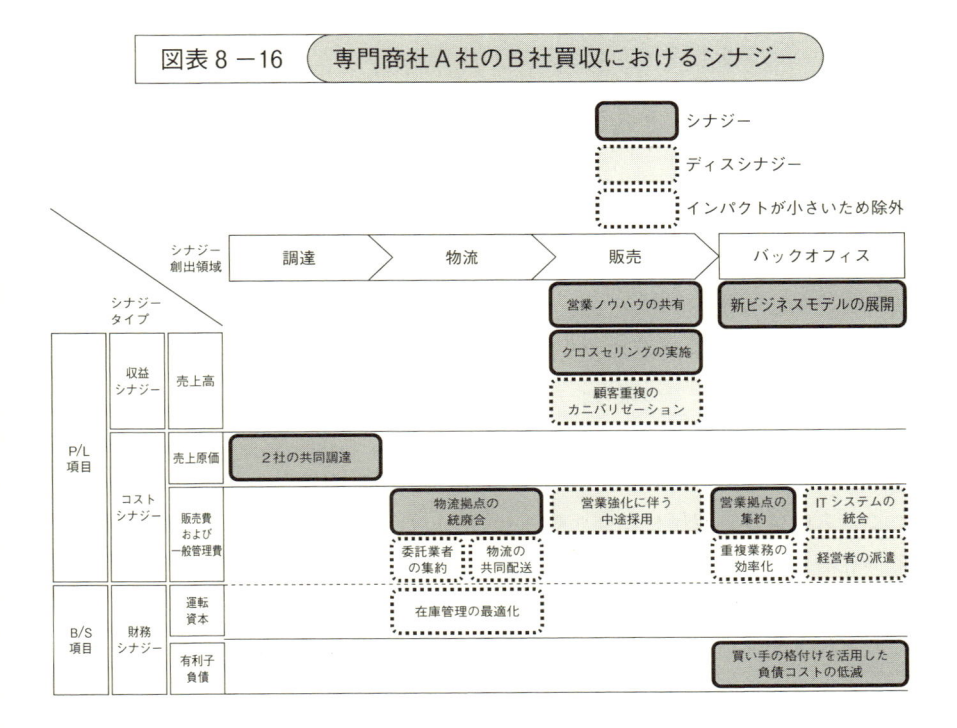

図表8-16　専門商社A社のB社買収におけるシナジー

⑶ P/L だけでなく，B/S に与える影響を検証したこと

M&A 取引における見落としがちなシナジーとして，B/S に影響を与えるシナジーがある。P/L の収益改善には十分な検討を重ねるのだが，B/S に与える影響を考慮することが疎かになることがある。買収価格を算定する上で基礎資料となる将来事業計画は，P/L ではなく FCF である。したがって，FCF に影響を与える B/S のシナジーは見落とさないように注意すべきである。

A社のケースでは，財務体質のよい買い手の格付を活用した負債コストの削減，在庫水準を適正化することによる棚卸資産の圧縮等が挙げられた。B社は，財務体質が弱かったため，買い手の格付活用による負債コストの削減は有力なシナジーとなった。企業の規模，有利子負債額によるが，仮に500億円の借入れがあり，その調達コストを3％から2.5%まで，0.5% 引き下げることができたとするならば，税引き前の利益ベースで2.5億円の効果がある。A社のケースでは，ディスシナジーを慎重に評価した結果，多額にのぼるシナジー効果は期待できないかにみえたが，この財務シナジーを検討することにより，一定のシナジー効果を想定することができた。

⑷ タイムラインに沿ってシナジー効果の実現を見込んだこと

M&A 取引において，シナジーを過剰に見積もってしまう要因の1つに，シナジー実現のタイミングを早めに見積もりすぎることが挙げられる。シナジーの実現時期は，シナジーの実現可能性と同様，施策の内容によって異なる。一般的には，コストシナジーは販売シナジーよりもシナジー創出のタイミングが早い。投資ファンドによる M&A 取引においてコストシナジーが重視されるのは，イグジットまでの限られた期間の中では，売上シナジーよりもコストシナジーの方が確実性が高いためである。

A社のケースでは，図表8－17のように，5年以内にシナジーの実現を見込めないものは，買収価格には反映させなかった。個別のシナジー施策としては納得性があるものの，その施策全てを5年以内に実施することは，現実のオペレーションではできなかったためである。各シナジーについて，オペレーションの実現可能性を含め，どのタイミングで収益改善効果を見込めるのかを明確にすることが重要である。A社のケースでは，どのタイミングで，どのような

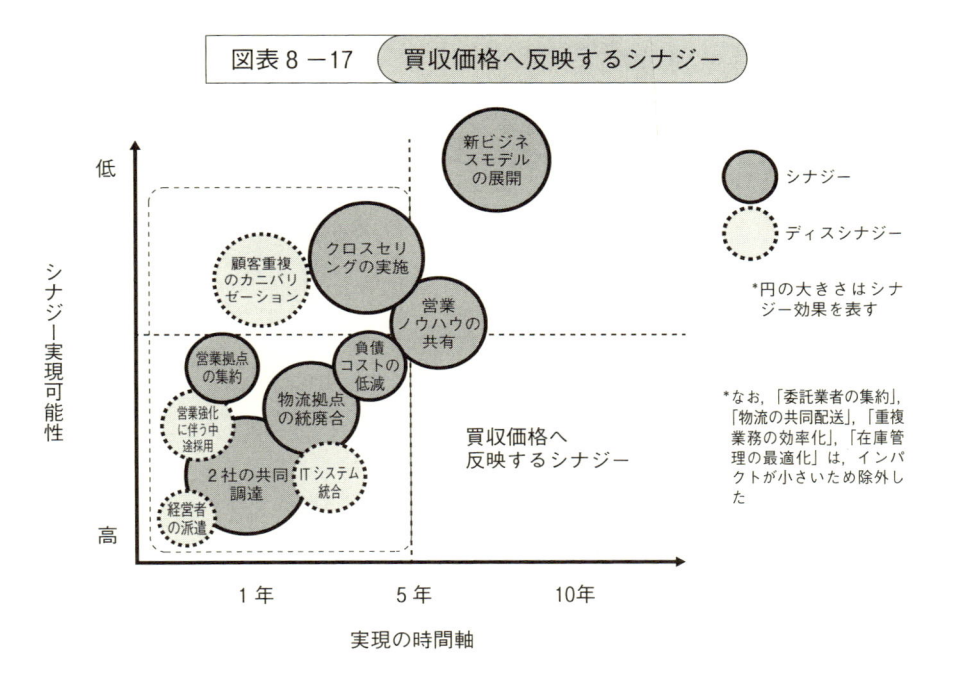

図表 8 −17　買収価格へ反映するシナジー

投資をすべきか，どの程度人員を確保すべきかを合わせて明確にし，実現性のある施策を検討したことが成功要因の１つであった。

(5)　どちらの会社に帰属するシナジーなのかまで意識したこと

　シナジーを見積もる際に曖昧になりがちな点がある。それは，シナジーが"誰に"帰属するのか（買い手か，対象会社か），すなわち誰の P/L・B/S が改善するのかという点である。

　A社の事例では，図表 8 −16のシナジーを，図表 8 −18のようにシナジーとディスシナジー，買い手に帰属するものと対象会社に帰属するものとに分けた。A社は，このうち，対象会社に帰属するシナジー（②）と買い手・対象会社に帰属するディスシナジー（③＋④）のみを考慮して，買収価格を検討した。

　これは，M&A 取引により対象会社の P/L を改善する効果のみが，対象会社の株主に対価の一部として提供すべきシナジーと考えたためである。買い手に帰属するシナジーは，買い手のみが享受すべきものとA社は考えた。

図表 8 −18　シナジーの帰属

"誰に"	シナジー	ディスシナジー
買い手に帰属	① ・2社の共同調達による仕入れのボリュームディスカウント ・物流拠点の統廃合 ・クロスセルの実施 ・営業拠点の集約	③ ・経営者の派遣 ・顧客重複のカニバリゼーション
対象会社に帰属	② ・2社の共同調達による仕入れのボリュームディスカウント ・物流拠点の統廃合 ・買い手の格付けを活用した負債コストの低減 ・クロスセルの実施 ・営業拠点の集約	④ ・IT システムの統合 ・営業強化に伴う中途採用 ・顧客重複のカニバリゼーション ・経営者の派遣

買収価格へ
反映するシナジー
（②＋③＋④）

　シナジーの帰属は，会計処理の視点からも重要である。

　M&A 取引において，買収価格が対象会社の純資産を上回る場合，「のれん」が計上される。現行の会計基準では，図表 8 −19のように「のれん」は20年以内に償却することが求められており，減損の兆候がある場合，減損テストを実施する。

　一方，図表 8 −20のように IFRS では「のれん」を償却せず，年間 1 回以上の減損テストを実施する。対象会社にそれだけの価値があることを実証できなければ，「のれん」は，減損処理の対象となる。仮に，買収した対象会社の業績が悪化した場合，また M&A 取引前に想定していた事業計画どおりにシナジー創出による価値創造ができない場合は，計上している「のれん」を減損処理することとなる。つまり，買収価格が高すぎると多額の「のれん」を計上することになり，減損のリスクも高まるのである。

　今後，経営者が M&A 取引に伴う経営責任をこれまで以上に投資家から問われるようになることは間違いない。A社自体は上場していないが，その親会

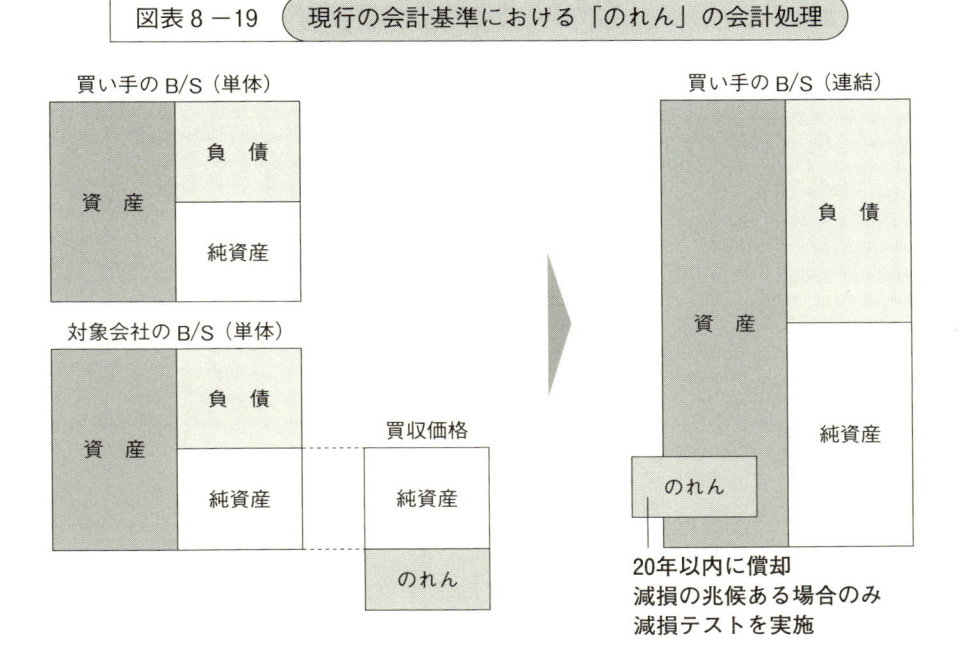

図表8－19　現行の会計基準における「のれん」の会計処理

社であるX社は，上場企業であるため，A社はIFRS適用を見越して，各シナジーが誰に帰属するのかまで分析したうえで，M&A取引を実行した。

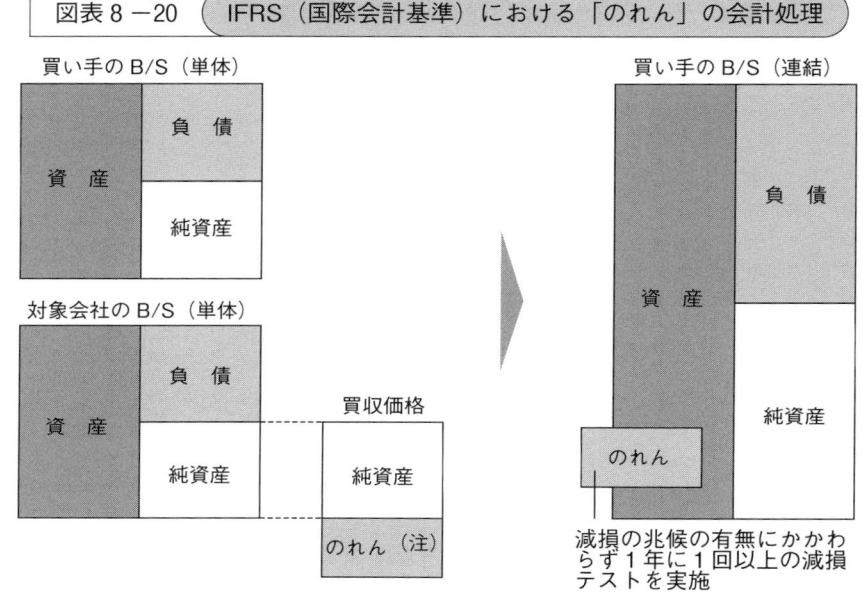

図表 8 −20　IFRS（国際会計基準）における「のれん」の会計処理

買い手の B/S（単体）

負　債

資　産

純資産

対象会社の B/S（単体）

負　債

資　産

純資産

買収価格

純資産

のれん（注）

買い手の B/S（連結）

負　債

資　産

純資産

のれん

減損の兆候の有無にかかわらず 1 年に 1 回以上の減損テストを実施

注：対象会社に無形資産が含まれていないことを前提とした場合

⑹　シナリオを作成したこと

　M&A 取引におけるシナジーの実現可能性は，その施策内容によって異なる。例えば，買い手と対象会社が重複する地域に物流拠点を保有しており，その拠点を集約するシナジーと，クロスセルにより売り上げを伸ばす売り上げシナジーでは，実現可能性は前者が高く，後者は低くなる。

　また，コストシナジーの中でも，自社（買い手と対象会社）で実施可能なシナジーと，サプライヤや販売先の協力がないと実現されないシナジーとでは，前者の方が実現可能性は高い。

　A 社のケースでは，将来の事業計画を作成するにあたって，図表 8 −21のように複数のシナリオを作成し，実現可能性の高いシナジーと低いシナジーの効果を同じように評価せず，それぞれの実現可能性を考慮することにより，シナリオの持つ意味合いをより明確にした。

　複数のシナリオを作成したことで A 社は，ポスト M&A 取引において，当

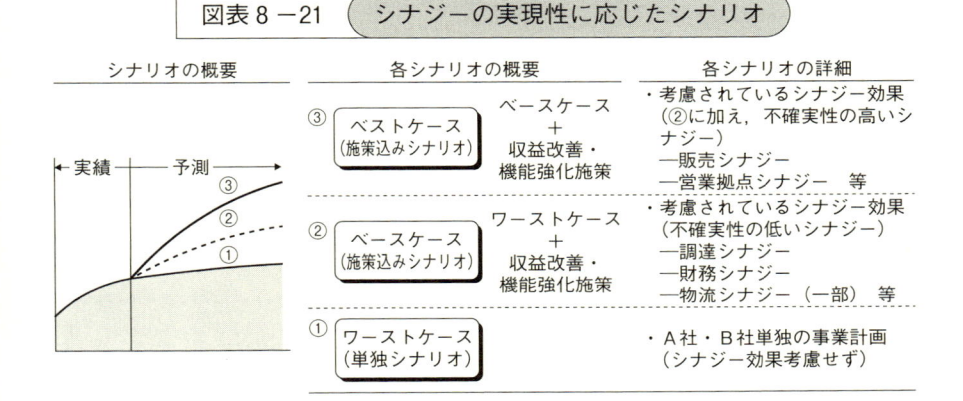

図表 8 −21　シナジーの実現性に応じたシナリオ

該 M&A 取引の成功の程度を自ら評価できることとなった。

　これらの6つの成功要因があったことにより，A社は満足するプライシングを実現し，M&A 取引を成功に導くことができたのである。

　以上，事業構造分析や業績構造分析を活用した「シナジーの抽出方法」，シナジーの評価軸や評価軸ごとのポイントをまとめた「シナジーの評価」，ケースを交えた「シナジー抽出の具体例」について解説した。次に Quick Hits について解説する。

第*5*節　Quick Hits の抽出

■1　Quick Hits がステークホルダーに与える効果

　Quick Hits とは，シナジーのうち，施策効果の実現が1年以内に見込まれるものをいう。Quick Hits がステークホルダに与える効果は2つある。収益改善の施策として創出される定量的な効果と，安心感・信頼関係の醸成やモチベーションの向上といった定性的な効果である。本節では，対象会社の従業員，買い手，債権者（金融機関），取引先といったステークホルダに与える効果を整理する。

　特に，対象会社が再生企業の場合と，クロスボーダー M&A における海外企業の場合，Quick Hits は是非とも活用したい施策である。

(1)　対象会社の従業員

　M&A 取引の対象会社は買収される立場であり，社内の雰囲気は不安定になることが多い。対象会社の社員は「新たな株主や経営者はどういう人たちなのか」，「今後会社はどうなるのか」という不安を抱く。「仕入先や取引先が今後も取引を継続してくれるのだろうか」との不安も生じる。特に，業績が低迷している企業の場合，社員は自信喪失の状態に陥り，会社の将来に強い不安を感じるものである。社員が買い手（新たな株主や経営者）に対して不安を抱いているうちは，スムーズな事業運営ができず，企業価値も向上させづらい。

　このような場合，短期的に成果を得られる Quick Hits の施策を着実に実行することにより，「会社は新しいよい方向へ進んでいる」，「復活の兆しが見えてきた」というメッセージを社員に伝えることができる。そうしたメッセージは社員の不安を和らげ，モチベーションを高めることにつながる。また，キャ

ッシュの流出を抑え，企業価値の毀損を最小限に食い止めることができる。たとえわずかな経済的効果であったとしても，累積すると，大きな価値創造につながる。特に再建途上にある企業では，短期的なキャッシュ改善は大変重要な定量的効果である。

(2) 買い手

買い手側の経営者は，その株主や金融機関等に対して，実行した M&A 取引の経済合理性を説明することが求められる。そのため Quick Hits による業績改善は，買い手側の経営者にとって重要な説明材料である。

特に，買い手が投資ファンドである場合には，投資ファンドはその投資家から M&A 取引の経済合理性を厳しく問われる立場にあるため，Quick Hits による業績改善が見込めることはきわめて重要である。Quick Hits により，短期的に目に見える成果を上げることができれば，投資ファンドは投資家に対して，今後も，企業価値を向上させ，十分な IRR[9]（内部収益率）が期待できることを説明することができる。

また，Quick Hits の実現により，短期的な成果を上げたことを対象会社の従業員にみせることができれば，買い手と対象会社の従業員との絆はより強固なものとなり，会社経営に勢いをつけることができる。従業員との関係が良好になれば，組織的な取組みがこれまで以上にやりやすくなり，経営を安定させられる。

(3) 債権者（金融機関）

対象会社に融資を行っている債権者（金融機関）の融資担当部局は，行内各部署に対して，債権回収の見込みを説明しなければならない（対象会社が再建途上にある企業の場合は，多額の債権放棄をしている場合もある）。その場合，Quick Hits によって業績が改善していることは，行内各部署に対して債権回収

---

9 IRR は，投資プロジェクトの評価指標の1つ。投資に対する将来のキャッシュフローの現在価値と，投資額の現在価値とがちょうど等しくなる割引率（＝内部利益率）を求め，内部利益率が資本コストを超過していればその投資は有利であり，資本コストよりも下回っていれば不利であると判定する方法。

見込みを説明する有力な材料となる。

(4) 取引先

　取引先は，与信上の要請から，経営が不安定な企業との取引を避ける。M&A取引の後，対象会社の業績がQuick Hitsにより上向き，社員のモチベーションの向上とともに経営が安定していることを取引先に示すことは，信頼関係を強固なものとする上で大きな意味がある。

❷ Quick Hits 抽出の具体例

　シナジーの中で，どういった施策がQuick Hitsになるのかについて，P/L，B/Sの財務項目別にQuick Hitsの具体例について解説する。

(1) P/L 項目
① 売上高

　売上増加につながるQuick Hitsは，売上原価や販売費および一般管理費のコスト削減施策と比べてあまり多くはない。売上増加のQuick Hitsは，自社内の取組みだけでなく，消費者や顧客といった市場環境，経済や社会情勢といったマクロ環境，競合企業の動向といった競争環境の影響を受け，不確実性が高いためである。

　とはいえ短期的に成果を見込めるのであれば，売上高に関連するQuick Hitsは極めて有効性が高く，対象会社のモチベーションを高めるために有効である。例を挙げるとしたら，前に解説したクロスセルや，店舗のリニューアルが挙げられる。

　たとえば，店舗のリニューアルは，買い手の店舗設計・運営ノウハウを活用し，対象会社の店舗をリニューアルさせ，集客力を上げる，といったものである。リニューアルのための改装資金が必要となる施策だが，短期的に実施できる売上施策の1つである。

② **売上原価**

　短期的に成果を見込める売上原価に関連する Quick Hits には，競争入札の導入や共同仕入によるボリュームディスカウントなどがある。

　競争入札の導入は，サプライヤの選定に競争入札を活用し，単価値下げを狙うコスト削減施策である。サプライヤとの付き合いが長く，仕入れ価格をほとんど変更してこなかった場合や，特殊な製品で，特定の会社から仕入れている場合には効果を期待することができる。サプライヤからの反発が予想されるが，単価交渉により，コスト削減につなげることができる。

　売上原価に関連する Quick Hits も売上高に関連する Quick Hits と同様に，自社の取組みだけでなく，サプライヤなど社外のステークホルダを巻き込む施策である。したがって，交渉優位な状況でないと実施が困難であり，一般的なシナジーと比較すると効果は限定的となる。

③ **販売費および一般管理費**

　短期的な成果を見込める販売費および一般管理費に関連する Quick Hits には，給与・賞与カット，役員報酬カットなどの人件費に関連するもの，リベートの削減や広告媒体の見直しなどの営業費に関連するもの，共同配送の導入や庫内業務委託契約の見直しなどの物流費に関連するもの，その他経費に関連するものがある。

　販売費および一般管理費に関連する Quick Hits は，売上高や売上原価に関連する Quick Hits の施策とは異なり，自社内部で完結することが多く，実現性の高いものが多い。ただし，必要以上にコスト削減を実施すると，結果的に対象会社の社員の士気を低下させてしまう。

　たとえば，従業員の賞与カットや役員報酬カットは，業績低迷時によく活用される Quick Hits のコスト削減施策である。この施策は，やり方を間違えると不公平感や不満を社員や役員に与えることとなり，キーパーソンの流出につながる。

　Quick Hits を探す余地が最も高いのは，販売費および一般管理費の費目であるが，実行に際しては事業への影響をよく見極めることが重要である。

⑵　B/S 項目

　短期的に成果を見込める運転資本および非事業資産に関連する Quick Hits
には，現金決済の拡大や遊休資産の売却などがある。

　たとえば，遊休資産の売却は，事業の縮小に伴い現在活用していない固定資
産（製造装置や店舗の跡地等）を売却することである。遊休資産は，会社に収
益をもたらさないため，新たな活用方法を見出すか，早期に売却することが望
ましい。前述したように，買い手の格付けを活用した負債コストの低減も
Quick Hits の1つである。

❸　Quick Hits 抽出のコツ

　Quick Hits の抽出は，シナジーの抽出と同様，事業構造分析および業績構造
分析を実施する中でなされるが，Quick Hits の抽出においては，分析作業に入
る前にある程度の"あたり"をつけておくことが効率的である。本節では，そ
の"あたり"をつけるコツについて解説する。

⑴　ドキュメントレビューによる"あたり"のつけ方

　図表8-22は，対象会社（ここでは製造業S社）と競合平均の総資産営業利
益率を総資産回転率および売上高営業利益率に分解し，さらに売上高営業利益
率を売上原価率および売上高販管費比率に分解したツリーである。対象会社と
業界平均とのベンチマークを行うことにより，対象会社のコスト構造を競合平
均と比較することができる。

　このツリーから，S社は，競合他社と比較して，売上原価率が低いが，売上
高販管費比率は高いことがわかる。さらに販管費の勘定科目をブレークダウン
してコスト構造を分解していくと，特にどの科目が同業他社と比較し大きくコ
スト高となっているのかが明らかとなる。収益改善につながるコスト削減の余
地は，このような分析の中から発見できる可能性がある。

　また，販管費の中で，どの科目が販管費に占める割合が高いのかがわかると，

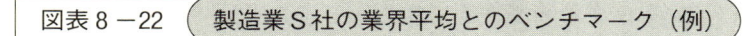

図表 8 −22　製造業Ｓ社の業界平均とのベンチマーク（例）

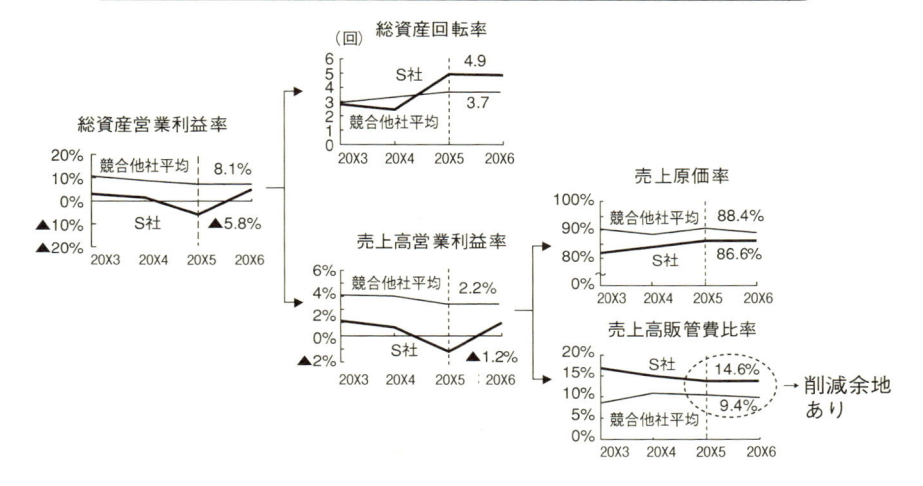

その科目に着目した分析により，実効性が高い Quick Hits が抽出できる。

　たとえば，対象会社の販管費のうち，人件費と不動産賃借料で販管費の80％を占めている会社の場合，人件費と不動産賃借料を重点的に分析すると，効果的な Quick Hits が抽出される可能性が高い。

(2)　インタビューによる "あたり" のつけ方

　ドキュメントレビューにより "あたり" をつけた後，その実効性を対象会社とのインタビューにおいて検証する。

　Quick Hits の実現可能性を対象会社にインタビューすることに対しては，欧米系の投資ファンドなどからは，「対象会社の現場が，自分たちの首を締めることにつながる本音を買い手に言うわけがない」と，指摘されることもある。

　しかしながら，日本企業の現場スタッフは会社に対して強い愛着の思いを持っていることが多い。「できることなら，仕事の中で無駄はなくしたい。無駄なことに時間を費やすより，もっと価値のある業務に注力して，よい会社にしたい」と考えている現場スタッフも多い。日本の会社の社員は，会社がよくなる提案であれば，真剣に議論に参加するものである。

　Quick Hits の抽出作業は，事業の実態に精通した現場から情報を引き出し，

ボトムアップの協業体制で行うことが望ましい。現場感がない Quick Hits は実現困難なものが多く，いわゆる "絵に描いた餅" になってしまう。またトップダウンで一方的に決定された Quick Hits に対しては，現場スタッフのコミットメントが低く，想定どおりの成果を上げることは難しい。

　ビジネス DD を実施していると，時にはまったくドキュメントレビューでは出てこなかったコスト削減余地が現場スタッフとのディスカッションの中で抽出されることもあるため，可能な限り現場スタッフへのインタビューを実施することをお勧めする。

Column

Quick Hits は若手スタッフに聞け！

　Quick Hits とは，企業内でアクションを起こせばすぐに結果に結びつく収益改善機会のことである。とても身近なところでは，出張の際の格安航空券購入，制服廃止，使っていない社用車の売却，10年間単価の変わらない印刷費を入札にする，などの施策である。しがらみのあるサプライヤを変更することで，アクションを起こしてから3カ月で数％のコスト削減を実現させたこともある。

　このような収益改善機会を引き出す方法の1つとして，現場の若手スタッフだけを集めたミーティングを開催してみることをお勧めする。若手スタッフは管理職が気がつかない無駄を，普段からよく観察している。どんな声でも受け入れる雰囲気を作ることで，若手スタッフから次々とアイデアが出てくる。一度チャレンジしてもらうと，きっと面白い結果が得られると思う。

第9章

ステップ⑥
ガバナンス体制の検討

第*1*節　「ガバナンス体制の検討」の概要

■1　位置づけ

　「⑥ガバナンス体制の検討」は，図表9－1のとおり，第8章の「⑤シナジー・Quick Hits の抽出」，第10章の「⑦アクションプランの策定」とともに，「価値創出・向上策の検討」フェーズにおけるステップの1つである。

図表9－1　ビジネスDDにおける「ガバナンス体制の検討」の位置づけ

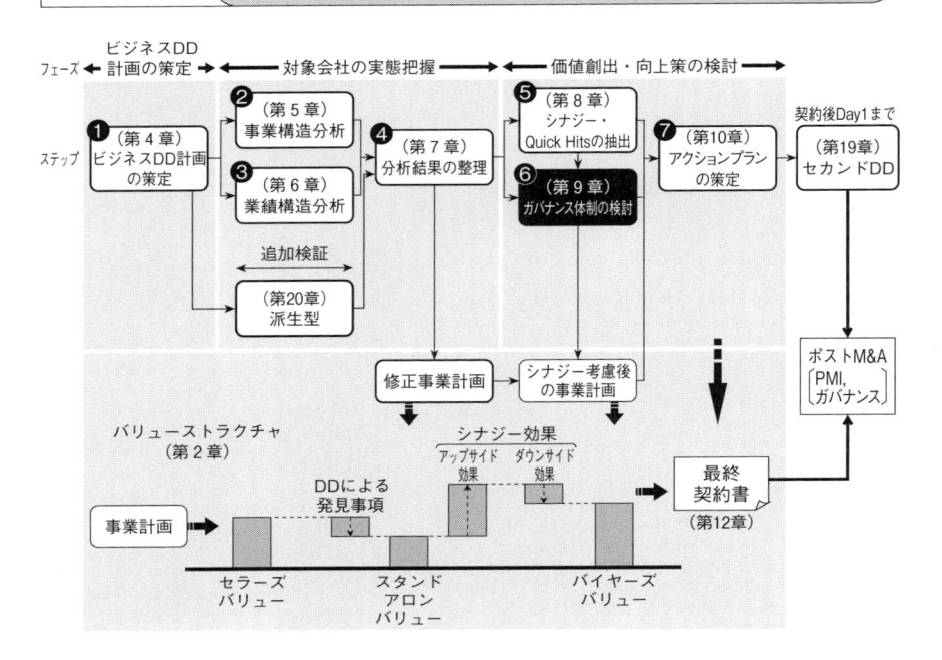

2 本章の構成

「⑥ガバナンス体制の検討」とは，M&A 取引後，買い手のグループ経営の観点から対象会社をどのように位置づけるかを想定しながら，検討できることを事前に DD の期間に検討しておく位置づけの作業である。

図表 9 − 2 は，縦軸に組織を「①統合する」，「②統合しない」，横軸に力関係が「③対等」であるか，「④上下」関係があるかをとった図である。

組織を「①統合する」場合に起こりやすいのは，ポスト争いである。特に建前上「③対等」であるとしている対等合併の場合のポスト争いは熾烈を極める。対等合併では，ポストも等分に分けたかのように見た目を整えるが，実態としては，各ポストの重みは異なるため，各当事者とも重要ポストは，自陣営が握りたいとする縄張り争いが起こり易い。"対等の精神"でという精神論では済まされない現実の駆け引きがここにはある。この政治力学とは別に，新たな合併会社にとっては，合併後の企業価値向上に向けて，自陣営側の利害だけに固執しないよう，目的の共有／コミュニケーションの促進／合意形成を随時実施して，機能／役割／組織／人事を適切に定義し，シナジー効果を創出することが必要となり，これを実現させるために，当事者同士で統合委員会を組成する

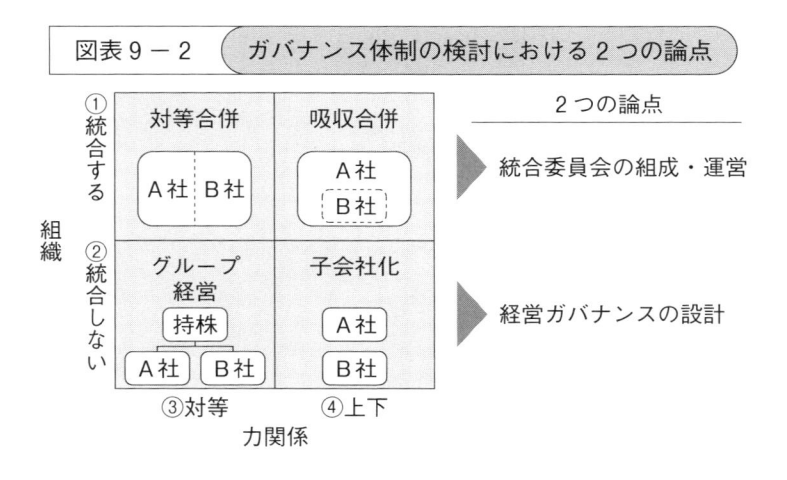

図表 9 − 2　ガバナンス体制の検討における 2 つの論点

ことが多い。第2節では，この「統合委員会の組成・運営」について解説する。

　組織を「②統合しない」場合に論点となるのは，買い手が株主の立場からどこまで踏み込んで対象会社をコントロールすべきか，どこまで対象会社の自主性を尊重すべきかである。買い手は，グループ経営の観点から株主として子会社となる対象会社をコントロールしたいが，子会社側は，飲み込まれてしまわないよう自主性を求めて激しく抵抗する。ポストM&Aにおけるグループ経営では，"買い手側のコントロール"と"子会社側の自主性"のバランスをとらなければいけない。そのために買い手は，子会社に対して規律と動機づけを供与することになる。これを設計することを本書では，「経営ガバナンスの設計」と定義しており，DDの段階から，その考え方を検討しておくことが重要である。その考え方を第3節において解説する[1]。

1　対象会社が海外企業である場合の経営ガバナンスについては，第18章において詳述する。

第*2*節　統合委員会の組成・運営

　第2節では，買い手と対象会社の組織を統合する可能性がある場合を想定したガバナンス体制の検討について解説する。

　組織を統合する場合に重要となる論点は，いかにスムーズに統合作業を進めるかである。我が国では，金融機関や素材メーカにおいて大型合併がみられる。このような大型合併では，組織統合を前提として統合委員会を組成することが多い。本節では，この「統合委員会の組成・運営」について解説する。

■ 統合委員会の組成例

　図表9－3は，ある合併案件において組成した統合委員会の事例である。この事例では，間接部門に加えて，現業の事業を統合することを前提としていたため，事業統合チームと業務・制度統合チーム，さらにこれらのチームの中にテーマごとの小チームを組成した。

　統合委員会としての活動自体は，株主総会において合併契約が承認された後に始動することになるが，その始動の前までに，つまりDDの作業の中で，統合委員会の建て付けについて買い手は内々に検討し始めることが多い。具体的には，どのような小委員会が必要か，誰をメンバーにするか，意思決定方法をどのように設計するかなどの検討である。

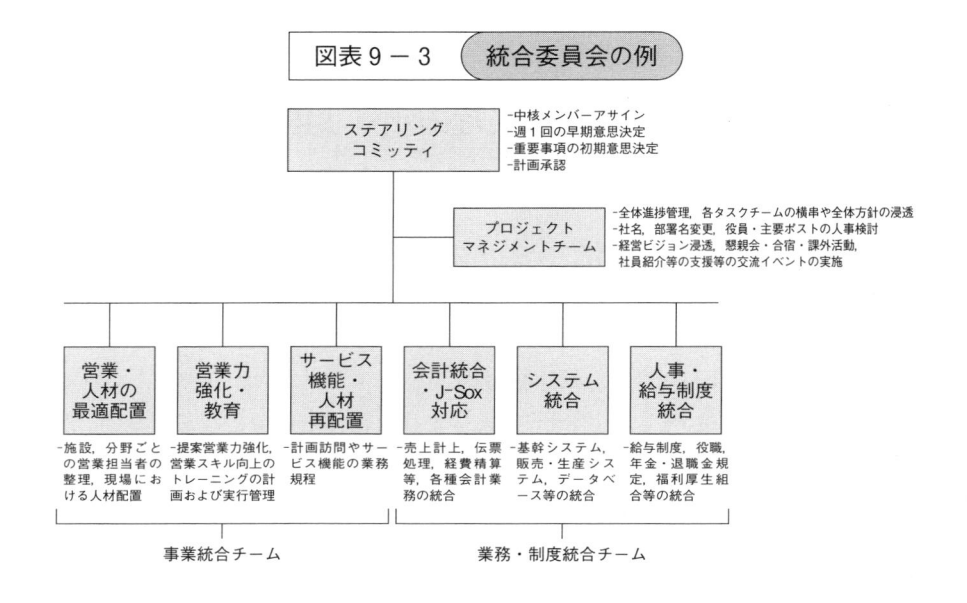

図表9－3　統合委員会の例

事業統合チーム　　　　　　　　　業務・制度統合チーム

---

❷　統合委員会組成にあたっての留意点

統合委員会を組成するにあたっては，ポストM&Aに実施する作業を念頭において準備作業をすすめる。その際に留意すべき点として，以下の3点が挙げられる。

(1)　トップマネジメントのリーダーシップ

ポストM&Aにおいて実際に作業を担当するのは現場スタッフである。中には通常業務をもちながら，ポストM&Aの業務にも従事することがあり，作業負担が重くなることがある。そうした中で，対象会社の現場スタッフがM&A取引の目的や必要性がどこにあるのか，自分の果たしている役割が会社にとってどういう意味があるのかを納得していることは重要である。そのために，買い手および対象会社の経営トップ自らが，それぞれの従業員に対してM&A取引の目的や必要性を説明することが求められる。

　両社のトップマネジメントは，DD を通じて，統合委員会をリードする役割を担う覚悟を醸成することになる。

(2)　プロジェクトによる推進

　ポスト M&A の作業は，通常業務の一環で実施するよりは，プロジェクトとして実施したほうが効率的である。プロジェクトメンバーには対象会社の現場担当者だけでなく，買い手とのシナジーが見込める領域には，買い手の現場担当者も参画することが望ましい。

　DD の期間から，そのような体制がとれるよう，両社とも社内根回しを始めることが求められる。

①　抵抗勢力の巻き込み

　プロジェクトメンバーは，通常，検討分野のリーダー格となる人材を中心に選定される。

　メンバーに選定された人材の中には，ビジネス DD の段階で協力的でないなど，当該 M&A に対して不満や抵抗を感じているメンバーも少なからず存在するが，そういったメンバーこそプロジェクトから外さずに入れておくことが一策である。こうした人材はリーダー格であるため，周囲に与える影響力が大きく，プロジェクトから外すと抵抗勢力として影響力を及ぼす可能性が高い。そのため，プロジェクトを通して新しい価値観に触れ，変革の必要性を感じてもらい，少なくとも抵抗勢力になるのを防ぐことができるのである。

　ただし，プロジェクトに参画しても変革の必要性が伝わらず，不満をあらわにするなど，他のプロジェクトメンバーに対してマイナスの影響力を及ぼす場合には，最終的にはプロジェクトから外れてもらうことも時として必要となる。

②　双方の信頼感の醸成

　買い手とのシナジーが見込める領域では，買い手と対象会社の現場スタッフが集う混成部隊となることが多い。これは，ポスト M&A においては一般的にみられるプロジェクト体制である。

　混成部隊となるプロジェクトでは，買い手と対象会社という立場の違いや，

会社の企業文化や仕事の進め方などの違いから，メンバー間の議論になると，当初は人間関係がギクシャクし，議論が深まりにくい。

こうした硬直状態を脱し，活発で前向きな議論を行うためには，まずお互いの信頼感を醸成する仕組みが必要となる。たとえば，プロジェクトリーダーから積極的に情報を開示する姿勢を見せると，現場スタッフは何もかもオープンに議論してよいと認識し，不必要な会社間や部門間の壁を作らずにすむ。

また，必要に応じて，形式的な会合以外に，合宿形式をとる，あるいは懇親会などのオフの場を演出するといった工夫により，信頼関係を醸成することが重要である。

③　積極的に関与する社員が報われる仕組みの構築

買い手と対象会社の信頼関係が醸成され，会社間や部門間の垣根が取り除かれた後は，ポストM&Aの作業に積極的に関与してもらう仕組みが必要となる。

プロジェクトメンバー間の信頼関係を醸成しただけでは，まだ出身会社や部門の利益を優先する発想から抜けきれず，買い手と対象会社双方にとって最適な方法，ベストプラクティスは何かといった発想はなかなか出てこない。

プロジェクトでは，減点主義ではなく，積極的にリスクをとった場合，そのリスクが意義あるリスクであれば，個人の業績として評価する仕組みを導入することが重要である。

また，会議の場では否定的なことはなるべく発言せず，肯定的な発言を心がけることで積極的な発言を促す工夫もある。

さらに，ビジネスDDで検討した「Quick Hits」を超えるような施策や成果を挙げたチームや個人に対しては，表彰や賞与など何らかの報酬で報いるなどの仕組みも機能する。

(3)　モニタリング体制・PDCA サイクルの構築

現場の不満や抵抗が解消され，ポストM&Aの施策が確実に実行されているかどうかを把握するためには，成果を定期的にモニタリングすることが必須となる。

　成果をモニタリングするためには，成果を測る指標（用いる数値や帳票，単位やメッシュ，対象期間等）をあらかじめ定義しておくことが望ましい。また，M&A 取引による成果を把握するためには，通常業務による成果部分と M&A 取引による成果部分を切り分けて把握する工夫が必要である。

　モニタリングする指標には可能な限り定量的な数値指標を用いることが望ましいが，必要に応じて定量的な項目に定性的な項目を組み合わせることが有効である。もともと人事や教育など数値管理が難しいものもあるが，数値管理が可能な場合であっても，対象会社の企業文化を鑑みた上で自主性を尊重した方がよいと判断した場合は，数値目標と定性的な評価項目を組み合わせることで，対象会社の現場スタッフのモチベーションを引き出すことができる。

　ポスト M&A の作業を確実に遂行していくためには，モニタリング体制に加えて，PDCA（PLAN → DO → CHECK → ACTION）サイクルを構築・運用することが重要となる。

　定例的な会議でモニタリングする際に，進捗が思わしくない場合，担当者の努力が足りない，人員配置が悪かった，で済ませるのではなく，何が障害となっているのか，どこに問題があったのか，誰がどうやって問題を解消するのか，原因の特定と解消する担当者を決定し，必要によっては追加リソースを投入することが必要である。

　実際統合委員会が始動するのは，Day 1 以降であるが，ポスト M&A の作業を効果的・効率的に進めるために，DD の段階において，以上のような点に配慮しながら，統合委員会組成の準備作業をすすめていくことが必要である。

第3節 経営ガバナンスの設計

　当事者同士の組織を統合しない場合に重要になるのは経営ガバナンスの設計である。買収目的を達成するために，買い手は対象会社に一定の成果を出すことを期待する。特に，買い手の会社のミッション・バリューをどのように浸透させていくのか，当初想定したシナジー効果を両社でいかに創出していくのかについては，最初に目線を合わせておかなければいけない。これらを買い手は，株主の立場として対象会社に伝えていかなければいけない。これが本節において解説する「経営ガバナンスの設計」である。

　「経営ガバナンス」とは，企業の事業成長を維持・加速させるための，子会社に対する経営関与・管理のことである。コーポレート・ガバナンス（企業統治）が，企業の不祥事を防ぎ，企業が社会的責任を適切に果たすための監視といった法務・制度面にフォーカスしているのに対し，経営ガバナンスは経営への関与と管理を通じて子会社に「規律と動機づけ」を行い，グループ会社間によるシナジーマネジメントや既存事業の成長維持・加速を実現させる点で異なる。

1 我が国企業の経営ガバナンスの実態

(1) 求心力と遠心力が最適化したグループ経営[2]

　既存の経営陣に続投してもらうにしても，買い手がいつも悩むのは，「対象会社の独自性・自立性を尊重するのか，買い手側の色に染めるべきか？」であ

---

[2]　当項は，旧㈱興人経営陣とのディスカッション内容に基づく。㈱興人は，三菱商事から出資を受けた後グループ再編を実施した。

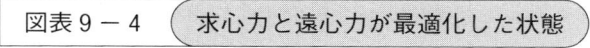

図表９－４　求心力と遠心力が最適化した状態

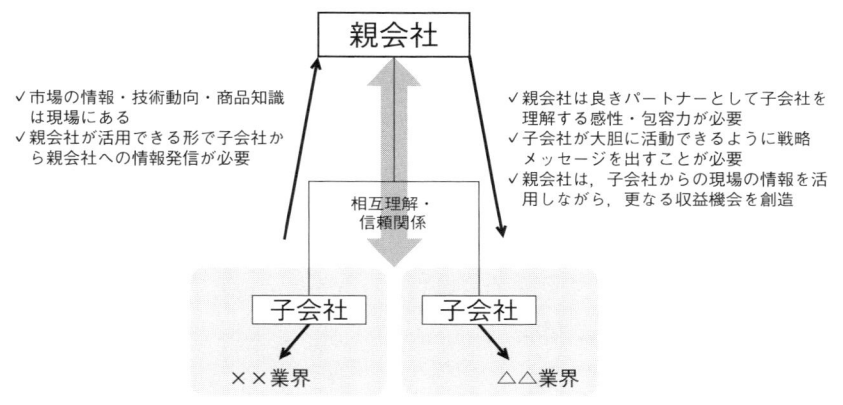

"求心力と遠心力が最適化" した状態

る。つまり親会社による求心力と子会社の遠心力をどうバランスさせるかである。

　図表９－４は，求心力と遠心力が最適化した状態である。日々，激しい競争環境の市場で競合と戦っている子会社には，親会社からの制約から解放されて自由に戦いたいという遠心力が働くものであり，これは良い方向に向くと競争力の源泉にもなる。一方，親会社は，どのグループ会社にも同じ方向を向いてもらいたいとグループ子会社に求心力を要求する。このようにグループ経営では，求心力を要求する親会社と遠心力を発揮したい子会社との間には常に葛藤が存在する。

　この求心力と遠心力をバランスさせるために子会社がやるべきことは，市場・技術・商品を熟知した子会社から，親会社が活用できる形で親会社に対して情報発信・提案をしていくことである。一方，親会社は，子会社の良きパートナーとなるべく，子会社のビジネスについて根本から理解することが必要である。また子会社が大胆に活動できるような戦略メッセージを出していくことも重要である。親会社は，子会社からの現場の情報を活用しながら，更なる収益機会を創造し，成長していく。これが求心力と遠心力が最適化した状態であ

る。買い手である親会社は，つい「管理する」という目線になりがちであるが，本来は，親会社および子会社がともに「一緒に価値を高める仲間」という意識を持たなければならない。

　求心力と遠心力が最適化した状態を作るためには，親会社と子会社との間には，相互理解・信頼関係が必要である。DD は，買い手にとってその信頼関係を築くための最初の接点である。ビジネス DD においては，将来子会社となる対象会社にどの程度の成長意欲があるか，変化への適応力はどうか，買い手および対象会社双方の異文化を受け入れる力はどの程度あるのか，などの観点から求心力と遠心力をどのように最適化させるかについて判断しなければならない。特に，どこまで文化の融合を目指すべきかについては，DD の段階で早めに感触を得ておいた方がよい。

(2)　求心力と遠心力がバランスしないグループ経営

　では，日本企業のグループ経営の実態はどうかであるが，対象会社が再生企業でない限り，Day 1 において新たな出発を大々的に演出することを日本企業は敬遠しがちである。経営陣についても，Day 1 後も既存の経営者にこれまで

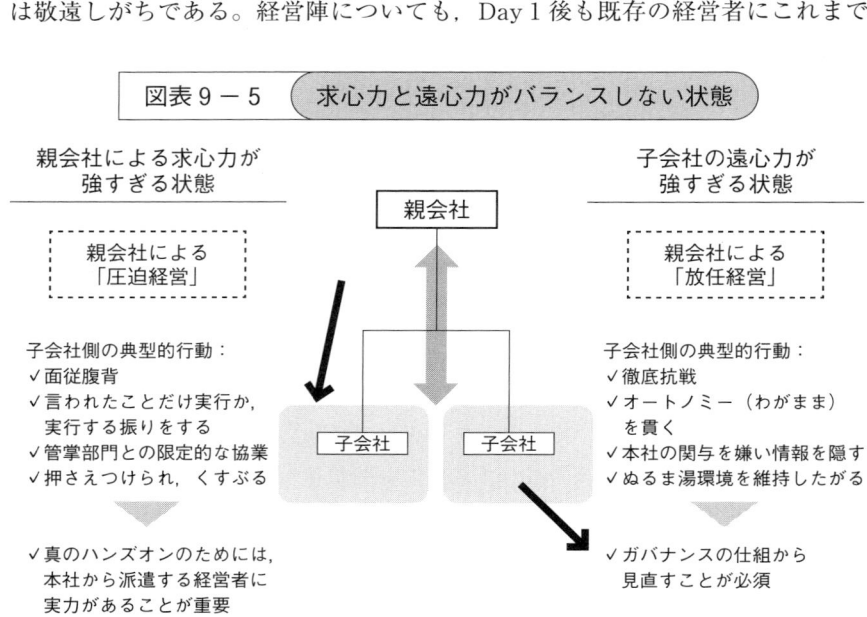

図表 9 - 5　求心力と遠心力がバランスしない状態

親会社による求心力が
強すぎる状態

親会社による
「圧迫経営」

子会社側の典型的行動：
✓ 面従腹背
✓ 言われたことだけ実行か，
　実行する振りをする
✓ 管掌部門との限定的な協業
✓ 押さえつけられ，くすぶる

✓ 真のハンズオンのためには，
　本社から派遣する経営者に
　実力があることが重要

親会社

子会社　　子会社

子会社の遠心力が
強すぎる状態

親会社による
「放任経営」

子会社側の典型的行動：
✓ 徹底抗戦
✓ オートノミー（わがまま）
　を貫く
✓ 本社の関与を嫌い情報を隠す
✓ ぬるま湯環境を維持したがる

✓ ガバナンスの仕組から
　見直すことが必須

どおりの経営を託すことを好む。対象会社がオーナー企業や海外企業の場合，その傾向は特に顕著である。これを日本企業は，「権限委譲」と呼ぶ。権限委譲といえば聞こえは良いが，実態は「現地任せ」「丸投げ」である。図表9－5の親会社による「放任経営」のパターンがこれに当てはまる。

　買収後の経営ガバナンス体制を十分に検討した結果，既存の経営陣に経営を任すのであれば問題ない。しかしながら十分な検証もせず，「自分たちの会社には買収子会社を経営できる人材がいない」，さりとて「外部の誰かを経営陣に据えると言っても誰が適任者かよくわからない」ということで，消去法的に既存の経営陣に以前のままの経営方針で経営を任せることが実態としては多い。

　ポストM&AのDay1は，対象会社が生まれ変わる絶好のタイミングである。その絶好のタイミングを逃すことになってはいまいか。そうだとしたらもったいないことである。

　一方で，細かい現場のオペレーション状況まで頻繁に報告を求め，それに辟易した子会社が面従腹背しているような，親会社による「圧迫経営」となっているケースも少なくない。M&A取引のプロセスを進める際は，子会社となる対象会社にとっては買い手の経営企画部などコーポレート部門とのコミュニケーションが主になることが多いが，Day1後に管掌部門が現場の事業部に移ると，子会社とのコミュニケーションは，当該管掌部門が担うことになる。そうなると子会社は，親会社との間口が一挙に狭くなったと感じ，閉塞感を覚える。このような閉塞感を緩和させるために，親会社からは出向者を派遣して，コミュニケーションの多層化を図ることになるが，派遣された人材が，本社ばかりみていたり，「お勉強」にきただけになったりすると，子会社からの信任は得られない。

　最も難しい状況になるのは，「圧迫経営」型であるように見えるも親会社からの出向者が子会社から信任を得られず，結果として「放任経営」にならざるをえないケースである。こういうケースも少なくはないのが実態なのではないだろうか。

❷ M&A取引の分類

　求心力と遠心力をバランスさせるためには，どのように経営ガバナンスを設計するかが重要である。この設計にあたっては，まず「何を実現するためのM&A取引か」という当該M&A取引の目的，および統合後の経営方針と整合性をとることから始める必要がある。

　そのために弊社が使っているフレームワークが，図表9－6である。このフレームワークは，「グループ内での戦略的意図」と「シナジーの親和性」を軸にしてM&A取引を分類している。

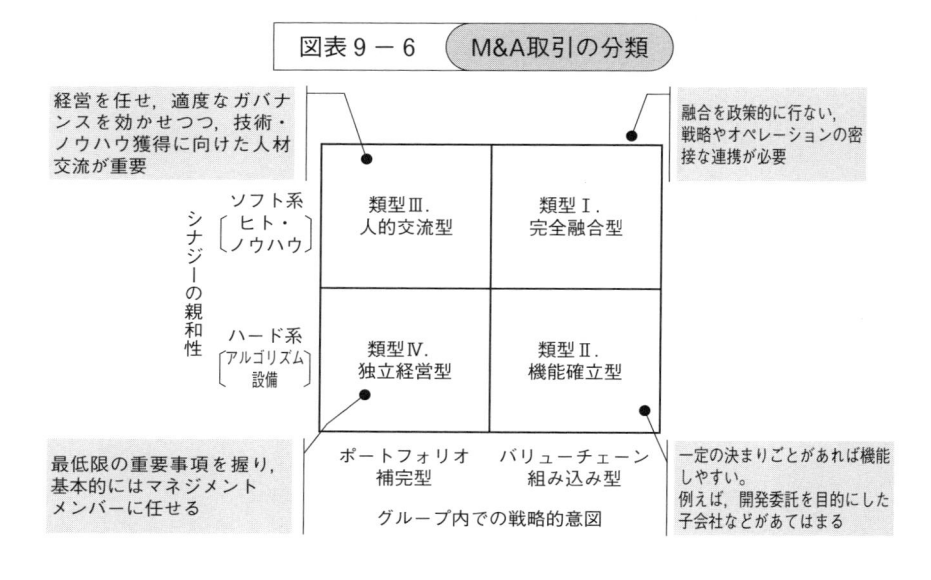

図表9－6　M&A取引の分類

　「グループ内での戦略的意図」は，「バリューチェーン組み込み型」と「ポートフォリオ補完型」に分類される。

　「バリューチェーン組み込み型」は，対象会社の事業が，買い手（親会社）グループのバリューチェーンの一機能を担う，あるいは密接した業務プロセスに組み込まれる形態である。生産機能を増強するために工場を買収し子会社化

する場合や，販売地域を拡大するために販社の買収を行う場合がこれに当てはまる。かつては「バリューチェーン組み込み型」であるⅠやⅡの類型のM&Aディールが in-out[3] のM&A案件においても多かった。この類型は，経営ガバナンスの設計が多少緩くとも，親会社のバリューチェーンに組み込まれているため，グループ内取引の価格設定や取引条件を使って，子会社を一定の方向に仕向けることが可能である。また日々のオペレーションの中で現地を管理することも可能である。

　一方，最近増加しているM&A取引は，「ポートフォリオ補完型」であるⅢおよびⅣの類型である。国内の水平統合型の業界再編や海外の会社に対するM&Aにおいて「ポートフォリオ補完型」が増えている。

　「ポートフォリオ補完型」とは，例えば，地域カバレッジを補完するために，買い手のそれとは異なる地域を事業領域とする同業を買収するケースである。対象会社内でバリューチェーンが完結していることが多く，買収後も，子会社はこれまでどおり独立経営が可能である。「ポートフォリオ補完型」の場合は，「バリューチェーン組み込み型」とは異なり，適切な経営ガバナンスを導入することなしに，子会社を管理することはできない。今後，特に海外において増加するとみられる「ポートフォリオ補完型」の場合，早い段階で経営ガバナンスについて設計しておくことが必要である。

3　経営ガバナンスのフレームワーク

　対象会社が買い手にとってこの4つのパターンのどれに該当するかを検討した後，買い手は，当該子会社をグループ経営の中においてどう位置づけ，どのような経営ガバナンス体制をとるのかについて，各パターンの特徴を考慮しながら設計する。

　図表9－7は，弊社が用いている「経営ガバナンスのフレームワーク」であ

3　日本企業が海外企業を買収する形態

る。本フレームワークは，対象会社が海外企業であるケースを想定して開発したものである。本書では，そのオリジナルのフォーマットを紹介するが，このフレームワークは対象会社が日本企業である場合においても，活用できる。

　買収子会社の経営ガバナンスに影響を与える外部要素には，「親会社・子会社の経営ケイパビリティ」「M&A戦略」「文化・制度・価値観」の3つがある。「親会社・子会社の経営ケイパビリティ」とは，買い手の対象会社に対する経営ガバナンス力，対象会社の既存経営陣のマネジメント力や事業執行能力のことである。「M&A戦略」とは，買い手のグループ戦略やM&Aの狙い・対象会社に期待する役割のことである。「文化・制度・価値観」は，買い手と対象会社の組織文化や制度・価値観のギャップのことである。

　買収子会社の経営ガバナンスは，「a.　ガバナンス体制」，「b.　目標設定・モニタリング」，「c.　評価・リテンションプラン」の3つの要素によって構成される。これらの3つが，経営陣に対して規律と動機づけを与える。

　DD期間中であるこの時点において経営ガバナンスについて固めておきたい項目と具体的な内容は，図表9 − 8のとおりである。

　DDの段階において，経営ガバナンスについてここまで検討することに驚きがあるかもしれないが，ポストM&Aの時点に入ってから，ポストM&A体

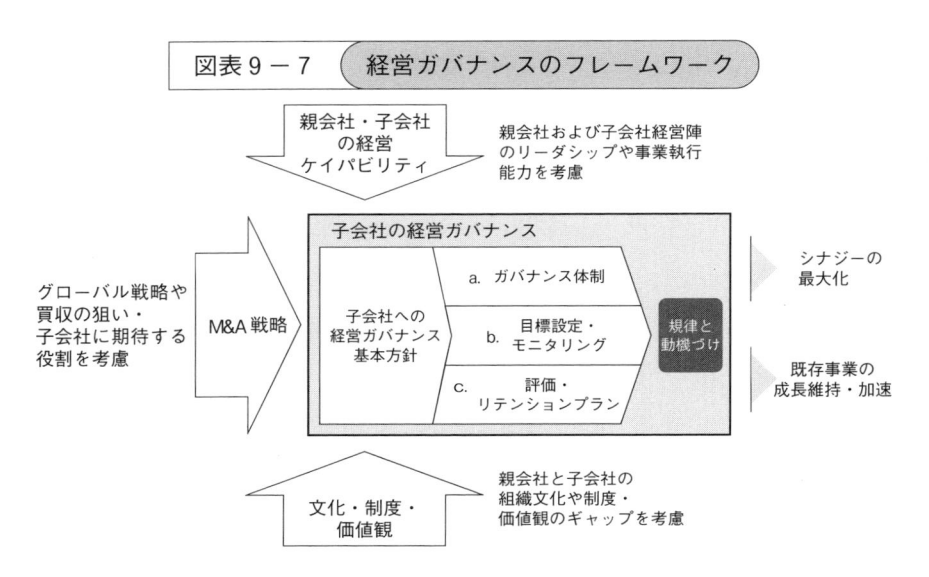

図表9 − 7　　経営ガバナンスのフレームワーク

図表9－8　経営ガバナンスのフレームワーク

ガバナンス要素	分類	項目	着目すべきポイント
(a)　ガバナンス体制	経営体制・会議体	・ガバナンスの組織構造 ・取締役会や経営会議，その他重要会議体の人数，構成 ・取締役等主要ポストの人選（現経営陣，親会社からの派遣，外部人材の活用等） ・レポートライン	→キーパーソンは誰か？／リテインすべき人材は誰か？ →コントロールすべき意思決定プロセス（機構・会議体）はどこか？ →現経営陣の自主性はどの程度担保すべきか？
	役割（責任・権限）	・買収子会社と親会社の役割分担（戦略の策定・執行・チェックにおける役割の線引き） ・各ポストの役割（責任・権限）	→M&Aの目的とマネジメントの役割は整合しているか？ →事業計画へのコミットメントと親会社の意向をどのようにバランスさせるか？ →どの程度，権限を委譲するか？
(b)　目標設定・モニタリング	目標設定	・目標（財務・非財務） ・目標設定・戦略策定プロセス（担当者）	→中長期的な目指す姿と連携した目標（非財務）となっているか？ →目標設定・戦略策定を，どの程度権限委譲するか？
	モニタリング方法	・モニタリングプロセス ・担当者（評価者） ・管理指標（財務・非財務）	→買収子会社の管理指標は，親会社が使用している管理指標に順じた設計か？ →成功と失敗の要因分析ができるモニタリングのしくみになっているか？
(c)　評価・リテンションプラン	評価方法	・評価プロセス ・評価機関（評価者） ・評価指標（財務・非財務）	→評価指標は親会社が使用している管理指標に準じた設計か？ →評価指標は戦略や目標とアライメントがとれているか？
	リテンションプラン	・報酬体系 ・リテンションプラン ・キャリアパス ・サクセッションプラン	→リテンションプランとして，どういった施策（報酬／キャリアパス／ポジション等）が有効か？ →リテンション期間と報酬体系は連動しているか？ →評価ポリシーとして，プロセス重視／結果重視のどちらが望ましいか？ →現経営陣に代わるサクセッションプランはあるか？

制をどうするか，何を決定すべきかを検討し始めるのでは遅すぎる。

　ただ 1 点，ここで問題となるのは，経営ガバナンスの議論に，対象会社の既存の経営陣をどの程度巻き込むかである。ポスト M&A において経営を担ってもらうのであれば当然早い段階からこの議論に入ってもらうことが必要である。しかしながら続投か否かを明確に伝えられない段階では巻き込むことができないため，この時点では，買い手社内で仮説を持っておくに留めることになる。

　以上，どのような考え方でポスト M&A 体制を設計すればいいか，経営ガバナンスに関するフレームワークを示して考え方を解説した。DD の期間を有効に活用して，ポスト M&A の経営体制を検討することが M&A を成功に近づける一歩である。

第 10 章

ステップ⑦
アクションプランの策定

第1節 「アクションプランの策定」の概要

1 位置づけ

　「⑦アクションプランの策定」は，図表10-1のとおり，「価値創出・向上策の検討」フェーズにおける最後のステップである。

　「価値創出・向上策の検討」フェーズは，第8章の「⑤シナジー・Quick Hitsの抽出」，第9章の「⑥ガバナンス体制の検討」，本章の「⑦アクション

図表10-1　ビジネスDDにおける「アクションプランの策定」の位置づけ

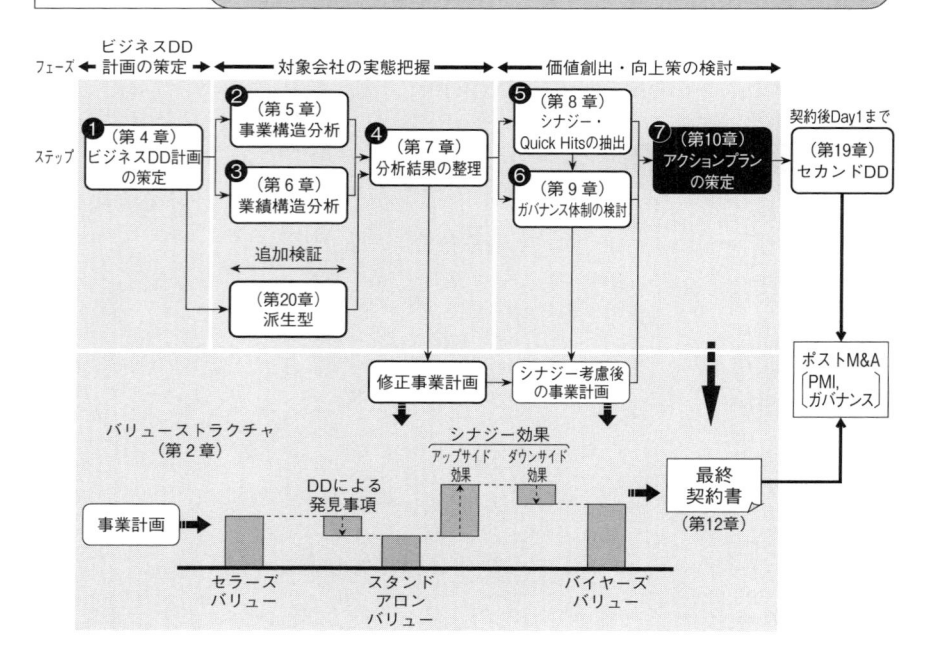

プランの策定」の３つのステップから構成される。

　「⑦アクションプランの策定」は，第８章の「⑤シナジー・Quick Hits の抽出」を実現させるための工程表の策定であり，第９章の「⑥ガバナンス体制の検討」を具体化させるための施策まで工程表に入れ込むこともある。しかしながら実務上，ガバナンス体制の検討に関する議論は，極めて機密性が高い内容であるため，経営陣の中でも限られたメンバーで別途検討することが多い。したがって本章では，主に第８章の「⑤シナジー・Quick Hits の抽出」をいかにアクションプランに落とし込むのかについて第２節において解説する。さらに，第３節では，作成したアクションプランを"絵に描いた餅"にしないためのインセンティブ制度導入の考え方について解説する。

② 「シナジー効果考慮後の事業計画」との関係

　第８章にて解説したとおり，「⑤シナジー・Quick Hits の抽出」では，各シナジー効果や Quick Hits 施策の定量化を実施する。定量化がなされると，バイヤーズバリューつまり「入札での上限値」が算定され，その算出の基礎となる「シナジー効果考慮後の事業計画」を策定することができる。

　「修正事業計画」が買い手の意思決定のために買い手自身が作成するもので

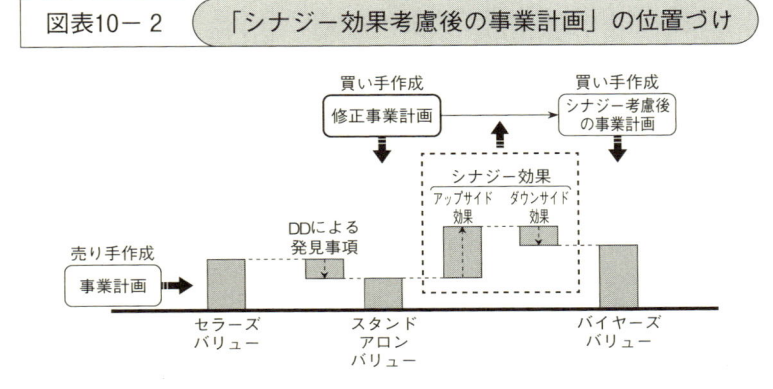

図表10−2　「シナジー効果考慮後の事業計画」の位置づけ

あるのに対して，「シナジー効果考慮後の事業計画」は親会社（買い手）として子会社となる対象会社に対して経営管理の目的で作成するものである。したがって「シナジー効果考慮後の事業計画」は，契約締結後 Day 1 の前の期間に作成すればいい[1]が，それを前倒しでこの時点でドラフトしておく。そうすることによって，買い手は，対象会社の財務状況がどう変化するのかについて予め知ることができる。

　例えば，ある事例において，グループ全体としてはシナジー効果があがるも，そのほとんどを買い手が享受してしまう M&A 取引があった。対象会社の「シナジー効果考慮後の事業計画」に基づいて企業価値を計算してみると，ダウンサイドのシナジー効果が発生してしまうため，M&A 取引前よりも企業価値が悪化してしまう。これでは対象会社の士気に大きな影響が生じるため，買い手は株式の譲り受け以外に，対象会社からの第三者割当増資を引き受け，これを投資資金として新たな成長戦略を描いてもらうことにした。

　この事例のように，この時点で「シナジー効果考慮後の事業計画」を想定しておくと，スキームに変更を加えることも可能であるし，どのような施策を導入すべきかを早い段階で検討することが可能となる。

1　ポスト M&A で必要となる「シナジー効果考慮後の事業計画」の見直し版の作成方法については，第19章にて詳述する。

第*2*節　アクションプランの作成

1　アクションプラン策定の目的

　第8章において検討した「シナジー効果」や「Quick Hits」を"絵に描いた餅"にしないためには，アクションプランの策定が不可欠である。

　アクションプランにおいては，取るべき行動を実行可能なタスクに分解し，誰が何をいつまでに行うべきかといったスケジュールを定める。

　タスクを具体化し，そのマイルストーンを設定したアクションプランを策定することにより，会社全体で具体的な目標を共有し，社員の気持ちを1つの方向に向かわせるモーメンタムを生み出すことができる。

　特に，ポストM&Aの期間，対象会社では経営者の交代，組織改変をはじめとした社内の環境変化が激しく，社員の気持ちが不安定になりやすい。社員のモチベーションを維持するためにも，目標やマイルストーンを全員で共有することがきわめて重要である。

　また，このようなアクションプランの実施結果は，第9章で解説した経営ガバナンスの設計におけるモニタリングの評価基準としても活用することができる。

2　アクションプラン策定の留意点

　アクションプランを策定するのは，ビジネスDDの期間であるため，DD実施者がアクションプランを策定することになりがちであるが，アクションプラ

ンについては，株式譲渡契約の締結前とはいえ，可能な限り，対象会社の社員を巻き込んで策定することが望ましい。

　実際にポストM&Aにおいてアクションプランを実現していくのは，対象会社の現場スタッフである。策定したアクションプランを実際に実行しようとすると，現場からは「今までのやり方をなぜ変えなければいけないのか」，「ただでさえ人手が足りないのにさらに業務量を増やす気か」といった不満・抵抗がしばしば起こる。あるいは，「やる」といっておきながら実際にはやらないという面従腹背の姿勢をとり，不満や抵抗が表面化してこないこともある。しかしながら，こうした不満や抵抗を放置しておくと，アクションプランの実行が一向に進まず，M&A取引の成果が得られない。そのため，早い段階でポストM&Aにおいて起こりうる不満や抵抗をあらかじめ予測して，対象会社のキーパーソンに高い当事者意識を持ってもらうことが重要である。自らがアクションプランを作成することにより，対象会社自身のコミットメントを自ら醸成するのである。

　人は，他人から言われたことへのコミットメントは表面的になりがちであるが，自らが作成した計画には深いコミットメントを持つものである。アクションプラン策定においては，"何を作成するか"よりも，"誰が作成するか"のほうが重要である。

3　アクションプランの記載内容

　アクションプランには，「シナジー」および「Quick Hits」等，実際に導入する予定の施策について，施策ごとに，概要，アプローチ方法，具体的アクション，担当責任者，スケジュールやマイルストーンを記載する。

　図表10－3は，アクションプランを一覧にしたものであるが，ポストM&Aにおいて，各施策の実現性を高め，効率的に実行するためには，具体的かつ詳細なアクションプランの策定が求められる。そのため，当該一覧表の他に，施策ごとに詳細な計画が別途策定されることが多い。

図表10-3

施策大分類	施策	施策概要およびアプローチ方法
マーケティング	1 マーケティング機能強化	対象会社（Ｚ社）の戦略であった低価格戦略から脱却し，今後の戦略を決定する。 特に顧客情報を蓄積し，競合他社とのポジショニング，競争優位性を把握するとともに，ニーズ＆シーズ両面で戦略立てを行える体制を社内で構築する。また，外部ノウハウを有効的に活用する。 　　―競合Ａ社　→新技術とブランド回復にて対抗 　　　　　　　　※中長期的な失地奪回策が必要 　　―競合Ｂ社　→価格と新技術にて対抗 　　―競合Ｃ社　→価格とブランド向上にて対抗
	2 PR／展示会の計画・実行	展示会／雑誌広告／記事広告／webサイト再構築など，Ｂ製品のプロモーションを積極的に行い，業界におけるＺ社のプレゼンス（知名度，シェア）を向上させる。 　　―PR戦略の考案 　　　　（企業主体→webで包括的に実施） 　　　　（製品主体→マーケティング戦略に従い策定） 　　―製品ポートフォリオを明確化し合理的に実行 　　―短期・中長期のどの段階で果実を得るか検討
営業・販売	3 顧客担当営業の設置	顧客別に営業担当者を任命し，可能な限りその顧客に密着する。特に業界の情報発信源となるようなキーパーソンに対して担当者を置き，定期的な情報交換等を行う。 営業上重要な顧客と，マーケティング上重要な顧客を使い分ける。 Ａ事業とＢ事業で重複している顧客に対する関係作りを進める。
	4 販売アライアンス構築	製品ごとに，販売アライアンス先を選定し，企業間でつながりを持ってビジネスモデルを確立する。 業界でのプレゼンスが強い企業をアライアンス先の候補とする。
サービス	5 営業サポート強化	新規モデルについては，サンプル製作が終った時点で，営業への製品説明会を行う。 （コンセプト，特徴，アドバンテージなど） 営業情報を共有化する仕組みを構築する。その方法としてメーリングリストでの営業情報の報告および活動情報をDB化する。そのDBより，業界別の顧客ニーズを洗い出し，製品開発に反映する。

（ アクションプラン例 ）

具体的アクション	担当責任者	実施スケジュール ×××× 年度 3月 4月 5月 6月 7月 8月 9月 10月 11月 12月 1月 2月 3月	備考
1-1 市場での自社ポジションの把握と理想ポジションの検討	全社的	→	
1-2 価格戦略以外での競争優位獲得に向けた仮設立て	営業主導	→	
1-3 テストマーケティング実施／ターゲット市場への戦略製品投入	営業・技術全体	————————→	
1-4 シーズの開拓と開拓市場への戦略品投入	技術主導	————→	
1-5 競合ごとの失地奪回戦略の本稼働	営業主導	————→	
2-1 自社ポジションの把握と理想とのギャップの把握	営業主導	→	別紙「プロモーション活動計画一覧」を参照
2-2 ギャップを埋めるためのPR・展示会出展計画策定	営業・技術全体	→	
2-3 現有市場維持のためのPR・展示会出展計画策定	営業主導	→	
2-4 ポートフォリオの明確化と収益目標の計画立案	営業主導	→	
2-5 実行	営業主導	————————→	
2-6 営業フォローとフィードバック	営業・技術全体	————————→	
3-1 重要顧客の特定	B氏		
3-2 顧客ごとの経営担当者の任命	┊		
3-3 訪問スケジュールの作成	┊		
3-4 訪問時のプレゼン内容／サービスの設計／資料作成	┊		
3-5 訪問のモニタリング	▼		
3-6 顧客ニーズの蓄積	A氏		
4-1 販売アライアンス候補先の特定	C氏	——→	別紙「販売アライアンス候補先一覧」を参照
4-2 訪問スケジュール作成／アポイントメント		→▲5/30 を目処にアライアンス候補先を選定する	
4-3 訪問／交渉		————————→	
5-1 webサイトを再構築	営業主導	——→	
5-2 社内情報の共有化促進	営業主導	————————→	
5-3 社外（取引先）情報の共有化促進	営業主導	————————→	
5-4 顧客ニーズの蓄積と新規需要市場の開拓	営業主導	————————→	

第*3*節 実現されるアクションプランを策定するためのインセンティブ制度

「シナジー効果」や「Quick Hits」を"絵に描いた餅"にしないためには，第2節において解説したアクションプランの策定に加えて，そのアクションプランを確実に実行に移すためのインセンティブ制度の導入が必要である。本節においては，どのような観点でインセンティブ制度を設計するか，その考え方について解説する。

1 シナジー効果発現の主体は買い手

シナジー効果というと，「1 ＋ 1 ＝ 2 以上」という数式が頭に浮かぶ。買い手の価値が1，対象会社の価値が1，これにシナジー効果を加えることによって2以上にするという考え方である。この数式自体はそのとおりなのだが，この数式を実現させるために大事なことは，そのシナジー効果が誰の努力によって創出されるかという観点から，努力する人に組織としてインセンティブを供与する点である。

対象会社の自主性に期待して，「シナジー効果は対象会社側で適宜出してください。何らかのシナジー効果はあるでしょう」と対象会社にすべてを委ねる買い手を目にすることがある。まさしく「相手頼み」である。シナジー効果創出について買い手に主体性がない。これではシナジー効果など創出できない。特段の努力をせずともシナジー効果は自然と出るなど幻想以外の何物でもない。シナジー効果は対象会社側で自主的に出してもらうものという考え方に至っては，考え方自体改める必要がある。

シナジー効果を本当に創出したいのであれば，買い手は，エース級の人材や設備を対象会社に提供して，積極的にシナジー効果創出に取り組まなければい

けない。買い手が一手間も二手間もかけないことには，シナジー効果は創出できないのである。

２　シナジー効果を実現させるための仕掛け

　シナジー効果創出について「相手頼み」にしないということは，買い手である親会社のみにシナジー効果創出の責任を負わせようということではない。

　シナジー効果とは相乗効果である。相乗と言うくらいであるから，買い手と対象会社とで協力して創出するものである。しかしながらこの「協力して創出」というのが実は「言うは易し行うは難し」である。

　想定したシナジー効果は確実に実行されなければいけない。そのためにまず各シナジー効果の施策について，「誰がリーダーシップをとって実現の努力をするのか」さらに「そのシナジー効果の結果は誰の収益向上に貢献するのか」について分類する。

　図表10－4は，買い手である親会社と対象会社である買収子会社の2社しかいないケースを想定しているが，縦軸が「誰の努力・協力が必要か？」であり，

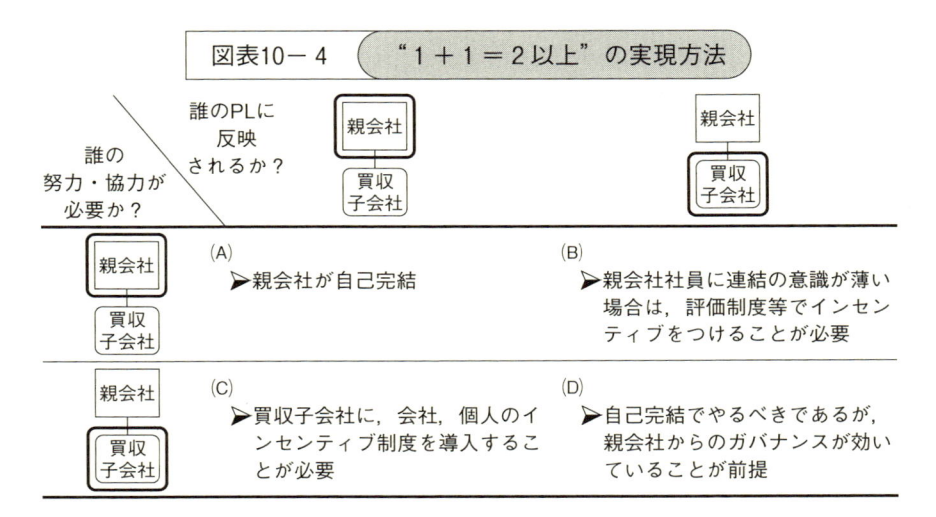

図表10－4　"１＋１＝２以上"の実現方法

誰の努力・協力が必要か？＼誰のPLに反映されるか？	親会社／買収子会社	親会社／買収子会社
親会社／買収子会社	(A) ➤親会社が自己完結	(B) ➤親会社社員に連結の意識が薄い場合は，評価制度等でインセンティブをつけることが必要
親会社／買収子会社	(C) ➤買収子会社に，会社，個人のインセンティブ制度を導入することが必要	(D) ➤自己完結でやるべきであるが，親会社からのガバナンスが効いていることが前提

横軸が「誰のP/Lに反映されるか？」，つまり親会社と買収子会社のどちらの収益性向上に資するかである。

(1) (A)親会社内で自己完結するパターン

　この2つの軸で分類された4つの象限のうち，(A)は，買い手である親会社が自分の努力によって自分の会社（親会社）の収益を向上させるというパターンである。たとえば，親会社が，子会社側の労力をあまりかけずに，子会社の既存顧客を紹介してもらい，当該顧客に親会社が扱っている商品を販売することによって，親会社の売上および利益を向上させるというものである。これは親会社が自己完結的に実現させることができるシナジー効果である。そのため親会社は，社員の評価指標に当該シナジー効果の実現をドライブさせる要因となりうる評価指標を付加するなどの考え方でインセンティブ制度を導入することで，シナジー効果の施策実現に向けて社員のモチベーションを高めることができる。

(2) (B)親会社の努力によって子会社の収益が上がるパターン

　(B)は，親会社の社員が労力と時間をかけるも，その成果は，子会社の収益向上という形で実現するパターンである。たとえば，親会社の社員が自社のネットワークを駆使して子会社の顧客を新規開拓するケースがこれにあたる。

　ここで考えなければいけないのは，新たに買収した会社がグループ傘下に入ってきたからといって，親会社の社員が，自分には一銭の得にもならないのに，自ら進んで時間を使って新たな子会社のために顧客開拓をやってくれるかということである。これは通常ありえない。経営幹部ならまだしも，一般社員がグループ全体のことを考えて，そこまでボランティア精神を発揮した行動をとるなど稀なことである。

　したがって，子会社の業績に寄与するが，親会社の業績には貢献しない施策をシナジー効果として想定するのであれば，親会社の社員の人事考課上，相応にプラスになるインセンティブの付与が必要である。組織として持続して社員に一定の行動をとることを期待する場合，社員個人の好意やボランティア精神のみに頼る運用は長続きしない。社員個人のメリットにつながる制度の導入が

必要である。

(3)　(C)子会社の努力によって親会社の収益が上がるパターン

(C)は，子会社の社員が労力と時間をかけて，親会社の収益を向上させるパターンである。前述の(B)の逆である。子会社の社員が，自分たちのネットワークを駆使して親会社のためにわざわざ顧客を開拓するケースを想定すればよい。

これも論点は(B)と同じであるが，(B)の場合は，「親会社が子会社ひいてはグループ全体の収益向上のために」という構造であるのに対して，(C)は「子会社が親会社の収益向上のために」というケースであるため，子会社側にグループ経営の意識が植え付けられていない状況下では，子会社が「自社にとってメリットがないことをなぜやらなきゃいけないのか」と言い出しかねない。これは当然の反応である。ここで理解しておかなければいけないのは，グループ全体の価値向上を考える親会社と，自社（のみ）の価値向上を考える子会社との間には構造的に考え方にギャップがあるという点である。親会社にとって重要であるのは，子会社を含めたグループ経営，またはグループ全体としての収益性の観点である。一方，子会社にとってはグループ全体のこともももちろん重要であるが，本音を言うと，自社の収益性の方がより重要である。

したがって，(C)の場合は，子会社となる対象会社に対して，財務諸表にのってこない努力分を管理会計上の数字で把握し，その管理会計の数値を使って業績評価をすること，さらにその社員にも人事考課上プラスとしてみること，という組織と社員個人の両面からのインセンティブ制度の導入が必要である。

(4)　(D)子会社内で自己完結するパターン

最後に(D)は，子会社が自分の努力によって自社の収益を向上させるパターンである。(A)と同様に自己完結するものであるが，子会社が業績について現状維持でいいと考えれば，あえて更なる努力はしない。もしこれを子会社に実現してもらいたいのであれば，子会社となる対象会社と一緒に数値目標をたて，子会社側にその達成責任を認識してもらうこと，さらにそれを実現するためのガバナンスが効いていることが必要となる。

　繰り返しになるが，シナジー効果を創出することは「言うは易し行うは難し」である。確実にシナジー効果を創出させるためには，有効なインセンティブ制度を導入することが必要であり，これは買い手である親会社側から働きかけていくべきことである。

　以上，本章までビジネスDDの7つのステップについて解説したが，第2部の残りの章では，このビジネスDDをさらに有効なものとするためにさらに4つの章を設けている。

　この後の章では，ビジネスDDと他のDDとでいかに連携を取るか（第11章），実施したビジネスDDの結果を何にどのように反映させるか（第12章）について解説する。これまで述べてきたビジネスDDは，買い手目線による一般的なM&A取引の状況にあるビジネスDDであるが，M&A取引によっては対象会社の協力を得られないこともある。そのような時にどうするか。また，売り手または対象会社がM&A取引に備えて，自社のDDを実施することがある。これをセラーズDDというが，これはどのように実施されるのか。さらに，買い手・売り手・対象会社以外も，たとえば債権者がDDを実施することがあるが，このDDは一般的なビジネスDDとどう異なるのか。これらのビジネスDDの応用編（第13章）についても，第2部の中で解説を加える。

　そして，第14章では，ビジネスDDを受け入れる対象会社側では，どのような準備をしておけばよいかについて，対象会社の目線で解説する。

第 11 章

他のデューデリジェンスとの連携

第 *1* 節　「他のデューデリジェンスとの連携」の重要性

1　他のデューデリジェンスとの関係

　DD では，ビジネス DD の実施と並行して，財務 DD，税務 DD，法務 DD が同じタイミングで行われることが多い。さらに必要に応じて，人事，IT，環境などの機能 DD が行われることがある。

　図表11−1 は，ビジネス DD と他の DD，およびバリュエーションとの関係を図示したものである。

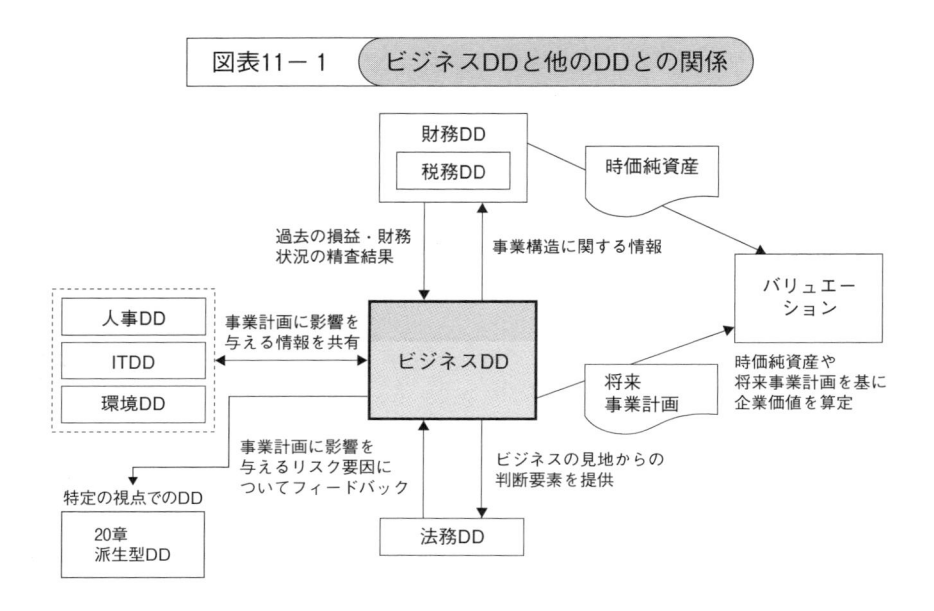

図表11−1　ビジネスDDと他のDDとの関係

　たとえば，過去業績の分析においては財務 DD とビジネス DD の連携が，労務面の問題では法務 DD と人事 DD との連携が必要となるなど，各 DD はお互いに協力し合いながら実施することが重要となる。また，DD の結果の一部については，最終的にバリュエーションに反映されるが，ビジネス DD とバリュエーションとの連携については第17章にて詳述する。

❷　論点のすり合わせと情報共有の重要性

　DD の実施期間は限られており，各 DD では短期間で対象会社の分析を行うため，各 DD の担当者の負荷は高い。同時に，対象会社の DD 受入担当者も各 DD チームからの資料開示要求やインタビュー，質疑応答に対応するため，高い負荷がかかる。このため，各 DD チームが連携し，いかに効率的に DD を実施するかが重要となる。連携を行う際に重要となるのが，DD 開始前における各 DD の調査論点のすり合わせと，DD 開始後の情報共有である。

　DD の作業を進めていくと，ビジネス DD の発見事項だけでは判断が難しく，他の DD との情報交換が必要になる場面が必ず発生する。各 DD のスケジュールは，クロージング（取引の実行）の日程から逆算して組まれるため，どの DD もほぼ同様の時期に終盤を迎える。ある DD で大きな課題となっている事項は，同時期に他の DD においても別の観点から重要視されていることが多い。

　各 DD において発見された課題を効率的に吸い上げ，適切に手を打つためには，各 DD の情報をタイムリーに共有し，多角的な観点から検討を行う必要がある。

第*2*節　「他のデューデリジェンスとの連携」の際の実務

❶　情報フローと体制

⑴　効率的な体制

　図表11-2は，一般的なDDの実施体制である[1]。各DDを統括するDD統括者のもとに，財務，法務，ビジネス，人事の各DDチームと企業価値を算定するバリュエーションチームを置いている。

　各DDチームは，対象会社の規模やリスクに応じて，買い手の会社内部の人材から組成されるケースや外部の専門家に依頼するケース，買い手と外部専門家の混成で組成するケースがある。外部の専門家に依頼するケースでは，財務DDは会計ファームが，法務DDは法律事務所が，ビジネスDDは会計ファームやコンサルティング会社が担当することが一般的である。また，バリュエーションはFA（Financial Adviser）である証券会社やM&Aアドバイザリーファーム，会計ファーム，FAとは別の第三者の算定機関が担うことが多い。

⑵　デューデリジェンス統括者の役割

　各DDの連携をスムーズに運ぶためのキーパーソンは，DD統括者である。DD統括者は，買い手の担当者が担うケースと，FA（Financial Adviser）が担うケースがある。DD統括者は，DD実施期間中の実務上の連携をいかに円滑に行うかが求められる。DD統括者に求められる主な役割には以下のようなものがある。

- ●コミュニケーション管理（買い手側内部，対対象会社，対売り手）

1　第1章においても，M&A取引に係るDD実施体制について紹介しているため，参照されたい。

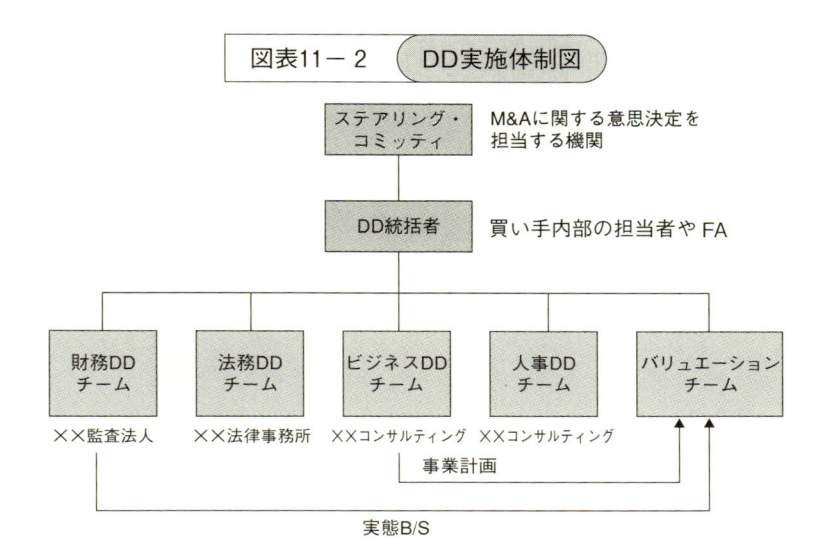

- ●各 DD の調査範囲の調整，作業の進捗および課題の管理
- ●重大な発見事項への対処（ステアリング・コミッティへの上申など）

　M&A 取引の規模によっては，1 人ではこなせないほどの作業量になるため，チームを組んで対応することも多い。また，DD 作業の経過とともに，各 DDと DD 統括者との連携の内容は変化する。DD 統括者は，各 DD から要望される前に段取りができることが求められる。そのため，DD 統括者には，それぞれの DD の作業進捗状況がどのような状況であるのかを常に把握しておくとともに，次に何が起こるのかを予測できる能力が求められる。各 DD の半歩先を歩き，後手にまわらないような段取りができることが DD 統括者に求められる資質である。

(3)　ステアリング・コミッティ

　DD 統括者の上位には，ステアリング・コミッティが置かれている。DD 実施期間中には新たな発見が多い。内容によっては M&A 取引の続行についての意思決定をしなければならない事態にもなる。このような重要な意思決定を担うのがステアリング・コミッティである。

　DD はきわめて時間が限られているため，ステアリング・コミッティを有効

に機能させるためには，少人数，かつ真の意思決定者がメンバーに含まれることが望ましい。

2 デューデリジェンスにおける実務上の連携

　図表11—3は，DD開始前からDD終了までの流れを表した図表である。DDを効率的かつ漏れがないように進めていくために，
　(1)　DD準備期間中におけるキックオフミーティングの実施
　(2)　DD実施中の情報共有
　(3)　報告会の実施
によって，各DD間の連携を図っていくケースが一般的である。

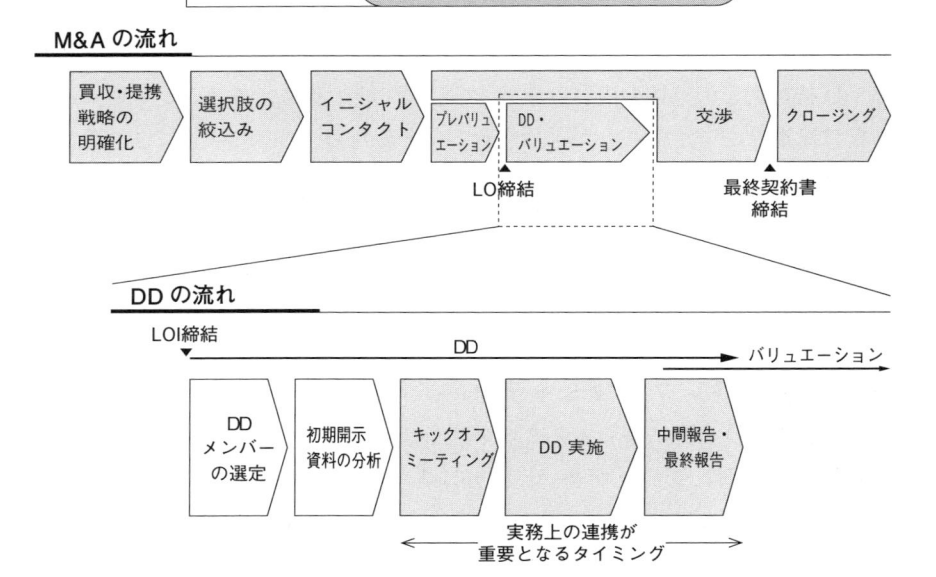

図表11—3　DDの流れと連携のタイミング

(1)　DD準備期間中におけるキックオフミーティングの実施

　対象会社に直接アクセスする本格的なDDを開始する前に，DD統轄者と各DDチームが集まり，キックオフミーティングを行う。キックオフミーティングにおいては，DD統括者の仕切りのもとで，主に以下のような事項について，説明や今後の進め方の調整が行われる。

- ●M&A取引の概要と想定スケジュール
- ●対象会社の概要
- ●DD体制および参加メンバー
- ●DDのスケジュール
- ●対象会社の受入体制およびデータルームの運用ルール
- ●DDの進め方
- ●各DDチームのDD計画

　各DDチームの連携という観点では，

①　DDの進め方の調整

②　各DDチームのDD計画の共有

が重要となる。

①　DDの進め方の調整

　DDを進める上で，各DDチーム間であらかじめ共有，調整を行うべき主な事項には，以下のようなものがある。

- ●開示依頼資料の重複の整理，開示依頼資料リストの更新タイミング，資料依頼ルート
- ●インタビューを希望する対象者，インタビュー事項概要，インタビューセッションの希望日時・所要時間
- ●受領した開示資料やインタビューセッションでのヒアリング内容の共有方法

　DDが本格的に開始されると，複数のDDチームが対象会社に対し，情報を得るための資料依頼やインタビュー設定を行うことになる。詳細は第14章「対象会社にとってのデューデリジェンス受入」にて詳述するが，対象会社には，

きわめて短期間に多数の資料の開示依頼や質問，インタビューの設定依頼が殺到する。場合によっては対象会社の受入担当者の対応能力の限界を超え，混乱が生じることがある。こうした状況を回避するため，あらかじめ各 DD チームが依頼する資料リストを確認し，重複している資料の依頼を整理し，対象会社が開示した資料は各 DD チーム間で共有するように調整する。インタビューや質問事項についても同様に，インタビュー者およびその質問事項に関する情報を共有し，同一担当者にインタビューを行いたい場合は可能な限り同一日時で設定し，質問事項も重複がないように整理する。

　限られた時間の中で DD を円滑に実施するためには，各 DD チームの進め方をあらかじめ整理し，DD チーム間の重複や無駄を省くとともに，受入側の担当者の負担を少しでも軽減することが肝要である。

② 各 DD チームの DD 計画の共有

　第4章において，「ビジネス DD 計画の策定」について述べたが，ビジネス DD 以外の各 DD チームにおいても，DD の本格的なスタートに先立って，調査範囲やマイルストーン，仮説構築等の DD 計画を策定している。この各 DD チームの DD 計画を相互に共有することがキックオフミーティングの重要な目的の1つである。具体的には，お互いの想定している調査範囲や今後の調査論点を伝達し，重複や漏れがあるようであれば DD 統括者が調整を行う。また，あらかじめインフォメーションパッケージを受領しているような M&A 取引では，各 DD チームで実施したクイックレビューの結果を共有することにより，対象会社に対するより深い理解や，各々の DD チームでは持ちえなかった視点を得ることができる。

(2) DD 実施中の情報共有

　次節以降において他の DD との連携の具体例を詳述するが，各 DD で調査する事項には相互に関連する事項や重複する事項がある。DD 開始以降，各 DD において発見された事項は，タイムリーに相互共有し，各 DD の調査論点や調査範囲を適宜修正しつつ，DD を進めていく必要がある。

　情報共有を行う対象としては，次のような事項がある。

- 各 DD チームの質問事項と対象会社からの回答
- キーパーソンとのインタビュー内容
- 重大な懸念事項の発見

　各 DD チームの質問事項とその回答については，Microsoft® Excel® などの電子ファイルで質問事項リストを作成し，対象会社からの回答も同じ電子ファイル内に記入し，電子ファイルを各 DD チーム間で共有する。また，各 DD チームにて実施したキーパーソンとのインタビューについては，簡潔な議事録を作成し，DD チーム間で共有する。

(3)　報告会の実施

　各 DD チームの調査結果は，報告会という形で DD 統括者およびステアリング・コミッティに報告される。報告会実施のタイミングは，図表11―4のように2～3回となることが一般的である。

　報告会には，各DDチームの代表者が参加し，自チームの調査結果を報告するとともに，他チームの調査結果を確認する。他チームの調査結果内容によっ

図表11― 4　調査結果の報告会と実施タイミングの例

報告会	実施タイミング	報告会での実施事項
初期報告会	DD 開始1週間後ごろ	● 最重要論点をざっとレビューした結果を報告する。ディールブレイクになりそうな重大な懸念点がないかが中心となる。 ● 重大な懸念事項がない場合，初期報告会は行わないケースもある。
中間報告会	DD 期間の中ごろ	● 主要論点の1次レビュー結果を報告する。 ● 最終報告までの継続・追加調査事項の確認や，他 DD チームとの調査論点の調整等を併せて実施する。
最終報告会	DD 終了の1週間前ごろ	● 中間報告以降に実施した調査事項の結果を中心に報告する。 ● 引き続き追加調査を実施する必要があるかを検討する。 ● DD での発見事項について，M&A 交渉上どのように取り扱うかを検討する。

ては，自チームの分析内容の修正が必要となったり，追加的な深堀りが必要となる論点が出てくることがある。

❸ デューデリジェンス間の情報開示

　各DDを担当しているアドバイザー間で情報開示をする際に時間と手間が必要となるのが，相互情報開示手続きである。

　財務DDは会計ファームが，法務DDは法律事務所が，ビジネスDDや人事DDは会計ファームやコンサルティング会社が担当するケースが多い。特に，公認会計士や弁護士は，秘密保持義務が法律上課せられており，法人内においても厳重なリスク管理体制が敷かれている。

　各DDを担当するアドバイザーは，それぞれが買い手と契約を結ぶケースが一般的である。その契約の中では自分達の成果物（報告書など）を買い手以外の第三者にみせることは前提としていない。そこで，あるDDの成果物を他のDD実施者に開示する場合は，"リリースレター"といわれるものにサインを求めることになる。情報共有においては，実務上この手続きに比較的時間をとられることに留意しておきたい。

第*3*節　財務デューデリジェンス・税務デューデリジェンスとの連携

1　財務デューデリジェンス

　ビジネス DD を実施する場合，財務 DD も並行して行われることが多い。図表11−5 は，図表11−1 のビジネス DD と財務 DD の関係を切り取った図表である。

　財務 DD では，過去業績を中心に精査が行われ，ビジネス DD では将来の事業計画についての精査が行われる。事業計画の蓋然性や実現可能性を見極める上で，過去の業績を正しく把握することは不可欠である。一方で，過去業績の分析を行う上で，事業構造に関する正確な理解も不可欠である。このため，財務 DD とビジネス DD は密なコミュニケーションが必要とされる。

　ここでは，ビジネス DD で必要となる情報を財務 DD から「受領する」ケースと，財務 DD で必要となる情報をビジネス DD から「提供する」ケースにつ

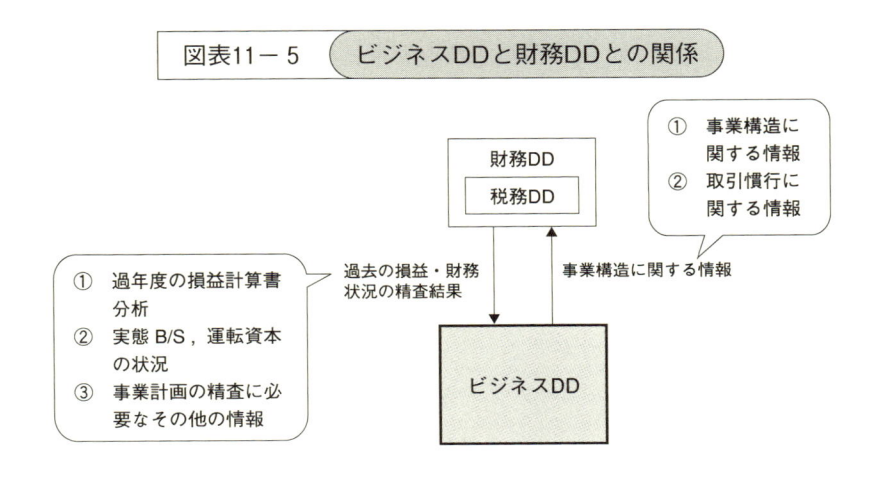

図表11−5　ビジネスDDと財務DDとの関係

いて，具体例を用いて解説する。

(1)　財務デューデリジェンスから受領する情報

財務デューデリジェンスから受領する情報とは

　財務 DD から受領する情報は，ビジネス DD で修正事業計画を策定（「修正事業計画の策定」については，第7章で解説）するために必要な情報である。すでに財務 DD によって調査された情報の提供があれば，ビジネス DD では作業の重複を避けることができる。

　ここでは，①過年度の損益計算書分析，②実態 B/S，運転資本の状況，③事業計画の精査に必要なその他情報，の3つについて解説する。

①　過年度の損益計算書分析

　対象会社の正常な収益力を把握するための過年度損益分析は，ビジネス DD と財務 DD 両方の調査範囲となることが多い。そのため，各 DD における発見事項をタイムリーに受け取れるよう，体制や手順を明確にし，作業の効率性を向上する必要がある。

　財務 DD における過年度の損益計算書分析は，一般的には，以下の2点に重点を置いて行われることが多い。

- 会計方針，会計処理や期間帰属による損益への影響
- 非経常損益に計上されている経常的な損益の影響

　財務 DD においては，過年度の損益計算書における会計処理による損益のゆがみを排除し，正常な収益力を反映した収益を把握する。こうした情報をビジネス DD 側でも把握することによって，ビジネス DD における過年度業績分析においても，同様のゆがみを排除した，より正確な業績分析が可能となる。

財務会計方針の調整

　会社は，一定の範囲で会計処理方法を選択することができるため，対象会社の会計方針が買い手の会計方針と一致しているとは限らない。特に，海外の会社を買収する際には，会計方針が買い手のものと差異があることが一般的である。買収後，対象会社の会計方針を買い手側にそろえるか否かは大きな議論と

なるところであるが，DDにおいては，買い手の会計方針と相違があったとしても，時間的な制約上，対象会社が選択している会計方針にもとづいたままで分析を行うことが多い。

　買い手が自社が採用している会計方針に沿って修正事業計画を策定したい場合には，当初からその方針に沿ってDDを計画することが必要である。財務DDで買い手の会計方針に沿った「実態B/S」を作成するのであれば，ビジネスDDでも買い手の会計方針に沿った事業計画を作成するなど，財務DDとビジネスDDで整合性のある作業を実施することが必要である。

共通経費の配賦

　M＆A取引によっては，会社分割，事業譲渡などによる会社の一部分の切り出し（カーブアウト）やある特定部門の統廃合を検討することがある。このような場合，部門別の損益状況を正確に把握し，それをもとに部門別のバリュエーションを実施することが必要となる。

　この部門別損益に大きな影響を与えるのが本社費用などの共通経費の配賦である。管理会計上で実施されている共通経費の配賦方法は，会社ごとにさまざまである。会社によっては，特定の部門の負担を軽くするために，政策的な本社経費の配賦を行っていることも多い。このような共通経費については，財務DDの分析結果を参考にしながら，実態に則して，どこまでの費用を当該事業の損益として認識すべきであるかを十分に検討する必要がある。特に，特定の部門について統廃合を検討する場合は，ビジネスDDの分析結果が当該部門の存続を左右するため，細心の注意を払う必要がある。

②　実態B/S，運転資本の状況

　財務DDにおいては，基準日における財政状態の実態を反映した「実態B/S」を作成する。「実態B/S」は，バリュエーションのコスト・アプローチである「時価純資産法」（第17章にて詳述する）により対象会社の企業価値を算出するために用いられる。また，企業結合会計においては，対象会社のB/Sを時価で受け入れるパーチェス法[2]が原則であることから，当該対象会社を買収した場合の「のれん」の額を概算的に把握するためにも用いられる。

　修正事業計画の作成においては，運転資本項目や固定資産項目についてもプロジェクションを作成する。これらのB/S項目は，実態ベースに修正した財務諸表を出発点とする必要があるため，財務DDから「実態B/S」の情報を受領することになる。

運転資本の状況

　財務DDでは，会社の資金状況の分析が行われる。資金状況の検討にあたっては，運転資本の分析と収益の季節性がある際の季節資金の検討が行われる。

　運転資本は，フリー・キャッシュフローを構成する要素の1つであり，バリュエーションに大きな影響を与える。将来の事業計画における運転資本の増減については，過去の水準や回転率を参考に算出することが一般的である。このため，財務DDにおいて，過去の運転資本の推移の中で，売掛金，棚卸資産，買掛金などの残高の修正やサイトの異常が発見された場合は，これらの修正を事業計画にも反映させる必要がある。

③　事業計画の精査に必要なその他情報

　事業計画の精査に必要なその他情報には以下のようなものがある。

管理会計手続き

　財務DDにおいては，対象会社の予実管理などの管理会計の方針や管理会計処理，精度についても，そのレビュー範囲となることが多い。

　管理会計手続（方針や処理方法）の状況は，対象会社が作成する事業計画の精度と直結するといっても過言ではない。財務DDにおいて，管理会計手続の状況や精度が不十分であると指摘されるような場合，その情報は，当該対象会社が作成した事業計画の信頼性を測る上で重要な情報となる。

内部統制の検討状況

　財務DDにおいては，会社の内部統制の状況についてもレビューが行われ

2　パーチェス法とは，被結合企業の資産・負債を時価で引き継ぐとともに，その取得原価を，対価として交付する現金および株式等の公正価値とする会計処理方法のことをいう。

る。特に，非上場企業，中小企業，業歴が浅いベンチャー企業などにおいては，内部統制が不十分である旨の指摘がなされることがある。このようなケースでは，買収後に対象会社の内部統制を整備するために必要となる追加的コストを見積る必要がある。

　たとえば，内部統制の不備が人員不足に起因する場合には，管理部門における追加の人員増分をビジネス DD 側でも認識しておく必要がある。また，内部統制を整備するために情報システムの導入が必要であれば，当該情報システムの導入費用も見積り，事業計画に反映する必要がある。

(2)　財務デューデリジェンスに提供する情報

①　事業構造に関する情報

　財務 DD においては，一般的に，過去の財務諸表等をベースとして，対象会社の資産や負債の調査，運転資本や資金の状況調査，P／L 分析を通じた正常収益力分析，管理会計や内部統制の状況調査などを行う。

　このうち，会社の資産評価の妥当性と負債の網羅性の調査は，財務 DD の核となる作業の 1 つである。しかしながら，偶発債務を含めた簿外債務の発見は，財務諸表および帳簿に計上されていないものを発見するという作業であり，難度が高い。

　そこで有効になるのが，ビジネス DD における事業の全体像に関する情報である。対象会社の事業のオペレーションフローから，計上されるべき負債をイメージし，それが計上されているかを調査することで，簿外債務発見の可能性は高まる。また，早い段階で対象会社の事業の全体像を財務 DD チームとシェアすることは，簿外債務の発見だけでなく，財務 DD の作業を効率化することにも資する。

②　取引慣行に関する情報

　ビジネス DD からの情報により，財務 DD 側での調整が必要になるものの代表例として，各種引当金の引当方法があげられる。会計処理にあたり見積りの要素が介在する場合は，分析作業にはより多くの時間が必要となる。

　たとえば，アパレル業界，出版業界における返品調整引当金の返品率の検討

は，過去の返品率の検討に加えて，業界における取引慣行，取引先との力関係の検討が必要になる。こうした情報は，ビジネス DD から財務 DD に対し提供することになる。

2 税務デューデリジェンス

　税務 DD は，財務 DD とは独立して実施されるケースと，財務 DD の調査範囲に含めて実施されるケースがある。対象会社がオーナー会社である場合など，税務リスクが高い恐れがあるケースや，対象会社が多額の繰越欠損金を計上しており，M&A 取引実行後，タックスメリットを享受できる可能性があるケースでは，税務 DD の調査が重要となる。

　ビジネス DD と税務 DD との連携においては，主に以下の3点が重要な論点である。

(1)　税務上の欠損金

　対象会社が多額の繰越欠損金を計上している場合，ポスト M&A において，利益体質に転換できる見込みが高いのであれば，バリュエーション上，当該欠損金による節税効果を見込むことができる。一方で，リストラクチャリングのスキームによっては，欠損金の利用や資産の売却損（含み損）の利用が制限される場合もある。

　このような税務上の欠損金とその節税効果をバリュエーション上どう取り扱うかについては，DD 統括者および税務 DD とビジネス DD，さらにバリュエーションの担当者が十分に情報を共有し議論しながら，つめていく必要がある。

(2)　繰延税金資産の回収可能性

　対象会社の繰延税金資産の回収可能性の分析においては，将来の事業計画をベースにしたタックスプランが用いられる。一般に税務 DD を担当する会計士や税理士は，事業計画の内容を調査範囲としていないことが多いため，繰延

税金資産の回収可能性の検討の際には，税務 DD とビジネス DD は連携して作業を行うことが必要である。

　また，会社によっては，含み損のある資産を売却することにより，税金支払額を最小化するタックスプランを作成しているケースがある。このようなケースでは，税務目的の資産売却計画とビジネス DD における計画の整合性を確認することが必要である。

　企業再生案件や業績不振の会社では，事業計画上，利益水準を過大に見積もることにより，繰延税金資産を過大計上している可能性があるので十分な注意が必要である。

(3)　組織再編税制における適格要件

　税務 DD においては，想定しているM＆Aスキームが税制適格要件（組織再編時における課税の繰延）を満たすかどうかが重要な検討事項となる。税制適格の検討にあたっては，株式の継続保有や事業継続要件，社員の引継ぎが重要な要件となる。統合後の事業計画において，事業の再構築や人員整理を想定している場合は，想定している M&A スキームの組織再編税制における適格要件に抵触しないか，税務アドバイザーと情報を共有し，十分に議論する必要がある。

第4節　法務デューデリジェンスとの連携

　法務DDでは，会社の登記簿謄本，株主総会および取締役会議事録，主要契約書，保有許認可，人事規程などの社内規程の閲覧と法務担当者へのインタビューなどが行われる。その結果を受けて，対象会社に内在する法務リスクの検討，事業の移転に際して障害となる法的事項等の検討，M＆A契約書への記載事項の検討が実施される。

　法務DDからは，ディールブレイカー[3]となり得る決定的な事項が発見される可能性がある。重要性が高いものについては，できる限り早い段階でビジネスDDとの連携を図ることが必要である。

　以下，ビジネスDDと法務DDとの連携について，「法務DDから受領する情報」と，「法務DDへ提供する情報」に区分して解説する。

1　法務デューデリジェンスから受領する情報

　ビジネスDDが法務DDから受領する必要がある情報は，主に以下の2つである。

　1つは，ビジネスDDにおいて検討している事業計画を実現する上で，リスクとなる事項の存在である。具体的には，社外のステークホルダーとの契約の中で，M&A取引後の事業の継続に大きな影響を与えるような制約が存在する場合や，M&A取引のスキームによって，新たに取得する必要がある許認可がある場合などである。

　もう1つは，現時点の対象会社に，将来的に金銭等の支払いが発生する可能性がある法的リスクの有無である。具体的には，対象会社の社内で発生した違

3　ディールブレイカーとは，ノックアウトファクターともいい，ディールを続行することができない決定的な要因のことをいう。

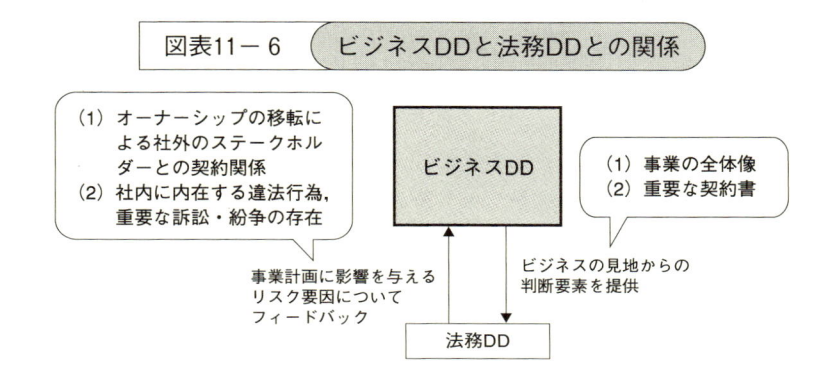

図表11－6　ビジネスDDと法務DDとの関係

（1）オーナーシップの移転による社外のステークホルダーとの契約関係
（2）社内に内在する違法行為，重要な訴訟・紛争の存在

ビジネスDD

（1）事業の全体像
（2）重要な契約書

事業計画に影響を与えるリスク要因についてフィードバック

ビジネスの見地からの判断要素を提供

法務DD

法行為や重要な訴訟・紛争の存在，労務上の問題点の有無の確認である。たとえば，訴訟によって賠償金の支払いが発生する可能性が高い場合は，ビジネスDD にて作成する修正事業計画に，当該支払いを見込む必要がある。

(1)　オーナーシップの移転による社外のステークホルダーとの契約関係

　M&A 取引実行によるオーナーシップの移転が，対象会社が社外のステークホルダーと交わしている重要な契約の各種条項に抵触するか否かは，当該M&A 取引の成否を左右するきわめて重要な論点である。

　法務 DD の調査結果によっては，M&A 取引が続行できなくなるケースや，当初想定していたスキームを変更することで対応するケースもある。以下，具体的な例を挙げて説明する。

①　Change of control 条項の問題

　オーナーシップ移転に際して問題となるケースが多いのが，契約におけるChange of control 条項である。Change of control 条項とは，M&A 取引などによって会社の実質的所有者である株主の構成が大きく変更になった場合に契約を解除することができる条項である。買収防衛策として，Change of control 条項を導入している例もあり，法務 DD においては主要な調査論点となる。

　たとえば，買収対象会社が OEM 生産の受託を主要事業として行っているような場合で，当該委託契約の中に Change of control 条項が入っているとする。

当該対象会社が買収される場合，委託元の同意が得られれば，当該委託契約は引き続き存続する。しかし，もし買い手が委託元企業の競合であるような場合，委託元は競合の傘下となる会社への生産委託を嫌い，Change of control 条項に基づき当該委託契約を打ち切る可能性がある。対象会社の業績において当該受託が大きな割合を占める場合，事業計画の大幅な修正が発生し，買い手にとっては当該M＆A取引の実効性が大きく減退するため，場合によってはディールブレイクの決断もありうる事態になる。

②　許認可，ライセンスに係る問題

M&A 取引において，合併，会社分割，事業譲渡などの組織再編のスキームを採用する場合，業法上の許認可やライセンスについて，承継手続や新規取得手続が必要となり，その際に問題が生ずることがある。

たとえば，運輸業を行う対象会社について，不採算事業を除いた優良な事業のみを会社分割により買収するケースがあるとする。しかしながら，対象会社が保有する許認可には，特別な物品を運ぶことができるライセンスがあり，そのライセンスは会社分割では分割会社に承継することが不可能であることが判明した。このようなケースでは，買収後の対象会社や買い手にとってそのライセンスが必須のものであれば，M&A 取引のストラクチャを，不採算事業を含めた対象会社全体を買収する株式譲渡に変更する検討も必要となる。M&A 取引のストラクチャが変更となる場合，事業計画にも大きな影響を与え，ビジネス DD の範囲や作業の焦点にも大幅な変更を余儀なくされる可能性があるため，DD 実施者間において早めの情報共有が必要である。

③　知的財産権に関する問題

対象会社がビジネスを営む上で，特許権や商標権のような知的財産権の使用が重要な要素となっている場合がある。このような場合，「その知的財産権は誰が保有しているのか」，「M&A 取引実行後に継続して同様の知的財産権を使用するためには，どのような対応が必要になるのか」を見極めることが重要である。

対象会社がビジネス上で使用している知的財産権が，対象会社ではなく，親

会社やオーナー個人に帰属しているような場合，M&A 取引に際して，当該知的財産権も併せて買い取ることや，M&A 取引後，相当の使用料を支払い，使用を継続することを検討する必要がある。後者のようなケースで，これまでは対象会社が相当の使用料を支払っていなかった場合，修正事業計画に当該使用料を見積もる必要が出てくる。

④ 競業禁止条項への抵触

オーナーシップ移転に際し，問題となることが多いのが，競業禁止条項への抵触である。たとえば，ある会社が過去にAという事業を別の会社に売却し，その際に，A事業について競業禁止条項が入った契約書にサインをしていたとする。数年後，その会社が別の会社を買収しようとした際に，その対象会社にA事業と競業する事業が存在する場合，従前の競合禁止条項に抵触する恐れが出てくる。寡占的な状態にある比較的小さい市場における業界再編では，現実に起こりうるケースである。このような場合，競業禁止条項が入った契約の相手方から当該買収について競業禁止義務の免責を得られない場合，競業対象の事業を買収対象から外すなど，M&A 取引のスキームを見直すことが必要となり，それによりビジネス DD の作業範囲も変わってくる。

以上述べてきた，「Change of control 条項の問題」，「許認可，ライセンスに係る問題」，「知的財産権に関する問題」，「競業禁止条項への抵触」などの発見事項は，ディールブレイカーともなりうる大きな問題であり，ビジネス DD の作業範囲に大きな影響を与える。このような事項については，早い段階から法務 DD と情報を共有化しておくことが重要である。

(2) 社内に内在する違法行為，重要な訴訟・紛争の存在

次に，「社内に内在する違法行為や重要な訴訟・紛争の存在」について解説する。

「社内に内在する違法行為，重要な訴訟・紛争の存在」がビジネス DD にもたらす影響は，「オーナーシップの移転による社外のステークホルダーとの契約関係」による影響よりは，穏やかである。しかしながら，「社内に内在する

違法行為，重要な訴訟・紛争の存在」については，ビジネス DD のアウトプットとしている修正事業計画の内容に大きな影響を及ぼす可能性があるため，現場レベルにおいては，法務 DD との緊密な連携が必要となる。ビジネス DD にとっては，事業計画に盛り込まれていないものが，どれぐらいの確率で発生し，いくらぐらいキャッシュが流出するのか，あるいは獲得できるのかが論点となる。

①　違法行為の存在

違法行為

　法務 DD において，反社会的勢力とのつながりや，会社財産の不正流用，法令への抵触などの違法行為の存在が見つかるケースがある。違法行為の内容によっては，当該 M&A 取引を続行できなくなる可能性がある。買い手がこれらを承知で買収に応じるのであれば，リスクの実態を把握し，それによる損失を事業計画や買収価格に反映するとともに，経営改善施策の中にコンプライアンス体制の確立や，研修の実施などを対応策として織り込む必要がある。

　たとえば，対象会社が販売代理店に対し，競合他社との取引を排除することを条件として取引を行っていたことが判明した場合，独占禁止法に基づき，当局から課徴金が課される可能性があるため，当該課徴金が課される可能性の高さや課徴金の予想額について見積もる必要がある。

　一般的に法務 DD では，問題点の抽出までをその業務範囲としており，抽出された法的課題が将来経営にどのような影響を与えるかを予測したり，予想される影響を定量化したりすることは，その作業の範囲外となることが多い。実務上，当該問題が経営に及ぼす影響の定量化や，改善施策とそれに要するコストの検討は，法務 DD の弁護士の意見を加味しながら，ビジネス DD において実施する。

脆弱なガバナンス体制

　対象会社によっては，ガバナンスが比較的弱いケースが散見される。近年では，過去に進出した海外での子会社に対するガバナンスが問題となることも多い。このような場合も，当該 M&A 取引の契約においてリスクをヘッジする

と同時に，ポスト M&A におけるガバナンス強化施策を検討し，それに要するコストを見積もる必要がある。まずは，ガバナンスに関するポリシーや基本的な考え方が確立されているかを確認すべきである。その上で，責任と権限の設定が組織ごと，機能ごとにどのようにされているかを確認し，自社のガバナンスの考え方と合致するかを注意深く見ていきたい。さらに実際の運用として，ガバナンスが機能していたかをヒアリングや不祥事の有無などから判断することが重要である。

②　重要な訴訟の存在

　法務 DD では対象会社が重要な訴訟・紛争を抱えていることが発見されるケースがある。

　たとえば，特定の製品や部門の存続に係わるような訴訟・紛争を抱えているようなケースでは，ビジネス DD において，訴訟が順調に進んだ場合のシナリオと対象製品や部門を撤退する場合のシナリオなど，複数のシナリオにもとづく修正事業計画を策定し対応することが考えられる。

　また，取引上の契約違反や他者の権利の侵害により，多額の損害賠償請求を受けているようなケースでは，一般的なリスクヘッジとして，可能性が高いと想定される損害賠償額や和解額を見積もり，譲渡価格から当該金額をあらかじめ減額するケースや，契約書中の補償条項（第12章にて詳述する）において，当該訴訟・紛争における損失額が顕在化した場合は売り手が当該金額を補てんすることを約束させるケースが多い。

2　法務デューデリジェンスへ提供する情報

　ビジネス DD から法務 DD へ提供する情報は以下の２つである。

(1)　事業の全体像

　法務 DD の初期段階では，事業の全体像を把握したうえで重点的にレビュ

ーする項目を決定するという形をとるケースが一般的である。

　法務 DD を行う弁護士は，一般的にビジネスの分析を行うプロフェッショナルではないため，事業の全体像を把握しやすい情報を初期の段階でビジネス DD チームから提供する。

(2)　重要な契約書

　法務 DD の依頼資料リストに，「重要な契約書」と記載されているケースが見られる。重要性の判断は，対象会社側が行うことになるため，結果として重要な契約書がレビューされない可能性がある。

　ビジネス DD の過程で重要と思われる契約が発見された場合には，速やかに法務 DD に対してその情報を共有することが重要である。

第5節　機能デューデリジェンスとの連携

　以下，人事，IT，環境等の各機能を対象としたDDごとにビジネスDDとの連携について解説する。基本的には，これらの機能DDとの連携は，各機能DDで認識された情報のうち，事業計画に影響を与える情報について，その背景となる事実をビジネスDDと共有することが目的である。

1　人事デューデリジェンス

　人事DDとの連携において，ビジネスDDが人事DDから入手すべき情報は，

- (1)　経営統合を左右する企業文化に関する情報
- (2)　事業計画のコストに影響を与える人件費に関する情報
- (3)　ポストM&Aにおける人員計画に影響を与える人に関する情報
- (4)　人材採用基準に関する情報
- (5)　人材教育に関する情報

の5つがある。以下，それぞれについて解説する。

(1)　企業文化に関する情報

　1つ目は統合の難易度に関連する企業文化に関する情報である。

　企業文化の問題は，組織の統合の難易度を測るうえできわめて重要であるにもかかわらず，実際にはDDにおいてその検証を行うことはなかなか困難である。具体的には，対象会社と買い手の企業文化や制度にどの程度の乖離があり，どうすれば統合が可能であるかを検証することであるが，他のDDの結果も踏まえて総合的に検証し，その結果，必要に応じてスキームや事業計画，ポストM&Aのガバナンス体制を検討する。

⑵　人件費に関する情報

　2つ目は，人件費に関連する情報である。対象会社の従業員の給与体系や役員報酬の規程，退職金制度は，事業計画のコストサイドに直接的に影響を与えるため，ビジネスDDは人事DDから情報を得る必要がある。

　また，M&A取引実行後の経営統合のかたちを検討するにあたっては，対象会社の組織構成や労使関係，就業規則や各種規程，従業員の定着率や平均年齢などの情報が重要な材料となる。

①　報酬・給与体系

　報酬・給与体系を統合する場合，対象となっている社員の報酬・給与に大きな変更がある場合は移行期間が設けられ，移行措置がとられることが多い。DDの段階から統合人事制度の基本案ができていれば，事業計画にもそれを反映させる。しかしながら現実的には，人事の課題はきわめて重要な部分であるにもかかわらず，DDの段階でポストM&Aを想定した人事制度の設計がなされるケースはそれ程多くはない。

　また対象会社が親会社から出向者を受け入れている場合，親会社が出向者の給与の一部を負担していることがある。M&A取引によって出向者が子会社へ転籍する場合，親会社での給与と同水準になるような調整を行わないと当該社員のモチベーションが低下するため，しかるべき移行措置をとることが必要である。

　経営者層の役員報酬については，月次報酬，賞与，ストックオプションなどがある。これらの体系がどのようになっているか，インセンティブはどのような効果をもたらすのかについて，事業計画を策定するうえで，ビジネスDD

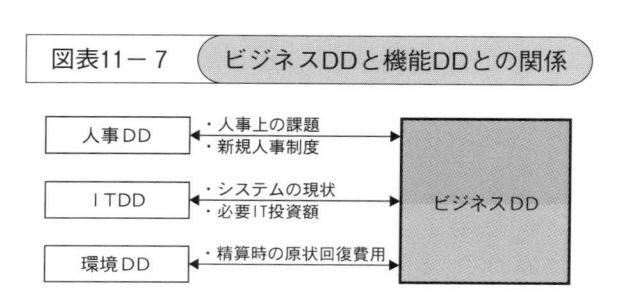

図表11−7　ビジネスDDと機能DDとの関係

側でも現状を認識しておくことが必要である。

　これらの報酬・給与についての情報は，きわめて繊細な個人情報である。事業計画は比較的多くの人の目に触れやすい。したがって，このような繊細な情報を事業計画に織り込む際は，概算値でかまわない。精緻な値を事業計画に計上することよりも個人情報が流出するリスクを減らすことのほうが優先される。

②　退職金

　事業計画上，人員削減を想定している場合，割増退職金の加算などによって，退職給付費用の数字も大きく変わることになる。

　退職金制度に関する情報については，人事 DD からビジネス DD に対し，事業計画で使用すべき情報を提供してもらう必要がある。たとえば，対象会社のポスト M&A において，現状の退職金制度を維持せずに，新たな退職金制度に移行する場合，移行に際して必要となるコストを人事 DD において見積もり，当該情報をビジネス DD において事業計画に反映する必要がある。

(3)　人に関する情報

　3つ目は人そのものに関連する情報である。人とは，経営陣と社員である。人に関する情報は，M&A 取引実行後の人員計画を検討する上でキーとなる情報である。

①　経営陣

　経営陣については，各人のマネジメントスキルやマネジメントチーム内の人間関係を把握しておくことが必要である。

　売り手である現在の株主からどのようなガバナンスを受けているか，誰がどのように目標設定やビジネスプランを策定しているか，経営陣に対してどのようなリテンションプランが導入されているか等について，現株主から情報提供してもらい，一方で経営陣からの情報も人事 DD から提供してもらうことにより，両者の認識にギャップがないか確認する。

　また現マネジメントチームメンバーに加えて，補強・追加採用を検討しているポジションはあるかなど，将来の動向についても情報を入手しておくことが

必要である。

②　従業員

　IT業界やコンサルティング業界など，人が主たる経営資源で，人材の流動性の高い業種においては，部門のリーダーが部下を連れて，部門ごと他社に移るようなケースがある。このような事態を防ぐための雇用条件やインセンティブ計画をDD段階から十分に練り，必要なコストをビジネスDDの事業計画にも反映させる必要がある。

　また，オーナー会社では，オーナーが取引先と密接な関係を有しているケースがある。このような場合，事業をスムーズに引き継ぐために，オーナーにどのようなかたちで残ってもらうか，方策を考える必要がある。

③　出向者の取扱い

　対象会社が，ある会社の完全子会社であるようなケースでは，親会社からの出向者が何人いて，現状どのような役割を果たしているか，M&A取引後に親会社に戻る予定であるのかを把握する必要がある。

　報酬・給与体系のところで触れたが，グループ再編の場合は，親会社からの出向者については，現状および親会社の出向者政策を把握しておくことが重要である。

　ある企業グループの子会社の売却では，対象会社である子会社の管理部門の半数以上が出向者で占められており，出向者を親会社に戻すことにしたところ，統合後に管理部門の機能が大幅に低下してしまったケースがある。

　出向者をどう取り扱うのかは，事業計画に少なからず影響を与えるため，慎重に検討することが必要である。

(4)　人材採用基準に関する情報

　人材採用については，近年，日系企業においても中途採用が活発化していることもふまえ，新卒・中途共に基準を確認すべきである。特に，合併の場合には合併後の事業戦略を実行するための人材定義を行い，その定義にそって採用基準をどのように修正すべきかをDDの段階から考えておくべきである。特

に基準が大きく異なる場合には企業風土もギャップがあることも多く，ポスト M&A での大きな論点となることも多い。

(5)　人材教育に関する情報

　人材教育についても，対象会社との間でその内容や体系が大きく異なる場合には整備が必要となる。場合によっては，対象会社の従業員に対し，自社の教育内容を早期に修得してもらう必要がある。また，営業方法等オペレーションに影響がでることもあり，対象会社の人材教育について早期に把握することが重要である。

2　IT デューデリジェンス

　ITDD は，金融機関など，情報システムが経営上の重要な経営資源になっている場合や，対象会社の情報システムが現在の親会社の情報システムと一体となっており，ポスト M&A において情報システムへ多額の投資が必要と想定される場合，対象会社の情報システムが陳腐化していると想定される場合などに実施されることが多い。

　ビジネス DD にとって必要となる情報には，情報システムへのメンテナンス投資，新規投資，買い手企業との情報システム統合に関わる投資などがあり，これらの情報をビジネス DD において検証する事業計画にも織り込む必要がある。ITDD の範囲に，業務の効率性の改善検討まで含まれている場合には，改善のポイントや実現可能性について十分に情報交換を行い，効率化に伴うコスト削減効果を事業計画にどのように織り込むのかについて検討する必要がある。

　また，金融機関など，情報システムの統合に相当の時間や費用を要するようなケースでは，統合時期の見直しが必要となることがあり，事業計画および統合作業に大きな影響を与えるため，随時情報を共有しておく必要がある。

　カーブアウトやグループ会社との M&A に関してはスタンドアローンコス

トについても考慮が必要である。特に，システムを共用している等，M&A を実行することで，システムの再構築が必要となる場合，事業計画やバリュエーションにも影響が出てくる。

❸　環境デューデリジェンス

　環境 DD は，対象会社が工場や特殊な研究開発施設およびその跡地などを保有している場合に，土壌汚染や大気汚染などの問題が発生するリスクがどの程度あるかを事前に調査するものである。

　たとえば，対象会社が保有する工場設備周辺の環境調査を実施したところ，土壌汚染，大気汚染に関する地域住民からの訴訟リスクや汚染した土壌の浄化に多額の費用が発生するリスクが判明するケースがある。

　環境 DD は DD の初期段階においては，法律のアドバイザーが環境法令の観点から行うケースもあるが，対象会社のビジネス上，工場や研究施設が重要な資産となっており，環境リスクが重要と想定される場合には，初期より環境の専門家をアドバイザーとして採用し，実地調査を含めた DD を実施する必要がある。

　ビジネス DD との関連においては，将来環境問題が発生した際にかかる原状回復等のコストの情報を環境 DD より入手し，ビジネス DD において検証する事業計画に反映させる必要がある。また，場合によっては，環境問題となる工場や研究施設をM＆A取引の譲渡対象から外し，当該施設は M&A 取引後は売り手との賃貸借契約により対象会社が使用するようにスキームの変更を行う等の策も一案である。このような変更は，事業計画にも重要な影響を及ぼすことになるため，当該環境問題に関する情報を随時共有する必要がある。

第12章

ビジネスデューデリジェンスの結果の活用

第*1*節　本章の概要

　これまで，第1部においてはビジネス DD の概要と各ステップの詳細について，第11章ではビジネス DD と他の DD との連携について述べてきた。本章では，ビジネス DD の結果をどのように買収価格（バリュエーション）および最終契約書に反映するかについて解説する。

　図表12-1は DD における発見事項の例とその反映方法をまとめたものである。DD が中盤を過ぎる頃になると，買い手には，各 DD のアドバイザーから，粉飾の兆候など当該 M&A 取引のディールブレイク[1]に至るような深刻な事実から，即効性のある企業価値向上の機会の発見まで，実にさまざまな発見事項が報告される。買い手は，これらの発見事項をポスト M&A において活かしていくと同時に，買収価格や最終契約書に反映させなければならない。その際に重要なことは，ビジネス DD のゴールを前にして，「M&A 取引の当初の目的を達成することができるのか」，「買収後の事業運営にどのような影響があるのか」を再確認することである。ビジネス DD において発見された事項の中には，最終契約書に一文を入れることで回避できるリスクもある一方で，対象会社の価値を著しく毀損しかねないリスクもある。

1　交渉が決裂すること。

図表12－1	DDにおける発見事項の例とその反映方法

	DD における発見事項の例	結果の反映方法
対象会社の価値に影響する事項	●根拠の乏しい楽観的な事業計画 ●非事業資産の価値の低下 ●新たなシナジー余地	➡買収価格へ反映
売り手との合意により回避できる事項	●商号・商標の継続使用可否による事業への影響 ●役員，キーパーソンの流出リスク ●売り手や現取締役による競業開始リスク	➡最終契約書へ反映
回避不能なリスクとなる事項	●過年度に粉飾決算を行っていることによる信用棄損リスク ●独占禁止法への抵触リスク ●重大な環境問題が発生するリスク	➡ディールブレイク

PMI²へ反映

図表12－2	ビジネスDDにおける「ビジネスDDの結果の反映」の位置づけ

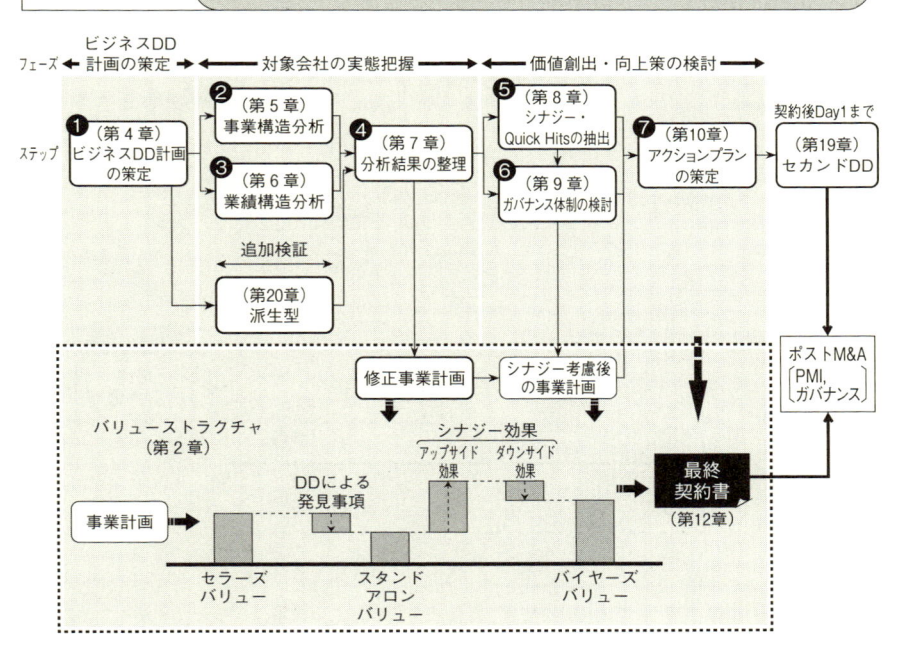

2　Post Merger Integration の略で，M&A 成立後の統合プロセスのこと。

　本章では，最終契約書の中で大きな位置づけにある買収価格について，図表12-2の下部の図表を使用しながら，買い手はどのような考え方に基づいて買収価格を絞り込んでいくのかを解説する。また，買収価格に反映できないビジネスDDの発見事項については，いかに最終契約書に盛り込むのかについてあわせて解説する[3]。

　図表12-3は，図表12-2のバリューストラクチャの部分を切り取った図である。

　つぎに第2節において，ビジネスDDの結果をいかに「バリュエーション」（スタンドアロンバリューおよびバイヤーズバリュー）に反映させるかについて解説する。第3節では，ビジネスDDにより発見された事項を，いかにして売り手との「最終契約書」に反映させるかについて，また，ビジネスDDの結果をポストM&Aの企業価値向上につなげる上での「PMI」への反映について解説する。

　最後の第4節では，M&A取引においてはディールブレイクもビジネスDDの結果を反映する際のオプションの1つであることについて解説する。

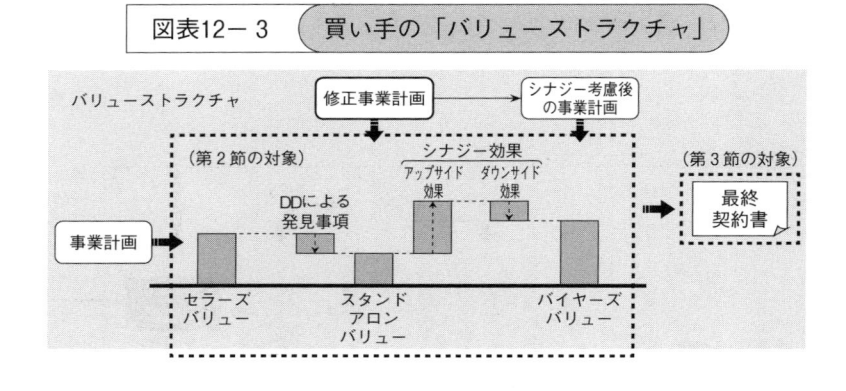

図表12-3　買い手の「バリューストラクチャ」

---

[3]　本章においては，"ビジネスDDの結果" と記述するが，この段階になると，ビジネスDDの結果と他のDDの結果との擦り合わせが行われているため，"ビジネスDDの結果" は，より広く "DDの結果" を意味する。よって，ここでは，"ビジネスDDの結果" ＝ "DDの結果" と読み替えることができる。

第*2*節　バリュエーションへの反映

■1　「バリューストラクチャ」への反映

本節においては，セラーズバリューからバイヤーズバリューを求めるまでの過程を「バリューストラクチャ」をもとに解説する。

(1)　セラーズバリューの算定

①　対象会社が作成した事業計画（例）

対象会社が作成した事業計画に基づいて算定した価値は，売り手が示唆する「セラーズバリュー」，つまり売却希望価格であると第2章において解説した。

ここでは，図表12−4を対象会社が作成した「事業計画」としている。

図表12-4	対象会社が作成した事業計画（例）

（単位：百万円）

損益計算書	実績	計　画				
	20X2年 3月期	20X3年 3月期	20X4年 3月期	20X5年 3月期	20X6年 3月期	20X7年 3月期
売上高	81,000	83,430	85,933	88,511	91,166	93,901
売上原価	68,500	70,388	72,242	74,144	76,095	78,377
売上総利益	12,500	13,042	13,691	14,367	15,072	15,524
販売費および一般管理費	7,400	7,899	6,549	6,517	6,536	6,607
研究開発費	500	515	530	546	563	580
販売促進費	2,800	2,884	1,719	1,770	1,823	1,878
減価償却費	500	900	700	600	550	549
人件費	1,600	1,600	1,600	1,600	1,600	1,600
その他	2,000	2,000	2,000	2,000	2,000	2,000
営業利益	5,100	5,143	7,142	7,851	8,536	8,917
営業外収益	280	200	200	200	200	200
営業外費用	1,200	100	120	120	120	100
経常利益	4,180	5,243	7,222	7,931	8,616	9,017
特別利益	680	0	0	0	0	0
特別損失	700	0	0	0	0	0
当期純利益	4,160	5,243	7,222	7,931	8,616	9,017
設備投資額	5,000	5,300	5,500	4,500	4,500	4,500
減価償却費（売上原価＋販管費）	5,500	4,700	5,000	4,650	4,475	4,412

②　事業計画に基づく価値算定

　図表12-5は，図表12-4の「事業計画」をもとに，バリュエーションを行った結果である。事業価値の評価方法はいくつも存在するが，ここでは最も代表的な評価方法であるDCF法を用いている。また，DCF法による算定を行う際に用いる割引率は6％とした[4]。なお，本来は事業価値[5]を算定するため

4　本来は，WACC等の手法により，割引率を求めるが，本章においては，便宜的に6％を使っている。

5　事業価値とは，対象会社の事業の価値を指す。具体的には，DCF法等のインカムアプローチや類似会社比準法等のマーケットアプローチを用いて算定することが多い。事業価値や算定方法の詳細については，第17章を参照のこと。

には，売掛金や買掛金などの B/S の運転資本項目も必要であるが，ここでは簡略化し，運転資本全体の増減のみを記載している。

　図表12−5に示すように，対象会社が作成した事業計画にもとづく事業価値は，約「844億円」と算定された。これが，売り手が示唆する「セラーズバリュー」である。

| 図表12−5 | 対象会社が作成した事業計画にもとづく価値算定結果(例) |

単位：百万円（パーセント表示を除く）

		実績	計画					
			1.0年度	2.0年度	3.0年度	4.0年度	5.0年度	継続事業年度
		20X2年3月期	20X3年3月期	20X4年3月期	20X5年3月期	20X6年3月期	20X7年3月期	
売上高		81,000	83,430	85,933	88,511	91,166	93,901	
営業利益	(A)	5,100	5,143	7,142	7,851	8,536	8,917	
税引後営業利益	(B)=(A)×(1−(t))	3,060	3,086	4,285	4,710	5,121	5,350	
減価償却	(C)	5,500	4,700	5,000	4,650	4,475	4,412	
設備投資(−)	(D)	5,000	5,300	5,500	4,500	4,500	4,500	
運転資本増減(−)	(E)	1,471	0	0	0	0	0	
フリー・キャッシュフロー	(F)=(B)+(C)−(D)−(E)	2,089	2,486	3,785	4,860	5,096	5,262	
継続価値	(G)=(B)/(w)−(g)							89,172
現在価値へのディスカウント・ファクター	(H)=1/(1+(w))^(年度)	1	0.94340	0.89000	0.83962	0.79209	0.74726	0.74726
割引後フリー・キャッシュフロー	(I)=(F)×(H)	2,089	2,345	3,369	4,081	4,037	3,932	66,634

割引率（計画期間）	(w)	6.00%	
実効税率	(t)	40.00%	
成長率（継続事業年度）	(g)	0%	
計画期間における現在価値	①	17,764	◀
継続価値の現在価値	②	66,634	◀
事業価値	③=①+②	84,398	

(注)　(B)は計画期間以降永続的に発生するキャッシュフローであり，通常は計画最終年度の税引後営業利益を用いる（以下，図表12−7，12−9において同じ）

(2)　スタンドアロンバリューの算定

①　買い手が作成した「修正事業計画」（例）

図表12-6は，買い手が作成した「修正事業計画」の例である（第7章で使用した図表7-12の修正事業計画と同一）。各年度とも，図表12-4の対象会社が作成した「事業計画」の修正値を記載している[6]。この「修正事業計画」は，買い手が「スタンドアロンバリュー」を算定する際の基礎資料となる。

図表12-6	買い手が作成した修正事業計画（例）

（単位：百万円）

損益計算書	実績	計　　画				
	20X2年 3月期	20X3年 3月期	20X4年 3月期	20X5年 3月期	20X6年 3月期	20X7年 3月期
売上高	81,000	72,000	81,000	92,610	90,758	90,758
売上原価	68,500	62,378	68,600	76,887	76,716	76,654
売上総利益	12,500	9,622	12,400	15,723	14,042	14,104
販売費および一般管理費	7,400	7,739	7,850	8,151	8,037	8,036
研究開発費	500	750	750	750	750	750
販売促進費	2,800	2,489	2,800	3,201	3,137	3,137
減価償却費	500	900	700	600	550	549
人件費	1,600	1,600	1,600	1,600	1,600	1,600
その他	2,000	2,000	2,000	2,000	2,000	2,000
営業利益	5,100	1,883	4,550	7,572	6,005	6,068
営業外収益	280	200	200	200	200	200
営業外費用	1,200	100	120	120	120	100
経常利益	4,180	1,983	4,630	7,652	6,085	6,168
特別利益	680	0	0	0	0	0
特別損失	700	0	0	500	0	0
当期純利益	4,160	1,983	4,630	7,152	6,085	6,168

設備投資額	5,000	5,300	5,500	4,500	4,500	4,500
減価償却費（売上原価＋販管費）	5,500	4,700	5,000	4,650	4,475	4,412

6　修正値をどのように導き出したかについては，第7章を参照のこと。

②　修正事業計画に基づく価値算定

　図表12-6の「修正事業計画」をもとに，事業価値を算定した結果が図表12-7である。先程と同様に，DCF法を用いて算定し，割引率も6％とした。

　図表12-7に示すとおり，「修正事業計画」に基づく事業価値は約「572億円」と算定された。これが，「スタンドアロンバリュー」である。

　先に算出した，売り手が示唆する「セラーズバリュー」844億円と「スタンドアロンバリュー」572億円には，約272億円の差がある。この272億円の差は，ビジネスDDによって抽出された，根拠に欠ける，あるいは買い手には享受できないとされた価値である（図表12-3では「DDによる発見事項」に当たる）。

　売り手が示唆する「セラーズバリュー」に対して，どこまで対象会社の経営の実態を把握し，自ら信じることができる「スタンドアロンバリュー」を精緻に作ることができるかが，買い手にとってはきわめて重要である。なぜなら，「スタンドアロンバリュー」は，買い手が買収価格を絞り込むうえでの出発点

図表12-7　修正事業計画にもとづく価値算定結果（例）

単位：百万円（パーセント表示を除く）

		実績	計画				
			1.0年度	2.0年度	3.0年度	4.0年度	5.0年度
		20X2年3月期	20X3年3月期	20X4年3月期	20X5年3月期	20X6年3月期	20X7年3月期	継続事業年度
売上高		81,000	72,000	81,000	92,610	90,758	90,758	
営業利益	(A)	5,100	1,883	4,550	7,572	6,005	6,068	
税引後営業利益	(B)=(A)×(1-(t))	3,060	1,130	2,730	4,543	3,603	3,641	
減価償却	(C)	5,500	4,700	4,550	4,650	4,475	4,412	
設備投資（-）	(D)	5,000	5,300	5,500	4,500	4,500	4,500	
運転資本増減（-）	(E)	1,471	▲3,271	2,703	1,083	▲184	7	
フリー・キャッシュフロー	(F)=(B)+(C)-(D)-(E)	2,089	3,801	▲473	3,610	3,762	3,546	
継続価値	(G)=(B)/(w)-(g)							60,676
現在価値へのディスカウント・ファクター	(H)=1/(1+(w))^(年度)	1	0.94340	0.89000	0.83962	0.79209	0.74726	0.74726
割引後フリー・キャッシュフロー	(I)=(F)×(H)	2,089	3,585	▲421	3,031	2,980	2,650	45,340

割引率（計画期間）	(w)	6.00%
実効税率	(t)	40.00%
成長率（継続事業年度）	(g)	0%
計画期間における現在価値	①	11,825
継続価値の現在価値	②	45,340
事業価値	③=①+②	57,165

| 図表12－8 | シナジー効果を細分化した「バリューストラクチャ」（例） |

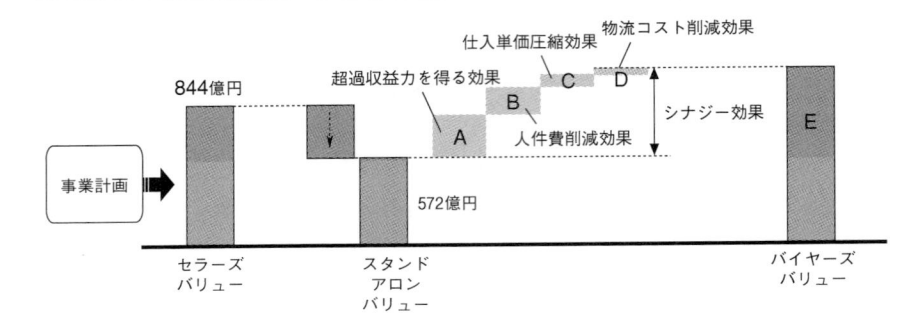

となるからである。

(3) バイヤーズバリューの算定

① 「バイヤーズバリュー」算定のアプローチ

　図表12－8は，図表12－3の中の「シナジー効果」（アップサイド効果，ダウンサイド効果）にあたる部分を細分化した「バリューストラクチャ」の図である[7]。

　図表12－8では，AからDの各シナジー効果の現在価値を算出し，それを「スタンドアロンバリュー」に足し上げて「バイヤーズバリュー」を算定している。「バイヤーズバリュー」のもう1つの算定方法として，シナジー効果を「修正事業計画」のP/LやB/Sに反映させて，シナジーを考慮した事業計画を作成し，スタンドアロンバリューとシナジー効果を一括して算出する方法もある。ここでは，前者の方法により「バイヤーズバリュー」の算定を行っている。

② 「バイヤーズバリュー」算定結果

　図表12－8では，第8章で取り上げた下記の4つのシナジー効果について，シナジー効果ごとに定量化をしている。

7　第8章・第3節で紹介した事例を使用している。

　図表12-9の上部は，これらの4つのシナジー効果のうち，A「価格調整力を有することによる超過収益力を得る効果」をDCF法により算定したものである。割引率は先程同様6％とした。

　他の3つのシナジー効果についても同様に効果を現在価値として算定し，すべての結果を合計すると，図表12-9の下部に掲載したとおりとなる。

- ●価格調整力を有することによる超過収益力を得る効果
  （図表12-9の下の表ではA）
- ●人材を効率的に配置することによる人件費削減効果
  （図表12-9の下の表ではB）

図表12-9　シナジー効果の現在価値の算定結果（例）

単位：百万円（パーセント表示を除く）

		実績	計画 1.0年度	2.0年度	3.0年度	4.0年度	5.0年度	
		20X2年3月期	20X3年3月期	20X4年3月期	20X5年3月期	20X6年3月期	20X7年3月期	継続事業年度
売上高		0	1,200	1,350	1,500	1,700	2,200	
営業利益	(A)	0	255	352	448	552	899	
税引後営業利益	(B)=(A)×(1-(t))	0	153	211	269	331	539	
減価償却	(C)	0	25	25	26	27	29	
設備投資（-）	(D)	0	0	0	0	0	0	
運転資本増減（-）	(E)	0	2	8	6	7	10	
フリー・キャッシュフロー	(F)=(B)+(C)-(D)-(E)	0	176	228	289	351	558	
継続価値	(G)=(B)/(w)-(g)							8,990
現在価値へのディスカウント・ファクター	(H)=1/(1+(w))^(年度)	1	0.94340	0.89000	0.83962	0.79209	0.74726	0.74726
割引後フリー・キャッシュフロー	(I)=(F)×(H)	0	166	203	242	278	417	6,718

割引率（計画期間）	(w)	6.00%
実効税率	(t)	40.00%
成長率（継続事業年度）	(g)	0%
計画期間における現在価値	①	1,307 ◀
継続価値の現在価値	②	6,718 ◀
事業価値	③=①+②	8,025

同様に他のシナジー効果についてもNPVを求めると…

A. 超過収益力を得る効果	8,025
B. 人件費削減効果	2,801
C. 仕入単価圧縮効果	1,000
D. 物流コスト削減効果	517
シナジー効果合計	12,343

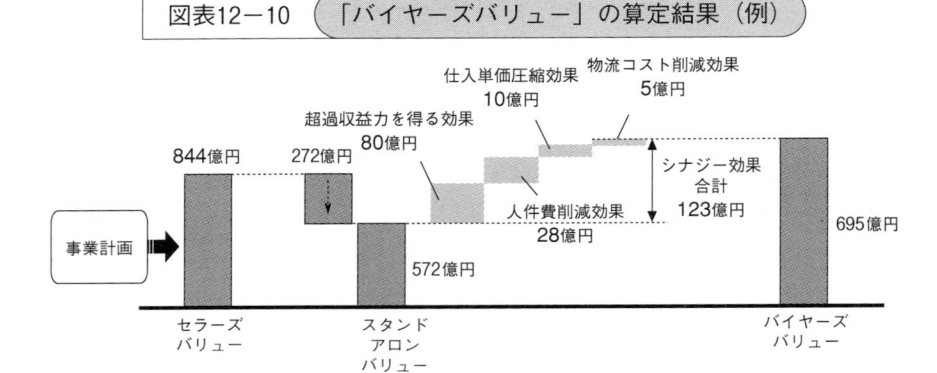

図表12−10 「バイヤーズバリュー」の算定結果（例）

- 仕入物量が増加することによる仕入単価圧縮効果
  （図表12−9の下の表ではC）
- 配送が効率化されることによる物流コスト削減効果
  （図表12−9の下の表ではD）

　図表12−9において算定した各効果の数字を加味すると，図表12−10のとおり，「バイヤーズバリュー」は約「695億円」であるとの算定結果が得られる。

　以上のようにして，ビジネスDDによって発見した事項や定量化したシナジー効果をバリューストラクチャに反映させる。

　事業計画は，最終契約書の条項の中においてもきわめて重要な項目である買収価格を決定づける資料と位置づけられるため，バリューストラクチャの検討は十分に行いたい。

第*3*節　最終契約書への反映

1　反映する発見事項

　DD 終盤になると，買い手には，対象会社について当初知らなかった事実が次々ともたらされる。このような状況において，買い手は，DD において確認された発見事項とその背後にある顕在リスクを事業計画および買収価格に反映させるだけでなく，潜在的リスクに対しても対応しなくてはならない。

　「当初意図した M&A 取引の目的は達成可能なのか」，「対象会社に内在するリスクは経営上どれぐらいのインパクトとなるのか」，「そのリスクにはどういう対処が有効なのか」，これらに適切に対応しなければ，DD にコストや時間をかけた意味がない。

　ビジネス DD の発見事項は，すべてが定量化できる性質のものとは限らない。定量化できる性質のものであれば買収価格の交渉で対応できるが，定量化できない性質のものについては，最終契約書に対策を盛り込み，把握しているリスクが現実のものとなった際に対応できるようにしておかなければならない。

　取引形態により，最終契約書の内容は異なり，さまざまな項目が盛り込まれるが，一般的には，図表12−11に記載のとおり，「M&A 取引に関する項目」と「ポスト M&A にて対応する項目」に大別される。

　本節においては，ビジネス DD で発見した事項をいかに最終契約書に反映させるかについて解説する。

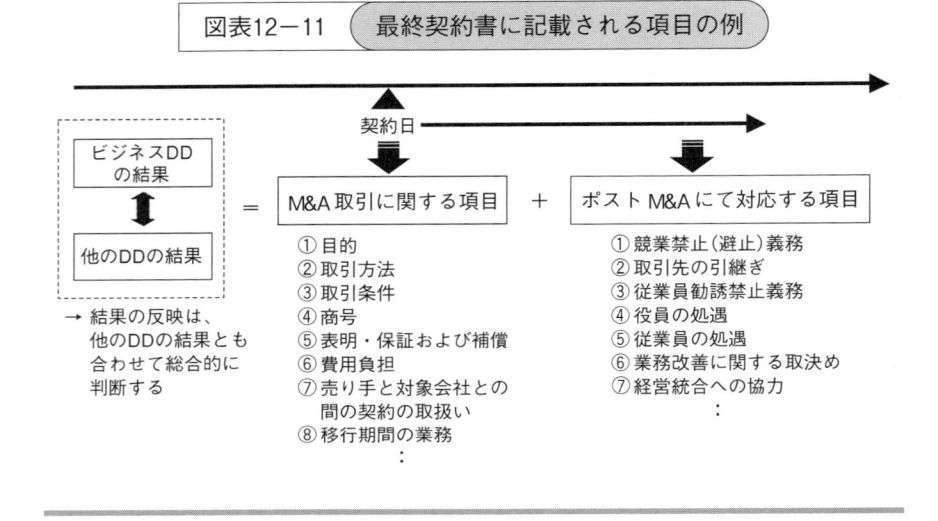

図表12-11 最終契約書に記載される項目の例

---

② 最終契約書への反映

(1) M&A取引に関する項目

「M&A取引に関する項目」は，通常，最終契約書の最初の方に記載されることが多い。最終契約書には，本取引の目的や取引形態が記載され，株式譲渡の場合は，何株を譲渡するのか，いくらで譲渡するのかが記載される。さらに，譲渡に際しての支払方法はどうするのか，といったM&A取引の内容が記載される。

① 目　　的

M&A取引において見失ってはならない最も重要なことは，当該M&A取引の当初の「目的」である。「目的」とは，経営権取得や経営統合，および経営合理化や販路拡大などのことである。なお，株式譲渡や合併自体は，M&A取引の「目的」ではない。これらは「取引形態」である。

「目的」は定性的な内容であるため，「契約」という観点からは軽視されることもあるが，取引当事者はこの「目的」を達成するために当該契約を締結する

のであり，契約における「目的」以降の定めは，目的を達成するための条件であるといえる。

　たとえば，最終契約書の最後に，「協議事項」として，「契約に定めのない事項や内容に疑義が生じた場合には，取引当事者は協議して解決を図る」旨の条文が挿入されるケースがある。将来，実際に契約に定めのない事項が露見し問題が発生した際に，当事者共通の「目的」という取引の根幹を明確に定義しておくことで，その「目的」の達成を売り手と買い手共通の判断基準の１つとすることができる。

②　取引方法

　取引方法とは，株式譲渡，合併，会社分割，株式交換・株式移転，事業譲渡などの取引形態についての取り決めである。いくつかの取引を複合的に組み合わせて取引を行うような場合では，「取引方法」において，その内容や手順を明確に整理し，問題の発生を防ぐ必要がある。

③　取引条件

　取引条件については，たとえば株式譲渡取引の場合，以下の点について詳細に定める。

- 譲渡価格[8]およびその調整方法
- 株式譲渡人，譲渡対象株式，譲渡株式数
- 譲渡日
- 譲渡代金支払方法

　これらについては，最終契約書とは別に，株式を譲渡する各株主と株式譲渡契約書を締結し，詳細はその株式譲渡契約書に定めることもある。

　譲渡価格に関しては，クロージング前にクロージング監査[9]を実施し，買収価格算定の基礎としたビジネスDD実施以降，クロージング日までの間に発

---

[8]　「譲渡価額」ということも多いが，ここでは「譲渡価格」で統一して記載している。

[9]　クロージング監査とは，契約締結日から終結（クロージング）の日までに売り手企業に生じた変化分に関して，買収価格を調整するために実施する監査である。取引終結日を基準として，主として貸借対照表の監査を実施し，調整価格が代金決済される。

生した対象会社の価値の変動に応じて買収価格を調整することを規定することもある。こうした価格調整を行う場合，当該調整金額をどのように算出するか，あらかじめ契約上で詳細に定義しておく必要がある。

　また，対価の支払の方法として，最終契約書において，M&A 実行後の業績目標や財務目標を設定し，その達成状況に応じて対価の支払いを行うようなアーンアウト（Earn Out）条項を設定することで，実質的に買収価格を調整するケースもある。

④　商　　号

　企業グループに属する会社が売却対象会社であり，その社名に当該グループの呼称が冠されている場合などにおいては，売り手は取引クロージング後に対象会社の社名変更を条件とすることがある。

　逆に，大企業同士の合併などの場合では，合併新会社の社名に引き続きグループの呼称を残すことを望むことがある。大企業に限らずオーナー経営の中小企業の場合でも，売り手でもある対象会社が情緒的な理由や地元での面子を維持するために，商号の継続を絶対条件にするようなこともある。

　対象会社の商号の信用力，ブランド力，ネットワークがこれまでの事業展開に果たした役割がきわめて大きく，その商号を使用できなくなることで販売力が低下するような場合，商号の継続使用は当該 M&A 取引にとって重要な条件となりうる。このような場合は，売り手との交渉により，最終契約書において，買収後の商号の利用条件について規定する。

⑤　表明・保証[10]および補償

　表明・保証および補償とは，契約当事者が，M&A 取引時点における契約当事者自身または対象会社に関する一定の事実関係について表明し保証することによって，その事実関係について責任の所在を明らかにし，その内容に虚偽があった場合などに，相手方に対して損害の補償を請求できるようにする規定である。例えば，株式譲渡契約の場合，一般的には，以下に記載する内容が例と

10　表明・保証：Representations and Warranties。略して「レプワラ」と呼ばれることもある。

して挙げられる。

- ●取引における売り手株主の地位などの正当性
  - ✓　売り手株主が譲渡対象株式の正当かつ適法な所有者であること
- ●譲渡の対象（目的物）である株式の有効性および資本構成
  - ✓　譲渡対象株式の有効性
  - ✓　発行済株式
  - ✓　新株予約権などの潜在株式
  - ✓　対象会社の取締役会の承認があること（株式譲渡制限がある場合）
- ●取引の目的である対象会社の価値の裏づけなどの真実性
  - ✓　正当な事業活動が行われていること
  - ✓　財務諸表が，一般に認められた会計慣行に従って作成され，内容が正確かつ真実であること
  - ✓　DD において開示された資料が正確かつ真実であること
  - ✓　固定資産が通常の事業活動に有効に利用できる状態にあること
  - ✓　債権が通常の手段で回収可能であること
  - ✓　棚卸資産が通常の事業活動において使用可能であるか，通常の取引価格で売却可能なこと
  - ✓　簿外債務がないこと
  - ✓　通常の事業活動を妨げる第三者の担保権が資産に設定されていないこと
  - ✓　訴訟・紛争などの当事者ではないこと
  - ✓　法令違反がないこと
  - ✓　現在の事業を行うための許認可・届出・登録等が適正にされており，本件取引によって影響を受けないこと
  - ✓　商標登録が適正にされていること

　また，表明・保証とあわせて，補償条項を定めておくことにより，M&A 取引後，買い手の支配下において対象会社が事業運営されるようになって以降，これらの売り手の表明・保証に違反する事項が認められる場合に，買い手は売り手に対して，当該表明・保証違反に起因する損害の賠償請求，違反の改善および発生する費用の負担を請求することができる。

　なお，民法における瑕疵担保責任は，「売買の目的物に隠れた瑕疵がある場合」をいうが，株式譲渡契約の場合の目的物とは対象会社の株式であって，企業価値のことではない。よって，ビジネスDDによる発見事項について，瑕疵担保責任を根拠として株式譲渡価格の減額や損害賠償請求を行うことは容易ではない。このようなことを避けるためにも，買い手としては売り手の表明・保証について十分に検討のうえ，最終契約書に反映させることが望まれる。

　ビジネスDDによる発見事項を，表明・保証という形で最終契約書に反映させた例としては，次のような事例がある。

　ある買い手が，取扱製品群で補完関係にある機械メーカーを買収することで基本合意した。各地域における両社それぞれの販売代理店の一部に本M&A取引について事前開示したところ，両社の製品群は一部重複していることから，従来競合関係にあった両社の代理店から強い反発があった。解決策として，それぞれの代理店網で取扱製品を明確に分離することで販売が競合することを回避したという事例である。本件においては，クロージングまでの間に，対象会社の販売代理店網に対して取扱製品変更の方針を周知・徹底させる協力義務を売り手に表明・保証させた。

　一方で，表明・保証が，買い手にとってリスク回避の手段として有効に機能するか否かは，売り手の責任能力や取引形態によって左右される点に留意が必要である。

　例えば，再生手続下にあるなど売り手に経済的な余裕がないケースや，取引形態が合併などで，契約相手である対象会社がM&A後消滅するようなケースでは，たとえ売り手から表明・保証を獲得し，それに違反する事項が後に発見されたとしても，その補償を売り手から受けることは現実的に困難である。また，TOBの場合など，売り手は不特定多数の株主になるため，それらの株主から表明・保証を取得することは事実上不可能である。

⑥　費用負担

　DD実施の費用など，当該取引に係る契約締結までの過程や，契約締結後クロージングまでの過程で支出される費用を誰が負担するのか定める。実務的には，売り手および買い手がそれぞれに生じたものをそれぞれが負担する事例や，

折半する事例などがある。

⑦　売り手と対象会社との間の契約の取扱い（個人保証，経営指導料，借入金，賃借料等）

対象会社がオーナー会社の場合，会社からオーナーに対し貸付けを行っていたり，逆に会社が金融機関などから融資を受ける際にオーナーが個人保証を行っているケースが見られる。このようなケースでは，最終契約書締結からクロージングまでの間に，オーナーである売り手と対象会社との間の金銭消費貸借関係，あるいは債務の保証関係などを清算することが一般的である。

また，売り手がグループ再編で子会社などを売却するケースでは，売り手と対象会社との間の経営指導料の授受や，事業所の賃貸借契約などについて，見直しを行うことが多い。

⑧　移行期間の業務（決算，税務など）

最終契約書締結からクロージングまでの間の対象会社の経営について，重大な変化が生じないよう，売り手に経営に係る善管注意義務を課す。

親会社である売り手が対象会社の経理機能を担っている場合は，買収後の最初の対象会社の決算について協力するよう義務づけるケースもある。

(2)　ポスト M&A にて対応する項目

「ポスト M&A にて対応する項目」とは，買収後のオペレーションを想定し，予め売り手と協議・合意しておきたい事項を述べるものである。「ポスト M&A にて対応する項目」をどれだけ規定できるかは，ビジネス DD において，どれだけポスト M&A をみすえた調査・分析を実施するかにかかっている。

①　競業禁止（避止）義務

売り手に対し，一定の期間，特定された地域において対象会社と競合する事業活動を禁止する条項である。売り手が，当該対象会社あるいは事業を売却しておきながら，これまでのノウハウや顧客基盤を元手に，新たな会社で競合行為を開始するような事態になれば，買い手が多大な時間とコストをかけて買収

した対象会社や事業の価値は，大きく毀損してしまう。このような重大なリスクを回避するために，契約上に競業禁止（避止）条項を盛り込むことが一般的である。

②　取引先の引継ぎ

　対象会社がオーナー会社である場合，取引関係が売り手であるオーナー個人の人間関係によるところが大きいことがあり，株主が第三者に代わることによって取引が縮小する可能性が，ビジネスDDにおいて指摘される場合がある。

　このような場合，取引先との信頼関係維持のため，株主に変更があっても取引条件に変更はない旨を当該M&A取引公表後直ちに取引先に説明するとともに，当分の間，旧オーナーには「顧問」等の役職で対象会社に残ってもらい，取引先の引継ぎを含め，経営の引継ぎに努力する旨を最終契約書に規定するという対応が考えられる。

③　従業員勧誘禁止義務

　クロージング後，売り手が対象会社の事業に従事する従業員を勧誘し採用することを禁止する条項である。意味合いとしては，①競業禁止（避止）義務と近い。

　人材の育成には時間とコストがかかっており，そのうえノウハウは人に蓄積されていることも多い。その人材がいなくなってしまっては，買い手にしてみれば当該M&A取引は意味を持たないものとなる可能性がある。この場合，売り手が積極的に従業員を勧誘することを禁止する条項を最終契約書に盛り込むことが考えられる。

④　役員の処遇

　対象会社の経営者が，営業面において相当の力量を持っているような場合，当該経営者がM&A取引後も当面継続して営業を担当しない限り，現行の売上高を維持することが難しいと判断されることがある。

　このような場合，当該経営者の特定期間（3〜5年）における在任と，この期間の収益性に応じた報奨金をインセンティブとして準備することを最終契約

書に規定することがある。

　当該経営者が早期の引退を希望している場合は，インセンティブプランに加え，役職（相談役あるいは顧問等の名誉職），勤務時間などその他の条件での調整を行い，在任を要請することもある。

⑤　従業員の処遇

　ビジネス DD において，当該 M&A 取引によってキーとなる社員が外部へ流出する懸念が報告されることがある。買収後もリテインが必要な社員がいる場合には，当該社員に対し，より魅力的なインセンティブプランを準備することを最終契約書に規定することが考えられる。また，報酬面だけでなく魅力ある活動環境（報酬以外の待遇，貸与機材，活動スペースなど）を準備することについても検討が必要である。

⑥　業務改善に関する取り決め

　ビジネス DD により過去の事業運営において，売り手の経営改善努力が不十分であったことが発見された場合は，これらの改善にかかるコストを買収価格に反映させるとともに，買い手が M&A 取引後すぐに新たな体制に移行できるよう，最終契約書で売り手に対し相応の改善努力を課すことも１つの手段である。

　たとえば，ある会社を買収する際に，業界水準と比較して採算性がきわめて低い事業の存在が判明したとする。この事業は，対象会社の主要事業を継続するためには不可欠かつ不可分な事業である。しかしながらこのまま低い採算性を放っておくことはできない。ビジネス DD において，採算性が低いのは「事業セクター全体の傾向」ではなく，「個別オペレーションが非効率」であることが判明している。このような場合には，売り手の責任において，クロージングまでに必要な経費削減等の改善努力を行うことを契約上で約束させる方法もある。

⑦　経営統合への協力

　ビジネス DD 期間中は，買い手側も売り手側も限られたメンバーだけが関

与しシナジーやアクションプランを策定するが，M&A 取引実行後は，営業，研究開発，購買，物流等の機能ごとに，買い手と対象会社の両者からメンバーを出し合い，シナジー実現の施策やアクションプランをより具体的に検討し，またアクションプランを実行に移す組織体を立ち上げるケースが一般的に見られる。M&A 取引完了後速やかに新体制への移行ができるように，このような経営統合を具体的に検討する組織体をいつまでにどのような設計で立ち上げ，売り手や対象会社はポスト M&A に最大限の協力をする旨を，最終契約書上で明示的に約束させることもある。

第*4*節　ディールブレイク

ブレイクも１つのオプション

　以上，ビジネス DD において発見されたビジネス上のリスクの取扱いについて述べてきたが，買い手にとって受け入れ難いリスクが存在することもある。事業計画を検証する中で，投資採算ラインに合うかどうか疑義が大きい場合や，ポスト M&A を見据えると対象会社の経営にどう関与していいか不透明である場合である。

　また第11章において解説したが，「競業禁止条項への抵触」，「Change of control 条項の問題」，「許認可，ライセンスに係る問題」などの「オーナーシップの移転による社外のステークホルダーとの契約関係」がもたらす発見事項は，ディールブレイカーともなり得る大きな問題であり，当該 M&A 取引を続行するべきか否かの意思決定を迫られる典型例である。このような場合，買い手は，ディールを中止するというオプションも採りうることを常に頭の中に置いておくべきである。

買い手には圧力がかかる

　買い手は「一旦手がけた M&A 取引は，どんなに手を尽くしてもなんとか成就させたい」，「大したリスクでないだろうから対応できるはずだ」，さらに，「このディールを中止にしてしまったら，自社の戦略に適合した案件がこの先果たして出てくるであろうか」と考えがちである。その不安を尻目に，社長は，アナリスト説明会等の際に「当社は，オーガニックグロース[11]と M&A の両方を成長戦略の手段と考えている」と話す。そして，事業部には「現状のビジネスを拡大するように」との命が下りてくるのと同時に，経営企画部には，「成長に資する M&A 案件を探してくるように」との命が下りてくる。

11　有機的成長のことで，自律的な組織力を向上させることにより，企業の成長を目指すこと。

　M&A はリスクが高い経営のツールであることは既に述べたとおりである。失敗すると傷が深い。「ここまで検討を重ねてきたのだから，多少のことには目を瞑って，この M&A 取引は成立させよう」と考えず，「これまでの検討」はサンクコストとして取り扱い，企業価値の向上に資する可能性が低い M&A 取引は，ディールをブレイクさせるべきである。

対象会社の傷も浅くはない

　ディールが不成立となると，対象会社は，DD 期間中に多くの内部情報を買い手に提供しているため，買い手が競合企業であった場合，敵にすべてをさらした丸裸の状態のまま今後市場で戦う状況に陥る。また，この時期になると，どんなに情報統制を厳しくしても，業界内に徐々に情報が漏れ始める。ある程度 DD が進んだ段階でディールが不成立になると，「よっぽど何か悪いものがあったのだろうか」などと，根も葉もない憶測や風説が業界内を駆け巡り，その後の事業運営に支障をきたす可能性がある。もし，ディールをブレイクさせるのであれば，早い段階のほうが対象会社にとっても傷が浅いといえる。

第*5*節　PMIへの反映

　ビジネスDDがカバーする領域は，対象会社の市場・業界環境からオペレーション全域にわたる。ビジネスDDは，バリュエーションや最終契約書の条件面の検討要素を提供する一面もあるが，同時にM&A後の経営の舵取りや統合プロセスをよりスムーズに進めるために当事者である対象会社の「現況」につき，重要な情報を得て，共有化する最初の機会であるため，M&Aによる価値創造の第1ステップと捉えることができる。

　なぜならば，ポストM&Aのフェーズにおいて，統合後のガバナンス（統治）能力を向上させ，統合プロセスをスムーズに遂行し，事業シナジー効果を実現していく上で，ポストM&Aのプロセスの的確さとスピード感が非常に重要となってくる。ポストM&Aのタイミングにおいて，対象会社への理解が不十分であるが故に新株主の方針が的確でなかったり，統治・統合の遂行が遅れると，新株主体制でのリーダーシップが損なわれ，M&Aによる価値の実現が困難となりかねない。

　Day 1以降に行われるPMIとしては「ビジョン・戦略」「組織・ガバナンス」「制度・システム」「機能・拠点」「業務プロセス」「風土・文化」など多岐にわたり，M&Aの目的に応じても重要度が異なってくる。同業種のM&Aにおいて，業務統合による事業シナジーを生み出すことを目的としている場合，機能・拠点や業務プロセス統合の重要度が高く，異業種同士ではあるが，それぞれの要素技術を組み合わせて新市場創造や，新技術開発を推進するようなことを目的とする場合，風土・文化の統合が重要となったりする。そういった観点で，ポストM&Aのプロセスにおいて，ビジネスDDの成果を有効に活用することを念頭にDDのスコープ設計を行い，実施することが求められる。M&A取引を成功に導くためには，全社横断的な強いコミットメントのもとDDを実施し，ポストM&Aの作業に取り組むことが不可欠である。

　先程，PMIの領域が多岐にわたることを示したが，どんなM&Aにおいても，「(1)ビジョン・戦略」「(2)組織・ガバナンス」「(3)制度・システム」の3つ

の領域については，共通して重要度が高く，ポスト M&A の成功の基盤となる要素と捉えることができる。これらの3つの領域において，DD の結果を反映することで M&A 取引を成功に導くための Day 1 以降の有効な活動の設計・実行が可能となるため，ビジネス DD の実施から PMI への反映におけるポイントを解説する。

■1 ビジョン・戦略への反映

　M&A の取引が成り立つ背景には，業界再編・業界構造の転換や，単独経営における限界，成長加速の必要性などが挙げられ，買い手も対象会社も既定路線で経営の舵取りを行うと，収益が低迷する可能性が高い業界／企業である場合が多く，転換期における戦略策定が必要なタイミングと合致しているケースが多くを占める。したがって，ビジネス DD においては，改めて産業構造や業界の潮流を捉え，対象会社のポジショニングや希少性や根源的な強みを見極めた上で，進むべき方向性を描くことが求められる。買い手が同業や隣接業界に属する場合は，そこに買い手企業の要素を加えた上で，両社で連携した場合の成長性・競争優位構築の方向性をビジョン・戦略として，整理しておく必要がある。

　ビジネス DD にかけられる時間は限られているため，買い手は，当該 M&A 取引の目的を達成するためにプライオリティが高い領域にフォーカスして作業を実施しなければならないが，ポスト M&A のプロセスにおいて，M&A 実施の意義をステークホルダへ説明する上で，よりよい未来を双方で創造する絵が描けていることが M&A 成功に直結するため，ビジネス DD のタイミングにおいて M&A 後のビジョン・戦略を描く上で必要な洞察を構築していることが重要となる。

　ビジネス DD で構築した洞察を基に，M&A に関わるステークホルダへ有効なビジョン・戦略の説明を行うことにより，共感・信頼関係を構築し，あらゆるサポートや経営資源を引き出すことに活用すべきである。

❷　組織・ガバナンスへの反映

　ポスト M&A の組織・ガバナンスのあり方については，ステークホルダへの利益を最大化するための機能・資源配置と意思決定プロセスの設計と履行がポイントとなる。

　組織統合を伴う合併の場合，組織構造を再定義し，各ポストへの人員配置を協議していく必要があるため，DD のタイミングから統合委員会の組成・運営を行い，Day 1 に向けて協議を重ねていく形となる。

　組織統合を伴わない子会社化やホールディング会社を活用したグループ経営体制構築の場合は，経営ガバナンスの設計を Day 1 に向けて固めていくことが重要となる。経営ガバナンスの設計においては，すでに述べた通り次のように整理される。

　(a)　ガバナンス体制　　　　　　　：経営体制・会議体，役割（責任・権限）
　(b)　目標設定・モニタリング　　　：目標設定，モニタリング方法
　(c)　評価・リテンションプラン　　：評価方法，リテンションプラン

　ビジネス DD の活用・反映という観点においては，利益の最大化を阻害している可能性のある対象会社のガバナンス体制の問題点を把握し，修正ポイントを明確化する点が重視される。たとえば，対象会社の置かれている事業環境においては本来長期的な観点で各種投資の意思決定を行うべきところ，非常に短期的・局所的な検討からしか投資の意思決定がなされていなかった場合，新体制においてはその点が解決される形で経営体制（マネジメントチーム）を配置し，会議体や各組織の権限で意思決定をしていく枠組みを整える必要があり，ここでもビジョン・戦略の共通認識が非常に重要となってくる。

　買い手によるガバナンスの設計においては，買い手自身のガバナンス体制と合わせるべきか否かの検討も行われるため，対象会社の既存のガバナンス体系を掌握することで，買い手企業との相違点の整理をしておく必要がある。この作業をビジネス DD において実施することにより M&A 後のあるべきガバナ

ンス体制の検討をスムーズに行うことができる。

　また，目標設定・モニタリング方法においても，現状の対象会社の実施方法とその背景理解をビジネス DD の中で行い，新体制での経営下において，変更すべき点をすぐに検討できるようにしておくことが求められる。新体制においては，経営目標設定の時間軸が短期化もしくは長期化することが多い。たとえば，未上場企業であった対象会社が単年予算のみを策定し，モニタリングを行う仕組みを運用しているが，買い手の上場企業は3カ年の連結での中期計画を運用している場合，対象会社も今後3カ年の中期計画を策定・モニタリングを行う体制の整備が必要となってくる。目標設定に関しては，M&A の目的を基軸に整理されたビジョン・戦略と整合した形で設定を行う必要があり，ここの一貫性が組織運営上非常に重要となってくる。

　評価・リテンションプランにおいては，親会社が使用している管理指標に準じる観点と，ビジョン・戦略および目標との整合性という観点から総合的に検討し，設計をすることが求められる。キーパーソンの把握と離職リスクや繋ぎ止めのポイントを把握することは重要で，ビジネス DD 時において，可能な限り確認を行うことにより報酬体系・リテンションプランの検討に組み込むことにより的確な設計を可能とする。

3　制度・システムへの反映

　制度・システムの統合領域としては，「経理・財務／会計処理」「管理会計／経営管理制度」「人事制度」「情報システム」「内部統制・コンプライアンス等各種社内規定」等が挙げられる。作業範囲にもよるがビジネス DD で重点的に確認すべき点は，「管理会計／経営管理制度」「人事制度」「情報システム」等の領域となる。

　ビジネス DD においては，先にも述べた通り，市場・業界環境からオペレーション全域にわたる外部環境・内部環境を確認していくため，現在および今後予期される事業環境に適合した制度が取られているかのチェックが可能とな

り，運用されている制度が時代遅れとなっていないかの確認を行うことで，問題指摘が可能となる。また，各制度の成熟度の評価も重要なポイントで，ビジョン・戦略を遂行する上で高度化を促進すべき領域とその方向について Day 1 までに整理ができており，Day 1 以降は具体的な PMI の作業にとりかかれる状況を作り出すことが重要と言える。

　これまで述べてきた通り，PMI の有効な遂行においてビジネス DD が果たすべき役割は多く，PMI への反映を見越したビジネス DD の設計に配慮し，ビジネス DD からの結果を積極的に PMI に反映・活用すべきである。

第13章

ビジネスデューデリジェンスの変型と応用例

第*1*節　M&A 取引の状況によるビジネスデューデリジェンスの派生

　前章までは，対象会社から内部情報や資料が開示，提供され，その情報をもとに調査分析を行うことを前提としたビジネス DD について解説してきた。

対象会社へのアクセスが限定的な場合

　M&A 取引には定型がなく，一つひとつの M&A 取引でストラクチャリングやバリュエーションの考え方が異なるため，実務においては，それぞれの M&A 取引に合わせて，ビジネス DD のスコープやフォーカスを変えている。

　本章においては，ビジネス DD が限定的にしか実施できない DD として，第2節でエクスターナル DD について，第3節でショート DD について解説する。

買い手以外の主体によって実施されるビジネス DD

　また本章では，買い手以外の主体者が実施するビジネス DD について，以下の4つの応用例を紹介する。

- ●売り手によるセラーズ DD（第4節）
- ●債権者によるビジネス DD（第5節）
- ●経営者によるビジネス DD（第6節）
- ●親会社によるビジネス DD（第7節）

図表13－1　ビジネスDDの種類

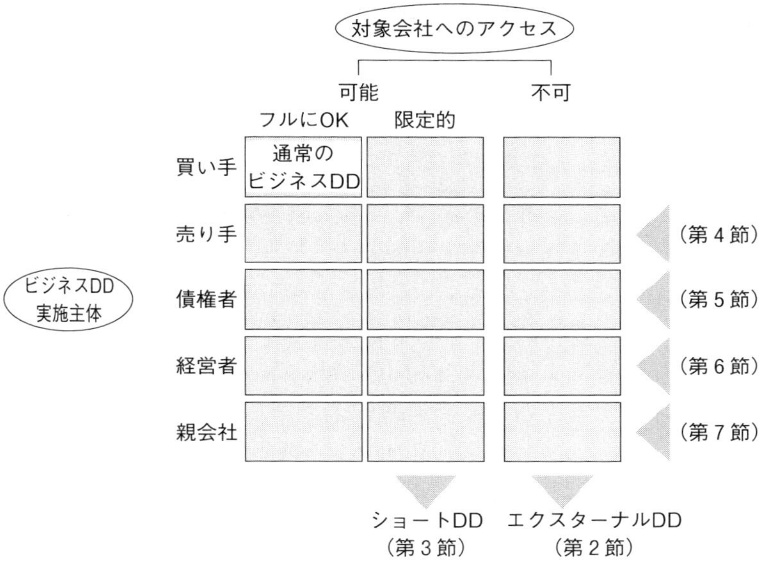

対象会社へのアクセス

	可能		不可	
ビジネスDD実施主体	フルにOK	限定的		
買い手	通常のビジネスDD			
売り手				（第4節）
債権者				（第5節）
経営者				（第6節）
親会社				（第7節）

ショートDD　　エクスターナルDD
（第3節）　　　（第2節）

第*2*節　エクスターナルデューデリジェンス

■ エクスターナルデューデリジェンスの概要

(1)　エクスターナルデューデリジェンスとは

　M&A 取引においては，何らかの事情によって，対象会社から内部情報が提供されず，インタビューも実施できない場合がある。

　本節で紹介する「エクスターナル DD[1]」とは，そのような場合に外部情報のみでビジネス DD を実施する手法のことをいう。なお，このエクスターナル DD に対して，内部情報にアクセスできる DD のことをインターナル DD と呼ぶ。

　エクスターナル DD はインターナル DD に比べて以下の2点の大きな制約がある。

- 調査分析に必要となる内部情報の入手（外部情報に頼らざるを得ない）の制約
- 事実確認（入手情報の確度や要因把握，確認が困難）の制約

(2)　エクスターナルデューデリジェンスでどこまでできるか

　エクスターナル DD も広義のビジネス DD であり，インターナル DD と同様に対象会社の「価値を生むしくみ」を分析する点では同じである。しかしながら，上記の制約があることにより，調査方法が限定される。

　エクスターナル DD においては，内部情報を得ることができないため，インターナル DD と同様の深度で，対象会社の「本質的な課題」や「価値を生

1　本書において定義しているエクスターナル DD は，ノンアクセス DD と同義である。

むしくみ」を把握することは難しい。

　やむを得ずエクスターナル DD しか実施できない場合であっても，仮に対象会社へのアクセスが可能となったときは，速やかにインターナル DD を実施し，エクスターナル DD の結果を検証することがリスクコントロールの観点から重要である。

2　エクスターナルデューデリジェンスが有効であるケース

　図表13-2 は，エクスターナル DD が行われるケースを，縦軸の対象会社からの協力の度合いと，横軸の M&A 取引の進捗プロセスにより整理したものである。ここにプロットした①〜⑤の 5 つのケースについて，以下解説する。

ケース①　買収する対象会社の選定

　最初のケースは，買収する対象会社の選定にあたりをつけるため，プレリサ

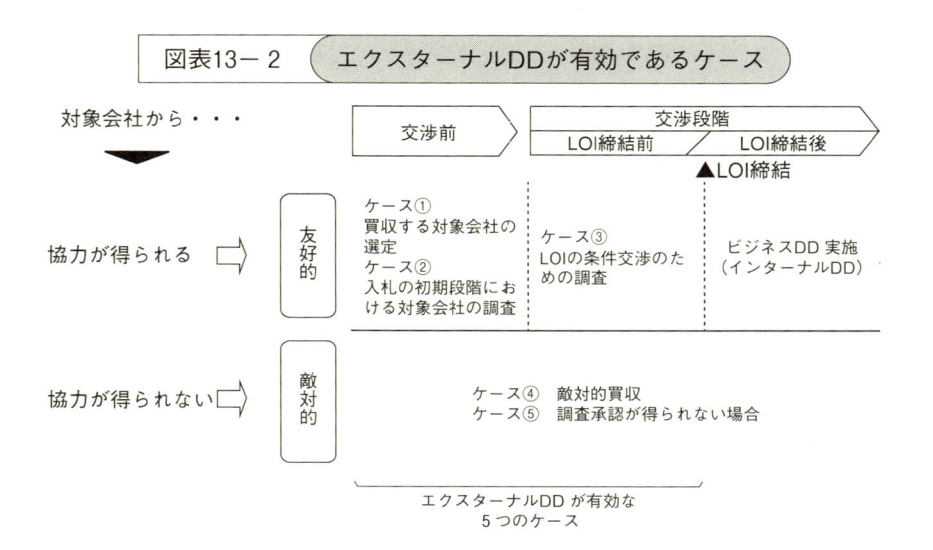

図表13-2　エクスターナルDDが有効であるケース

対象会社から・・・

		交渉前	交渉段階	
			LOI締結前	LOI締結後

▲LOI締結

協力が得られる　→　友好的
ケース①　買収する対象会社の選定
ケース②　入札の初期段階における対象会社の調査
ケース③　LOIの条件交渉のための調査
ビジネスDD 実施（インターナルDD）

協力が得られない　→　敵対的
ケース④　敵対的買収
ケース⑤　調査承認が得られない場合

エクスターナルDD が有効な5つのケース

ーチとしてエクスターナル DD を実施するケースである。

　この段階では，対象会社に買収の意図を伝えていないため，対象会社から内部情報が提供されない。したがって外部情報のみを情報源としてプレリサーチを行う。

ケース②　入札の初期段階における対象会社の調査

　次のケースは，入札の際に実施するエクスターナル DD である。入札は，ある企業の買収に対して複数社が買収の意向を表明している場合，売り手が交渉相手を絞り込むために実施される。

　入札の初期段階では，対象会社へのコンタクトが制限され，対象会社について詳細な内部情報が入手できないことがあるため，買い手はエクスターナル DD によって対象会社の情報を収集し，調査分析を行う必要がある。

ケース③　LOI の条件交渉のための調査

　M&A 取引の交渉を進めるうえで，LOI 締結は，M&A 取引のスキーム（枠組み），買収予定価格，停止条件など重要な条件を決める1つの節目となるタイミングである。

　LOI 締結前に，エクスターナル DD によって事前調査を実施し，対象会社の実態とリスクを早期に把握することは，誤った判断や意思決定の遅れを回避し，有利な交渉材料を持っておくための重要なリスクコントロールのプロセスでもある。

ケース④　敵対的買収

　敵対的買収を行う買い手は，秘密裡に交渉戦略や買収提案を検討しており，このような初期の検討段階において対象会社に接触することを想定していないことが多い。また，敵対的買収の場合，対象会社の経営者は買い手の提案に反対しているため，むろん DD の実施提案があってもこれを拒否する。

　このような敵対的買収の場合，買い手はエクスターナル DD によって対象会社の調査分析を実施することになる。

ケース⑤　調査承認が得られない場合

最後は，対象会社から，DD実施の承認が得られない場合である。

たとえば，ある会社が，非上場のグループ子会社を第三者へ売却することを検討しているとする。売り手である親会社は，当該グループ子会社株式の株価算定やストラクチャリングのために当該グループ子会社について調査を実施する必要がある。しかしながら，当該グループ子会社側が他社に売却されることに難色を示す場合，当該グループ子会社は親会社に詳細な内部情報の提示を渋る。このような場合，親会社が当該グループ子会社の実態を知るためには，当該グループ会社に対してエクスターナルDDを実施するしかない。

近年，持株会社の形態が増加している。持株会社がグループ子会社の組織再編を実行したいとしていても，対象となるグループ会社のマネジメントは，概してグループ再編には消極的であり，調査協力の要請に対して抵抗感を示すことが少なくない。また，持株会社側も「グループ内の摩擦を極力避けたい」というメンタリティを持っているため，グループ会社に対してビジネスDDの実施を目的とした接触を避けたがる傾向にある。グループ経営が叫ばれて久しいが，持株会社によるグループ会社に対するガバナンス[2]が弱く，子会社の経営状態を十分に把握していないケースは実は多い。このようなケースにおいては，限られた情報をもとにエクスターナルDDを実施することにより，グループ会社の実態を把握することとなる。

３　インターナルデューデリジェンスとの相違点

エクスターナルDDといっても，ビジネスDDの作業ステップは，これまでに紹介してきたビジネスDDのステップと同様である。

しかしながら，エクスターナルDDとインターナルDDの作業内容には，実務上，多少の相違点がある。本節においては，「①ビジネスDD計画の策

2　ガバナンスとは，企業統治のことを意味し，企業を健全に運営するためのしくみのことをいう。

定」,「②事業構造分析」,「③業績構造分析」,「④分析結果の整理」の各ステップにおける相違点を解説する。

(1)　ビジネスデューデリジェンス計画の策定

「①ビジネスDD計画の策定」は，エクスターナルDDにおいても最も重要なステップである。

調査範囲（スコープ）は入手可能な情報の深さによって限定されるが，この時点では仮説ベースで調査範囲を定義しておくことが望ましい。

(2)　事業構造分析

「②事業構造分析」は，入手可能な外部情報のみを基軸とするエクスターナルDDにおいて，分析の範囲，深さに影響を受けるステップであるが，インターナルDDとは，相違点ばかりではなく，類似点もある。

たとえば，マクロ環境分析，市場動向分析，競争環境分析は，その情報収集，分析手法に至るまで実施内容にインターナルDDとの違いはない。インターナルDDにおいても，情報源は，MDB[3]や矢野経済研究所といった外部調査機関や証券会社のアナリストレポート等の外部情報がもとである。

一方，ビジネスプロセス分析は，エクスターナルDDでは多少苦労する分析である。対象会社のバリューチェーンについて適切に機能別に分解し，競争優位となっている特長を見つけ出すことが重要であることは第5章で述べたとおりであるが，エクスターナルDDでは，その分析を外部の立場から推測するしかない。

事業構造分析のステップにおいては，内部インタビューを実施することはできない。そのため，本来であれば内部インタビューで分析の仮説検証を実施するところであるが，可能な限り外部の業界知見者などへのインタビューや外部調査会社を活用することで仮説検証の精度を高めることが必要である。

3　MDB：Marketing Data Bank。日本能率協会総合研究所の情報提供サービス。

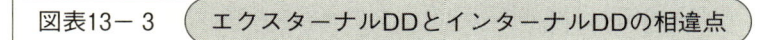

図表13－3　　エクスターナルDDとインターナルDDの相違点

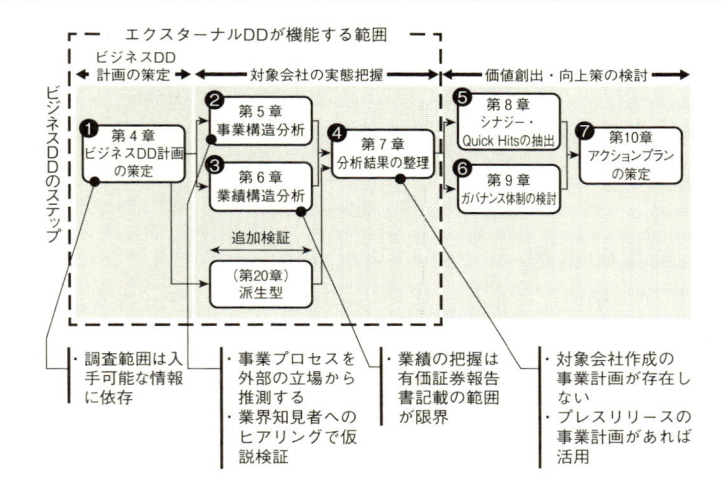

(3)　業績構造分析

　「③業績構造分析」は，対象会社から内部情報が提供されないため，分析の範囲，深さともに限定的にならざるを得ない。エクスターナルDDでは，対象会社が上場企業の場合，有価証券報告書，会社リリース情報など，入手可能な公表情報のみを頼りとして業績構造分析を実施することになる。

　エクスターナルDDにおける業績構造分析では，対象会社が上場している場合，その分析の視点はほとんど事業（製品）単位である。これは，業績把握に有効な情報源である有価証券報告書の多くが自社の業績を事業（製品）別で記載していることによる。つまり，エクスターナルDDでの業績構造分析の視点は有価証券報告書の開示内容に左右されるといっても過言ではない。しかしながら，会社によっては，複数事業を単一のセグメントにくくった形で記載しているものがあり，把握したい事業単位での分析が困難な場合も多い。

　競合他社のベンチマーク分析において実施するROA[4]，ROE[5]，ROIC[6]分

4　ROA：Return on assets。総資産利益率。
5　ROE：Return on equity。自己資本利益率。
6　ROIC：Return on invested capital。投下資本利益率。

析は，初期分析として重要であるが，これらは有価証券報告書レベルの情報で実施可能なため，エクスターナル DD においても実施することができる。

エクスターナル DD では，インターナル DD に比べて，データが圧倒的に不足しているため，入手できないデータをいかに論理的に積み上げ，意味のある数字を創り出すかが鍵となる。この作業は手間のかかる作業ではあるが，価値の高い情報となることが多い。

(4) 分析結果の整理

「④分析結果の整理」は，インターナル DD とエクスターナル DD とで作業内容が異なる。

インターナル DD であれば，対象会社が策定した事業計画をベースとして，事業構造分析の結果，業績構造分析の結果や財務 DD などのその他 DD の結果から，対象会社が提出してきた事業計画を修正することとなる。

しかしながら，エクスターナル DD では，対象会社作成の事業計画が入手不可能であり，財務 DD も実施されない。このような状況の中で，対象会社の過去実績および事業構造分析の結果，業績構造分析の結果から事業計画を作成しなければならない。買い手はプレスリリースなどの数値だけを頼りに修正事業計画を策定することになる。

Column

エクスターナル DD で使える技

エクスターナル DD において，対象会社の有価証券報告書は重要な情報源である。しかしながら，有価証券報告書は，その会社の事業状況や財務状態，経営成績などを一般投資家を含めた投資家全般に公開することを目的としており，DD を実施する側が必要とする情報の範囲やレベルで記載されているとは限らない。有価証券報告書を分析すると，必ずといってよいほど，その記載内容に関して質問事項が生じるものである。

このような場合の対応策としてお勧めするのは，対象会社の IR 広報室に直接電話をして質問するという技である。最近の上場企業は，IR 戦略の一環としてディスクロージャーを積極的に行っているところが多く，親切丁寧に対応してくれることが多い。

ただし，この技は，直接対象会社に電話をすることになるため，その M&A 取引の状況，エクスターナル DD の性質や買い手企業と対象会社との関係などを考慮したうえで十分な配慮のもと，実施することが必要である。投資家対策が万全な企業は，IR 広報室への電話内容を録音していることも多い。軽率な発言や質問は控えることを肝に銘じておきたい。IR 広報室に問い合わせる際には，誠実な態度で臨むことが大切である。

第3節　ショートデューデリジェンス

1　ショートデューデリジェンスの概要

　ショートDDとは，対象会社へのアクセスは可能であるが，現場での作業実施期間が極端に短い場合に簡易的に実施するDDのことである。

　対象会社のビジネスの特性上，データルームを限定的な期間しか開設できない場合がある。長い期間，データルームを開設しておくと，社内に情報が漏れやすくなるため，長期間にわたるDDを対象会社が嫌がることは多い。また，季節変動が大きいビジネスの場合，通常業務に比較的影響が少ない期間にデータルームを開設しようとすると，DD期間が限定的になってしまうこともある。このような場合に，通常よりも期間を短く設定してDDを実施する。

　また，子会社を多数保有する企業がM&A取引の対象となっている案件では，多くの子会社群に対して同時にビジネスDDを実施する必要がある。調査分析にかけられる時間の制約や，重要性の観点から，ビジネスDD実施の対象会社には優先順位を付すが，優先度の低い会社に対しては，ショートDDによる簡易的な調査分析が実施される。

❷　ショートデューデリジェンスにおける留意点

　通常のビジネス DD との比較におけるショート DD の留意点は以下の5つである。なお，ショート DD の場合であっても，実施する作業は，本書において解説したビジネス DD と同様である。

図表13－4　　ショートDDにおける留意点

ショート DD における留意点
①　調査範囲の擦り合わせを慎重に，丁寧に実施すること
②　投入する人的資源を十分に確保すること
③　対象会社にアクセスできる期間をインタビューで埋めること
④　事前の資料提供依頼は，メッシュを細かくすること
⑤　アフターフォローの機会を設けてくれるよう依頼しておくこと

①　調査範囲の擦り合わせを慎重に，丁寧に実施すること

　調査範囲の擦り合わせにおいては，調査範囲の広さと深さを検討するが，ショート DD の場合は，作業する調査範囲の擦り合わせを，通常よりも特に念入りに実施することが重要である。これは，第4章において解説した「ビジネス DD 計画の策定」のステップのことである。

　たとえば，対象会社の同業や周辺業界のストラテジックバイヤーが買い手である場合，対象会社のビジネスモデルや業界環境について詳しく知っているものであるが，一部の情報については全くこれまで触れる機会がなかったなど，入手している情報に濃淡がある。ビジネス DD の期間が限定されている場合は，買い手が「これだけは確認したい」と考える特定の項目に的を絞って実態把握を実施することが実務的には最も効率性が高い。

　一方，フィナンシャルバイヤーが買い手であれば，断片的な特定の情報よりも，業界における対象会社の位置づけ，SWOT 分析[7]などによる対象会社の業界における強み・弱み，短中期的な市場環境の変化など，全体像の把握に焦

点を当てることを望むケースが多い。これは，投資委員会のメンバーが投資案件の全体概要を理解したうえで，投資判断を行いたいと考えるためである。

　作業のやり直しがきかないほどビジネスDDの期間が短い場合，具体的な作業に着手する前に，調査範囲の擦り合わせを慎重に丁寧にじっくりと実施することが重要である。

②　投入する人的資源を十分に確保すること

　第三者のコンサルティング会社に依頼せず，買い手が社内メンバーを使ってショートDDを実施する場合，日常業務を持っている社員に特命業務としてプロジェクトに入ってもらうことがある。

　ショートDDでは，調査範囲を限定したとしても，やるべきことは期間に関係なく一定量ある。したがって，DDの期間が短い場合には，担当メンバーは短期間に莫大な作業量をこなす必要が生じてくる。ついては，担当メンバーは日常業務から解放し，専任扱いとし，さらに外部リソースを活用するなどにより，DDに投入する人的資源を十分に確保することが必要である。

　また，DDは買い手の大きな意思決定に資する情報の入手，分析作業であるため，担当メンバーの体力や気力の消耗は激しい。1週間という期間であっても労務管理上のケアが必要である。

③　対象会社にアクセスできる期間をインタビューで埋めること

　対象会社の対応の都合上，対象会社にアクセスできる期間が1週間しかないという場合，その1週間をいかに効率的に使うかに話は尽きる。作業の優先順位づけに十分な配慮が必要ということである。

　DDにおいては，対象会社から内部情報を得ることが最優先であり，その最も重要な手段はインタビューである。したがって，外部インタビューやドキュメントレビューは，対象会社へのインタビューを行っていないときに行えばよい。対象会社とアクセスできる期間は，可能な限り，対象会社へのインタビュ

7　主にマーケティング戦略や企業戦略立案で使われる分析のフレームワークで，組織の強み（Strength），弱み（Weakness），機会（Opportunity），脅威（Threat）の4つの軸から評価する手法のこと。

ーを実施することが望ましい。

④　事前の資料提供依頼は，メッシュ[8]を細かくすること

インタビューには，事前に対象会社のビジネスや実態を理解したうえで臨み，インタビューの内容は，事前に想定した仮説を検証するだけになることが望ましい。

そのためには，インタビューに先だって，細かいレベルまで落とした資料を提出してもらい，その分析を済ませたうえで，インタビューに臨む。ショートDD においては，資料提供依頼も 1 回しかできないことを前提に，通常よりも細かい単位で資料提供依頼を行う。

なお，資料提供依頼やインタビューの詳細については，第15章を参照されたい。

⑤　アフターフォローの機会を設けてくれるよう依頼しておくこと

DD 実施者[9]は，限られた期間の中でインタビューを実施し，インタビューの前後に，詳細な分析を実施する。インタビュー後は，どうしても対象会社に確認したい論点が出てくるものである。1 日でよいので，DD 実施後，条件交渉の期間に，再度対象会社とインタビューができる機会をあらかじめ設定しておきたい。これによって，より精度が高い分析が期待できる。

以上，第 2 節および第 3 節においては，ビジネス DD が限定的にしか実施できない DD として，エクスターナル DD およびショート DD について解説した。

次節以降においては，「買い手」とは逆の立場，つまり，「売り手」から見たM&A 取引の進め方や売却価格の考え方について，さらに「買い手」や「売り手」以外のステークホルダーによるビジネス DD の類型について解説を行う。

8　メッシュとは縦横に組まれた網のようなものを指すが，ここでは情報の細かさを意味する。
9　ビジネス DD は，買い手が自社で実施する場合や，アドバイザーに作業を委託する場合があるが，ここでは，その両者を含めて，実際にビジネス DD の作業を実施する人を DD 実施者と呼んでいる。

第*4*節　セラーズデューデリジェンス

1 セラーズデューデリジェンスとは

(1) セラーズデューデリジェンスが重要視される背景

　日本においては，会社の売却経験がある経営者は増加中ではあるが，M&A と聞くと眉をひそめ，自社が M&A 取引に巻きこまれるなど，全く想定していない経営者はまだ多い。そのような会社が，「お宅の会社を売ってほしい」と買収を打診された場合には，まさに想定外のことで，どのように対処したらよいのか途方に暮れることになる。

　M&A 取引に関する専門書は，買い手の視点から論じたものが多く，売り手の立場から記述したものは見当たらない。本書も，第12章までは，買い手の立場に立ってビジネス DD を解説してきた。

　本節では，これまでとは逆の立場，つまり，「売り手」の立場に立ったセラーズ DD について解説する。

　特に本節においては，以下の立場から実施するセラーズ DD を念頭に置いて解説する。

- 売り手と対象会社の経営者が同一人物でない場合における売り手の立場
- 売り手と対象会社の経営者が同一人物である場合（オーナー企業）における経営者（オーナー）の立場

　なお，売り手と対象会社の経営者が同一人物でない場合についての対象会社の経営者による DD については，本章第6節において「経営者によるビジネスデューデリジェンス」として，解説する。

(2)　セラーズデューデリジェンスの定義

　セラーズ DD とは，売り手が，売り手の立場から対象会社に対して DD を実施することである。

　売り手は，これまで対象会社の株主だったわけだから，対象会社の実態や企業価値については，セラーズ DD を実施するまでもなく，知っているのが当然ではないのかと考えられがちであるが，現実はそうではない。意外と自分の会社の実態については，知らないものである。

　セラーズ DD において実施する調査範囲はビジネス面に限らない。財務や法務の分野等も含まれる。しかしながら本書では，本書の趣旨に鑑み，セラーズ DD の中でもビジネス面の DD について解説する。

(3)　セラーズデューデリジェンスの目的

　セラーズ DD の目的は，対象会社（自社）の適正価値を把握し，価格や条件交渉において何が論点になるかを事前に把握することである。

　M&A 取引における価格交渉では，売り手および買い手の間で，双方が納得する落としどころを探りながらギリギリの攻防が行われる。

　買い手は，高値で買収した際には，「買収価格が高すぎたのではないか」と批判を受けることがあるかもしれない。しかしながら，買い手は，買収後の経営努力によって，対象会社の企業価値を当初計画以上に大きく高めることができれば，その批判を和らげることができる。

　一方，売り手は，対象会社の所有権を手放してしまうため，売却後に何らかの手を打つことは，もはやできない。稀ではあるが，「安く売りすぎたのでは」という批判が出た場合には，売り手は，売却価格に至った経緯をもとに，売却価格の意味を論理的に説明し，納得させるしかない。そのような事態に備えるためにも売り手にとってセラーズ DD は意義がある。

(4)　セラーズデューデリジェンスの重要性

事業計画の準備

　M&A 取引における価格の値頃感は，対象会社が買い手に最初に提出する事業計画の内容や M&A 取引の性質に左右される。

　売り手は，セラーズ DD を実施することによって，売却価格を示唆する「セラーズバリュー」を算出するもととなる事業計画を，交渉のあらゆる局面を想定して，戦略的に練ることが可能となる。

買い手の意図を事前に把握

　売り手は，自社のどの部分が強みとなっており，どこに潜在的なリスクが潜んでいるかについて，あらかじめ認識しておくことが必要となる。

　リスクについては，買い手もビジネスDDを実施する際に焦点を当ててくる可能性があるためである。売り手は，セラーズ DD を実施することによって，買い手から指摘されそうな事項に対して事前に対応策を講じておく，あるいは質問に備えて想定問答集を作成しておく，などの準備をすることが可能となる。

(5)　買い手にとってのセラーズデューデリジェンスの意義

　売り手がセラーズ DD を実施することは，買い手にとっても好ましいことである。

　買い手は，M&A 取引終了後，早期にシナジー効果を実現させ，買収価格以上の価値を創出させたいと考えている。売り手がセラーズ DD により対象会社の適正な価値を自己認識してくれれば，買い手はスムーズな価格交渉を実施することができる。そうすると買い手は価格交渉において不必要なエネルギーを使う必要がなくなり，ポスト M&A により多くのエネルギーをかけることができる。

❷　バリューストラクチャの検討プロセス

　第12章までは，主に買い手目線から M&A 取引における重要なフレームワークであるバリューストラクチャを解説してきた。セラーズ DD においてもこのバリューストラクチャは重要なフレームワークである。

　以降では，売り手目線からこのバリューストラクチャを解説する。

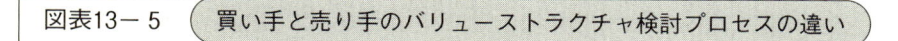

| 図表13－5 | 買い手と売り手のバリューストラクチャ検討プロセスの違い |

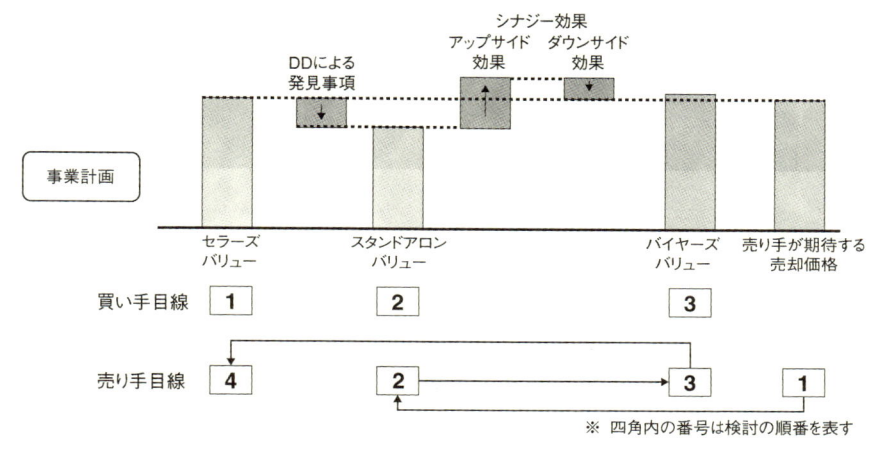

➔ 売り手は，売却想定の金額をもとにセラーズ
　バリューのもととなる事業計画を提出する

(1)　買い手目線のバリューストラクチャ

　買い手目線のバリューストラクチャでは，買い手は対象会社から受領した事業計画をもとにセラーズバリューを算定し，ビジネス DD 実施後にスタンドアロンバリューを把握し，シナジー効果の影響を加減してバイヤーズバリューを出していくというプロセスを経ると解説した。

(2)　売り手目線のバリューストラクチャ（図表13－5　売り手目線1）
売り手が期待する売却価格

　セラーズ DD における売り手目線のバリューストラクチャでは，最初に，売り手としていくらで売却したいかという「売り手が期待する売却価格」を自己認識することから始まる。

　売り手は，M&A 取引前は，対象会社の株式の所有者であり，過去に当該株式を取得するための対価を支払っている。株式を取得することは投資に他ならないため，売り手は株式を保有してきた期間の期待利回りを当然のように期待する。

　オーナー会社の場合は，オーナーが資本金を拠出している。オーナーとして，

対象会社の事業を拡大させてきたことに対する思いが詰まっており，この深い思いに対して金銭的な対価を期待するオーナーも少なくない。

　売り手は，対象会社の従業員の雇用の継続などの要求が満たされることを前提にして，過去に支出した投資額やその期待利回り，対象会社に対する思いといった観点から，「このくらいの価格で売却できればよいな」という数字を想定しているものであり，一般的には，高い方が望ましいと考えるものである。それが「売り手が期待する売却価格」である。

売り手目線によるバリューストラクチャ検討プロセス（図表13―5　売り手目線①～④）

　売り手は，「売り手が期待する売却価格」（①）を把握すると同時に，対象会社の過去業績をもとにして本来の実力値としてのスタンドアロンバリュー（②）を算定する。もし売り手として「売り手が期待する売却価格」について皆目見当がつかない場合は，スタンドアロンバリューを算定するところから始めてもよい。

　スタンドアロンバリューを把握した後は，買い手候補の事業環境や事業構造を分析した上で，シナジー効果を算定し，バイヤーズバリュー（③）がどれくらいになるかを概算する。

　算定したバイヤーズバリュー，スタンドアロンバリュー，「売り手が期待する売却価格」を十分に比較検討した上で，売り手はセラーズバリューの落としどころを定め，当該セラーズバリュー（④）に落ち着くように事業計画を策定する。

　以上のように，売り手目線のバリューストラクチャの特徴は検討のプロセスが買い手目線のバリューストラクチャの検討プロセスとは異なるところにある。

3　売り手にとっての各バリュー

　以下，売り手にとってのスタンドアロンバリュー，バイヤーズバリュー，セ

ラーズバリューの概念とその算定方法について解説する。

(1)　売り手にとってのスタンドアロンバリュー

スタンドアロンバリューの定義

　スタンドアロンバリューは，「対象会社が現状のまま事業を継続した場合の価値」である。

オーナー企業におけるスタンドアロンバリュー

　非上場のオーナー企業は，市場株価がついていないため，バリュエーションを実施しない限り，自社の企業価値を定量的に把握する術がない。対象会社の事業の実態を最もよく認識できるのは，内部情報に日々接している対象会社の経営者，つまりオーナーである。このため，オーナー会社が社内で算定する「スタンドアロンバリュー」は，基本的には精度が高いと考えられるが，手塩にかけて育ててきた自社の価値はもっと高いと思い込んでいるオーナーは少なくない。

　逆に稀なケースではあるが，オーナーが自社の価値を低く見積もり過ぎていることもある。

自分の車を売るとしたら

　ここで会社の売却プロセスをイメージするために，自分の愛車を売却することを想定して解説する。

　自分の愛車を売却する際には，どのような戦略をとるのであろうか。まず，車の状態をチェックするはずである。雑誌を見たり，中古車店に足を延ばし，同様の中古車の販売価格を調査する。また，「走行距離」，「ボディ上の傷の有無」，「事故歴の有無」などの値付けの際のチェックポイントについてもリサーチを行う。

自分の会社を売るとしたら

　自分の会社を売却する場合も中古車の売却と同じである。まずは，「自分の会社は，何が評価されて，どの程度の金額で売却できるのか」について調査す

る。これがセラーズ DD である。「どの程度の金額で売却できるか」を知るためには，2つの方法がある[10]。取引事例を探す方法と，フェアな価格を算定する方法である。

取引事例を探す

「取引事例を探す方法」の場合には，業種やビジネスモデルが類似した企業の事例を探す。その類似事例における取引対象会社の売上，収益，資産等の指標と実際の売却価格の情報を入手し，それらの情報を参考にして，自分の会社の取引価格を推計する。

フェアな価格を算定する

「フェアな価格を算定する方法」の場合には，自社の現状や過去の実績および事業計画をベースとして，事業分析を行い，それにもとづいて，企業価値を算定（バリュエーション）する。

狭義のスタンドアロンバリュー

ここで論点となるのは，どの事業計画を使うかである。図表13―6の「(a)狭義のスタンドアロンバリュー」は，最も保守的に見積もった事業計画をもとに算定した企業価値である。会社によっては，特定の社外ステークホルダー（メインバンクなど）への説明用に事業計画を保守的に策定することがある。現場の各部署が多少の「糊しろ」を持ち，計画値を十分に達成可能なレベルに置く場合である。

広義のスタンドアロンバリュー

一方で，企業は平時から「こうしたらもっと利益をあげられる」という企業価値向上のための施策をいくつか描いているものである。長年棚上げになっていた業務改善の施策など，やればできる施策である。しかしながら通常業務で

10　本来であれば，バリュエーション上，コストアプローチによる算定も含まれるが，ここではバリュエーション上最も用いることの多いマーケットアプローチおよびインカムアプローチの2つの方法を想定している。

忙殺されている，人事異動があったのでできなかった，などの理由で実施されていないものが多い。これらの施策を実施したと仮定した場合の企業価値が「(b)広義のスタンドアロンバリュー」である。やればできる施策であるため，対象会社が有している潜在的な価値であるといえる。

　高値で売却したい場合は，この「(b)広義のスタンドアロンバリュー」をスタンドアロンバリューとすればよいが，買い手がビジネスDDにおいてこれらの施策の実現性が低いと判断した場合は，これらの施策のバリューは認めてもらえないと考えたほうがよい。まだ実現していない価値だからである。

図表13− 6	２つのスタンドアロンバリューとバイヤーズバリュー

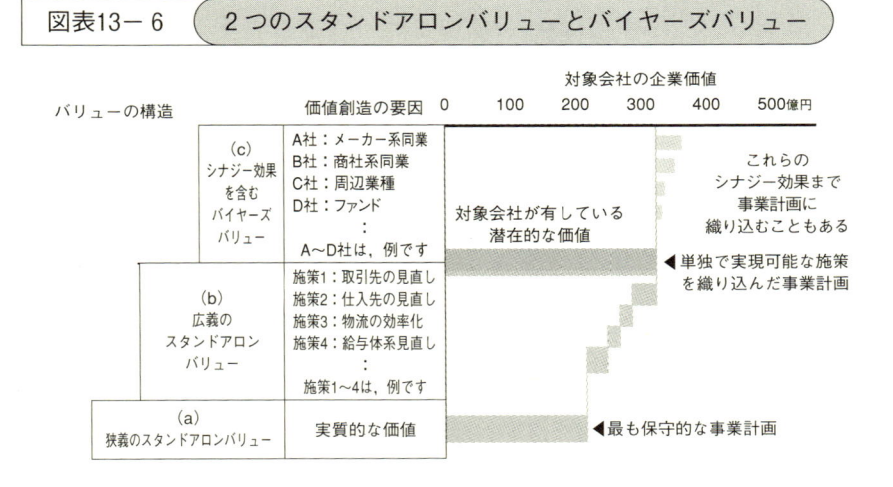

(2)　売り手にとってのバイヤーズバリュー

対象会社の潜在価値

　バイヤーズバリューは，スタンドアロンバリューに，買い手が新たなオーナーとなることによって実現できるシナジー効果を織り込むことによって算定される。図表13− 6 では，「(C)シナジー効果を含むバイヤーズバリュー」がこれにあたる。

自分の車を売るとしたら，高く売る努力をする

　自分の愛車を売却する場合に戻って説明すると，売り手は少しでも高く売る

ために，自分の愛車を磨いて綺麗に見せようとするのではないだろうか。外装にワックスをかけ，車の内部を掃除し，できるだけ新品に近づける努力をする。オークションで売る場合は，高い値がつくように，照明を工夫して写真写りをよくするなどの努力も行う。

　その後は，一番高く買ってくれる中古車店を探す。たとえば，四輪駆動車を高く評価する店，外国産車を高く評価する店，走行距離が少ない車を高く評価する店など，中古車店によって評価の視点が異なる。自分の愛車を最も高く評価してくれる中古車店を探すわけである。

　その後，価格交渉を開始し，合意に達すれば，車の譲渡手続きを進めていく。このようにして，最終的に愛車が売却できたら，売却資金は他の使途，たとえば海外留学の資金などに使うことができる。

想定されるシナジー効果を定量化する

　シナジー効果には，買い手が新たに株主となることによって創出される売上増や，事業統合による共同事業の展開，新製品の共同開発による研究開発の効率化や，設備や工場の共同利用によるコスト削減効果などがあげられる。

　シナジー効果は買い手の経営資源があってはじめて実現できるものが多く，期待できるシナジー項目およびシナジー効果の内容は，買い手が誰なのかによって異なる。

シナジー効果は誰のものか

　ここで議論になるのが，買い手が将来創出するシナジー効果の分までを，売却価格に含めるか否かである。

　シナジー効果は，本来，買い手が享受すべきものであるという議論がある。しかしながら現実は買い手の当該 M&A 取引にかける期待や意欲，支払能力を，売り手が推測し，売り手もシナジー効果の一部を享受するのが最近の傾向である。実際，ある外食チェーンがある小売業の会社を買収した事例においては，競争入札になった結果，買い手が提示した買収価格の実に7割以上がシナジー効果による価値であった。

　アーリーステージのベンチャー企業やネット関連企業など，M&A 取引が活

発に行われ，転売が繰り返されているような業界においては高値がつきやすい。一度高値で買収してしまうと，転売する場合に，さらに高い価格で売却しないと，キャピタルロスを被ることになる。このような場合に，高値を正当化するための説明としてシナジー効果が持ち出されることが多い。

　シナジー効果は，売り手が享受できる余地がある一方で，その実現可能性については，買い手の責任において検証されなければならない。売り手にとっては，シナジー効果は，より高い価格で売却するための極めて使い勝手のよいカードといえる。

(3)　売り手にとってのセラーズバリュー
売り手にとってのセラーズバリュー

　M&A取引において価格交渉の出発点となるのはセラーズバリューである。

　したがって売り手にとって「スタンドアロンバリュー」，「売り手が期待する売却価格」，「バイヤーズバリュー」をもとにセラーズバリューの落としどころ

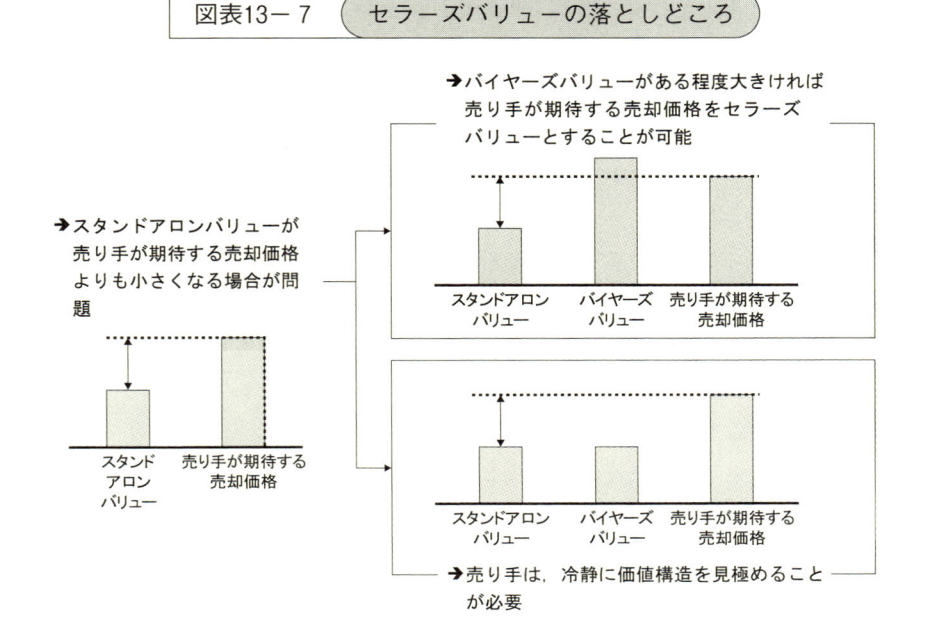

図表13−7　セラーズバリューの落としどころ

を探るプロセスは極めて重要となる。

スタンドアロンバリューと期待する売却価格との比較

　売り手がまず比較検討するのは，スタンドアロンバリューと「売り手が期待する売却価格」との差である。

　「売り手が期待する売却価格」がスタンドアロンバリューを下回る場合は問題ないが，その逆の場合は，バイヤーズバリューがいくらかが重要である。

　バイヤーズバリューが，「売り手が期待する売却価格」を上回る場合は，スタンドアロンバリューが小さくとも，売り手は買い手にシナジー効果が多く見込めることを説明することで，価格交渉が成立する可能性がある。このような場合，売り手は，セラーズバリューを「売り手が期待する売却価格」の近辺とすることに一定の合理性をもつ。

　一方，スタンドアロンバリューのみならずバイヤーズバリューも「売り手が期待する売却価格」を下回る場合は，売り手が高値での売却に対して過度の期待を抱いている可能性がある。売却を急いでいない場合は，ディールが不成立に終わることを覚悟しつつ高値での売却にチャレンジするのも一策ではあるが，一般的にはこのような場合，売り手は対象会社の本来の価値について冷静に見直し，過度な期待値を修正した方がよい。

　実際の事例であるが，ある対象会社の営業利益率が過去5年間継続的に1％弱で推移していた。ところがこの対象会社が買い手に提出した事業計画は，経済環境が変化しないにもかかわらず，売上高が倍増し，営業利益率が5％まで上昇するといった過度に強気の事業計画であった。売上高が倍増する背景となる明確な根拠が示されていなかったため，買い手は，ビジネスDDを実施し，買い手目線の事業計画に修正した。

　このような状況になると，売り手は誠実さに疑問をもたれてしまい，交渉上，逆に不利になる可能性がある。

　バリューストラクチャを分析することは，売り手にとっても多くの示唆を得ることになる。売り手は，セラーズDDを実施したうえで，適切な事業計画を買い手に提供し，交渉に十分な備えをしておくことが重要である。

第5節　債権者による
ビジネスデューデリジェンス

　次に，買い手以外の主体者が実施するビジネス DD として，債権者による
ビジネス DD について解説する。

1　債権者によるビジネスデューデリジェンスの
対象会社

対象会社は再生企業

　債権者によるビジネス DD が実施されるのは，対象会社が再生企業である
場合が多い。

　再生企業とは，現状は経営状況が思わしくない状況にあるものの，今後，窮
境要因を取り除いて，経営のやり方を変えれば再生の見込みがある会社であり，
具体的には，以下のような状況にある会社のことを指す。

- 時価ベースでの総資産額を債務額が実質的に上回っている実態債務超過の
  状態にある会社
- 時間を置かずにその状態になることが予見されている状態の会社

　このような会社のエクイティバリューは実質的にはゼロであるため，事実上，
会社は債権者のコントロール下に置かれることになる。なお債権者には，金融
機関だけでなく，対象会社の債務を保有している再生ファンドなども含まれる。

❷ 債権者によるビジネスデューデリジェンスの特徴

2 つの特徴

　債権者によるビジネス DD は，債権者が貸付先である対象会社（債務者）にどのように対処するのかを判断するために実施される。

　債権者が実施するビジネス DD の特徴は，以下の 2 つである。

- ビジネス DD 実施者は，第三者（のコンサルタント）であること
- ビジネス DD の建前上の依頼主（コスト負担者）は債権者ではなく，対象会社（債務者）であること

ビジネス DD を第三者に依頼する背景

　債権者は，対象会社（債務者）の経営状態が悪化した場合であっても，貸付条件などを緩和した方が，倒産させるよりは回収額が大きいと判断する場合に支援を継続する。

　支援継続の場合，リスケジュールなど貸付条件を緩めることが必要となるため，対象会社（債務者）の事業の将来性はどうなるのか，再生の見込みがあるのかを見極めることが必要となる。

　この見極めは，対象会社（債務者）が策定した事業計画をもとになされることになるが，経営を窮境に陥らせた対象会社（債務者）が策定する事業計画に対する信頼性は債権者の立場からみると高いとはいえない。

　それは，対象会社（債務者）が，債権者からリスケジュールなどの支援を得るために，債権者に見放されない範囲内で意図的に悲観的な事業計画を策定する可能性を排除できないからである。また逆に，同じ理由で意図的に楽観的な事業計画を策定している場合もある。

　そのような場合に，債権者は，事業計画策定のプロセスに第三者（のコンサルタント）を関与させるのである。

　しかし，そもそも事業計画を作成する役割は対象会社（債務者）にあるため，

第三者（のコンサルタント）への建前上の依頼者は，債権者ではなく，対象会社（債務者）というたてつけが多い。

❸　債権者によるビジネスデューデリジェンスのタイミング

　債権者によるビジネス DD は，対象会社の経営状況に応じて，法的整理前のビジネス DD（リスケジュール時の DD，再生途上のモニタリング時の DD）と，法的整理時のビジネス DD がある。

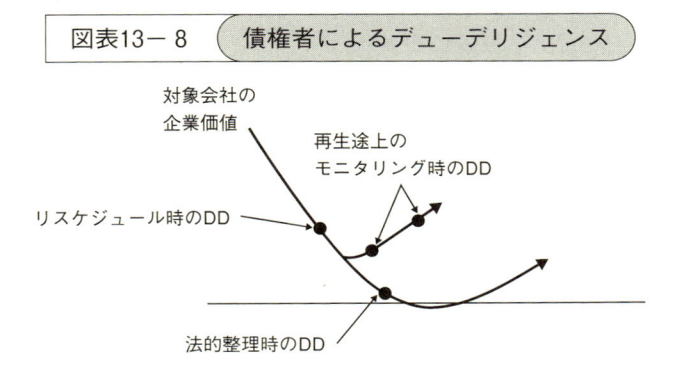

図表13－8　債権者によるデューデリジェンス

（1）　法的整理前のビジネスデューデリジェンス

リスケジュール時の DD

　債権者によるビジネス DD という場合，対象会社（債務者）による債務返済が滞る法的整理前の段階で実施されるビジネス DD を指すことが多い。法的整理に至る前に債務返済の貸付条件を緩めるために実施するビジネス DD が，リスケジュール時の DD である。

再生途上のモニタリング時の DD

　債権者は，このリスケジュール時の DD において第三者（のコンサルタン

ト）を関与させて対象会社（債務者）に事業計画を作成させるが，その後も，対象会社の経営状況に多大な関心を寄せている。

そのため債権者は，定期的に対象会社の経営環境や業績の推移を同じ第三者のコンサルタントにモニタリングさせることが多い。これが再生途上のモニタリング時の DD である。

(2) 法的整理時のビジネスデューデリジェンス

法的整理時のビジネス DD

再生が事業計画どおりに推移しない場合，対象会社が法的整理に入ることがある。その場合にも事業計画の内容について，ビジネス DD が実施される。

この場合のビジネス DD は2通りある。債権者のために実施される点は共通であるが，建前上売り手側（対象会社である債務者側）か，買い手側（新たなスポンサー側）かという違いがある。

法的整理時の売り手側のビジネス DD

法的整理時のビジネス DD の1つは，建前上売り手側（対象会社である債務者側）に立って，債権者に対象会社の事業実態を説明するとともに，一定の額の債権放棄などを促すためのビジネス DD である。

このビジネス DD は，債権放棄が債権者の経済合理性に適うか否かが最大の論点となるため，債権者の経済合理性の判断基準である「清算配当率（債権に対する利回り）」が，破産時と比較して高いことを確認することが，ビジネス DD の目的の1つとなる。ビジネス DD 実施者は，事業実態を把握した上で，債権者に求める債権放棄の金額と，清算配当率を常に念頭に置きながら，事業計画や資金返済計画を作成することになる。

法的整理時の買い手側のビジネス DD

法的整理時のビジネス DD のもう1つは，買い手側（新たなスポンサー側）の目線から対象会社の事業実態を把握するためのビジネス DD である。

このビジネス DD においても，売り手側のビジネス DD と同様に，債権者の経済合理性を満たすことが必要となる。加えて，買い手の「より安い価格で

買収したい」という思いを汲み，債権者の経済合理性が成り立つ範囲内で，キーパーソンの流出などのリスク要因を加味して事業計画を作成する。

実務上の取扱い

　本来，この2つの観点によるビジネス DD は，主体者が異なるため，別々に実施されるべきものであるが，実務上は新たなスポンサーが実施するビジネス DD の内容が他の関与者に開示される形をとることがある[11]。

法的整理時はスピード勝負

　法的整理時は，レピュテーションの問題から取引先が対象会社と取引を停止するリスクや，対象会社のキーパーソンが流出するリスクなどが存在する。このような事業毀損を最小限にとどめ，債権者の経済合理性に資するためにも迅速な DD 対応が求められる。

11　買い手側（新たなスポンサー側）が実施するビジネス DD に基づく事業計画は，買収価格を低くするためにリスク要素を過度に織り込んでいる可能性がある。この可能性を排除できない場合，債権者は，買収価格が低くなるリスクを回避するために，複数のスポンサーを募ることがある。

第*6*節 経営者による ビジネスデューデリジェンス

　ある会社の経営に新たに参画する予定の経営者が，短期間で会社の実態を把握する場合に，ビジネス DD を実施することがある。

　たとえば欧米企業が日本企業を買収する場合，あるいは対象会社が再生企業である場合などに，外部の経営陣を招へいすることがある。マスコミや世間からの注目度が高く，話題性がある会社の場合，早急に何らかの計画を打ち出さなければならない。しかし，着任当初は，新経営陣は，まだ会社の実態を把握していない。このような場合に新経営陣は自らの指揮のもと，部下やコンサルティング会社などを利用して，自社内の状況について，ビジネス DD を実施することがある。近年，外部から経営者が招へいされるケースは，増加傾向にある。新たに経営に参画する際に実施されるビジネス DD は，今後増加していくと見られる。

第 *7* 節　親会社によるデューデリジェンス

　わが国では，右肩上がりの時代が終わり，「選択と集中」が叫ばれて久しいが，グループ再編はこれまで十分に実施されてきたとは言い難い。

　親会社によるビジネス DD が実施されるグループ再編には，主に以下の 3 つのケースである。

- グループ子会社を売却する場合
- グループ内再編を行う場合
- 部門を売却する場合

1　典型的な 3 つのケース

(1)　グループ子会社の売却

　日本企業には，グループ子会社を管理することをミッションとするグループ経営管理部や経営企画部などの部署がある。しかしながら，これらの部署では，決算などの数値管理が主たる業務になっており，各グループ子会社が実際にどのような事業活動を実施しているのか，それらの経営の実態がどうであるのかを詳細に把握していないことがある。子会社のビジネス領域が親会社のコアビジネスから遠く離れている場合，子会社のビジネス構造自体を理解していないこともある。

　またグループ子会社を管理する部署の社員にとっては，子会社の経営陣が，昔の自分の上司であるなど，管理・指導する立場をとりにくい場合も多い。

　このように，グループ子会社の事業実態の把握が十分にできていない構造の中で子会社を売却する必要がある場合，事前にビジネスDDを実施することは，親会社にとって必須であるが，一方大きな困難を伴う作業となることが多い。

(2)　グループ内再編

　傘下に多くのグループ子会社を擁している場合，類似の業務内容や機能をもつ子会社が複数存在することがある。そのような子会社を統合させることがグループ内再編の典型例である。またグループ内再編では，複数のグループ子会社から類似する機能を部門として切り出して，これらの部門を 1 つの会社に統合することもある。

　類似の機能といっても，営業エリアの重複の度合い，商品やサービスのクロスセリングの難易度など，統合の対象となっている会社や部門のビジネスモデルを詳細に分析してみないと，統合によるメリットがどの程度得られるかは，わからない。統合のメリットが薄いにもかかわらず統合してしまうと，業務は逆に非効率になってしまう。

　また同じグループの子会社であるといっても，実際には各グループ子会社のカルチャーや価値観は微妙に異なる。特に新たに M&A 取引で買収した子会社と，もともと長年グループ傘下にあった子会社が統合する場合は軋轢が生まれやすい。グループ子会社同士は，近くて遠い関係であるとみた方がいいケースは多い。

　グループ内再編においては，このような微妙な関係性の中で，後々禍根を残さない意思決定をするために，あらかじめ再編の対象となっているグループ子会社の実態について把握しておくことが，再編をスムーズに進める第一歩である。そのために事前のビジネス DD が重要となるのである。

(3)　部門売却

　会社全体ではなく，会社のある一部門だけを売却することがある。カーブアウトといわれる，特定の事業部を売却する M&A 取引である。これ以外にもグループ内にシェアードサービスセンターを作る場合など，経理や人事などの特定の機能の切り離しを行うこともある。

　それまで 1 つの会社であった組織の一部を切り離す場合は，切り離し対象となっている組織と，経営管理や経営企画などの既存組織との関係を，業務上どう整理するかという問題が生じる。特定事業部の売却の場合であっても，他の事業部の購買部に材料仕入れを依存しているなど，バリューチェーンを他事業

部と共有していることもある。そのような場合，売却対象事業と業務上接点の
ある既存組織の業務については，一緒に売却するのか，あるいは業務委託の形
にするのかなど，基本的な絵を描くことが必要となる。

　特定の部門や機能を売却することによって，どのような影響が売却対象部門
および既存組織に出てくるのかを知っておくために，事前準備としてビジネス
DD が必要となる。

❷　親会社による ビジネスデューデリジェンスの実務上の意義

　以上のようなグループ再編において実施されるビジネス DD は，親会社に
よる事業構造の把握だけでなく，以下の 3 点において実務的な意義がある。

交渉論点の把握

　買い手との条件交渉においては，事前に事業上の交渉論点を把握できる点で
意義がある。

　たとえば親会社が，売却対象となっているグループ子会社や特定部門と取引
を行っている場合，「売却後も 1 年間は条件を固定して継続取引を行う」など
の条件を書面に織り込むことが多い。ビジネス DD は，どういう項目を議論
しておく必要があるのかを事前に把握するために有効である。

適切な価値の把握

　買い手との価格交渉において，事前に売却する子会社や部門の適切な価値を
把握できる点で意義がある。

　親会社は，グループ子会社や事業部の業績を，グループ内の仕切り価格など
をもとにした管理会計上の数値で管理していることがある。しかしながら売却
の際のバリュエーションでは，実態ベースの収益力が問われる。そのため，ビ
ジネス DD を実施することによって，売却対象となっている子会社・部門の

実態ベースでの価値を把握することが必要である。

ポスト M&A の姿の明確化

　ポスト M&A において事業体制をスムーズに構築する点で意義がある。

　ポスト M&A の第一歩は，当該 M&A 取引後の自社の姿を明確化することである。売却対象となっている子会社や部門と既存組織との線引きを明確にすることにより，ポスト M&A の姿が見えてくる。ここでもビジネス DD は，ポスト M&A の姿を明確にする第一歩として位置づけられる。

第14章

対象会社にとっての
デューデリジェンス受入

第 *1* 節 本章の概要

　第14章ではこれまでとは目線を大きく変転して，対象会社にとっての DD について解説する。

　買い手（売却候補先）が絞られてくると，対象会社は，DD を受け入れる段階を迎える。本章で解説するのは，対象会社が DD を受け入れる際の留意点である。

　第2節では，買い手からの膨大な量の資料請求や Q&A シートによる質問事項，インタビューなどを乗り切るための効率的な DD 受入体制について解説したうえで，DD の受入に際して対象会社の社内で混乱が起きないよう，対象会社における留意点について述べる。

第*2*節　デューデリジェンスの受入時に注意すべき事項

(1)　デューデリジェンス実施者には遠慮がない

　対象会社において，DD の受入体制が十分に組織化されていないと，ビジネス，財務，法務などの各 DD 実施者から，対象会社の各部署に対して，バラバラとインタビュー依頼や資料提供の依頼がくる。

　しかしながら，DD 実施者が知りたい情報は，どの DD 実施者もほぼ同様の内容である。調査の観点が異なるだけであり，結局のところ，各 DD 実施者の依頼に対して対象会社側ではほとんど同じ人が対応することになる。自分の会社のことを社外の人に論理的に説明できる人材は，実はきわめて限られている。そうすると必然的に，その人材にすべての DD 実施者からのインタビューや資料提供依頼が集中する。DD の開始当初，DD 実施者は，対象会社の基本的なビジネスのしくみを知るために，初歩的な質問を何度も繰り返す。対象会社がこのような質問に答えるストレスを乗り越えた頃，DD 実施者は，対象会社の中にビジネス DD に積極的に協力してくれる人材を見つけ出す。DD 実施者は，このような協力的な人と一度名刺交換をしたら，その人に個別にメールや電話攻勢をかけ，資料を収集してくれるよう要求し，インタビューのセットを依頼する。

　はじめは良心的に対応していた対象会社の人も，何度も同じことを聞かれると嫌気がさしてくる。それでも睡眠時間を削って真摯に対応していると，ある日突然体力の限界を迎える，という状況に陥ってしまうことになりかねない。

(2)　対象会社は追い詰められる

　DD は，構造的に DD 実施者からの要求に応える形で進んでいく。対象会社は，基本的に受け身である。そうすると，対象会社の人は，DD 実施者の声が威圧的に聞こえてしまい，「買い手の依頼に応えなければいけない」ような錯覚に陥ってしまう。

　対象会社は，DD 実施者からのリクエストに埋もれ，何から手をつければよいのかわからず，結果として対象会社の社内は大混乱に陥る。

(3)　本来交通整理は FA の役割

　DD 実施者からのインタビュー依頼や資料提供依頼の交通整理は，売り手側の FA（Financial Advisor）が担当することが多い。しかし，時として，その FA も対象会社の DD の受入を現場レベルまで仕切れない。

　DD の受入に際して，対象会社の社内が混乱しないためには，対象会社側においてハードおよびソフトの両面から，DD 受入体制を築いておくことが必要である。ハード面とはデータルームの設置のこと，ソフト面は DD 窓口の設置のことである。以降，それぞれについて解説する。

第*3*節　デューデリジェンスの受入体制

❶　ハード面：データルームの設置

(1)　データルームとは

　DD を受け入れる対象会社には，DD の作業を実施するメンバー専用の部屋を一定期間設置することが多い。この作業場所を「データルーム」と呼ぶ。

　ビジネス DD の作業場所は可能な限り，対象会社内の，他のスペースとは隔離された会議室を貸し切って行うのが望ましい。なぜなら，当該 M&A 取引が進行中であることは対象会社の一部の社員のみにしか知らされていないためである。情報の流出を回避するために，たとえ他のスペースと隔離されていても窓や扉の開閉により DD 担当者の会話内容がデータルーム外に漏れないよう，細心の注意を払う必要がある。

　データルームの主な機能は，DD で使用する資料を一時的に保管すること，対象会社と DD 実施者とのコミュニケーションをとることである。

　情報管理の観点からセキュリティが施されたインターネット上で資料の受渡しを実施するバーチャルデータルーム（Virtual Data Room：VDR）を活用することも特に入札案件を中心に増えてきている。VDR については後述するが，ここではリアルのデータルームについて解説する。

(2)　インタビュー実施のスペースの確保

　DD においては，インタビューを随時行う。データルームは，人の出入りが多いため，データルームでインタビューを実施することはあまりない。データルームの近くにインタビュー用の会議室を別途確保しておくことが効率的である。

(3) データルーム運営ルールの策定

　データルームの運営に際しては，事前に一定のルールを設けることで，売り手および対象会社のDD受入負担を軽減することができる。

　たとえばデータルームの利用時間について一定の制限を設けることや，入室について事前届出制とすることで，膨大となりがちなDDチームの中で常に誰がデータルームを利用しているのか管理することが可能になる。このほか，Q&Aについては，五月雨式に質問を受けることにならないよう，毎日一定の受付締切時間を設定し，当日の質問事項を明確に区切るといった仕組みを作ることでより効率的なデータルーム運営が可能となり，DD受入負担の軽減に寄与する。

　なお，売り手もしくは対象会社のコストとなるが，データルーム内にコピー機は予め準備しておきたい。これはデータルーム内の資料についてDD実施者がコピーを取りたい際に，都度対象会社担当者にコピーを依頼するのでなく，DD実施者が自らコピーを取ることで，対象会社の負担軽減となるためである。コピー機の短期のリース料など，金銭面での負担は増えるが，対象会社の作業負担は確実に減ると見込まれる。

(4) バーチャルデータルームの利用

　昨今，会議室に資料を置いて閲覧するリアルのデータルームではなく，インターネット上で買い手にデューデリジェンス用の資料を提供するバーチャルデータルーム（VDR）の利用が増えてきている。VDRを用いる利点として，DD実施者には，時間・場所・人数を問わずにデータにアクセスすることができる利便性に加え，追加資料提出のための郵送やEメールによる資料送付時の情報流出リスクの回避やデータルーム用の会議室の確保が不要となるなど，売り手および対象会社の情報管理の観点からも望ましい一面がある。ただし，VDR利用に係るコストは売り手が負担する必要があること，原則としてすべての必要資料をPDFなどにデータ化する必要があるといった手間ついては，留意が必要である。

図表14－1	通常のデータルームとVDRの比較

	通常のデータルーム	バーチャルデータルーム（VDR）
概要	・対象会社もしくは社外の会議室をデータルームとして物理的に設置し，紙媒体にて資料を開示／閲覧	・Web上の空間（バーチャルデータルーム）を通じ，電子媒体にて資料を開示／閲覧
必要手続き	・会議室の確保 ・什器の搬入・設置 ・開示資料の搬入	・VDR業者との契約 ・資料のスキャニング／登録
対象会社の利便性	・既存の紙媒体資料をそのまま提供可能 ・追加情報等を郵送・email等で提供する機会が増え，情報流出事故等のリスクが高まる	・紙資料のデータ化が必要 ・DD実施者への情報提供ルートが一元化されており，流出事故リスク低減に寄与
DD実施者の利便性	・都度データルームに訪問する必要あり	・インターネット環境があれば，24時間，どこからでもデータアクセス可能
売り手のコスト	・会議室の賃料 ・データルーム管理費用（人件費，コピー機リース料等）	・VDR業者への手数料
買い手のコスト	・データルームまでの移動交通費 ・移動時間に係る専門家の時間報酬	・特になし

2　ソフト面：デューデリジェンス窓口の設置

(1)　役　割

　次に，ソフト面での対応である。DD の受入体制において重要な点は，DD の最前線に DD 窓口担当者を設置することである。この DD 窓口担当者には，大きく 2 つの役割がある。

①　依頼への対応

　1 つ目は，買い手からの資料提供依頼やインタビュー依頼に対応することである。DD 実施者は，短期間に広範囲にわたる調査分析を行わなければならない。

　買い手側がDDを円滑に進めることができなければ，価格交渉において社内管理体制の不十分さをリスクと認識され，これが交渉材料として使われることにより，売却価格の交渉に影響を及ぼしたり，最悪のケースでは破談になるケースも起こりうる。それを回避するためにも，効率的なDD窓口体制を整えておく必要がある。

　対象会社において，売却されることに嫌悪感を抱いた社員が，恣意的に資料の提出やインタビューの設定を妨害したため，DDが円滑に実施されなかったというケースが数年前にあった。これにより買い手と対象会社の間には，大きな不信感が生まれ，結局本件は破談に終わった。実は，本件は，業界4位の企業による業界2位の企業の買収案件であったため，自分たちの会社よりも格下の会社に買収されたくないというプライドが対象会社の社員に強かったこと，同業者へ情報の流出を極度に嫌ったことが，その行動の背景にはあった。これは何も特別なケースではない。多くのM&A案件で似たようなことは起きている。

　DD窓口担当者は，こういった買収されることに嫌悪感を抱く社員にも，なんとか動いてもらい，DD実施者からの質問やインタビュー依頼に対応していかなければならない。

②　買い手の興味のありかを探ること

　DD窓口担当者の役割の2つ目は，買い手の興味のありかを把握することである。DD窓口担当者が買い手からの質問を一元管理しておくことにより，買い手がどこに価値，あるいはリスクを感じているかを把握することができる。特にDDの終盤は，買い手にとって最も関心が高い論点に質問が集中する。

　このような状況の中において買い手の興味のありかに関する情報をDD期間を通じて収集しておくと，対象会社は交渉の論点をあらかじめ想定することができる。これらの論点は，ポストM&Aにおいても論点になることが多い。

　DD窓口担当者は，単に質問対応を行うだけでなく，ポストM&Aの準備としても重要な役割を担うのである。

(2)　留意点

　次に DD を受け入れる側の留意点について解説する。本節では，下記の5つを留意点として取り上げた。

図表14－2　DDを受け入れる側の留意点

> DD を受け入れる側の留意点
> ①　社内事情に精通した人を確保する
> ②　情報フローを確立する
> ③　機密事項の流出を防ぐ
> ④　1回の回答で買い手を納得させる
> ⑤　社内コンセンサスを確立させる

留意点①　社内事情に精通した人を確保する

　DD では，短期間に会社を丸ごと調査しなければならない。買い手側は，かなりの人数を DD に動員して，一気に作業にとりかかる。ところが，対象会社側は，何名かの担当者が日常業務の傍ら，DD 実施者からのリクエストに対応する，という体制しかとれていないことが多い。

　このような体制の場合，DD 実施者の作業スピードのほうが圧倒的に速いため，DD 実施者から「早く資料を出してください」，「早くインタビューをセットしてください」という圧力がかかる。対象会社が迅速に対応してくれないと，DD 実施者は，短期間で作業を実施しなければならないため，作業が遅れるのではないかと心配になり，さらに大きな圧力をかけてくる。DD においては，対象会社は，依頼された情報を提出すればいいという受け身の立場にあり，圧力がかかると心理的にますます追い込まれてしまう。

　そこでまずは，社内事情に精通した人を確保することが必要である。願わくは，そのような人を複数確保したい。いくらセンスがよく，頭の回転の速い人がいたとしても，1人で DD 実施者のリクエスト全てに対応することはできない。資料を実際に作成する人，保管されている資料を早く探し出せる人，現

場とのコミュニケーションをとるのが上手な人，現場を統括できる人を集結させ，ビジネス DD 関連の作業を最優先に行う体制にする。特に DD 窓口担当者には，豊富な社内ネットワークをもち，スピーディーに作業をこなす優秀な人材をつけ，その DD 窓口担当者に大きな権限を渡すことが望ましい。M&A や DD 自体の機密性が高いため人選に苦慮することが多いが，上記のような有能な人材は，人材育成の観点からも，常識的な範囲で幅広く巻き込むとよい。

　以前，ビジネス DD の対象会社側の窓口担当者が副社長だったケースがある。このケースでは，依頼に対して，広範囲な社内ネットワークと絶大な権限で，迅速に資料の手配がなされたため，DD の作業はきわめて順調に進んだ。

　この体制を実現するためには，業務の繁忙期を避けて DD を行うことも必要である。DD では，特に数字に関することは，経理・財務関係の担当者に質問が集中することが多い。年度末の決算時期等は回避して DD の日程を組みたいものである。

| 留意点② | 情報フローを確立する |

　DD を円滑に進めるためには，DD 実施者からのリクエストを対象会社の対応者に取り次ぎ，可能な限り早く対応する必要がある。このためにはまず情報フローを確立し，その情報フローに従って DD を進め，無駄な業務を発生させないことが必要である。

インフロー

　インフローは，リクエストが DD 実施者から対象会社に入ってくるフローである。具体的な内容は，DD 実施者からの質問事項や資料提供依頼，インタビューの要請などである。DD 実施者からの質問内容は，対象会社のビジョンや企業戦略などハイレベルのものから，各年度の減価償却費の額，費目の内訳などに至るまで，その内容とレベルはさまざまである。これらを的確かつスピーディーに，回答可能な対応者に質問を振り分け，資料を依頼しなければならない。

　大規模なディールの場合，図表14－4のようなリクエストシートを使用し，一括管理することをお勧めする。

図表14－3　ビジネスDDの情報フロー

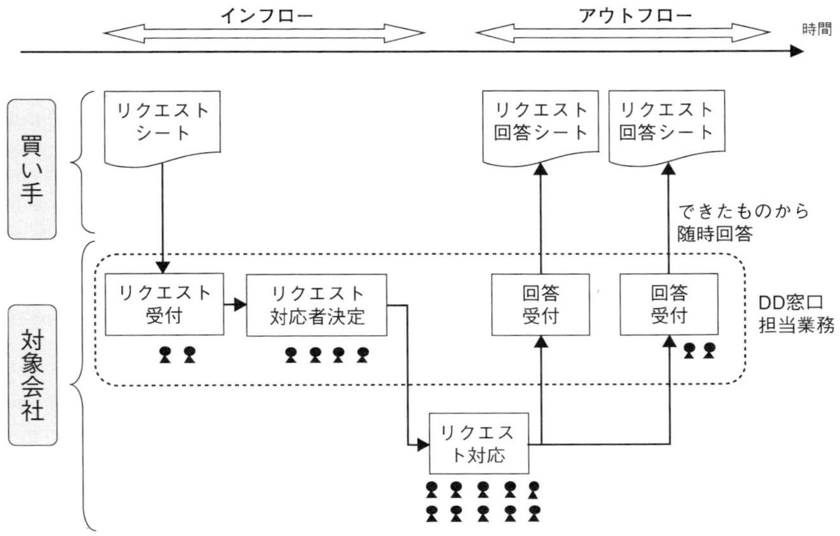

　DD実施者からのリクエストは，すべてリクエストシートに記入してもらい，1日に1～2回，決められた時間までにDD窓口担当者に提出してもらう。実務上は，メールによって情報を受け渡しするが，その際，個人のメールアドレスを使うと，DD実施者からのリクエストメールがその他のメールに混じり，重要なリクエストを見落とす可能性があるため，DD窓口専用のメールアドレスを用意しておくことが望ましい。

　DD窓口担当では，これらのリクエストシートを受領したら，誰が適任かを判断したうえで，対応者を決め，速やかにその対応者に連絡をとり，リクエストへの対応を始めてもらう。リクエストの内容に不明な点があれば，事前にDD窓口担当者からDD実施者に確認をとる。

アウトフロー

　アウトフローとは，受け付けた質問をDD実施者に返すフローである。リクエストシートを使用する場合，電話でのやり取りとは異なり，その場で回答

図表14－4 リクエストシート（例）

依頼元	通番	質問日	分類	質問対象	質問相手	質問/資料請求	関連する質問番号	質問	回答	備考	回答日（窓口）	回答済（窓口）	回答者（回答対）	処分担当者	登録ステータス（11/24）	優先
ビジネスDD（XX）	1	11月17日	ビジネス	XX事業部		質問		売上計画の策定根拠について説明下さい。	ヒアリング時にも回答しました通り、モデルごとの積上げで売上高計画は策定しております。また一方、市場規模を推測し、セクターごとのシェアを予測し、作成した計画の妥当性を検証しています。		11月27日	回答/対応済み	加藤氏	兼吉	済	
ビジネスDD（XX）	2	11月17日	ビジネス	XX事業部		資料請求	1	XX顧客向けの製品別出荷金額と出荷台数（過去5年分程度～20X5年度実績）をご提供下さい。	別紙参照		11月22日	回答/対応済み	立花氏	兼吉	済	★
財務DD（監査法人XX）	58	11月18日	財務	XX事業部		資料		XXカンパニーの子会社であるXX社のX X社のX X承認に関して、分社後の・1項目関係の計画のところであるが、X X事業に関わる資産・負債を切り出したX X事業関連に関わる負債の見積等の資料で提示下さい。			11月24日	回答/対応済み	小高氏	渡邊	済	
税務DD（税理士法人XXX）	148	11月18日	税務	XX子会社	千綿様	資料請求		20X1年3月期における地方税申告書一式（各提出先全て）をご提出下さい。			11月24日	回答/対応済み	佐藤氏	兼吉	済	
法務DD（XX法律事務所）	316	11月18日	法務	XX環境センター		質問資料提出	7	売却した不動産及び売却予定の不動産について環境調査を行っているかどうかお知らせください。また、調査を行っている場合には、当該調査報告書をご提出ください。			11月20日	回答/対応済み	森氏	高田	済	

を返せない。対象会社側によるリクエストへの回答は，準備できたものから順次返していく。順次返すとはいっても毎朝9時，毎日17時などのタイミングを設定して回答する形をとる方が混乱が少ない。その上で，緊急度の高い質問に対しては個別対応を行う。

DD窓口担当者は，各対応者から回答記入済みのリクエストシートを受け取り，その内容を確認した上で，DD実施者に回答記入済みリクエストシートを返す。ビジネスDD，財務DD，法務DDの担当など，多くのDD実施者が関与している場合，必要に応じて，回答記入済みリクエストシートを関係者全員に送付し，DD実施者の間で情報の共有が可能な状態にしておく。これは，各DD実施者からの質問の重複をできる限り避けるためである。

また，細かい点であるが，ファイル名に資料提供依頼の番号を付けることも効果的である。番号を付けておくことで，資料の整理になるだけではなく，追加の問い合わせが発生した際に，対応者に確認して回答するという対応プロセスをスムーズに行うことができる。なお，複数の部門から資料が提出される場合，番号の付け忘れが発生しやすくなる。DD窓口担当者は，各部門から送られてくる資料に通し番号をつけ，リクエスト内容，回答資料，回答部門，ステータスを一元管理することを徹底させることが望ましい。

留意点③	機密事項の流出を防ぐ

対象会社は，常に，情報漏えいのリスクと背中合わせにある。買い手と対象会社は，機密保持契約を締結しているが[1]，DDによって，情報が買い手に渡ることは事実である。仮に，当該M&A取引が成立しなかった場合，この機密情報は，競合先であるかもしれない買い手に流出したままになってしまう。したがって，ここで重要なのは，あらかじめトップマネジメントを含めて，機密情報について，どこまで提供してよいかの判断基準とそれを誰が判断するかの方針や認識を合わせておくことである。さらにDD窓口担当者には，その判断ができる人を1人は置いておく必要がある。

1　通常，機密保持契約には，買い手がDDにおいて知った情報は第三者に流出させない，本件以外の目的では使用しないという内容が含まれている。

　対象会社のコアコンピタンスを形成するものには，機密事項が多い。DD 実施者や買い手は，このような情報こそ知りたいと考えている。買い手の中には，対象会社を本気で買収する気がなく，「入札で勝てなくていい。対象会社の情報を入手することに価値がある」と考え，入札に参加する企業もある。

　対象会社は，買い手に渡った情報が，本来の主旨とは異なる目的で使われるリスクがあることにも留意しておかなければならない。

Column

喫煙室での話は最大の情報流出源！

　対象会社が，DD の際に最も気をつけなければならない情報流出源はどこであろうか？　それは，喫煙室である。逆に DD 実施者にとっては，喫煙室は生の情報の宝庫であり，我々の世界には，世間話をしながら，本音を聞き出すのが得意な “喫煙室諜報員” と呼ばれる兵（つわもの）もいる。

　細かい話ではあるが，対象会社にとっては，喫煙室を DD の際に野放しにしておくのはよくない。DD 実施者には，対象会社の社員用の喫煙室には立ち入らないようにしてもらったほうがよい。ただし，雑居ビルの場合は，喫煙室を統制するのはとても難しい。社員が世間話でネガティブなことを口走らないように願うばかりである。

留意点④	1回の回答で買い手を納得させる

「DD の質問が来ているのだけど，回答を作ってもらえるか」と言われたら，あなただったらどう思うだろうか。「面倒だな」と思うこともあるかもしれない。しかし，面倒だからといっていい加減な回答をすれば会社全体の評価を下げてしまうことにもなりかねない。DD 実施者は，納得できる回答が得られれば，その部分についてそれ以上質問してくることはない。逆に，納得できなければ，角度を変えて同様の質問をしてくる。同じリクエストに費やす時間を増やさないためにも，補足資料を提示したり，内容説明のための打ち合わせを提案するなどして「1回の回答で納得させる」対応を心がけることが大切である。

リクエストの量が多すぎる，あるいはリクエストされた資料を整理して用意するのに時間がかかる場合には，回答に要する時間を DD 実施者に伝え優先度を相談することが望ましい。DD 実施者は，迅速に重要な論点を解消することが求められているため，リクエスト項目の重要性が低い場合には，対象会社の対応者の負担を考え，リクエストの優先順位を劣後させる，あるいはリクエストを撤回することに対しては柔軟性があることが多い。

インタビューを受けた際には，質問への回答内容を文書に残しておくことをお勧めする。文書に残すことで，「言った，言わない」の議論を避けることができる。また，以前の回答内容を確認することにより，回答に一貫性を持たせることができる。

DD 実施者は，対象会社の回答の一言一句から，会社の現状を洞察しようと必死である。DD 期間中，対象会社側は多忙をきわめるが，慎重かつ論理的な対応が必要である。

また，あらかじめプレゼンテーション用の資料が存在し，事前に受領したインタビュー項目の大半をその資料がカバーしている場合は，前半にプレゼンテーションを行って後半に積み残した質問を質疑応答で対応する方法もある。回答者の説明の準備に費やす労力が削減されるだけでなく，質問者の理解が深まる可能性がある。また，プレゼンの資料の中に，実は質問者が欲していたデータが含まれていて，作業が円滑に進むことも少なくない。

留意点⑤	社内コンセンサスを確立させる

　DDでは，本社の役員から現場の担当者まで，さまざまな人にインタビューを実施し，資料提供を依頼する。ここでよく問題となるのが，「本社と現場での認識のズレ」である。

　たとえば，本社で考えているリストラ計画を現場は知らなかったというような情報のズレがある。DD実施者はそんなズレがあるとは知らず，本社から得た情報をもとに現場スタッフにインタビューをしてしまう。その結果，現場スタッフは，本社がリストラ計画を考えていることを知ってしまい，愕然としたといった事態が起こる。当然のことながら，これにより本社と現場の関係は悪化する。DD実施者も後味が悪い思いをする。

　このようなケースは，日頃から本社と現場で行き来が少なく，コミュニケーションが少ない会社ほど顕著である。本社での機密事項というものはもちろん存在する。現場のモチベーションに大きな影響を与えかねない本社の機密事項に関しては，現場に対してどこまで開示してよいのかを，事前に入念に確認しておくことが必要である。

第*4*節　M&A 取引における対象会社の スタンスの変化

　本章の最後に，対象会社の経営陣や担当者が，M&A 取引を通じて，株主に対するスタンスがどのように変化していくかについて触れる。

　対象会社は，M&A 取引においては，取引の対象であるが，当事者ではない。当事者は，買い手および売り手である。対象会社の経営陣が買い手となるマネジメントバイアウトのケースや，オーナー企業のオーナーが所有する株式を手放すケースを除くと，対象会社の経営陣や担当者は，受け身の姿勢で，交渉の進捗を見守るしかない。そのような中，M&A 取引を通じて，本音と建前の間で，どう振る舞うべきか，対象会社が戸惑う場面が何度か訪れる。

　実際の DD で買い手からの要求に応対するのは対象会社である。対象会社の経営陣や担当者としては，親会社の指示の下，親会社と同じ売り手としての目線で買い手に接することになる。しかし，プロセスが進み，DD も終盤となるころには，そこにいる相手は単なる買い手ではなく，自身の将来の親会社であることが意識として強く生まれてくる。このような場合，対象会社としては，取引実施前の売り手たる現親会社と将来の親会社との間で板挟みとなり，現親会社と買い手のどちらを見てよいか戸惑うことがある。

　最初は売り手を見ていた対象会社が，M&A 取引が終盤にさしかかると買い手のほうに目が向くことは，将来に目が向くようになっていることの証左であり，ある意味自然である。しかしながら，Day 1 までは，対象会社の株主は売り手であり，その時点まで対象会社は株主である親会社に対して善管注意義務を負っていることを忘れてはいけない。

　またこのような事例もある。対象会社が株主である売り手と口約束していた事項があるとする。たとえば今年度は財政的余裕がないため，報酬の一部を繰り延べるが，来期以降業績が持ち直した時点でこれを考慮しようといった，紙に残すことができない内容の口約束である。対象会社は，株主が交替すると，口約束が反故にされる可能性があるため，これをなんらかの手段で残しておき

たいが，そもそも口約束である。紙には残せない。最終契約が売り手と買い手の2者間契約でたてつけられる場合，これを表明・保証に入れ込むことも難しい。となると，紙に残されない口約束は，将来実現される可能性が低くなってしまう。信頼関係をベースとした経営では，紙に残していない口約束は少なくない。株主である親会社の事情を斟酌して紙に残さないことを甘受したにもかかわらず，それが反故にされることは，対象会社にとっては裏切られたような気持ちになることもあろう。

　現在のM&A取引では，売り手および買い手双方にFA（フィナンシャル・アドバイザー）がつくたてつけにすることが多いが，場合によっては，対象会社が自社のスタンスや利益を代弁してもらうために対象会社にもFAをつける時代がくるかもしれない。

第3部
ビジネスデューデリジェンスのテクニック

第3部においては，ビジネスデューデリジェンスを実施するにあたり，必要となるスキルである情報収集やインタビューの"技法"，発見事項をドキュメント化する際に有効である図表の使い方などのテクニカル面について解説する。

第 *15* 章

ビジネスデューデリジェンスの実施に必要な"技法"

第*1*節　必要な"技法"とは

　本章では，ビジネス DD を実施する際に必要な"技法"について解説する。

　ビジネス DD における情報収集は，図表15—1 のとおり内部情報収集と外部情報収集に分けることができる。

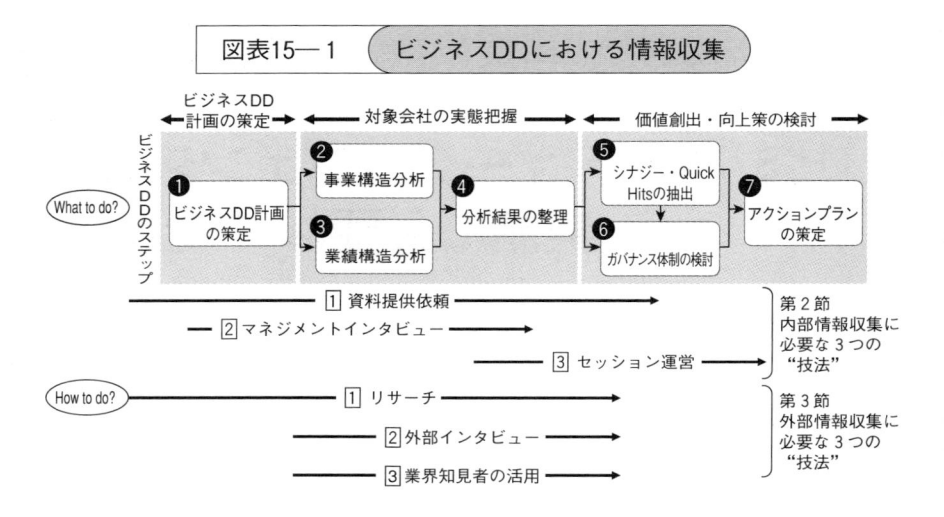

図表15—1　ビジネスDDにおける情報収集

　内部情報収集については，「資料提供依頼」，「マネジメントインタビュー」，「セッション運営」の3つの技法を解説する。

　外部情報収集については，「リサーチ」，「外部インタビュー」，「業界知見者の活用」の3つの技法を解説する。

第*2*節　内部情報収集に必要な３つの"技法"

1　資料提供依頼の"技法"

(1)　「資料提供依頼」とは

　「資料提供依頼」とは，対象会社に内部資料の提供依頼を行うことである。DD 実施者は，この「資料提供依頼」により提供された資料をもとに，対象会社への質問項目を整理し，「マネジメントインタビュー」を行うことになる。この「資料提供依頼」は，ビジネス DD の中でも多くの時間を割く重要な作業である。

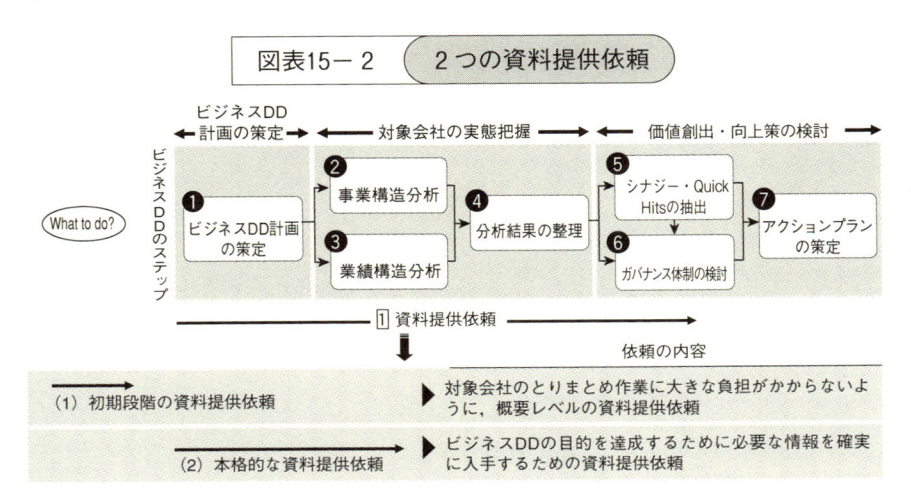

図表15－2　2つの資料提供依頼

(2)　ビジネスデューデリジェンス特有の作業

　ビジネス DD においては，M&A 取引の対象会社が「どうぞ何でも質問して

ください。できる限り対応します」という姿勢を見せていても，本音では「都合のよくない情報は出さないで済むのなら出したくない」と考えている。したがって，当該対象会社の内部情報をいかに引き出すかという "技法" はきわめて重要である。

　ビジネス DD の「資料提供依頼」には，「初期段階の資料提供依頼」と，対象会社との実質的な接触が開始されてからの「本格的な資料提供依頼」の2つの資料提供依頼がある。

　以下，この2つの資料提供依頼についての "技法" を解説する。

(3)　初期段階の資料提供依頼

①　初期段階の資料提供依頼とは

　ここでいう初期段階というのは，ビジネス DD が開始される直前，直後のタイミングのことである。初期段階の資料提供依頼においては，ビジネス DD 開始の前，あるいはキックオフミーティングの前に対象会社に内部情報の提供依頼をすることが多く，図表15―3に掲げるような実績および今後の事業計画に関する資料の提出を依頼する。

　キックオフミーティングの前に対象会社に資料提供を依頼すると，これらの資料が，キックオフミーティングの日にデータルームに準備されていることが多い。

②　留意点

　図表15―3を見るとわかるとおり，この段階で提供を依頼する資料は，基本的な資料であり，提出にあたって対象会社に大きな負担がかからないレベルのものである。

　初期段階における資料提供依頼を，このレベルにとどめておくのは，対象会社への配慮である。日本の会社の多くは，これまでに M&A 取引の対象会社となったことがなく，適切に対処できるかどうかについて不安を感じていることが多い。特に，ビジネス DD 開始の時期は，対象会社において数人しか当該 M&A 取引に対応する担当者がいないため，膨大な資料の提供を依頼しても迅速に対応してもらうことは難しい。DD 実施者にとっても，この段階にお

図表15－3　対象会社への資料提供依頼一覧（例）

資料名	資料概要
会社案内 （パンフレット等）	DD 対象会社の外部説明用案内資料
営業報告書	DD 対象会社の営業の状況に関する報告書
連結財務諸表	連結損益計算書，連結貸借対照表，連結剰余金計算書，連結キャッシュ・フロー計算書および連結附属明細書
税務申告書	法人税，地方税（都道府県民税と市町村民税），消費税の申告書
販売費および一般管理費の明細	勘定科目別の金額明細，（可能ならば）固変分解に必要な情報
営業外損益，特別損失の明細	勘定科目別の金額明細およびその発生原因
本社経費	経費明細，配賦基準，配賦方法に関する情報
グループ主要各社の主要販売先・仕入先	グループ主要各社の会社概要，主要品目，特徴，取引金額，粗利の推移
グループ各社の主要商品目とその売上高／粗利	商品別の売上高／粗利の推移
販売計画資料	将来の販売目標金額とその達成方法に関する資料
物流，商流，情報流を取りまとめた資料	各種の流れの取引規模がわかる資料
主要仕入先との関係に関する資料	インセンティブ，リベート，交渉における力関係，販売契約（取引基本契約書），返品やクレーム等の状況，受注残の解約状況，ファイナンスの有無等に関する資料
主要顧客との関係に関する資料	値引き，交渉における力関係，購買契約（取引基本契約書，集中購買，年間購買契約），ファイナンスの有無等に関する資料
運転資本の推移	運転資本（売上債権，在庫，仕入債務等）の過去の推移と将来予想（3年分程度）
投資実績，投資計画	過去の投資実績と将来投資計画（3年分程度で，投資項目が詳細に記述されているもの）
減価償却費の明細	過去の実績と将来予想（3年分程度）
競合の動向	競合他社の企業名，特徴，シェアの推移，単価の比較，対応策等に関する資料
主な経営管理指標とその推移	主な経営管理指標（経営指標，生産指標など）とその過去実績の推移と将来予想（3年分程度）
製品（または製品群）別コスト構造とその推移	製品（または製品群）別コスト構造（売上，売上原価および共通費配賦後販管費）と過去実績の推移，固定費変動費の構造と過去実績の推移

いては，対象会社の概要が把握できる程度の情報が収集できればよい。

　ビジネスDD開始後しばらく経つと，マネジメントインタビューが始まり，対象会社においても，当該M&A取引に携わることができるメンバーが増えてくる。対象会社の作業負荷を考慮しながら，タイミングを見はからって，本格的な資料提供依頼を始める配慮が必要である。

(4)　本格的な資料提供依頼

①　本格的な資料提供依頼とは

　初期段階の提出資料にもとづいて，マネジメントインタビューを開始することになるが，この頃から本格的な資料提供依頼が始まる。

　本格的な資料提供依頼は，ビジネスDDの過程で随時実施され，その内容も範囲も多岐にわたる。また，資料の提供依頼だけでなく，質問項目も含まれるため，大きなM&A取引になると，毎日，数百にのぼる項目の依頼がなされることもある。このような状況においては，対象会社側も毎日，各部門担当者に資料依頼と質問項目を割り振る体制を敷いておかないと，日々バックログ[1]が溜まっていくことになる。

	図表15－4	資料提供依頼時の留意点

(a) 資料依頼	(b) 資料受領	(c) 資料不在
• 早めに依頼すること • 利用目的を伝えること • 優先順位をつけること • 電子データで提供するよう依頼すること	• その場で内容をチェックすること • 目的適合性や前提をチェックすること	• 資料が提供されない理由を確認すること
対策： • 依頼資料／質問管理表による管理（図表15－5参照）	観点： • 原価差異のズレ • 管理会計と財務会計のズレ • 期ズレ	対策： • 期限延長 • 代替となる情報の入手 • 必要な情報は推定

1　バックログとは，一定期間中，保留になっていることを指す。

積み残しが生じる状況は，DD 実施者および対象会社双方にとって，避けたいところである。ここでは，本格的な資料提供依頼を効率的に進めるために，(a) 資料依頼，(b) 資料受領，(c) 資料不在の際の留意点について解説する。

②　資料提供依頼の留意点

(a)　資料依頼

留意点①	早めに依頼すること

限られた時間制約下で作業を行っている DD 実施者にとっては，情報収集が遅れることは最大のリスクである。

DD 実施者は，提供を依頼する資料のリストを事前に取りまとめ，できるだけ早い段階で資料提供依頼を行うことにより，対象会社が時間的余裕を持って情報収集に取りかかれるよう心がけることが大切である。

ディールによっては，対象会社に直接資料提出依頼を行うのではなく，売り手の FA（Financial Adviser）を通じて資料提供依頼を行うよう指示されることがある。このような場合には，回答が返ってくるまでに時間を要するため，DD 実施者はさらに早めの準備が必要である。

留意点②	利用目的を伝えること

依頼する資料については，利用目的を明確に対象会社に伝えることが重要である。利用目的が正しく伝わらないと，必要な資料に不足があり，逆に不必要な資料が提供されてしまうなどの非効率な状況が発生する。

M&A 取引は，相互の信頼関係をベースに実施されるものである。買い手が対象会社のどこに興味をもち，何を評価しているかなど買い手側の認識をきちんと伝え，資料の利用目的を明確化することにより，不必要な資料の授受を避けることができる。

留意点③	優先順位をつけること

DD 実施者から要求される情報は多岐にわたるため，対象会社の担当者には相当の負荷がかかり，一度ですべての情報をそろえることは，現実的には不可

能である。

　そのような状況の中で，ビジネスDDを期限までに終わらせるために，DD実施者はスケジュールに照らし合わせて，情報に優先順位をつけ，対象会社に的確に伝えることが重要である。

| 留意点④ | 電子データで提供するよう依頼すること |

　対象会社から財務情報の提供を受ける際には，後々の作業の効率性を高めるために，可能な限り電子データで受領することが大切である。

　財務情報を電子データで受領する場合，DD実施者は，Microsoft®Excel®などでデータ入力フォーマットを作成し，そのフォーマットに数字や情報を入力してもらうと，後の分析作業が効率化される。特に，対象会社の複数の事業や子会社の業績を分析する際には，統一されたフォーマットを用いることが望ましい。

依頼資料／質問管理表

　ビジネスDDにおいては，膨大な量の資料がやり取りされるため，資料の提供依頼にあたって，依頼資料／質問管理表を使って管理することが大切である。図表15―5がその依頼資料／質問管理表の例である。

　依頼資料／質問管理表には，資料の名称，概要説明（資料取得の目的等も記述），優先度，受領予定日，提供状況などを記載する。その他，情報提供の依

図表15―5　依頼資料／質問管理表（例）

No.	提出依頼資料	説明等	優先度	受領予定日	提供状況	備考
1	会社案内	貴社会社の外部説明用パンフレット等	中	2/19	○	
2	営業報告書	貴社の営業の状況に関する報告書	高	2/12	○	
3	連結財務諸表	連結損益計算書，連結貸借対照表，連結株主資本等変動計算書，連結キャッシュ・フロー計算書及び連結附属明細表	高	2/12	○	記入フォーマットあり
4	税務申告書	法人税，地方税（都道府県民税と市町村民税），消費税の申告書	高	2/12	○	

頼日や対象会社の担当者名なども必要に応じて追加する。

　対象会社の担当者と DD 実施者の間で認識を共有するためにも，両者間で共通の依頼資料／質問管理表を作成し，資料の提供状況を管理することが望ましい。

　第14章において，対象会社側で管理するリクエストシート（図表14—4）について解説したが，依頼資料／質問管理表をリクエストシートで代替させる形をとってもかまわない。

(b)　資料受領

　対象会社から資料を受領する際の留意点は，以下のとおりである。

留意点①	その場で内容をチェックすること

　対象会社から資料を受領したら，その場で受領資料のチェックを行う。

　受領資料が DD 実施者の想定していた条件を満たしていないことは，実際に多々起こる。資料を受領時にチェックせず，実際に使用するタイミングで不備を見つけたとしても，それを修正する時間はない。

　そればかりか，資料を受領してから時間をおいて修正依頼をすることは，資料提供のために多大な時間を費やしている担当者の心証を損ねることになり，その後の資料収集にも影響を与えかねない。対象会社から資料を受領したら，その場で受領資料のチェックを行うことを心がけたい。

留意点②	目的適合性や前提をチェックすること

　受領資料のチェックを行う際には，受領情報が DD 実施者の想定している目的を達成するために必要な条件を満たしているかを確認する。

　財務情報の提供に際して，DD 実施者から入力用フォーマットを提供していない場合には，どのような形で対象会社が依頼した資料を取りまとめてくるか受領するまでわからないため，受領情報の目的適合性のチェックが重要である。受領したら，要求した情報が必要な視点で提供されているか，必要な単位で記載されているか，ビジネス DD の分析の目的に適合した資料であるかをその場で確認する。

　資料受領にあたっては，提供された資料の前提条件が，DD 実施者が想定している目的を達成するために問題ない前提であるかについても確認しておく。ビジネス DD における業績分析を行う際，ビジネス DD の対象会社の数値データがきれいにそろっていることはまずあり得ない。たとえば，2 年前に組織単位が変わった，間接費の配賦方法が変わった，昨年度は突発的なことが起きたなど，さまざまな理由がある。

　ビジネス DD の目的にぴったりと合う資料がない場合，対象会社は，代わりに，ある一定の前提を置いて作った数字を出してくることがある。資料作成の前提条件の確認を十分にしないまま，分析作業を実施すると，後々，大きな手戻り作業が発生することがある。

　また，ビジネス DD を実施していくと，以下の "3 つのズレ" が発見されることがある。これらの事項についても事前に確認しておくことが望ましい。

- ●原価差異のズレ
- ●管理会計と財務会計のズレ
- ●期ズレ

原価差異のズレ

　"原価差異のズレ" は，頻繁に発生し，かつ，分析上製品の収益性に直接，大きなインパクトを与える。

　工場で生産管理を行っている人物と本社経理を行っている人物が異なり，「まずい」と気づいていても，対策が打たれていないという会社は多い。実際に，営業利益20億円の事業で 5 億円の原価差異が生じているにもかかわらず，その差異分析ができていないという会社もあった。

　特に複数の製品が共通の工程を持つ業態では，このような原価差異が生じていることが多い。このようなズレを，社内でどう取り扱っているのかについての確認は必須である。そのうえで，ビジネス DD では，どのベースの資料を基準にした分析を実施するのか，初期の段階で，DD チーム内で認識を合わせておくことが必要である。

管理会計と財務会計のズレ

　2つ目は，“管理会計と財務会計のズレ”である。

　各管理部門の担当者は，自分の職務を遂行するために必要という観点から，それぞれに管理用の資料を作成している。部門別の営業利益についての資料を依頼すると，多くの場合，管理部門は，管理上設定した前提をもとに作成した資料を提供してくる。一般に，会社では，予実管理などの管理会計と財務会計を担当している部署が異なることが多く，これらの数字に大きなズレが生じている。このズレは，本社経費の配賦方法や計上する費用項目の違いに起因することが多い。たとえば，液晶ディスプレイを製造販売する企業では，ディスプレイの製品保証期間内の修理コストをその修理確率に応じて引当計上する必要がある。この引当勘定が国内では売上原価であるのに対して，一部の国では営業外損失項目という場合がある。そうすると，管理会計で把握していた営業利益の額と決算時に把握する営業利益の額にズレが発生する。

　DD 実施者は，資料を受領したら，勘定の内訳明細が財務諸表の勘定合計と一致しているか，受領した連結財務諸表が有価証券報告書等の数値と一致しているかなどを確認し，このようなズレを把握しておくことが必要である。

期ズレ

　3つ目は，“期ズレ”である。日本企業は3月決算が多い。一方で，海外子会社については，中国企業は12月決算であり，欧米企業も12月決算が多い。

　連結財務諸表を作成するにあたって，欧米企業の1—12月決算と国内企業の4—3月決算を連結している場合があるが，ビジネス DD においては，国内および海外とも，同じ時期においての業績を分析する必要性が生じることがある。そのような場合に，これらのズレに気づかず，会社から提出された数字を前提に分析を実施すると，現実を反映しない分析結果が導き出される事態になりかねない。

　DD 実施者は，それぞれの情報の前提を明確に把握したうえで，このようなズレが発生していないかを確認し，資料の分析作業に入っていくことが必要である。

　(c)　資料不在

| 留意点 | 資料が提供されない理由を確認すること |

　対象会社に資料の提供を依頼したとしても，そのすべてが提供されることは，ほとんどない。そもそも DD 実施者の要求している情報が存在しない，もしくは DD 実施者の依頼にもとづき対象会社側で新たに資料を作成しているが，作業が進まず期限までに提出できないというケースは頻発する。

　また，次元は異なる話であるが，依頼した情報が対象会社にとって機密性がきわめて高いため，クロージングを迎えるまでは買い手に提供することができないというケースもある。

　DD 実施者が依頼する情報が提供されない場合，DD 実施者は，対象会社に提供されない理由をまず確認することが必要である。

対策①：期限延長

　資料収集に時間がかかる場合は，その情報が時間的なコストに見合うだけの価値があるかどうかを DD 実施者は再検討する。当該情報が必須であるならば，ビジネス DD の作業進捗状況をにらみつつ，提出期限を再調整する。必須ではないのであれば，当該情報の提供について，優先順位を落とすべきである。対象会社が当該情報の作成に費やす時間を，他の情報提供のために利用するほうがより有益なケースも少なからずある。

対策②：代替となる情報の入手

　提出期限内の資料提出が難しい場合には，対象会社と当該情報に代替する情報がないかどうかを検討する。他の情報で代替することができないならば，何らかの前提を設定したうえで分析を行う方法もある。しかしながら，本来，業績構造分析などの分析は事実にもとづいて行われるべきものであるため，前提を置く場合は，可能な限り，現実的な前提を置くべきであり，結論の数字から逆算した数字合わせの前提を置くことは避けたい。

対策③：必要な情報は推定

　資料がないからといって分析を諦めるわけにはいかない。収益の源泉が何であり，将来どういった収益創出の機会が存在するかを理解できなければ，買い手は投資判断ができないからである。

　業績が低調傾向にある企業において多く見られる事象として，収益力を把握するのに必要なデータが整備されていないことがある。製品別やチャネル別の収益性がわからないというケースである。顧客も口座別の管理なので，口座別の収益性は把握できるが，顧客別の収益性は把握できないといったこともよく起こる。

　ある食品卸売業グループでは，卸売のほか，自社製品の製造も行っていた。販売会社が２社，製造会社は冷凍食品，飲料，菓子，調味料等分類ごとに10社あった。買い手は，どの製品分類が儲かっているのかを把握し，収益性の低い分野からは撤退したいと考えていた。しかしながら，販売会社と製造会社を連結した製品分類別の損益情報が存在しない。そこで，一定の前提を置き，各社の簡易連結を行い，製品分類別の損益を割り出した。これには，かなりの時間を必要としたが，定量化したことで，最終的に撤退・存続の判断を下すことができた。

② マネジメントインタビューの"技法"

(1)　マネジメントインタビューとは

　次に，マネジメントインタビューについて解説する。マネジメントインタビューは買い手にとって，きわめて重要なプロセスである。それは，現経営者に続投してもらうか否かの判断についても，このマネジメントインタビューにおける現経営者の対応状況が影響を与えるためである。インタビューの受け答えの内容から，買い手は現経営者のリーダーシップ，経営能力，人柄，ビジョンの有無，事業に対するコミットや熱意の強さといった定性的な評価をしなければいけない。

　ビジネスDD においても，最も有益な情報源は，マネジメントインタビュ

ーである。マネジメントインタビューでは，公表資料からは得られない情報を得ることができる。部門間のパワーバランスが社内の意思決定にどのような影響を与えているのか，人材育成に大きな影響を与える企業カルチャーについても知ることができる。このような定性的な要因も，ビジネス DD においては

図表15－6　主要インタビュー項目（例）

○貴社グループの強み・弱み及び事業概要について
- 競合他社の強み・弱み等を踏まえて，貴社グループの強み及び弱みを教えて下さい。特に，他社にこれだけは真似されない（真似できない）経営資源（従業員・技法術・風土・収益構造上の特徴・顧客とのつながり等）を教えて下さい。

○貴社グループの経緯・歴史について
- 既に貴社グループは，海外に複数拠点を持つグローバル企業として，当業界に存在しておりますが，海外に積極的に進出した背景を教えて下さい。また，トップマネジメントとして，海外事業をマネージする上で，最も難しいと感じられている経営上の課題を教えて下さい。
- オーナー企業としての経営の難しさがあれば，教えて下さい。

○貴社グループの課題について
- 貴社のグループ連結の業績を見ますと直近2年程度の損益は，芳しくない状態にありますが，業績悪化の主たる要因を教えて下さい。また，業績悪化要因を改革する（取り除く）ために，障壁となった要因を教えて下さい。
- リストラクチャリング（組織統廃合や在庫管理の見直し，人員リストラや販売費削減等）により競争力を確保することは，事業を継続するために必須であると思われますが，リストラクチャリングを実行する上で何らかの障壁があれば，教えて下さい。
- その他重要と考えられる当面の課題（たとえば，研究開発面での利益貢献など）について教えて下さい。
- 貴社グループにとって経営上最も大きなインパクトをもたらすリスクはどのようなものが考えられますか。

○貴社グループの方向性について
- 当業界が激しく変化している中，国際的な視野に立った貴社グループの長期的な戦略の方向性について，どのようにお考えでしょうか。
- これまで，他社との合従連衡の可能性をご検討されたことはおありでしょうか。当業界では，競合他社，川上・川下等の企業と提携等を行うことによって，さらなる競争力を確保することが可能でしょうか。

以上

見逃せない要素である。

　ビジネス DD では，対象会社のマネジメント層から実務者までさまざまの
レイヤーにインタビューを実施する。しかし「買収」イコール「乗っ取り」の
イメージを抱く一部の企業においては，マネジメントインタビューにおいて，
DD 実施者である買い手に，敵意ある姿勢で対応する人も少なくない。その場
合は，得られる情報が極端に制限されたり，インタビューをセットするまでに
想定以上の時間がかかったりする。

　一方，コミュニケーションが良好に進んでいる場合は，現場が協力的にイン
タビューに応じてくれ，必要なデータも提供してくれる。さらに整備されてい
ないデータを作成してくれるなど，ビジネス DD に大きな貢献をしてくれる
ケースもある。たとえば，再生企業のように，現状，経営がうまくいっていな
い企業においては，株主が変わることに対する期待感があり，現場がきわめて
協力的であることがある。また DD 実施時に内部告発により，マネジメント
の不正や粉飾等が明らかになるケースもある。

　ビジネス DD では，経営者層に対するマネジメントインタビューを皮切り
に，その下の部長クラス，さらにその下のレイヤーと，インタビュー先が現場
に広がっていく。新鮮な生の情報は，対象会社の現場にあるため，うまく情報
を引き出すことがインタビューの成功の秘訣である。

　図表15―6は，インタビューに先立ち，対象会社のインタビューイーにあら
かじめ渡す「主要インタビュー項目」の例である。

(2)　マネジメントインタビューの隠れた目的

　M&A 取引後，対象会社の経営者が続投するのかどうかによって，対象会社
から提出される資料の内容や事業計画の内容のトーンが異なってくる。事業計
画作成の背景などの経営全般について，買い手が直接的に確認したい事項につ
いて話を聞くことがマネジメントインタビューの目的の１つである。

　マネジメントインタビューが終了する頃になると，組織や事業を分析的に捉
え，会社に対する建設的な問題意識を持っている優秀な社員を何人か見つけ出
すことができる。多くは，30〜40歳代の若い層である。実は，このような社員
を見つけ出すことがインタビューにおける隠れた目的である。

　買い手は，これまでの体制下で陽が当たってこなかった社員，特に次世代を担う若手社員に活躍の場を与えもっと羽ばたいてほしいと考えている。ビジネスDDを実施する側としても，事業計画の妥当性をみるためには，現場の事業推進力を評価することが必要である。日本企業の場合，その現場の事業推進力は，このような優秀な若手社員が実力を発揮できる環境を作り上げることができるかどうかにかかっていることが多い。

　データルームに置いてあるドキュメントには書かれていない情報の入手や実態の把握というのは，実際にはこのようなマネジメントインタビューによって可能となる。インタビューにおいてどこまで実態に迫れるかがビジネスDD実施の鍵である。

(3)　インタビューする側の留意点

　インタビューする側における留意点は，下記のとおりである。

留意点①	事前準備を怠らないこと

　インタビューにおいては，ビジネスDDに限ったことではないが，限られた時間の中で引き出したい情報をいかに効率的に引き出せるかが鍵である。そのためには，事前準備が重要である。

　インタビューにおいて，その相手に聞くことによってしか得られない情報の質問に特化すべきであり，資料を見ればわかることは質問しない。そのためには，対象会社から提供された資料はインタビュー前に必ず目を通しておくことが不可欠である。また，あらかじめ質問項目を対象会社に伝えておくと，インタビューの趣旨が対象会社に伝わり，インタビューを効率的に進めることができる。

　さらに，事前に対象会社がどのような体制で回答するかを確認して，インタビューの進め方を考慮した質問表を作成すると対象会社の負担は軽くなる。質問が広範囲に及び対象会社側の出席者が多くなる場合は，前半と後半で対応者を分けると効率的である。たとえば，前半に対象会社の役員が全社レベルの戦略や方向性のインタビューに回答し，必要に応じてメンバーを入れ替えて，後半に経営企画部や経理部，各事業の担当者が数値関連のやや細かい内容のイン

タビューに回答するというやり方である。

| 留意点② | 具体的な話にもっていくこと |

　インタビューは，事前に準備した仮説に従って，具体的な話ができるレベルにまでブレークダウンしながら進める。漠然とした質問に対しては，漠然とした回答しか返ってこない。対象会社には，買い手に対する説明責任のために数値の裏づけが必要である旨を伝え，できる限り定量的なファクト情報を引き出すよう努力する。複雑な取引などの話をするときは，必要に応じて，図やマトリックスなどを準備し，1つひとつ確認しながらインタビューする。

| 留意点③ | 話しやすい雰囲気を作ること |

　買い手に会社の内情を開示することについて，対象会社は法的な義務を負っていないことにDD実施者は留意すべきである。そのような中でビジネスDDの一環として対象会社から内部情報を提供してもらうためには，DD実施者は，対象会社との良好な関係の構築に努め，相手が話しやすい雰囲気を作ることが重要である。

　「対象会社と良好な関係を保つことは，当たり前ではないか」と思う方がいるかもしれないが，企業救済の色彩が強い場合，買い手が対象会社に対して上から目線の言動を無意識のうちにとることが往々にしてみられる。対象会社の社員は，買い手のそのような感覚を言葉の端々から敏感に察する。間違っても，「対象会社が情報を我々に提供することは当たり前だ」というような態度をとることがないよう肝に銘じておきたい。

　また，ミドルマネジメントに対するインタビューにおいては，現状の制約事項を取り除いてあげることも話しやすい環境を作ることにつながる。たとえば，「資金をいくら使ってもよいとしたら，どこに投資したいですか」や，「自分が社長であればこの工場をどのように変えたいですか」というような質問も効果がある。素人のような質問と思われるかもしれないが，現場は，本社が決めた投資額など，マネジメントから多くの制限事項を与えられており，いろいろな課題に対して本質的なメスを入れられずに，対症療法を続けていることも多い。M&A取引は，"制約からの解放である"と表現されることもある。質問の仕

方を工夫するだけで，現場スタッフの固定概念を開放し，今後のバリューアップ施策につながる何かしらのヒントが得られるかもしれない。

留意点④	回答者の性格に応じて質問方法を変える

インタビューの回答者は，口数の多い人もいれば，少ない人もいる。早い段階で回答者の性格を見極め，質問順序の変更や，オープンクエスチョン，クローズドクエスチョンの使い分けを行うことが，限られた時間内で必要な情報を得るためには重要である。

口数が多い人の場合，インタビューの時間中ひたすら自分が話したいことだけを話すことがある。あるワンマン社長の1時間のインタビューでは，社長が9割以上話し続け，質問者は他の質問をぶつけるタイミングがないまま時間切れとなってしまった。また，技術畑の回答者の場合は，技術の話題となると質問の域を超えて，話し続ける場合があるため，うまいタイムマネジメントが必要である。これらは，前述の留意点③の話しやすい雰囲気を作ることとは表裏一体である。回答者が上機嫌で話しているのに，途中で話を中断させて別の質問をすることは難しいことであるが，最初に最も確認したい質問をする，もしくは質問事項や時間配分の認識合わせを先に行う，あるいは回答に広がりが出るオープンクエスチョンを減らすといった対応が求められる。

また無口な回答者の場合は，「はい」か「いいえ」で回答するクローズドクエスチョンが中心になってしまうと深いインタビューが難しくなってしまう。うまくオープンクエスチョンを組み合わせて，回答内容を深掘りすることが望ましい。

3 セッション運営の"技法"

(1) セッションとは

内部情報収集における"技法"の最後は，「セッション」運営の"技法"である。

　セッションとは，数人のグループとファシリテーターとで，経営課題について発散思考で議論をすることである。ファシリテーターのリードのもと，「何が原因か」，「どうやれば解決できるか」など，建設的な方向で議論を進めていく。これは，特に「価値創出・向上策の検討」においてきわめて有効な技法である。

　セッションは，意識改革のプロジェクトにおいて用いられることが多いため，DD の一環としてでなく，ポスト M&A の直前から直後にかけて実施されることが実際には多い。しかしながら，M&A 取引のビジネス DD においても，買い手が M&A 取引直後から，対象会社の経営に深く関与するつもりである場合にはよく使われる。具体的には，投資ファンドや商社などが，そのビジネス DD において取り入れることが多い。また，対象会社が再生企業である場合には有効に活用できるテクニックである。

　投資ファンドは，数年後にイグジット[2]を控えているため，その間にどれだけ企業価値を向上させるかが利回りに直結する。再生企業では，社員がモチベーションを向上させることで収益を改善できる部分が多い。それらを拾っていくだけでも収益力向上が可能であり，そのような改善の機会は現場にあることが多い。

⑵　セッションの効用

　DD が始まっても，対象会社の一般社員には，当該 M&A 取引が進行中であることは伏せておくことが多い。しかしながら，現実には，ビジネス DD が始まると，各部署には，経営企画部などから通常業務と色彩が異なる資料提供依頼が絶え間なく届く。感度が高い社員達は，「何かあるな」と勘ぐり始め，そのうち，データルームの存在が社内で知れるところになる。ビジネス DD を実施する第三者のアドバイザーなど普段見ない顔の人たちが，本来は社員しか持っていないはずの社内出入り用のカードやパスワードを使って，会社に出入りし始める様子を見ると，「やっぱり何かある」と確信し始める。シナジー効果の検討をし始める頃になると，主だった社員の多くが当該 M&A 取引に

2　投資家が投資した資金を回収して，株主から退却すること。

ついて知っているという状況になる。

　このような状況になると，対象会社の中では，「わが社は売却されるのか」という噂が渦巻き，「新たな株主はどういう人達なのだろうか」と不安と好奇心の入り混じった空気が漂い始める。また「新たな株主あるいは経営者が来ると，自分は今よりももっと活躍できるかもしれない」と期待する社員も出てくる。

　セッションを取り入れる効果の1つは，このようなやる気のある社員に，「新たな株主や経営者と一緒に会社を盛りたてよう」と思ってもらうことである。

　特に再生案件においては，買い手である投資ファンドや対象会社の経営者が，アクションプランを作成することがあるが，このような場合，現場レベルの社員の理解や同意を得られていないアクションプランが作成されることも多い。中長期的な視点で会社をより成長させるためには，社員自らが会社の課題を認識し，自らアクションプランを構築することが大切である。社員による自立的な行動を促進するのがこのセッションである。

　セッションにおける最大の目的は，対象会社の社員の口から企業価値の向上に資する施策を「やりたい」と言ってもらうことである。

(3)　セッション運営の進め方

　セッションは，ビジネス DD のステップでは，「⑤シナジー・Quick Hits の抽出」が位置づけられている「価値創出・向上策の検討」において用いられることが多い。DD の分類においては，"リスク発見型 DD" と "シナジー創造型 DD" と "ポスト M&A 検証型 DD" という3つの分類の中では，"シナジー創造型 DD" において使われることが多い。

　実務的なセッションの運営方法であるが，まず「テーマを設定」（図表15—7の①）し，テーマごとに「ワークショップ」を開催し（図表15—7の②），結果について「マネジメントへの答申」を行う（図表15—7の③）というアプローチが効果的である。本章では，そのアプローチを紹介する。

　セッションの運営には，第三者のアドバイザーを起用することが望ましい。第三者のアドバイザーがセッションを運営することにより，対象会社が抱いて

いる買い手に対する遠慮を排除し，買い手に直接的には言いにくい内容を含めて，対象会社の課題や解決策を活発に議論してもらうことができるからである。

　複数のワークショップが行われる場合，PMO（Project Management Office）を設置し，各ワークショップの進捗管理や，1つのワークショップでは検討しきれない課題について，フォローする体制にすることが望ましい。ある食品メーカーのプロジェクトでは，買い手と対象会社の両社のシナジーを検討するにあたり，アドバイザーがPMOおよび複数のワークショップに参画した。各ワークショップでは，第三者が入ることで活発に意見が交わされ，検討結果を迅速にPMOにて取りまとめることができた。

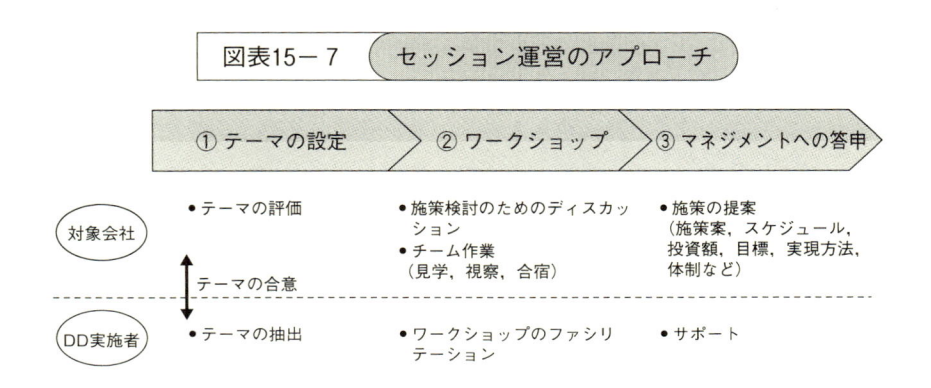

図表15−7　セッション運営のアプローチ

(4)　テーマの設定

　セッションのテーマは，あらかじめDD実施者側において想定しておいたものをベースに，対象会社に選んでもらう。

　「ビジネスDDのステップとバリューストラクチャ」においては「対象会社の実態把握」のフェーズに当たるが，このフェーズにおいては，すでにマネジメントインタビューが実施されている。そのインタビューの中で，どのあたりにセッションのテーマとなるシナジー効果が発現するかについて，概ねあたりをつけておく。それを「シナジー効果施策案」として一覧にし，買い手としての優先順位を一旦つけておく。

　買い手が想定する優先順位については，対象会社には開示せずに，その施策案について，対象会社が優先順位をどう考えるかについてディスカッションし，最終的には，買い手および対象会社の双方が納得するテーマを抽出し，それに優先順位をつける。

　テーマは，複数抽出することが多いが，その中のいくつかには，Quick Hits（第8章にて解説）を入れておく。

(5)　ワークショップ

　テーマが決まったら，テーマごとにワークショップのチームを組成する。各チームの主なメンバーは，対象会社の社員である。DD実施者は運営者として各チームに参画する。対象会社のリソースに余裕があれば，チームメンバーは専任にしたいところであるが，現実には，昨今どの会社にもそれほどの余裕はなく，日常業務との兼任となることが多い。

　各チームには，目標と期限が与えられ，運営者のアドバイスのもと，ワークショップは，各チームの自主運営を基本とする。

　したがって，ワークショップでは，運営者によるファシリテーションが重要となる。ワークショップの目的やゴールを出席者と共有し，毎回アジェンダを明示することで，議論が錯綜するリスクを低減させる。また，始めにこれまでの検討状況をおさらいし，終わりに当日の検討結果と未解決事項の取扱いを確認することで，効率的にワークショップを運営することができる。毎回議事録を作成し，検討経緯を記録しておくことは，ワークショップに出席していないメンバーとの情報共有という意味だけではなく，出席者間での認識を共有する上でも重要である。

　初回は一通り，ワークショップの目的やゴール，会議の進め方を出席者と共有した後，対象会社の社員であるメンバーから，対象会社に対する思いを語ってもらう。たとえば，ある卸売業では，本業が堅調だったにもかかわらず，バブル期の不動産投資が大きな足かせとなっていた。メインバンクの要請により，再生ファンドの支援を受けることになり，ビジネスDDの一環として，アクションプランを策定するために，現場の部課長クラスを集めて将来の方向性に関するセッションを行うことになった。

　5名の現場の部課長には「今後やりたいことを何でも自由に言ってほしい」と促したが，長年，債権者をはじめとした周辺からのしめつけで，自由に何か話すという機会がなかったからなのか，最初は何を話せばよいのかわからない様子であった。しかしながら，時間が経つにつれ，マグマが噴出するように，「会社をこう変えたら，こんなによい会社になる。こういう施策を入れたら収益も上がる」という会社に対する思いがあふれる議論になってきた。現場の思いがこめられた施策は，どれも納得性や現実性が高いものであった。長期にわたる周囲からの抑圧にも屈せず，何をやるべきかを考え続けてきたのであろう。こういう場がワークショップである。

(6)　マネジメントへの答申

　日常業務に忙殺されている社員に，セッションという非日常業務に真剣に取り組んでもらうためには，会社の将来が自分たちの双肩にかかっていることを認識してもらうことが必要である。その認識を強く持ってもらうための仕掛けの1つが答申である。

　セッションの中間および最終段階において，テーマごとに新経営陣に対して答申を実施する。「我々はこういう施策により会社の価値を向上させていきたい。スケジュールはこうである。結果，1年後にはこれだけのキャッシュ増が見込める。しかしそれを実行するためには，これぐらいの投資も必要である。この施策を実施させてもらえるだろうか」と，新たな経営陣に対してプレゼンテーションを実施する。良い案は，すぐに採用し，実行に移す。物足りない案や進捗が遅延しているテーマについては，厳しいコメントや大胆にチームメンバーを入れ替えるなどして，"信賞必罰"をとり入れ，成果へのコミットメントの必要性を強く印象づける。

　答申という形で新経営陣に対して施策導入を約束すると，各チームも真剣さが増し，新経営陣に見守られているという意識になるため，施策の実現可能性は高くなる。

(7)　デューデリジェンスが終わってもセッションは終わらない

　ビジネスDDの期間が終了し，最終契約書が締結されても，このようなセ

ッションは終了せずにずっと続けることもある。「価値創出・向上策の検討」のフェーズは，M&A 実行後の企業価値増大の機会を探ることを目的としている。"ポスト M&A の始まりはビジネス DD" ということである。

第*3*節　外部情報収集に必要な３つの "技法"

　本節では，外部情報収集に必要な"技法"について解説する。外部情報収集は，内部情報収集と異なり，ビジネスDDに特殊な"技法"が多くあるわけではない。ここでは，知っておくと便利なリサーチおよび有識者インタビュー，消費者調査の"技法"について解説する。

1　リサーチの"技法"

(1)　主な情報リソース

　最初にリサーチが必要となるのは，ビジネスDD開始以前の対象会社にアクセスする前の段階である。

　この段階では，まだ論点が明確になっていないため，対象会社の概要や業界環境を知るという目的のリサーチにとどまる。この段階で収集する情報は，対象会社の業界情報，事業概要や財務情報，業界のキードライバーなどである。主な情報源は，以下の図表15―8のとおりである。

(2)　リサーチのプロセス

　市場動向に関する書籍や業種別審査事典，業界団体が取りまとめた業界説明や統計情報，業界のトップ企業が作成しているファクトブック，アナリストレポートを用いて，市場規模の推移，業界のプレイヤーや特徴，対象会社の業界における位置づけを確認する。次に記事検索などによって，最近の業界動向や対象会社の動きを確認する。記事検索では日経テレコン21などによる新聞記事の検索の他，日経ビジネス，週刊東洋経済，週刊ダイヤモンドなどの雑誌の掲載記事を検索して，業界特集や対象会社の記事から情報を得る方法も有用であ

図表15－8	主な情報源（例）

項目	情報源（例）
市場動向	市場レポート（矢野経済研究所，富士経済，MDB（マーケティング・データ・バンク），ユーロモニター） 投資情報（トムソンロイター，アイフィスジャパン） 新聞記事（日経テレコン21等），書籍，雑誌（日経ビジネス，週刊東洋経済，週刊ダイヤモンド） 企業，業界団体などが作成した各種ファクトブック 各種アナリストレポート（モーニングスター，S&P） 業種別審査事典（きんざい） 各国統計，世界統計（World Bank，IMF，OECD，FAO 等）
競合他社や 対象会社の動向	企業ホームページ（対象会社，競合など） 有価証券報告書／EDINET，アニュアルレポート 企業 DB（Capital IQ，Orbis，SPEEDA，ブルームバーグ） 各種学術論文・特許 DB（CiNii，エルゼビア，トムソンロイター，Googlepatents，各国特許庁ホームページ等） 企業信用情報（帝国データバンク／東京商工リサーチ／ D&B レポート）

る。さらに業界の情報を得るには，業界の図書館に足を運ぶか，一定の費用がかかるが MDB（マーケティング・データ・バンク）の利用や外部調査機関のレポートを購入する方法が考えられる。

　対象企業に関する情報は，企業のホームページや金融庁の EDINET[3] から得られる有価証券報告書などの財務情報が有用である。また，非上場で情報の少ない企業の場合は帝国データバンクが収集した有料の企業情報も重要な情報源である。

　情報収集の際には，報告書などの具体的なアウトプットをイメージしたうえで，情報収集を行う。時間に追われると，つい情報収集が目的になりがちであるが，情報収集は，仮説検証のための作業であることに留意しておきたい。また，収集した情報によって仮説が変わることも十分にありうる。

3　EDINET（Electronic Disclosure for Investors' NETwork）とは，『金融商品取引法に基づく有価証券報告書等の開示書類に関する電子開示システム』のこと。http://info.edinet-fsa.go.jp/

② 有識者インタビューの"技法"

　そもそも，有識者インタビューの目的は，公開情報で得られないファクトの収集，有識者からの情報をもとにした仮説の構築・せいち化，それら仮説の検証，の3つが挙げられる。

　有識者インタビューでは，「①何を問うか（論点・仮説構築力）」「②誰に問うか（調査設計力）」「③どのように問うか（コミュニケーション力）」を押えることが重要である。

　「①何を問うか（論点・仮説構築力）」では，網羅性のある質問を作成し，想定される答えを事前に内部で検討しておくことが望ましい（図表15—9参照）。

　「②誰に問うか（調査設計力）」では，インタビュー候補を洗い出し，質問に答えられそうなインタビューイーを選定することが重要である。同時にインタビューイーの部門・部署，役職，これまでの経験等を把握することで想定される回答の粒度や質問方法をより適切に変更できる。ビジネス DD の現場では，業界知見者，業界団体，業界雑誌・業界紙の出版社などに対してインタビューすることが多い。

　最後の「③どのように問うか（コミュニケーション力）」では，相手が答えやすいようなアイスブレイク，インタビュー目的の明確化，インタビューガイドとなる骨子の提示等に留意する必要がある。

　なお，買い手が対象会社と同業でなく，業界知見に不安がある場合，市場や競合の動向，業界特有の商習慣などを熟知した業界知見者をビジネス DD のアドバイザーチームに加えることも有効である。

　たとえば，ある消費財メーカの案件では，業界知見者の製造現場における業界知見を基に，競合に比べてどのような点で秀でているか，劣っているかを分析し，詳細なアドバイスを対象会社の役員に行った。

　加えて，対象会社の現場責任者と共に，物流や在庫の考え方だけでなく，商品開発やマーケティングの在り方までワークショップ形式で議論を行った。

　上記インプットはいずれも業界知見者から得たものだが，現場の手触り感を

もとに，仮説をブラッシュアップして示唆を出した後，経営陣へのレポートはビジネス DD チームのコンサルタントが取りまとめた。

　このように業界知見者の専門性を生かしつつも，ビジネス DD に習熟したコンサルタントが案件をオーガナイズすることで，実務的に機能する推進体制が生まれる。

　これら有識者インタビューは，対象会社からの紹介で，取引先・仕入れ先等に実施することもあるが，対象会社からの紹介では聞き出せない質問（例：対象会社の製品の評判はどうか，社長の人柄はどうか）がある場合には，クライアントや対象企業をあかさずに，覆面インタビューを実施することもある。

　インタビュー実施後も，対象会社やインタビューイーから得られた情報が外部に漏れぬよう，情報管理には細心の注意を払いたい。

❸　消費者調査の "技法"

　消費者インタビューは，大きく分けて対面調査（訪問面接調査，電話調査）と非対面調査（郵送調査，ウェブ調査）に分けられるが，近年，ビジネス DD でも時間や費用を節約できるウェブ調査を活用する場面が増えてきた。

　ただし，ウェブ調査は，幅広い対象者からの多く意見を集約できる点にメリットがある一方，サンプルが偏る可能性（例：高齢者パネルが少なく，統計的な有意性が担保できない）には十分留意する必要がある。

　実際の調査では，目的に応じ，消費者セグメントを割り付け，アンケートを通じて得られるであろう示唆を想定しながら調査票を設計する。

　調査票作成では，主に，①回収率を高めるため，答えやすい質問から作成する，②質問項目のロジカルチェックにより，矛盾がないようにする，③アンケート途中での離反を防ぐため，フリーアンサーは過度に作成しない，などに注意してウェブ調査会社との密なコミュニケーションを図っていく。

　アンケート回収後は，単純集計やクロス集計などで全体的な傾向を掴んだ後，統計解析などを通じて，詳細な分析を行っていく。

　この時，当初想定した仮説と照らし合わせながら分析結果からの示唆を抽出していくが，さらに踏み込んだ情報が必要な場合は，目的に応じてグループインタビュー，デプスインタビューなどを実施する。ビジネスDDの現場でも，対象会社の顧客基盤や評判を把握する目的でウェブ調査が活用されている。

　たとえば，ある小売店の出店計画の妥当性を検証する際には，事前に店舗を回り，店舗で得られた発見をもとに仮説を修正しながら，アンケート票を作成した。

　この結果をもとに，店舗の固定客や特異なセグメントから次の出店計画を立てていくことになる。

　このように限られた期間の中で，対象会社の商品やサービスを支える消費者を効率よく分析し，事業戦略に役立てていく際，ウェブ調査は有効な手段となる。

図表15－9　質問項目例

問題点解明のための質問項目	想定仮説（初期的）
営業担当者が，顧客ニーズを汲みきれていないのか？	営業担当者は，単なる"御用聞き"になっていて，顧客ニーズやそこから得られるであろうインサイトを把握できていないのでは？ そもそも，顧客も自分でニーズが分かっておらず，"提案型の商品開発"が求めらているのでは？
営業担当者が，顧客ニーズを把握できているが，商品企画部に伝わっていないのか？	営業担当者からの情報がバラバラに管理されており，商品企画部に情報が正確に伝わっていないのでは？ 商品企画部に情報は伝わっているが，新商品でなく，既存商品のリニューアルを重視する評価体系になっていないか？
顧客ニーズは，商品企画部に伝わってるが，それを再現できていないのか？	開発部は既存商品の対応に追われており，新商品に投入する人的リソースが不足しているのでは？ 投入リソースは充足できているが，顧客ニーズ実現には，技術ノウハウが不足しているのでは？

第16章

便利なチャート集

第*1*節　10チャートの紹介

本章の目的

　第2部において，ビジネスDDの7つのステップにもとづき，マクロ環境，市場動向，競争環境，ビジネスプロセス，ビジネスインフラの5つの観点から，どのように対象会社の事業構造および業界構造を分析するのかについて解説した。本章においては，これらの分析結果を整理する際に便利な「10チャート[1]（テンチャート）」を紹介する。

チャート作成の目的とポイント

　ビジネスDDの巧拙は，限られた時間の中で，いかに重要なポイントを抽出できるかである。ビジネスDDを効率的・効果的に進めるためには，これらの「10チャート」を活用して，膨大な情報を整理していくことが有効である。

　チャートを作成する上で意識すべきポイントは，分析から導き出された結果をより明確に表現するにはどのようなチャートを用いるともっともメッセージ性が高いかということである。たとえば，競合他社ベンチマーク分析により対象会社と競合他社との類似点や相違点が認められたとする。仮に，その分析の目的が業界特性の抽出にあるのであれば，類似点が強調されなければならない。逆に，対象会社の特性を抽出したいのであれば，相違点が強調されなければならない。適切で視覚的にも理解しやすいチャートを活用すれば，強調したい点や示唆を含む点などのメッセージが伝えやすくなる。

---

[1]　10チャートは，ビジネスDDを実施する際に，コンサルティング会社が用いることが多いチャートである。

10チャートとは

　分析結果を整理するためのチャートは，実はそれほど多くなく，本章で紹介する10チャートは，分析目的に合わせて組み合わせることができるなど，応用が効くチャートである。

　以下に，具体的な例を取り上げながら，各チャートの特徴，作成の際の留意点を説明していく。

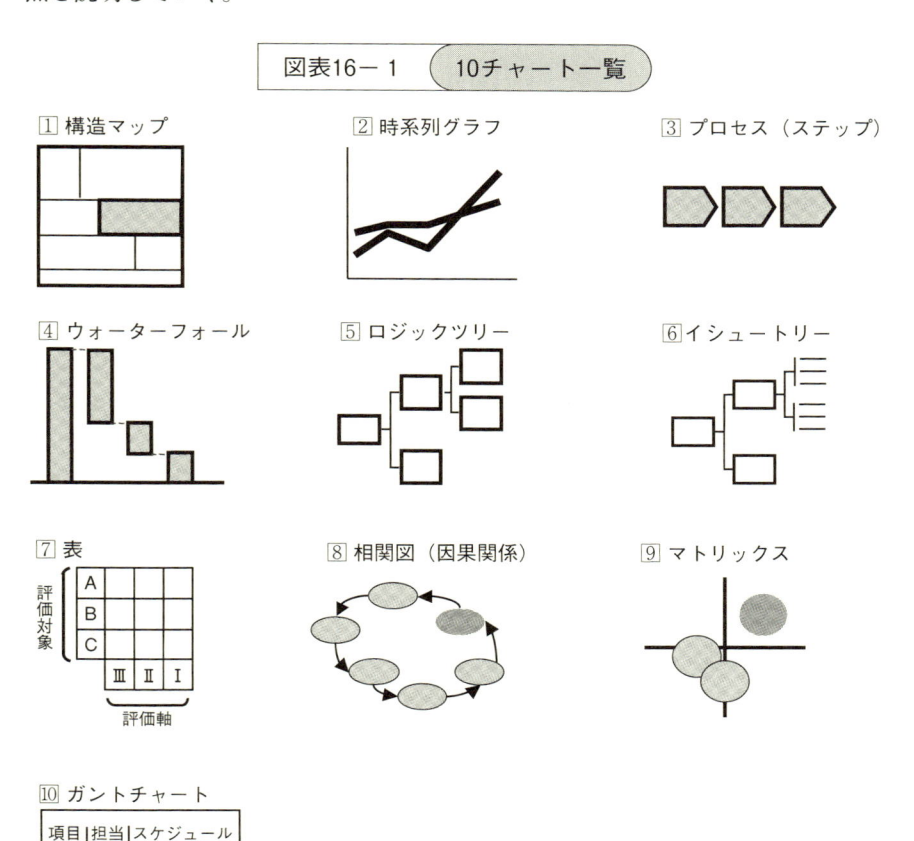

図表16－1　10チャート一覧

①構造マップ　②時系列グラフ　③プロセス（ステップ）

④ウォーターフォール　⑤ロジックツリー　⑥イシュートリー

⑦表　⑧相関図（因果関係）　⑨マトリックス

評価対象　A　B　C　Ⅲ　Ⅱ　Ⅰ　評価軸

⑩ガントチャート

項目｜担当｜スケジュール
体制確立
交渉
実施

第*2*節　基本チャートの解説

1 構造マップ

10チャートの第1弾は「構造マップ」である。

図表16—2がそのサンプルチャートである。見てのとおり，大きな四角形の枠を小さな四角形で分解したような形である。大きな四角形の枠は，「全体」を意味し，小さな四角形は全体を構成する「要素」を意味する。四角形を使って全体を要素に分解することで，何が重要なのかを四角形の大きさ（面積）で

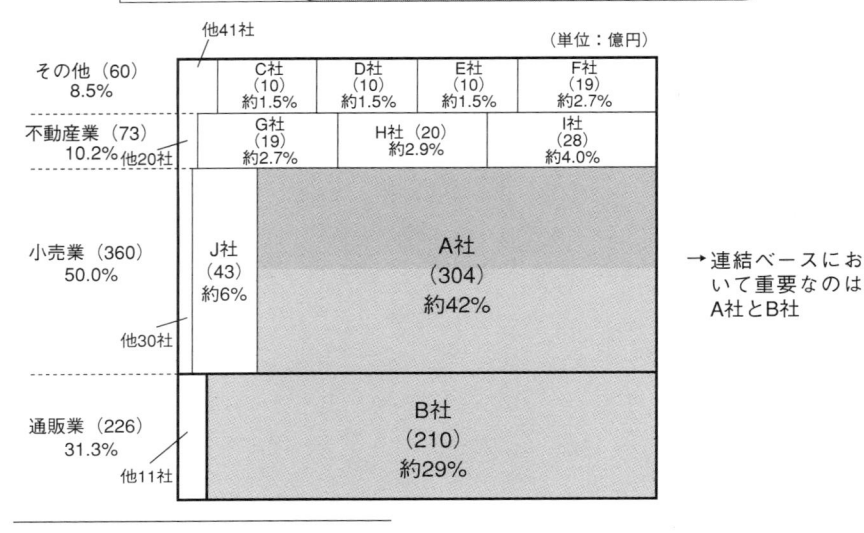

図表16—2　構造マップの例：連結営業利益の構造[2]

→連結ベースにおいて重要なのはA社とB社

2　きわめて小さい事業等は「その他」に含める。連結消去は，大きな問題にならない限り，考慮していない。

視覚的に捉えることができる。

　構造マップの作成のポイントは2つあり，1つは「全体」をどう定義するか，もう1つは全体を要素分解するときの軸を何にするかである。この2つで出来上がりの構造マップから伝わるメッセージが決まる。「全体」の定義は，メッセージを伝えたい相手が意識する範囲に合わせ，軸の選択は相手が意識する要素に合わせることが重要である。

　ビジネスDDでは，対象企業の収益構造を示す場合に構造マップを用いることが多い。企業や企業グループをまるごと分析することが求められるビジネスDDにおいては，全体を俯瞰し，各事業が企業全体に与えるインパクトを初期段階で把握するための第一歩としてよく用いられる。

　前出の図表16—2は，ある企業グループの収益構造を表したものである。縦軸を事業セグメント（通販業，小売業，不動産業，その他）とし，横軸を個社の売上高として全体を分解することで，企業グループ全体の売上高に占める各事業，各企業の割合が一目で把握できる。

２ 時系列グラフ

　10チャートの第2弾は「時系列グラフ」である。

　その名のとおり，横軸に時間軸を取ったグラフである。ビジネスDDでは，市場動向や業績など，トレンドを示す際に有効なチャートである。ビジネスDDの初期段階では，時間的変化の中から注力する分析ポイントを抽出することが必要となることが多い。たとえば，市場規模について長期的なデータから時系列グラフを描くことで，トレンドが変化するポイントが浮き彫りになる。こういう場合は，20年など，できるだけ長期のデータを使用すると変局点を明示しやすい。

グラフは折れ線グラフ

　時系列グラフの種類として，一般に折れ線グラフと棒グラフの両方が使われ

ているが，時間的変化を強調するには，折れ線グラフが望ましい。棒グラフではどうしてもその高さ（横棒グラフでは長さ）が強調されてしまうため，時間的「変化」というより，時点間の量の「比較」の意味合いが強くなる。意識的にこの2つを使い分けられるようになると，よりメッセージ志向のあるチャートができる。

将来市場は本当に実績 CAGR で伸びるのか

ビジネス DD では，対象事業の収益の将来予測をするために，当該事業の属する市場規模予測を用いることがある。市場調査機関によるマーケットレポートなどの客観的なデータが入手できない場合には，実績データから将来市場規模を予測することもある。その際に用いられるのが，過年度の年平均成長率（Compound Annual Growth Rate：CAGR）である。

ここで図表16—3を見てほしい。左右2つのグラフのうち，CAGR が一定として市場規模を推定したのはどちらのグラフだろうか。

CAGR が「一定」ということは，左の直線的なグラフになるのではないかと直感的に考えた読者もいるのではないだろうか。しかし，「CAGR が一定」のグラフはやや加速度的に伸びる右のグラフであり，市場が成長期にある場合にはこのような加速度的な伸びを示すことが多い。ビジネス DD における市場規模の推定は，対象事業の将来収益を予測するうえで重要なデータであり，客観的データがない場合には CAGR を用いて推測する機会も少なくない。し

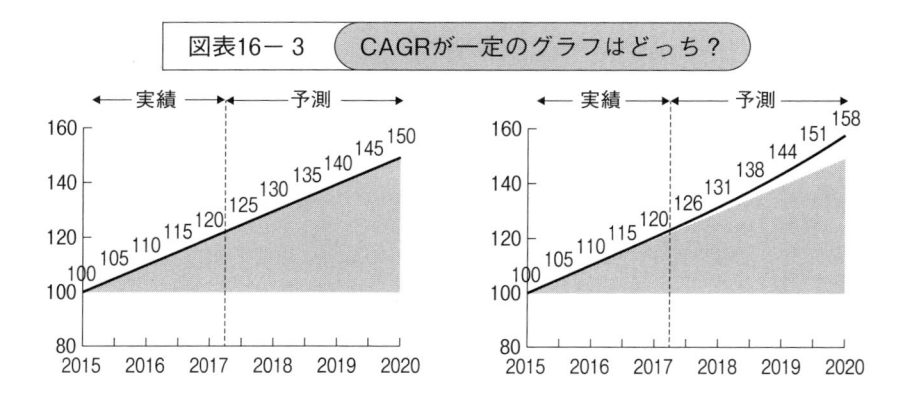

図表16—3　CAGRが一定のグラフはどっち？

かしながら，安易に過去実績からの CAGR を用いて将来，特に5年以上とい
った長期の市場規模を推定してしまうと，将来的に判明する同期間の CAGR
実績とは異なる結果になる可能性がある。CAGR を推測する際には，対象期
間が長期間になるほどより慎重に，対象事業の市場動向や考えられるリスクな
ど，市場規模の変動要因となる項目を可能な限り検討することが必要である。

変局点とは

　「へんきょくてん」と聞くと，数学の授業で習った「変曲点」を思い浮かべ
る人もいるだろう。しかし，ここで取り上げるのは，トレンドの大きな曲がり
角・局面の変化ポイントを意味する「変局点」（数学的には極値の概念）であ
る。

　図表16―4は，中国における油圧ショベルの需要予測を示している。2010年
を境にそれまで急増していた需要が減少に転じていることがはっきりとわかる。
「2010年が中国における建設機械需要の変局点になった。その原因は何か」と
いう視点で分析すると，金融当局による引き締め策によりインフラ整備や不動
産開発等の投資が減少したから，という結果がすぐにわかる。

　調査ポイントの視点を明確にしないまま情報収集を始めると，最終的には時
間を浪費することになるという経験は誰しもおありだろう。時系列グラフを作

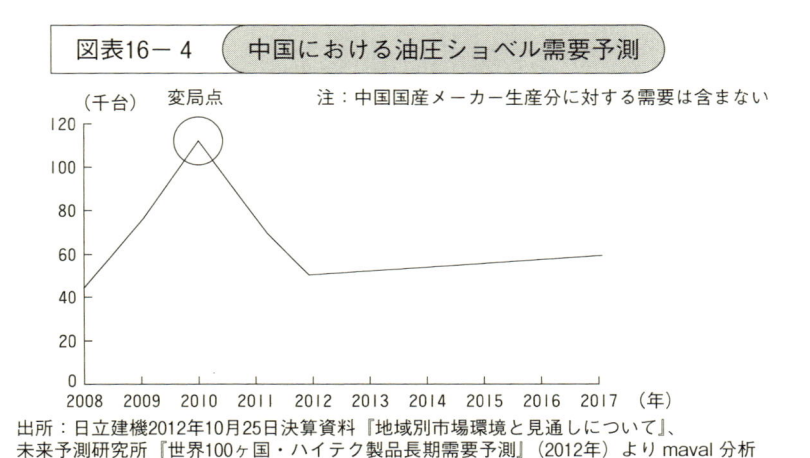

図表16― 4　中国における油圧ショベル需要予測

注：中国国産メーカー生産分に対する需要は含まない

出所：日立建機2012年10月25日決算資料『地域別市場環境と見通しについて』、
未来予測研究所『世界100ヶ国・ハイテク製品長期需要予測』（2012年）より maval 分析

成することで，変局点が一目でわかるようになり，たとえばそれが，対象事業の業績であれば，変局点をとらえたうえで，その原因が外部環境変化にあるのか，内部環境変化にあるのかを市場調査や対象会社に対するインタビューを通して把握すればよい。このように時系列グラフを描き，分析ポイントを絞り込むことは，時間的制約がある中で効率的にビジネス DD を実施するために有効である。

3 プロセス（ステップ）

「プロセス」は，モノゴトの流れを表す際に用いられるチャートである。野球のホームベース型または山形の図形を横または縦に一列につなげて流れを表現する。

ビジネス DD においては，対象会社を含む業界の流通構造（たとえば，製造→卸売→小売）や，対象会社のバリューチェーンおよびオペレーションの流れを示す際に用いられることが多い。他にも消費者の購買行動のプロセスを表した AIDMA（アイドマ）の法則（Attention（注意），Interest（関心），Desire（欲求），Memory（記憶），Action（行動））もプロセス図を使うとイ

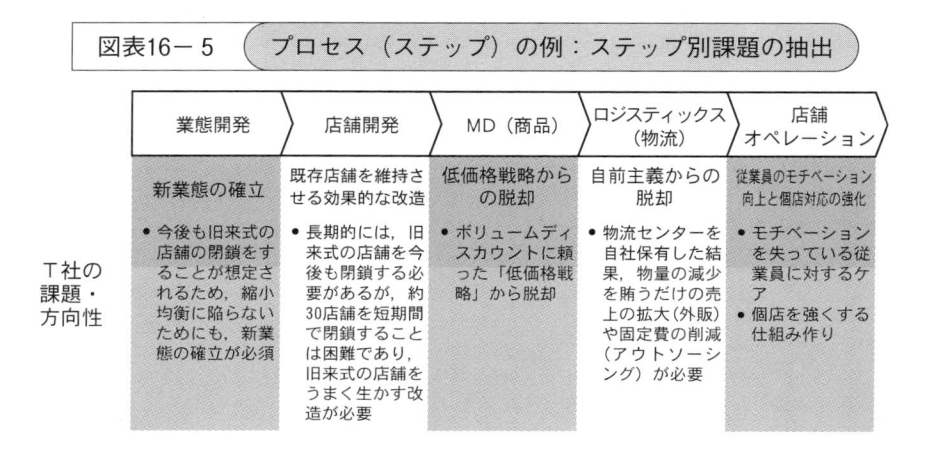

図表16-5　プロセス（ステップ）の例：ステップ別課題の抽出

業態開発	店舗開発	MD（商品）	ロジスティックス（物流）	店舗オペレーション
新業態の確立	既存店舗を維持させる効果的な改造	低価格戦略からの脱却	自前主義からの脱却	従業員のモチベーション向上と個店対応の強化
• 今後も旧来式の店舗の閉鎖をすることが想定されるため，縮小均衡に陥らないためにも，新業態の確立が必須	• 長期的には，旧来式の店舗を今後も閉鎖する必要があるが，約30店舗を短期間で閉鎖することは困難であり，旧来式の店舗をうまく生かす改造が必要	• ボリュームディスカウントに頼った「低価格戦略」から脱却	• 物流センターを自社保有した結果，物量の減少を賄うだけの売上の拡大（外販）や固定費の削減（アウトソーシング）が必要	• モチベーションを失っている従業員に対するケア • 個店を強くする仕組み作り

（T社の課題・方向性）

メージしやすい。図表16—5は，ある会社のバリューチェーンを示したものである。ビジネス DD においては，機能ごとにどのような経営課題が存在しているのかを調査することが多い。そのような分析結果を整理するために「プロセス」チャートは有効である。

4 ウォーターフォール

ウォーターフォールは，構成要素を縦長の図形（棒グラフ等を含む）で図示し，それを文字どおり滝が流れ落ちるように並べたチャートである。定量的な関係を表現したい2つの要素を始点と終点に置いて，始点と終点を結びつける複数の要素を並べる。各要素の長さと向き（プラスかマイナスか）がわかりやすいため，始点から終点までの変動要因や各要素の影響度合いを示す際に用いられることが多い。

図表16—6にA社（単独）の2017/3期の営業利益における増減分析結果を

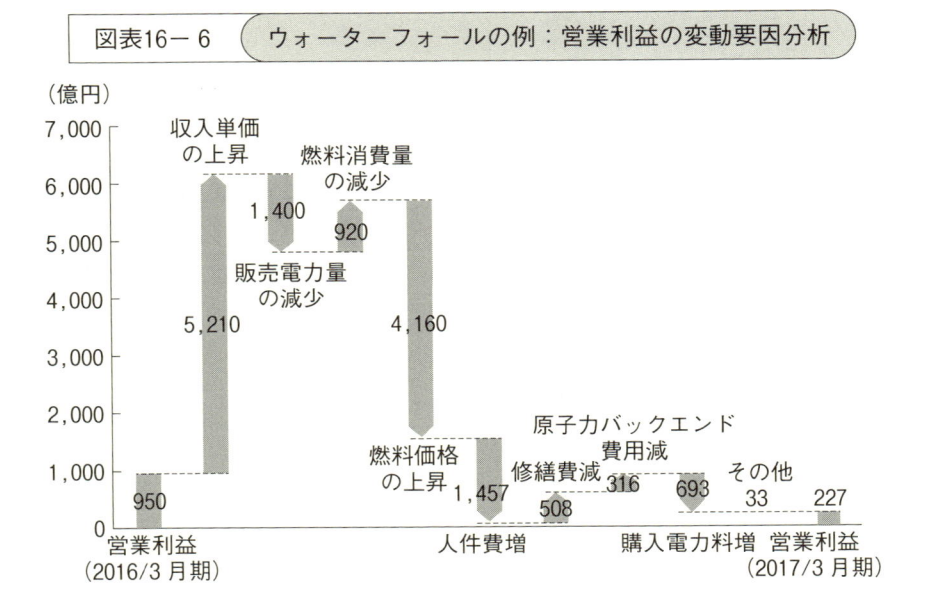

図表16—6　ウォーターフォールの例：営業利益の変動要因分析

ウォーターフォールで示したが，この例からは燃料価格上昇と人件費増および販売電力量の減少による営業利益へのマイナスインパクトが大きいことがわかる。なお，A社の2017/3期にかかる決算説明会資料によれば，人件費増は前年度に実施した退職一時金・年金制度の見直しに伴う反動増が主要因とのことであった。ウォーターフォールはビジネスDDにおいても，このように前年度の利益指標（たとえば営業利益）を始点，今年度の利益指標を終点として利益指標の増減要因分析結果を表すのに適している。

5 **ロジックツリー**

　ロジックツリーは，ロジックをツリー状に構成することで論理構造を図解する手法である。問題の原因を整理・分析する際，課題を解決するための方策を整理し優先順位を付けるため，ツリーのトップに入る要素がどのように構成されているかを明確にする際などに用いられる。ツリー構造を展開する際は，枝分かれの一つひとつが「MECE[3]であること」および「抽象度が同レベルであること」が重要である。

　ロジックツリーは，1つのテーマでも，切り口の選択の仕方によって複数のパターンで分解できる。よって，ロジックツリーを用いる際には何度もその構成をスクラップ＆ビルドして，そのテーマの本質を最もよく捉えた要素での切り口を採用することが重要である。

　図表16—7は，ある企業の重要顧客を評価したものである。最初の段階で〈現状〉の"利益に大きく貢献しているか"と，〈今後〉の"利益を牽引してくれるか"に分けている。利益を〈現状〉と〈今後〉という時間軸でMECEかつ抽象度が同レベルの枝に分けている。

　さらに，〈今後〉の"利益を牽引してくれるか"は，"顧客の潜在性"と"対象会社との相性"に分解されている。"顧客の潜在性"は，"顧客の業界市場

3　Mutually Exclusive, Collectively Exhaustive「漏れもなく，ダブリもないこと」

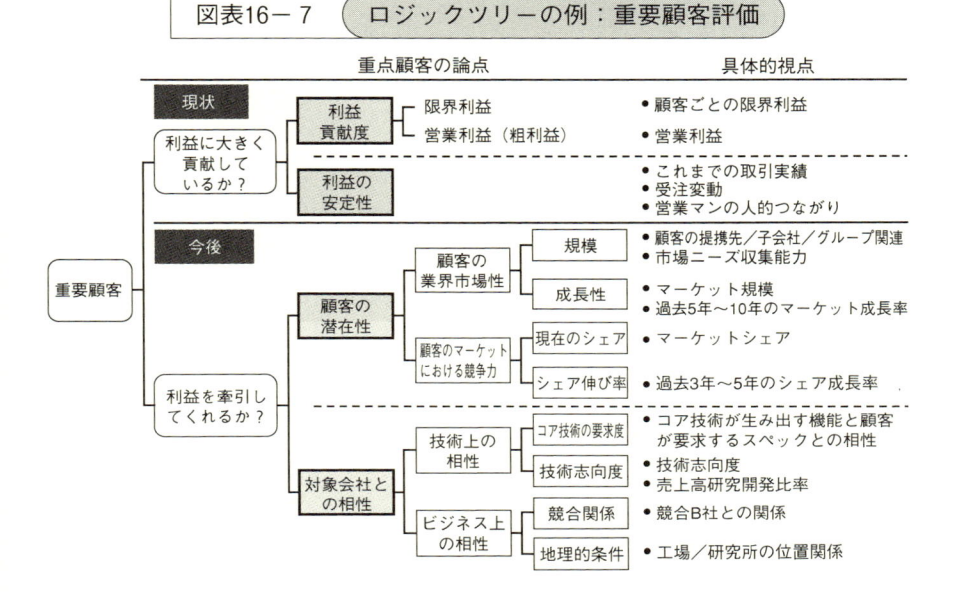

図表16－7　ロジックツリーの例：重要顧客評価

性”と“顧客のマーケットにおける競争力”に分解できる。さらに“顧客の業界市場性”は，“規模”と“成長性”に分解できる。買い手にとっては，市場が今後どう推移していくかが重要であるため，これらの要素を抽出している。これらのツリーの分岐は，「MECE であること」および「抽象度が同レベルであること」が強く意識されたものである。

　ロジックツリーの右側には，各分解要素を評価するうえでの具体的な視点を記載している。ビジネス DD は，対象会社のビジネスの実態とその将来性を評価するものであり，図表16—7のようなロジックツリーは，顧客やビジネスの評価結果を整理するうえでは，有効なチャートであるといえよう。

6 イシューツリー

　イシューツリーは，仮説を基にイシューをツリー状に分解・構成し階層化を進めることで検証すべき事項を明確にするものである。ロジックツリーが物事を構造化・整理することによく用いられるのに対し，イシューツリーはある仮説に対して，検証すべき事項を明確にする際によく用いられる。

　実務的には，イシューツリーで検証論点を明確にしていく際に重要度で検証論点を分類していく。特に，2週間や3週間といった時間が極めて限られたBDDの場合，すべての検証論点を検証しようとすると時間が足りなくなってしまう恐れがある。対象会社の状況やビジネスモデルなどから，重要な検証論点を見極めることも重要である。

図表16-8　イシューツリーの例：製品販売に関する検証論点

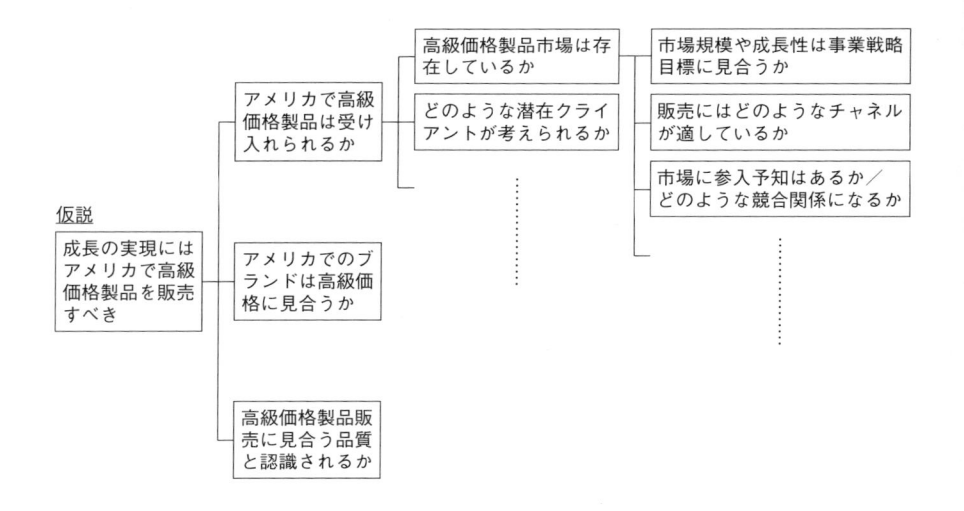

7　表

　表は，きわめて基本的なチャートである。あえて説明を加えるとすれば，2つ以上のものを比較する際に，比較内容がわかりやすいように縦横の2軸で情報を整理したものである。一般的には，縦横どちらかの軸が「比較対象」となり，もう一方が「比較する視点（軸）」になる。

　図表16—9は，縦軸に「比較対象」として事業分野を，横軸に「比較する視点」として収益の状況，市場の状況，競争環境をとり，概要を記載している。

| 図表16—9 | 表の例：各事業の現状整理 |

事業の状況

分野	収益の状況	市場の状況	競争環境
A事業	✓ メーカーの信頼を獲得しており，需要が安定している ✓ 収益性が高く，大きな収益源となっている	✓ 国内は横ばい，海外は成長 ✓ 顧客の海外進出に伴い，海外での生産体制構築が部品メーカーに求められている	✓ メーカーとの結びつきが強く，棲み分けがなされている ✓ 既に強固な顧客基盤を築いている
B事業	✓ B事業における機能的優位性により，収益を確保している ✓ 販売価格の下落から，利益率の低下が懸念されている	✓ 国内における販売台数は安定した増加が見込まれる ✓ 最終製品は価格下落の傾向にあり，市場は低成長と見込まれる	✓ B事業においてシェアトップだが，機能的な優位性がなくなってきている ✓ 取引先および競合の数は少なく，寡占の状況にある
C事業	✓ 回復基調だが，営業赤字の状態にある ✓ 償却費の負担減による利益率の改善が見込まれている	✓ 主力商品の用途拡大や技術革新により成長が見込まれている ✓ 需要動向は不安定である	✓ 3社の寡占であり，かつ棲み分けされている
D事業	✓ 技術的優位性が低く，付加価値を高めることが困難である	✓ 今後，数量は増加傾向が見込まれるが，単価は下落しており販売金額では低成長の分野となっている	✓ 新規参入に必要な設備投資額は低く，参入障壁は低い ✓ 参入企業が多く，差別化が困難なため，価格競争が激しい

8 相関図（因果関係）

　相関図は複数の要素が複雑に絡み合って影響し合うような場合に，要素間の因果関係を表現したチャートである。先に挙げたロジックツリーが問題を静的に要素分解するのに適しているのに対して，相関図は，「時間」概念を含んだ要素間の動的な因果関係を表現するのに適している。

　たとえば，ブランド品を値下げすることで，短期的には（客単価の減少を補って余りある）客数の増加によって売上が増加する。一方で長期的にはブランドイメージの低下により客数の減少を招き，売上の増加は収束する。このことを相関図で表すと図表16—10のようになる。ブランド品の値下げが売上に対して増加か減少のどちらの影響を与えるかについては，時間軸の視点の持ち方（短期か長期か）で結果が異なるわけである。

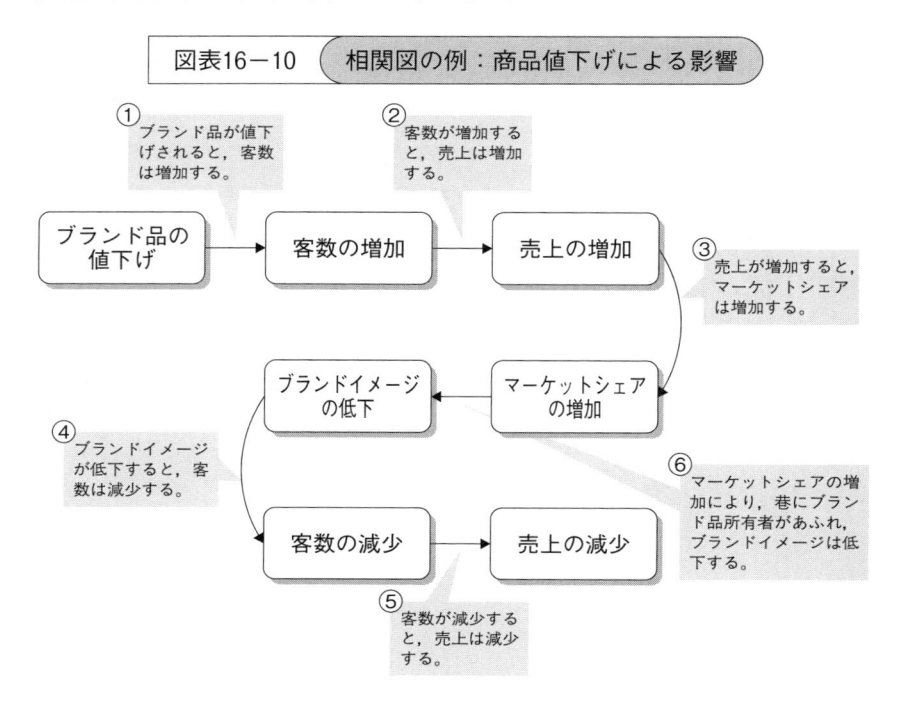

図表16—10　相関図の例：商品値下げによる影響

① ブランド品が値下げされると，客数は増加する。

② 客数が増加すると，売上は増加する。

③ 売上が増加すると，マーケットシェアは増加する。

④ ブランドイメージが低下すると，客数は減少する。

⑤ 客数が減少すると，売上は減少する。

⑥ マーケットシェアの増加により，巷にブランド品所有者があふれ，ブランドイメージは低下する。

ブランド品の値下げ → 客数の増加 → 売上の増加 → マーケットシェアの増加 → ブランドイメージの低下 → 客数の減少 → 売上の減少

　ちなみに，ブランド品を値下げしてしばらくしてから，再度値上げをしたところで，一度ブランドイメージが低下してしまうと客足を呼び戻すことができず，売上は伸び悩む可能性が高い（その結果，さらに値下げをすることになるという循環型の相関図になることもある）。そのため，ブランド品は簡単には値下げしないのである。

⑨　マトリックス

　マトリックスというと，先に挙げた表のことを指す場合もある。しかし，ここでいうマトリックスとは，縦軸と横軸で4つに区分された平面上の「どこに位置するか」でその要素の特徴を直感的にわかりやすく表現するチャートのことである。

　たとえば，製品・事業ポートフォリオ分析のフレームワークとして有名なPPM（Product Portfolio Management）は，複数の製品・事業の戦略の方向性を検討するために，横軸に相対的市場シェア，縦軸に市場成長性をとったマトリックスである。ビジネスDDにおいては，任意の2軸で区分されたマトリックス上にビジネスDDの対象会社と業界他社を配置することで，対象会社の特徴を直感的に把握したり，同業の中でも戦い方が類似している競合を特定したりすることができる。

　マトリックスの特徴は，情報を単純化することにある。人間が一度に処理できる情報量には限界があるので，マトリックスを使って2軸に単純化して要素をマッピングすることで，要素間で「要は何が違うのか」を明確にすることができる。要素間の相違を明確にするためには，何を2軸に選ぶかが極めて重要である。軸選びの際に気をつけるべきポイントは，その2軸を選択した場合に，要素が平面上にほどよく散らばるようにすることである。要素が1つの象限に固まってしまったり，一直線上に乗ってしまったりするようでは，そのマトリックスは役立たない。

　有意なマトリックスを作るコツは，主に下記の3つである。

① 4つの象限がそれぞれ異なる意味を持っていること

（強み／弱み，打ち手の方向性の違い等を持っていること）

② 2軸が2つの2項対立の組み合わせになっていること

③ 軸選びの際に問題の本質に影響しない細部は気にしないこと

図表16—11は，地方銀行のポジショニングと業務純益との関係性を示したマトリックスである。横軸に自己資本比率，縦軸に時価総額をとっている。この2軸で業務純益をマッピングすると，第1象限（右上）は「業界主導型」，第2象限（左上）は「規模追求型」，第3象限（左下）は「地域密着型」，第4象限（右下）は「堅実経営型」と整理できる。適切な2軸を選択することで，4つの象限に特徴的な意味が備わったことがわかる。

マトリックスもロジックツリー同様に，使いこなすにはテクニックを要するチャートであるが，逆にそれができれば，はっと驚くような"気づき"を与えることができるチャートである。

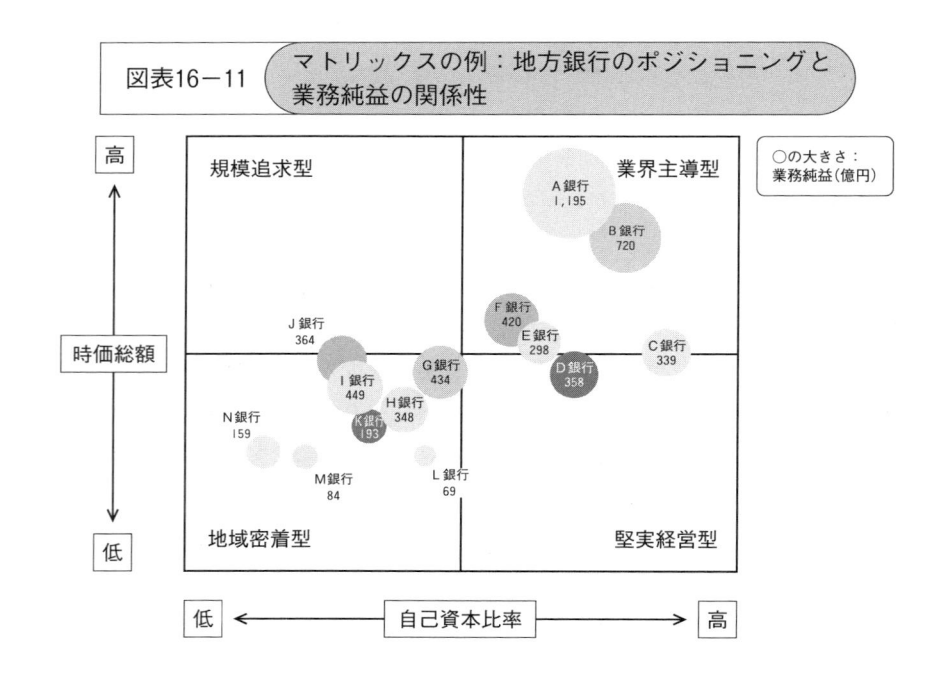

図表16−11 マトリックスの例：地方銀行のポジショニングと業務純益の関係性

⑩　ガントチャート

　ガントチャートは，今までに紹介してきた「分析結果にメッセージ性をもたせるために用いられるチャート」とは異なる用途を含んでおり，たとえば，プロジェクトマネジメント，すなわちタスクのスケジューリングおよび進捗管理において活用されるチャートである。左半分に実施すべきタスクをリストし，右半分にそのスケジュールを図示する。左半分のリストには，タスクに加えて，作業の番号，開始日，終了日，所要期間，担当者などを書き添えることもある。右半分のスケジュールには作業の開始日，終了日を示し，所要期間を横線の長さで表し，各タスクの依存関係を示す。

　図表16—12は，「経営管理体制の強化」をどのように進めていくかを示したアクションプランである。何を実施するのかを左半分に書き，そのスケジュールを右半分に図示している。ビジネスDDでは，「価値創出・向上策の検討」において，収益改善策を挙げるが，それらが実施されなければ，企業価値の向

図表16—12　ガントチャートの例：アクションプラン

経営管理体制の強化

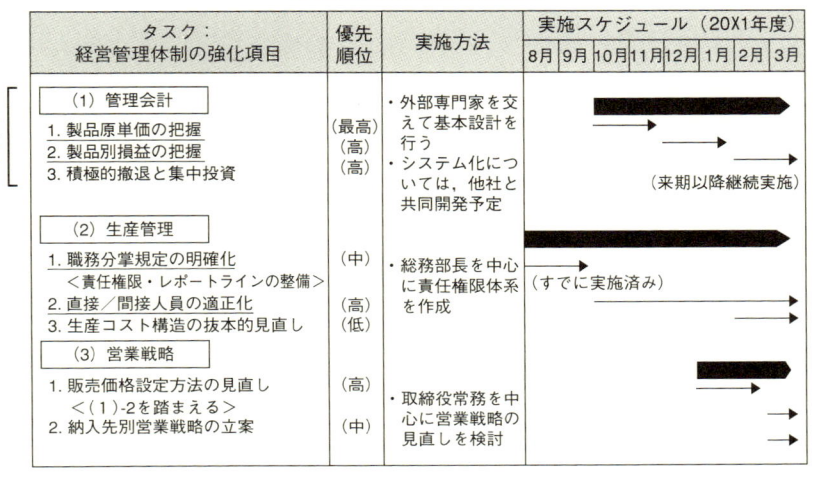

上にはつながらない。実施すべきタスクをガントチャートに記載し，今後のアクションプランを作成することが，ビジネス DD の仕上げの作業である。

　ガントチャートの作成にあたっては，タスクの洗い出しが最重要である。左側のタスクが漏れなく，かつ適正な順番で整理されれば，右半分のスケジュールも非常に見やすく，各アクションプランの実行時期を的確に表現したものとなる。ビジネス DD 期間中は時間に限りがあるので，即席のガントチャートを Microsoft®Excel®で作成することも多いが，Microsoft®Excel®ではスケジュールの変更を反映させるのに工夫を要する。M&A ディールのマネジメントでは，一般的ではないかもしれないが，ガントチャートの作成にあたっては，Microsoft®Project®などのプロジェクトマネジメント用のソフトウェアもある。いずれにせよ，ビジネス DD 後速やかに，詳細なガントチャートを書き直し，常に最新の状態にしておくことが，施策の実行を管理する上で重要である。

第*3*節　基本チャートの応用

　10チャートはそれぞれを単独で使うだけでも，文章のみよりもわかりやすく，加えて視覚でも理解を促すことができるが，組み合わせて使うことでさらにクリアにメッセージを伝えることができる。本節ではいくつかの組み合わせを例示しながら，10チャートの応用方法を紹介する。

プロセス（ステップ）と構造マップの組み合わせ

　図表16—13は，プロセス（ステップ）と構造マップを組み合わせた応用例である。バリューチェーンと製品分野の2軸で製造業におけるグループ会社の事業領域をマッピングした。縦軸には，製品a〜dを売上の大きさ毎の箱で定量的に表し，横軸はバリューチェーンを定性的に整理している。このように，プロセス（ステップ）と構造マップを組み合わせると，定量と定性の両面から物

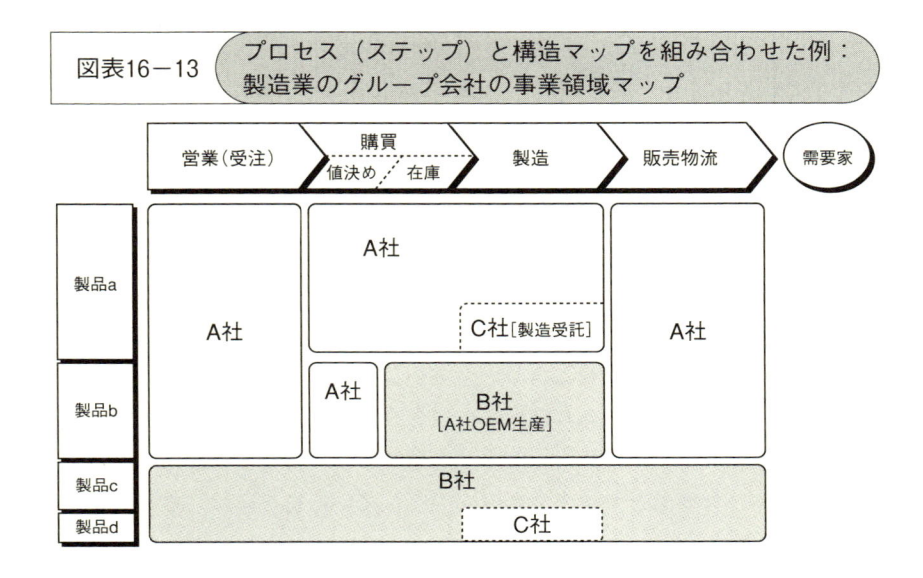

図表16—13　プロセス（ステップ）と構造マップを組み合わせた例：製造業のグループ会社の事業領域マップ

事を整理することができる。

プロセス（ステップ）とウォーターフォールの組み合わせ

　図表16—14は，プロセス（ステップ）とウォーターフォールを組み合わせた応用例である。バリューチェーンをプロセス（ステップ）として表し，各プロセスで発生する収支をウォーターフォールで表すことにより，英会話学校事業の収益構造を示した。英会話学校事業は，授業料としての前受金をもとに，教室展開，教材開発，広告宣伝，営業，講師・スタッフの雇用を行う先行投資型ビジネスとなっていることがわかる。

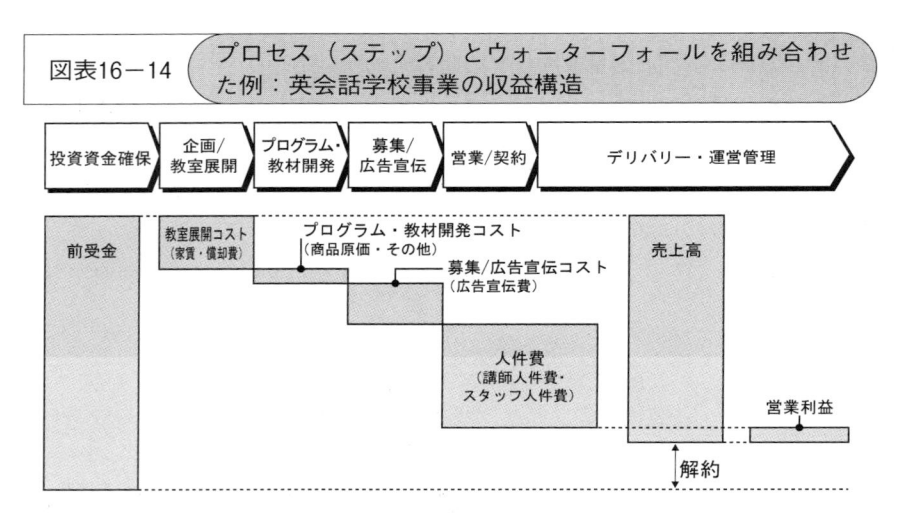

図表16—14　プロセス（ステップ）とウォーターフォールを組み合わせた例：英会話学校事業の収益構造

ウォーターフォールと構造マップの組み合わせ

　図表16—15は，ウォーターフォールと構造マップを組み合わせた応用例である。

　横軸に店舗別売上高，縦軸に店舗別営業利益（本部費配賦前）をとっている。営業利益が全店とも黒字であれば，先に紹介した構造マップのみで表現できるが，図表16—15の事例では，いくつかの店舗において営業損失が出ている。このように，プラス要素とマイナス要素が混在している場合には，ウォーターフ

ォールと構造マップを組み合わせて表現することもできる。図表16—15からは，新宿店が全社の営業利益の大半を稼いでいること，一部の地方都市店舗が損失を出していること，本部費用負担が重いことがわかる。

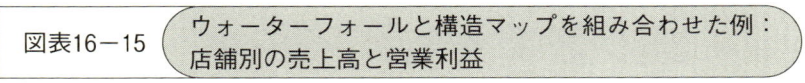

| 図表16—15 | ウォーターフォールと構造マップを組み合わせた例：店舗別の売上高と営業利益 |

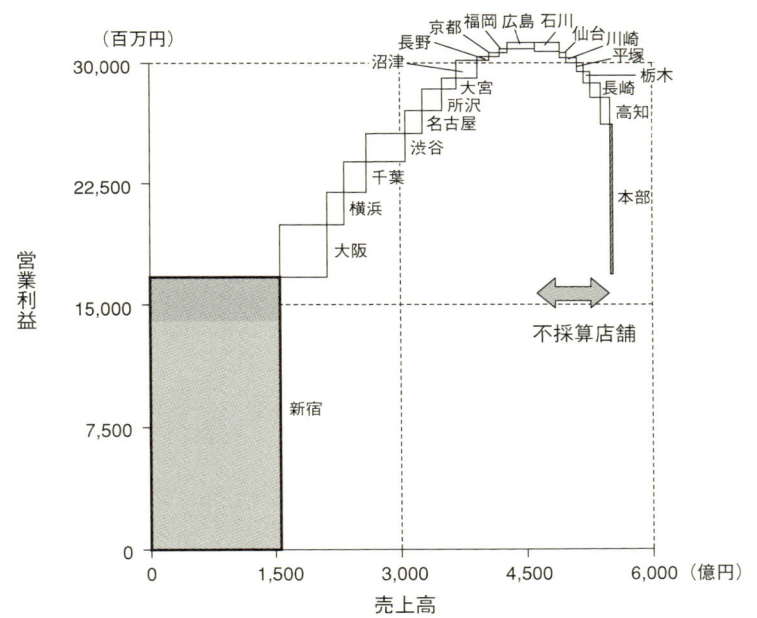

第17章

ビジネスデューデリジェンスと
バリュエーション

第 *1* 節 本章の概要

　本書では，ビジネス DD について解説してきたが，ここで今一度 DD の目的を確認しておきたい。第1章にて解説したように DD は，対象会社の経営実態を把握し，これに基づき適正な企業価値の算定をするために実施する。すなわち，バリュエーションは DD の後工程ともいえる。

　本章では，まず M&A 取引におけるバリュエーションの位置づけ（第2節）を整理し，一般的なバリュエーションのステップ（第3節）を紹介する。その上で，テクニカルな解説としてバリュエーションの手法（第4節）を解説する。最後に，DD の発見事項がバリュエーションにおいてどのように反映されるか（第5節）を具体的な実例を交えながら解説を加えていく。

　M&A 取引が経営戦略の実現に資するものであるか，取引価格が適正であるかを判断し，株主への説明責任を果たすためには，ビジネス DD は欠かすことのできない手続きである。しかしながら，実際には DD が実施されずバリュエーションから入るケースも見受けられる。また，ビジネス DD とバリュエーションが別チームによって実施されるケースも多い。そこで，本書では，これらのケースも想定してバリュエーションについて解説していく。

第*2*節　M&A における
バリュエーションの位置づけ

１　M&A におけるバリュエーション

(1)　バリュエーションの種類

　バリュエーションには DD 実施前に行うプレバリュエーションと DD の結果を反映させる本格的なバリュエーションがある。

図表17－1　バリュエーションの種類

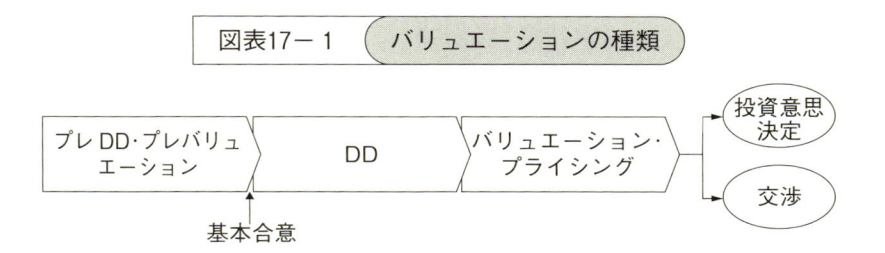

①　プレバリュエーション

　プレバリュエーションとは，DD 実施前の初期段階でのバリュエーションである。通常 M&A 取引においては守秘義務契約が締結されると，対象会社に関する資料が限定的に提示される。買い手は，当該 M&A 取引の対象事業，対象会社の認識合わせを行うとともに，M&A 取引の規模感や大まかな必要資金の把握を行う。その際に実施される初期的なバリュエーションをプレバリュエーションと呼ぶ。

　入札（ビット）案件の場合には，DD を実施する前の１次ビットの意向表明の段階で買収価格の初期的提示を求められることが多いが，その際に実施するバリュエーションもプレバリュエーションの１つである。

② バリュエーション

本格的なバリュエーションは，DD が終盤に差し掛かるころに，実施される。これは DD における発見事項を価値に反映するためのバリュエーションであり，まさにクロージングに向けて価格交渉が本格化してくるため，その交渉に備えるためのものである。

(2) バリュエーションの目的

しばしば誤解されることがあるが，バリュエーションは「価格」を算定するものではない。あくまで「Value ＝価値」の算定である。「価格」と異なり，「価値」には唯一絶対的なものは存在しない。なぜなら，A社にとってのC社の価値とB社にとってのC社の価値は異なるからである。A社とB社は事業構造も異なれば，持っている経営資源も異なる。これは，統合後見込まれるシナジーが異なることを意味し，それぞれにとってのC社の価値は異なってくるのである。

バリュエーションの目的は，唯一絶対的な価格を算定することではなく，あくまでオファー価格の検討，投資可否の検討といった意思決定の判断材料とするための価値を算定することにある。すなわち，基本的に，買い手であれば，「この買収価格なら投資の採算は取れるのか」，売り手であれば「この売却価格なら自らの株主から納得が得られるか」といった観点で行わなければならない。

2 ビジネスデューデリジェンスとバリュエーションの関係

バリュエーションは最終契約書と並んで，DD の発見事項を反映させる工程の1つである。一般的には，発見事項について定量化が可能であればバリュエーションに織り込むことになるし，将来の不確実性が多く発見事項を定量化することが困難である場合には，最終契約書に当該発見事項が反映されることになる。

　図表17—2は，第2章で解説した因果マトリックスである。本書において解説してきたビジネスDDは，「Ⅳ.企業が将来生み出す価値（図表17—2右下）」を知るために，「Ⅱ.これまでの価値を生むしくみ（図表17—2左上）」を調査・分析し，「Ⅲ.これからの価値を生むしくみ（図表17—2左下）」を考察することであった。

　一方，バリュエーションは，ビジネスDDにより明らかになった「Ⅱ.これまでの価値を生むしくみ」と「Ⅲ.これからの価値を生むしくみ」から「Ⅳ.企業が将来生み出す価値」を算定することである。これは，買い手が，これから実施する投資がどれぐらいの価値を生み出すのかを概算することであり，買い手にとっての最大の関心事ともいえる。

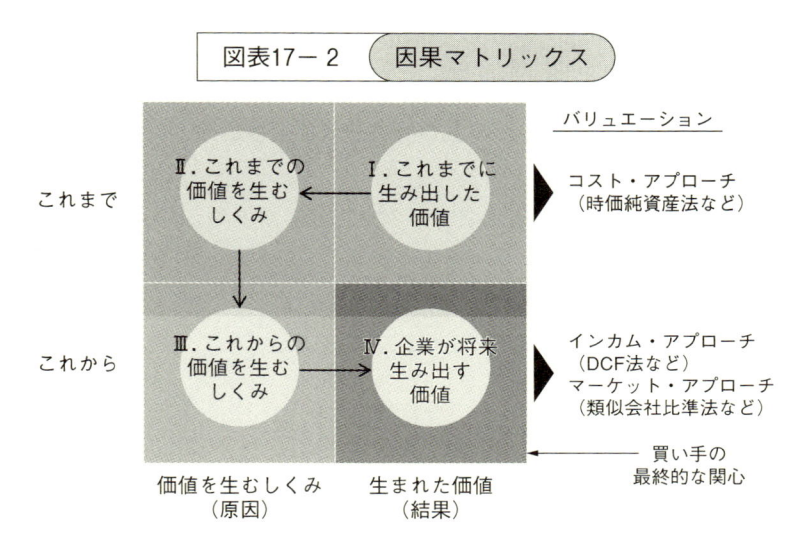

図表17—2　因果マトリックス

　ビジネスDDにおける発見事項はバリュエーションによってその価値が定量化される。定量化されるのは，対象会社のスタンドアロンバリューだけではない。リスク，シナジー効果の一つひとつの項目も定量化の対象となる。

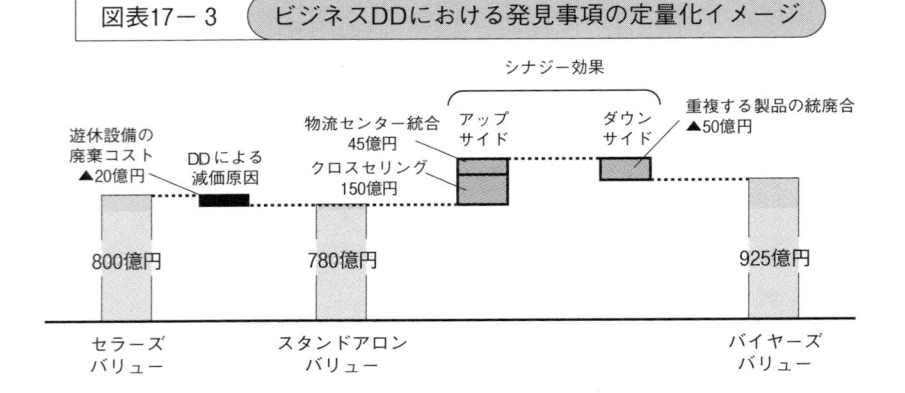

| 図表17－3 | ビジネスDDにおける発見事項の定量化イメージ |

図表17―3に示すセラーズバリュー，スタンドアロンバリュー，バイヤーズバリューおよびシナジー効果等のそれぞれの価値を把握しておくことは，後の意思決定あるいは，交渉の際にどこまで譲歩できるのかといった判断につながるため重要である。

　なお，ビジネスDDの発見事項は，必ずしも1つの数字に表されるとは限らない。リスクの確度やシナジー効果の実現可能性など，複数のシナリオに基づき分析する必要がある。これらのシナリオ毎の価値をシミュレーションできるよう，バリュエーションモデルを組み立てることが重要である。

第**3**節　バリュエーションのステップ

　バリュエーションは，一般的に図表17―4に示すステップに従い実施される。本節では，各ステップの概要およびポイントを解説していく。

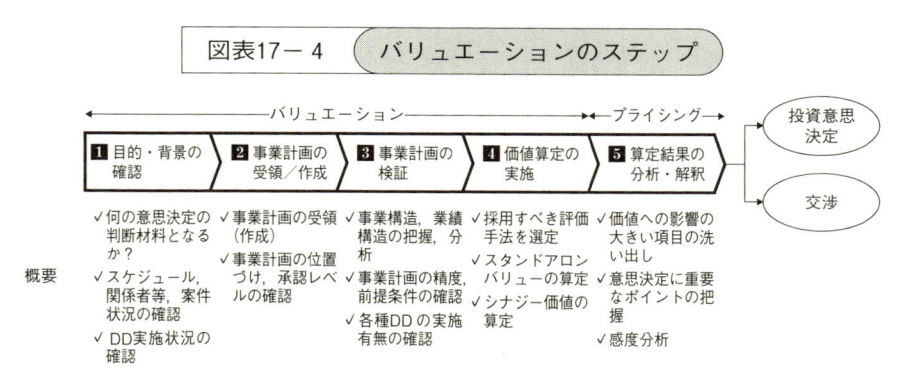

図表17―4　バリュエーションのステップ

	バリュエーション				プライシング	投資意思決定
	1 目的・背景の確認	**2** 事業計画の受領／作成	**3** 事業計画の検証	**4** 価値算定の実施	**5** 算定結果の分析・解釈	交渉
概要	✓何の意思決定の判断材料となるか？ ✓スケジュール，関係者等，案件状況の確認 ✓DD実施状況の確認	✓事業計画の受領（作成） ✓事業計画の位置づけ，承認レベルの確認	✓事業構造，業績構造の把握，分析 ✓事業計画の精度，前提条件の確認 ✓各種DDの実施有無の確認	✓採用すべき評価手法を選定 ✓スタンドアロンバリューの算定 ✓シナジー価値の算定	✓価値への影響の大きい項目の洗い出し ✓意思決定に重要なポイントの把握 ✓感度分析	

1　目的・背景の確認

　先述したように事業価値あるいは株主価値は，誰にとっての価値かによって異なる結果が導き出される。したがって，バリュエーション結果がどのような背景で使用され，どのような意思決定をするための基礎資料となるのかをしっかりと事前に確認することが重要である。これは，後に算定結果を分析し，解釈する際に非常に重要となってくる。

❷　事業計画の受領／作成

　バリュエーションの目的や背景を確認したら，事業計画を受領する。一般的には，ビジネス DD を行うような M&A 取引では，事業計画が作成されていることが多いが，場合によっては，事業計画が作成されていないことがある。このような場合は，対象会社へのインタビューに基づきバリュエーション担当者が1から作成しなければならないこともある。

　また，会社によっては事業計画が複数存在することもある。バリュエーションに用いるべき事業計画は，取締役会の承認を受けた計画や外部公表している計画など，バリュエーションの目的に鑑みて，意思決定の基礎として適切なものを採用すべきであるが，どの計画がそれに該当するのかを確認する必要がある。

❸　事業計画の検証

　事業計画が揃ったところで，当該事業計画を検証するステップに入る。事業計画の検証は，基本的にリサーチとインタビューの2つの方法により実施する。ただし，プレバリュエーションやビット案件の場合のバリュエーションにおいては，インタビューが制限されることが多い。

　バリュエーション実施者にとって事業計画の検証は重要なステップである。具体的には，対象会社のビジネス，マーケット環境，今後の市場予測を総合的に検討して，依拠した前提は妥当であるか，計画は達成可能なのかといった観点で検証する。

　ビジネス DD 結果について情報を共有してもらうことが可能である場合には，その情報を参考にしつつ，適宜バリュエーション実施において必要な情報をインタビューを実施しながら入手し，事業計画を検証する。

4　価値算定の実施

　事業計画の検証が一通り終わった段階で，価値算定のステップに入る。まずは，ビジネスの特性や対象会社の置かれている状況など個別の事情を勘案しながら採用すべき算定方法を選択する。M&A取引では，後に解説するDCF法や類似会社比準法による評価，市場株価法（上場会社のみ）が一般に用いられる方法であるが，状況によっては時価純資産法や配当還元法などが有効なケースもある。それぞれの算定方法の持つ長所・短所，数字の持つ意味合いを理解した上で算定方法を選定する。算定方法は，1つに限定せず，複数の方法を採用することが多い。採用する算定方法を選択したら，各種マーケットデータを取得しながら，実際に評価を行う。

5　算定結果の分析・解釈

　4までくるとバリュエーションの半分が終わったことになる。ここで「えっ，まだ半分？」と思った方も多いだろう。一般に世に出回るバリュエーション関連の書物をみると上記**1**〜**4**をバリュエーションと呼び，テクニカルな部分を中心とした解説が多い。しかしながら，バリュエーションの目的が意思決定の判断材料であることを勘案すると本当の意味でのバリュエーションは，算定結果の分析・解釈を含めるべきであり，むしろ，この分析・解釈が非常に重要なステップである。

　分析・解釈のステップが重要な理由は主に2つある。

　1つは，バリュエーションは，将来の不確実な要素に一定の前提を置き，企業の価値を算定するものであるため，当然のことながら将来を予見するには限界があるからである。また，それぞれの算定方法が持つ特徴や意味合いは異なる。したがって，算定により得られた価値もそうした前提条件や算定方法の長

所・短所により，複数の見方ができる。依拠した前提条件を勘案し，算定された数字の持つ意味合いを理解した上で，○○という前提に立つと×××円，別の前提に立つと△△△円という解釈が重要となってくる。同じ前提にもかかわらず，異なる評価方法を取るだけで価値に乖離が見られれば，その乖離を分析し，場合によっては，修正もしくは説明可能な調整を入れる必要がある。分析および解釈を繰り返し，合理的と納得してもらえる範囲を絞り込んでいくのである。

　もう1つの理由は，教科書どおりにマーケットデータを取得し，算定された価値が必ずしも納得感のある数字になるとは限らないということである。「マーケットは生き物である」という言葉があるが，特に景気が好転あるいは悪化といった過渡期にある場合にはさまざまなノイズが入り，価値評価が非常に困難な時期がある。その際，重要となるのが評価結果の分析である。各手法による価値に大きな乖離はないか，説明のつかない異常値を含むパラメータを評価に採用していないか，などを一つひとつ納得を得ながら検証していくステップは決して欠かしてはならない。

　価値を分析する際のポイントは，意思決定がどこで変わるかを意識することである。たとえば，「この前提条件を織り込むか否かで価値に大きな影響がある」とか，「このパラメータを，○％変化させると意思決定が変化する可能性がある」などを一つひとつ分析していく。バリュエーションにもっとも影響を与える調査項目の分析を優先させ，仮に割引率による価値のブレが大きければ，割引率の感度分析を実施するなどの判断が必要となってくる。

　こうした分析や解釈のステップを経ないで，各算定方法により算定された価値を単純に加重平均して価値を算定する方法もかつて見受けられたが，数字の持つ意味を理解せずに単に加重平均を取るのは乱暴であるため，最近ではほとんどみられなくなっている。

第*4*節　バリュエーションの手法

　本節ではバリュエーションの手法を解説する。ただし，本書はビジネス DD との関連での解説になるため，基本的な話に留めることとする。詳細な解説は他書を参考にされたい。

1　企業価値のフレームワーク

　バリュエーション手法を解説する前に，よく混同されがちな事業価値，企業価値，株主価値の概念を整理する。

⑴　会計上の B/S とファイナンス上の B/S の違い

　これら3つの概念を解説するにあたり，会計上の B/S とファイナンス上の B/S を整理しておきたい。図表17—5に示すように，会計上の B/S とファイナンス上の B/S では，資産と負債の区分方法が異なる。すなわち，会計上は資産および負債をそれぞれ流動と固定に区分するのに対して，ファイナンス上は資産を事業資産と非事業資産に，負債を事業負債と有利子負債に区分する。

　事業資産とは，事業を行うのに必要な運転資本，固定資産，無形資産などの資産をいい，事業負債とは買掛金や支払手形，未払金などの金利の支払を伴わない事業用の負債をいう。事業資産および事業負債は，企業のフリー・キャッシュフロー（以下，「FCF」という）を創出する資産であり，その価値は将来発生する FCF によって評価される。これを「事業価値」という。

　一方，非事業資産とは，余剰現預金，遊休資産，投資有価証券，ゴルフ会員権などの本業以外の資産であり，それらがなくても事業運営に大きな支障をきたさない資産をいう。非事業資産は FCF の創出に資さない資産であり，通常

図表17−5　会計上のB/Sとファイナンス上のB/S

会計上の貸借対照表

流動資産	流動負債
固定資産	固定負債
	純資産

ファイナンス上の貸借対照表

事業資産	事業負債
	有利子負債（デット）
非事業資産	純資産

は各資産の取引市場における時価を参考にして評価される。また，有利子負債とは，借入金，社債，コマーシャルペーパーなどの金利の支払を伴う負債をいう。

⑵　企業価値のフレームワーク

　図表17−6は，事業資産，事業負債，非事業資産，有利子負債を価値として示したフレームワークである。事業資産と事業負債から創出される価値を事業価値といい，これに非事業資産を加えたものが企業価値（EV, Enterprise Value）である。これは，債権者および株主の両方に帰属する価値である。企

図表17−6　企業価値のフレームワーク(事業価値・企業価値・株主価値)

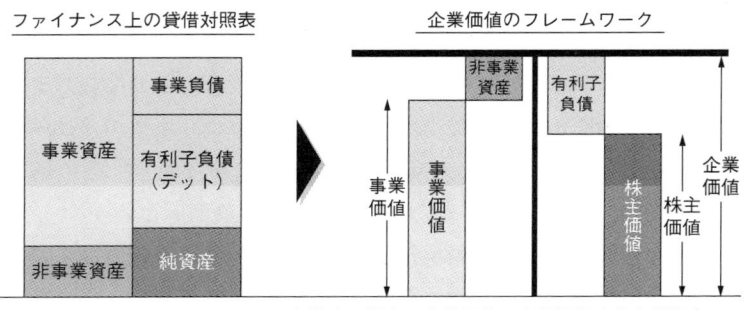

経営者の視点：企業価値＝事業価値＋非事業資産
資金調達の視点：企業価値＝有利子負債＋株主価値

業価値から有利子負債を控除すると株主に帰属する価値である株主価値[1]が算出される。

このように企業価値は，経営者の視点に立つと，「事業価値＋非事業資産」と表すことができる一方，資金調達の視点（資金を債権者から調達したか，株主から調達したか）に立つと「有利子負債＋株主価値」と表すことができる。

❷　主なバリュエーションの算定方法

バリュエーションにはいくつかの算定方法が存在し，それぞれに長所と短所がある。M&A取引の目的や対象会社の事業特性などに応じて適切な方法を使い分けることが重要であり，通常は複数の方法を採用する。

算定方法は，大別すると以下の3つに分類することができる。すなわち，インカム・アプローチ，マーケット・アプローチ，コスト・アプローチである。

	価値の根拠	主な算定方法	長所	短所
インカム・アプローチ	将来生まれる価値 将来キャッシュフロー	● DCF法 ・APV法	✓ 将来の収益力および成長を反映することが可能 ✓ 対象会社の個別事情を反映しやすい	✓ 業績予想（事業計画）次第で結果が変化する ✓ 割引率の算出方法に懐疑的な面がある
マーケット・アプローチ	関係者の合意 市場株価	● 類似会社比準法 ● 市場株価法 ・類似取引比準法	✓ 市場参加者（投資家等）の総意であるため客観性，納得感が高い ✓ 恣意性が入りにくい	✓ 株式市場の歪みが反映されてしまう ✓ 評価対象会社の固有の事情が反映しにくい ✓ 類似会社の選定が困難な場合には，適切な評価が難しい
コスト・アプローチ	今ある資産 純資産	● 時価純資産法 ・簿価純資産法 ・清算価値法	✓ 細かく漏れなく見ることができる ✓ 恣意性が入りにくい	✓ 過去に蓄積した資産の評価であり，将来の収益力を反映できない

図表17－7　主な算定方法

● はよく使用される算定方法

1　本書では，株主に帰属する価値を統一して「株主価値」と定義しているが，算定実務においては，（普通）株式価値，（普通）株主資本価値と表現されることもある。

(1)　インカム・アプローチ

インカム・アプローチは企業の収益力にもとづく算定方法であり，DCF 法，APV 法などがある。

①　DCF 法

DCF 法は，企業が将来獲得すると想定される FCF を適切な割引率によって現在価値に還元評価する方法である。継続企業を前提とした収益力に基づく算定方法であり，M&A 取引における価値算定では，最も一般的な算定方法として用いられる。特に買い手にとっては，対象会社が将来獲得する FCF に基づく評価は，取引における投資回収とも直結するものであり，きわめて重要な情報となる。

②　APV 法

APV（Adjusted Present Value）法は，DCF 法と同様に将来 FCF を現在価値に割り引いて還元評価する方法である。DCF 法とは異なり，APV 法では，資本構成が100％株主資本であると仮定し，DCF 法で用いる加重平均資本コストではなく，株主資本コストで FCF を割り引き，負債による調達から得られた節税効果（支払利息の損金算入による節税効果）を加味して価値を算定する。

将来，資本構成が大きく変動する（例：有利子負債を大幅に削減する）場合，LBO[2]や負債比率の高い再生企業の価値算定の場合に有効な方法である。

(2)　マーケット・アプローチ

マーケット・アプローチは，対象会社の市場株価や類似する上場企業の指標を参考にして企業価値を算出する方法であり，類似会社比準法，市場株価法，類似取引比準法などがある。

①　類似会社比準法

類似会社比準法は，対象会社と事業内容などの類似する上場会社（類似会

2　LBO：Leveraged Buyout，レバレッジド・バイアウト。M&A（企業買収）の手法の 1 つ。買収先の資産等を担保に資金を借り入れ，その資金で企業買収することをいう。

社）を選定し，それら類似会社の株価や財務数値などをベースに対象会社の企業価値を算定する方法である。具体的には，対象会社と事業内容および規模が類似した上場企業を複数社選び出し，それらの会社の EBIT 倍率，EBITDA 倍率[3]などの平均値を対象会社の実績または見通しの数字に掛けて価値を算定する方法である。類似会社比準法は，M&A 取引における価値評価の際に頻繁に採用されており，DCF 法と並んで M&A における代表的バリュエーション手法である。

ただし，類似会社がほとんどないような業界の場合や選定した類似会社の指標が必ずしも対象会社の本来の価値を表していない場合があるため，類似会社の選定には注意が必要である。

②　市場株価法

市場株価法は市場株価をもとに株価を算定するアプローチである。市場株価は多くの投資家の需要と供給によって形成されるため，客観性が高く，企業の将来性，収益力，財産価値など種々の要素が一体となって反映される。市場株価に対象会社の発行済株式数を乗じて算定された時価総額は，企業の株主価値を示す客観的な指標といえる。

③　類似取引比準法

類似取引比準法は，対象会社と同じ業界に属する他の企業が実際に M&A のターゲットとなった案件における，実際の取引価格から推計した倍率に基づき対象会社の価値を算定する方法である。世の中で起きている M&A 事例を 1 つの市場と考えて評価するものであるが，サンプル入手の困難性，取引固有の事情によるブレの大きさに留意する必要がある。

3　EBIT 倍率 = EV（企業価値）/EBIT（営業利益），EBITDA 倍率 = EV（企業価値）/EBITDA（営業利益＋減価償却）。このほか，マーケットアプローチには株価収益率（PER：Price Earnings Ratio）や株価純資産倍率（PBR：Price Book-value Ratio），株価売上高倍率（PSR：Price to Sales Ratio）などがある。

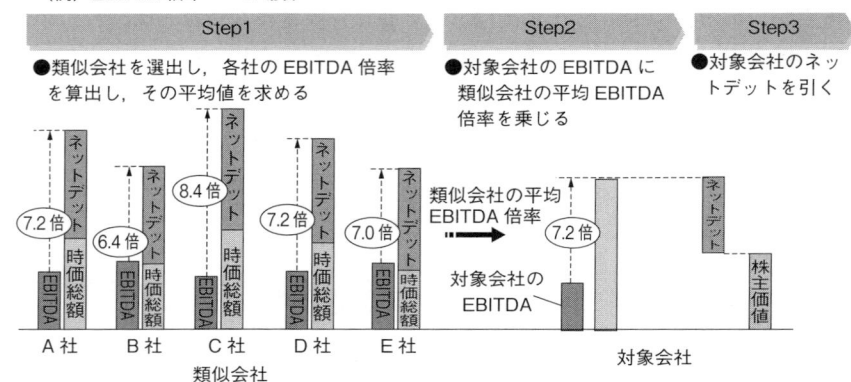

図表17－8　類似会社比準法の概要

$$\text{株主価値} = \text{対象会社の指標} \times \frac{\text{類似会社の EV}^{(注2)}}{\text{類似会社の指標}} - \text{対象会社のネットデット}^{(注3)}$$

（例）EBITDA 倍率[注1] の場合

Step1	Step2	Step3
●類似会社を選出し，各社の EBITDA 倍率を算出し，その平均値を求める	●対象会社の EBITDA に類似会社の平均 EBITDA 倍率を乗じる	●対象会社のネットデットを引く

（注1）　EBITDA 倍率＝ EV（企業価値）/EBITDA（営業利益＋減価償却）
（注2）　EV（企業価値）＝時価総額＋優先株式＋少数株主持分＋有利子負債－現預金
（注3）　ネットデット＝有利子負債－現預金

(3)　コスト・アプローチ

　コスト・アプローチは企業の所有財産の価値を評価する方法であり，時価純資産法と簿価純資産法，清算価値法などがある。ここでは，よく使用される算定方法である時価純資産法について解説する。

　時価純資産法は，特定時点の財産価値に着目した算定方法である。企業の将来的な収益力を加味しないという欠点を有するものの，現時点における当該企業の再調達価値（または清算価値）として，客観性を有する静的な株主価値を導出することが可能である。

❸　DCF 法の概要

　次に DCF 法について説明する。M&A 取引において DCF 法が用いられる

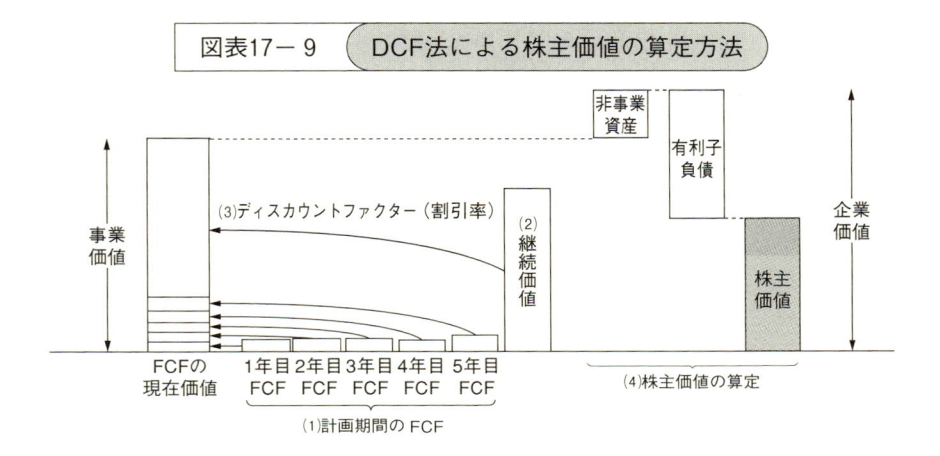

図表17-9　DCF法による株主価値の算定方法

ことが多い理由は，企業の将来収益力に基づいた算定方法の中でも，DCF法は計画期間の収益変動や投資計画，資産の売却計画など対象会社に関する個別要素を考慮できるからである。

　DCF法による株主価値は，図表17―9に示すように，企業が将来獲得するFCFを現在価値に割り引いた額の合計（事業価値）に非事業資産，有利子負債を加減算して算定する。事業価値は，FCFおよび継続価値とディスカウントファクター（割引率）との掛け算により算定される。

　これは即ち，ビジネスDDの結果としてFCFの基礎となる対象会社の将来計画を修正する場合など，ビジネスDDの結果が直接的に反映される評価方法と言える。

　以下では，DCF法の重要なパラメータであるFCFと割引率について解説する。

(1)　計画期間のFCF

　一般的に，FCFは計画期間のFCFと計画期間以降のFCFとに区分して算定される。言い換えれば，予測可能なFCFと予測困難なFCFである。

　図表17―10に示すとおり，FCFは，「①税引後営業利益＋②減価償却費―③設備投資額±④運転資本増減額」という算式により算定される。この算式により，計画期間の各期に創出されるFCFをそれぞれ算定することになる。

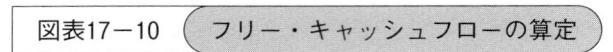

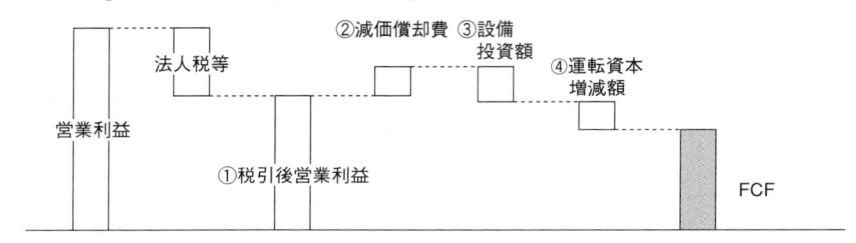

　営業利益は，金利支払前の利益であるため，営業利益に基づく FCF は，将来，株主および債権者に分配されるべきキャッシュフローの合算である。FCF の算定にあたり，営業利益を基礎とするのは，営業利益は，資本調達による利益の違いを排除した利益であり，企業の本業から得られる収益力を示しているからである。

(2)　継続価値

　DCF 法における継続価値の算定方法には，主に永久還元法と倍率方式の2つがある。

①　永久還元法

　永久還元法は，継続企業を前提とし，計画期間最終年度の FCF などの一定のキャッシュフローが未来永劫発生するという前提に立っている。精緻に計算しようとするならば，(1)で示した算式に基づいて未来永劫，各期の FCF を逐一算定することになるのであろうが，不確定要素の多い将来の FCF を長期にわたって算定するのは現実的ではない。そこで，計画期間以降，一定のキャッシュフローが永続的に維持可能であると仮定し，計画期間以降における FCF を現在価値に割り引いて価値を算定する。これを永久還元法といい，継続的なキャッシュフローには，計画期間最終年度の NOPAT（税引後営業利益）が用いられることが多い。この計画期間以降の半永久的な期間に創出される FCF の価値合計を継続価値[4]という。永久還元法による継続価値は，一般に次の算

式によって算定される。なお，この算式により算出された継続価値は，計画期間最終年度での価値であるため，現在価値にするためには，さらに現在まで割り引く必要がある。

$$継続価値 = \frac{最終年度FCF \times (1 + g)}{r - g}$$

$$(r = 割引率，\ g = 成長率)$$

②　倍率方式

これは，計画期間最終年度で会社を売却したと仮定した場合の価値に基づき継続価値を算定する方法であり，Exit マルチプル法とも呼ばれる。

倍率方式では，計画期間最終年度の EBITDA や EBIT に，類似会社比準法により採用した EBITDA 倍率，EBIT 倍率などを乗じて継続価値を算定する。

(3)　ディスカウントファクター（割引率）

ディスカウントファクター（割引率）の算定は，実務上最も議論を呼ぶところではあるが，ここでは基本的な概念を整理するにとどめる。

①　割引率とディスカウントファクター

「現在のお金の価値」と「将来のお金の価値」は同じではない。「将来のお金の価値」は，時間的価値とリスク（不確実性）を差し引くことにより「現在のお金の価値」に換算できる。この時間的価値とリスクを組み合わせた概念を数値で表現したものを割引率という。割引率とは，すなわち年率利回りのことである。これは，資金提供を行う側から見れば出資や投資に対するリターン，すなわち期待収益率であり，経営者の側から見れば，資本コストを意味する。

割引率＝資金提供者の期待収益率＝資本コスト

DCF 法では，将来のキャッシュフローを現在価値に換算し，現時点での価値を評価する。現在価値に換算するときの係数をディスカウントファクターと

4　永続価値，残存価値，ターミナルバリュー（Terminal Value：TV）ともいう。

いう。すなわち，上記(1)で算定した計画期間各期の FCF および上記(2)で算定した継続価値にディスカウントファクターを乗じて，現在価値を算出する。ディスカウントファクターは，次の算式により算出する。

$$ディスカウントファクター = \frac{1}{(1 + 割引率)^n} \quad (n = 経過年数)$$

たとえば，割引率 = 6％の場合，5年後の価値を現在価値に換算するときのディスカウントファクターは，次の算式により求まる。この算式により算出された0.747258…という数字は，5年後の1円の現在価値と言い換えることもできる。

$$ディスカウントファクター = \frac{1}{(1 + 6\%)^5} \quad (= 0.747258\cdots)$$

② **WACC**

DCF 法により価値を算出する場合の割引率には，資本コストを用いる。通常，資本コストには，負債コスト（Rd）と株主資本コスト（Re）を加重平均した加重平均資本コスト（WACC：Weighted Average Cost of Capital）を使用する。

資本コストとは，経営者が，資金提供者（債権者や株主）から要求されている最低限達成すべき目標利率であり，大きく分けて負債コストと株主資本コストの2種類がある。負債コストは，債権者から調達した資金に対する資本コストである。一方，株主資本コストは，株主から調達した資金に対する資本コストであり，自己資本コストともいう。通常，株主資本コストは負債コストよりも高い。なぜなら，債権者が企業に対して貸付を行うよりも，株主が投資を行うほうがリスクが高いからである。

WACC は以下の算式により算定する。

$$\underset{(加重平均資本コスト)}{\text{WACC}} = \underset{(税引後負債コスト)}{Rd(1-t)} \times \frac{D}{D+E} + \underset{(株主資本コスト)}{Re} \times \frac{E}{D+E}$$

（注）Rd：負債コスト，t：実効税率，D：有利子負債残高，E：株式時価総額，
Re：株主資本コスト

③　負債コスト（Rd）

負債コストには，借入金や社債などの有利子負債に対する利子率を用いる。負債に対する利子は税法上損金算入されるため，法人税等の節税メリットが得られる。したがって，負債コストに（1−実効税率）を乗じて，税引後負債コストを算定する。複数の負債がある場合には，各負債の利子率の加重平均をとる。

④　株主資本コスト（Re）

実務上，株主資本コストは，資本資産評価モデル（CAPM：Capital Asset Pricing Model）により算出する。CAPM は，投資家の側から見れば，期待すべきリターンであり，経営者側から見れば投資家に還元すべきリターンを意味する。

$$株主資本コスト(Re) = Rf + \beta \times (Rm - Rf)$$

（注）　Rf：リスクフリー・レート，β：ベータ，Rm − Rf：マーケット・リスクプレミアム

Rf（リスクフリー・レート）

リスクフリー・レートは，支払が確実でリスクが限りなくゼロに近い金利（無リスク金利）であり，国債の利回りを指す。通常は，10年国債の利回りを用いる。

β（ベータ）

β とは「株式市場が1％変化したときに，その株式のリターンが何％変化するか」を表す指標である。株式市場全体の利回りの動きに対する個別株式の利回りの動きの相対関係を表すリスク係数である。リスクとは直訳すると「危険」であるため，マイナスのイメージが先行するが，ファイナンス上のリスクとは不確実性（価格の変動率）を意味する。そのため，ファイナンス上のリスクには下振れのリスクのみならず，上振れのリスクも含まれる。

β は「個別株式の変動／株式市場全体の変動」で算定される。つまり，株式市場が変化したときにほぼ同様の動きを示す場合は $\beta = 1$ であり，市場の変動幅よりも大きければ $\beta > 1$，市場の変動幅より小さければ $\beta < 1$ となる。

β は，回帰分析によって統計的に求められた係数であり，Bloomberg など

の情報端末などで取得することができる。

Rm-Rf（マーケット・リスクプレミアム）

　マーケット・リスクプレミアムは，株式市場全体の期待収益率（Rm）とリスクフリー・レート（Rf）との差である。株式市場が，無リスク金利よりもどれだけ高い利回りを提供できるかを示している。

　⑤　**資本構成**

　WACC を算出する際に用いる資本構成は，時価ベースの資本構成を用いる。また，現状の資本構成ではなく，対象会社が目標としている資本構成あるいは今後最もあり得る資本構成を用いる。これは，現在の資本構成が今後も維持されるとは限らないからである。したがって，資本構成を推定するためには，類似会社の資本構成を調査したり，対象会社の資金調達に関する方針などを確認する必要がある。

⑷　**株主価値の算定**

　上記⑴計画期間の FCF および⑵継続価値を⑶割引率により，現在価値に割り引いた価値が事業価値である。

　株主価値は，この事業価値に余剰現預金や遊休土地などの非事業資産を加え，有利子負債，少数株主持分を控除して算定する。

　何を非事業資産として扱い，どこまでを有利子負債に含めるかは，その時々，検討が必要になる。

　例えば，本業とは関連性のない資産であっても貸駐車場などの賃料収入があり，計画の FCF（フロー）にその受取賃料が加味されているのであれば，当該土地を非事業資産（ストック）として加味してしまうと重複して価値を評価してしまうことになるため，フローとストックで重複がないような配慮が必要である。

第 *5* 節　発見事項の反映

　本節では，各種の DD における発見事項が，どのようにバリュエーション
に反映されるかを具体的な事例を紹介しながら解説していく。

■ インカム・アプローチ

将来計画の修正

　ビジネス DD の結果，A 社から入手した将来の売上高の伸びは過大である
ことが判明したとする。この場合，売上高の修正に伴い，売上原価，販管費，
運転資本など，FCF の計算要素となる各数値にも影響を与えるため，FCF の
数値に変動が生じる。

シナジーの加算

　取引後の B 社との間のシナジー効果として，クロスセルによる売上増，およ
び，共同購買による原料コスト削減が見込まれるとする。

　これらのシナジー効果は，売上増による営業利益増加，さらに費用削減によ
っても営業利益増の影響があるため，FCF の数値に変動を生じさせる。

　ビジネス DD の結果を反映させることは必ずしもマイナス要因となるもの
だけでなく，シナジー効果のように事業価値にプラスとなるものも含まれる。

節税メリットの考慮

　C 社の決算資料を調査していたところ，過去に多額の減損損失を計上してい
たことが判明した。減損損失は，損失を計上した時点では税務上損金に算入す
ることができず，建物を売却した時点で損金算入が確定する。対象会社は，翌

期に当該建物を売却する予定であり，多額の節税メリットが見込まれる状況であった。このような場合には，当該節税メリットを価値に加算する。

ファクタリングの影響

　財務 DD により，D 社は1年ほど前から売掛金の流動化（ファクタリング）を始めていたことが判明した。

　計画期間の運転資本増減を算定する場合，過去2〜3年平均の回転日数などが用いられることが多い。しかし，D 社では回収サイトに変更が見られることから直近の回転日数を用いて運転資本増減を想定するとともに，債権流動化の残高を有利子負債に含めて評価するなどの配慮が必要である。

退職給付引当金

　ビジネス・財務 DD により，E 社の年齢別社員数を調査したところ，実は従業員の約半数が10年以内に定年退職を迎えることが判明した。

　このように近い将来退職給付引当金を取り崩す蓋然性が高い場合などでは，退職給付引当金を有利子負債とみなすなどの配慮が必要となる。

2　マーケット・アプローチ

倍率指標

　類似会社比準法においては，一般的に EBITDA 倍率が採用されることが多い。これは減価償却による業績変動を除外して会社の価値を評価できるからである。しかし，業界によっては，EBITDA よりも適切な指標をもっている可能性もある。たとえば証券会社の DD においては，口座数と株価にかなり高い相関関係が見られた。そこで，本件では EBITDA 倍率に加え，口座数倍率（＝事業価値/口座数）も併せて採用した。

類似会社の選定

　対象会社が属する業界の構造や競合他社との競争環境の把握など，ビジネスDD の結果は，マーケット・アプローチの類似会社を選定する際の参考情報源として有益であるケースが多い。マーケット・アプローチにおいて類似会社の選定は重要な工程であるため，ビジネス DD から得られるこれらの情報を参考にすることは有益である。

3　コスト・アプローチ

　時価純資産法では，対象会社の資産を時価に置き換えて価値を算定するため，時価情報が必要となる。具体的には未認識退職給付債務や，リース債務などの簿外負債に関する情報が必要となる。コスト・アプローチにおいて有用な情報は，財務 DD の結果から得られることが多い。

第*6*節　バリュエーション実施上の　重要観点

　以上，バリュエーションの概要を解説してきたが，バリュエーションにおいて重要な観点は，以下の4点である。

①　バリュエーションの目的を意識すること

②　事業計画の検証を十分に行うこと

③　適切な算定方法を選択すること

④　算出された数字の意味を分析し解釈すること

　①については，買い手目線のバリュエーションなのか，売り手目線のバリュエーションなのか，その分析で投資意思決定は可能かなどを意識することである。

　②については，本書において解説してきたビジネスDDを十分に実施することにより達成することができる。すなわち，ビジネスDDを通じて，「この数字はどのような根拠にもとづいているのか」，「どのような戦略や施策が反映された数字なのか」，「どの数字が最も対象会社の実態を反映しているのか」などを検証し，用いるべき数字を整理する。

　③については，買い手が対象会社の何を取得したいのか，といった買い手の戦略によるところが大きい。たとえば，対象会社の将来収益力が魅力であれば収益力にもとづく算定方法を採用すべきであるし，単なる余剰資産の取得や対象会社が持つ資産の譲受が目的であれば，コスト・アプローチが有用である。

　④については，本書において解説した「バリューストラクチャ」の考え方を用いることができる。すなわち，売り手にとっての価値なのか，買い手にとっての価値なのか，あるいは，シナジー効果を考慮した価値なのかなど，その数字の意味を解釈することである。

　以上のように，「買い手の戦略」と「ビジネスDD」，「バリュエーション」は不可分の関係にあるといえる。上記①～④の観点からも，ビジネスDDとバリュエーションは一体となって実施されることが望まれる。

第4部
次世代型ビジネス
デューデリジェンス

　第4部では，「クロスボーダー M&A におけるビジネスデューデリジェンス」と「セカンドデューデリジェンス」について解説する。昨今，クロスボーダー M&A が増加している。クロスボーダー M&A のデューデリジェンスにおいては，国内 M&A の場合と比較して，より多くの留意すべき点がある。セカンドデューデリジェンスとは，契約締結後から Day 1 の前に実施するデューデリジェンスであり，ポスト M&A を成功に導くための極めて重要な作業である。この2つは，今後しばらくその重要性がクローズアップされる兆しがあるため，本書では，「次世代型のビジネスデューデリジェンス」として新たな部を設けて解説する。

第18章

クロスボーダー M&A の ビジネスデューデリジェンス

第*1*節 クロスボーダー M&A における ビジネスデューデリジェンスの特徴

　ビジネス DD において実施するステップは，クロスボーダー M&A の場合であっても，図表18—1のとおり国内 M&A の場合と同様である。

　国内 M&A とクロスボーダー M&A との大きな違いは，商習慣や言語を含む文化や法規制の違い，さらに物理的な距離から起こる時差がある点である。これらはビジネス DD の作業内容に大きな影響を及ぼす。

　特に，①ビジネス DD 計画の策定，②事業構造分析，③業績構造分析，⑤シナジー・Quick Hits の抽出，⑥ガバナンス体制の検討の各ステップにおいては，実施する作業の内容自体に大きな違いが出てくる[1]ため，本章では，それらを以降の各節において，主な違いおよび留意点に焦点を当てて解説する。

図表18— 1　クロスボーダーM&AにおけるビジネスDDのステップ

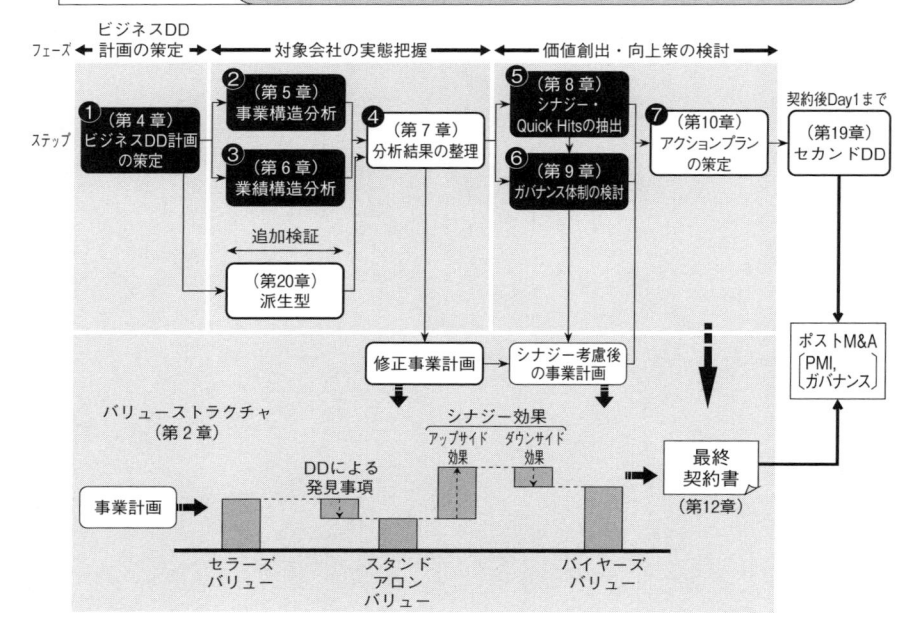

第*2*節　クロスボーダー M&A における「①ビジネス DD 計画の策定」

　ビジネス DD の作業において最も避けたい事態の１つは，作業の手戻りである。ビジネス DD は，時間的制約がある中での作業となるため，一旦，作業の手戻りが発生してしまうと，M&A 取引全体のスケジュール変更を起こしかねない。

　国内 M&A では，多くの M&A 取引を経験し，都度発生する難問を乗り越えてきている買い手であっても，クロスボーダー M&A については十分な経験がなく，作業の手戻りが発生する事態を招きやすい。そのような事態に陥らないために留意すべき点は多いが，「①ビジネス DD 計画の策定」においては，以下の３点について特に留意しておきたい。

① 　違いがわかる外部アドバイザーを起用すること
② 　現実的なスケジュールをひくこと
③ 　不足する社内リソース分は外部リソースで補充すること

1 違いがわかる外部アドバイザーを起用すること

　国内 M&A では社内メンバーだけでビジネス DD チームを組成する力を持っている買い手であっても，クロスボーダー M&A の場合は，優秀な社員ばかり現地に長期出張させられない等の社内事情のために，外部の DD アドバイザーを起用することが多い。

　対象会社のビジネス DD について，現地での作業は，現地のアドバイザーやコンサルティング会社・情報機関（以下，「現地アドバイザー」と総称する）

1　これら５つのステップにおける作業内容が変わることに伴って「④分析結果の整理」，「⑦アクションプランの策定」の各ステップの作業にも影響は出てくる。

が担うことが多い。その際に留意しておきたい点は，日本と現地両方のビジネス構造や業界構造，商習慣の違いを理解している現地アドバイザーを起用することである。

ビジネスDDに限定されたことではなく，財務DDや法務DDなど他のDDでもいえることであるが，クロスボーダーM&AのDDにおいて，買い手である日本企業が追加的に必要とする情報は「日本では一般的ではないが，現地では当たり前の商習慣や暗黙の了解になっている事柄が何であるか」，「現地と日本との根本的な考え方の違いは何か」であり，これらは現地アドバイザーに明確に説明してもらう必要がある。これが現地アドバイザーから説明されない中で，対象会社の事業構造や業績構造の分析結果を報告されても，買い手には表面的な情報しか伝わらない。

現地アドバイザーが「現地と日本との違いは何か」を説明することを明示的にDDの作業スコープの中に入れないと，現地アドバイザーはこの違いについてまで丁寧な報告をしてくれることは少ない。特に，「日本では一般的ではないが，現地では当たり前の商習慣や暗黙の了解になっている事柄」については，何がそれにあたるのかがわからなければ，現地アドバイザーにとっては当たり前のことであるがゆえに，前提事項として扱われ，報告書の中に含まれない。Q&Aセッションにおいて買い手が質問してはじめてその説明をしてもらえることも多い。そのため，グローバルM&AのビジネスDDを依頼する場合，現地アドバイザーに彼我の差を説明してもらうためには，これを明示的に作業スコープの中に入れることが必要である。

現地の事情はもとより，日本のビジネス環境や商習慣を熟知しており，日本企業に対してDDサービスを提供した実績のある現地アドバイザーという要件を満たすのは，大手会計ファームやグローバル展開しているコンサルティング会社等がある。しかしながら日本事務所から現地事務所にDD業務が任され，日本事務所の関与がほとんどない場合，結局は日本のビジネス環境を知らない現地アドバイザーを起用するのと同じ結果になるため，起用方法については工夫を要する。

新興国では，どの現地アドバイザーであっても，DDの経験の積み重ねがまだ十分でなく，日本企業に対するサービス提供にも慣れていない。日本のビジ

ネス環境についても十分な知識がない。結果，日本企業のニーズを満たせる現地アドバイザーはまだ極めて少ない。

　そのような場合は，買い手にとって手間やコストが多少増えるが，買い手のニーズを正確に伝えることができ，ビジネス DD の経験があるアドバイザーなどを別途起用して，現地アドバイザーに対する作業指示を担当してもらうことが一策である。

❷　現実的なスケジュールをひくこと

　クロスボーダー M&A では，スケジュール変更がディールブレークの原因になることがある。そのため，スケジュール作成にあたっては，国内 M&A の場合よりもさらに細心の注意を払い，現実的なスケジュールをひくことが求められる。

　スケジューリングにあたって留意しておきたい点は，クロスボーダー M&A では国内 M&A の場合には実施しない付加的な作業が発生するため，そのような作業工数を見込んで，スケジュールをひくことである。

　たとえば先に解説した外部アドバイザーの起用もそうである。外部アドバイザーを選定する場合は，選定作業自体に工数を必要とする。何を目的としてどの範囲の作業を担ってもらうかを検討したうえで，外部 DD アドバイザーを選定する。候補となる現地アドバイザーには提案書を作成してもらうことになるため，短くとも 1 ～ 2 カ月はこの作業に見込んでおくことが必要である。

　また中華圏の春節やイスラム圏のラマダンなど，ビジネスが動かなくなる時期があるため，これらの現地の文化や習慣についても事前の情報収集が必要である。

　さらに，国民性によるところが大きいが，時間の感覚がだいぶ日本人と異なることにも注意を要する。資料提出などにおいて，期限を十分に確認しながら依頼しても，期限が守られることのほうが稀である。このような国における DD では，スケジュールが週単位の遅れになることを覚悟しておいたほうがよ

い。

　このようなことを考慮すると，クロスボーダー M&A の場合，余裕をもったスケジュールになりがちであるが，新興国の企業が同じ M&A 取引の買い手候補となっている入札の場合など，新興国のオーナー企業の意思決定スピードは早く，その投資スタンスは極めて大胆である。状況にあわせたスケジュールにしないと，あっという間に競合に対象会社（ひいては市場）を新興国の競合他社にとられてしまうことにも留意しておきたい。

　買い手と対象会社との間に地理的な距離があり時差があることは，コミュニケーション上，たとえばテレカンを実施する時間帯に制限があるなどのデメリットがあるが，日本が夜の間に，対象会社側で作業を進めておいてもらえるなどのメリットもある。また最初からコミュニケーションに制約があるとわかっていれば，キーとなる会議の日程については，関与者で一旦合意してしまえば，些細な理由でスケジュール変更となることは少ない。

　DD のスケジュール策定においては，以上のような入念な準備が必要であり，さらに決定したスケジュールについては，最初に関与者から順守のコミットを得ておくことがクロスボーダー M&A においては必要である。

3　不足する社内リソース分は外部リソースで補充すること

　日本語ではなく英語や現地の言語によるコミュニケーションが必要となる場合，買い手は語学に堪能なメンバーを DD チームに入れることが必要となる。そうすると日本語で DD を実施する場合よりも，DD に関与できる社員数が少なくなる。

　クロスボーダー M&A では，文化や考え方の違いから作業の進め方に誤解が生まれやすい。そのため，各作業とも，可能な限り文書にしておく，ダブルチェック作業を怠らないなどの追加的な作業が発生し，国内の M&A 取引のDD よりもさらに多くの工数がかかる。

　そのため，社内のリソースが不足する場合は，外部リソースを効率的に活用することが有効である。メンバーには，機密保持や高度なコミュニケーション能力が要求され，高い緊張感の中での作業となるため，M&A に慣れた人材を充てることが求められるが，社内リソースで不足する場合は大手会計ファームなどのアドバイザーの活用で対応できる。

　またプロジェクトマネジメント上の工数を減らすために，クロスボーダー M&A では第14章で解説したバーチャルデータルーム（VDR）を活用することは有効な策である。

第**3**節 クロスボーダー M&A における 「②事業構造分析」

「②事業構造分析」では，細かい作業に至るまで多くの留意点があるが，以下の3点は，クロスボーダー M&A の DD の場合には特に留意しておきたい点である。

① 投資環境調査が必要となる場合がある
② 日本に居ながらも情報収集は可能，ただし情報の信頼性には要注意
③ 過度な投資抑制がなかったかに注目すること

■ 投資環境調査が必要となる場合がある

国内の M&A 取引における事業構造分析では，マクロ環境分析を実施することは一般的であるが，グローバル M&A では，マクロ環境分析を超えて，投資環境分析まで調査範囲を広げることが必要となる場合がある。たとえば，図表18—2 に掲載したような投資環境の調査である。

このような投資環境調査は，M&A 取引に入る前の市場戦略構築の段階で実施されることが多い。日本企業は，グローバル経営戦略を自ら構築し，その戦略に合致した現地企業に対して M&A を提案していくという「仕掛け型M&A」ではなく，持ち込まれ案件に対応する「受け身型 M&A」になっていることが多い[2]。「受け身型 M&A」の場合，対象会社が立地する国や地域が，買い手にとって土地勘のない国や地域であることがある。このような場合，ビジネス DD に先だって当該地域の投資環境についての調査が必要となる。

一般的には，投資環境調査はビジネス DD のスコープに入ってこないため，

---

[2] 本章の論点ではないが，外部から持ち込まれる案件は，投資意欲が盛んな中国・韓国系のファンドや国営企業等との競争により，買収価格が高値になる傾向があることに留意が必要である。

図表18―2の内容のような投資環境調査が必要となる場合は，これをビジネス DD の調査範囲に明示的に追加しなければならない。

２　日本に居ながらも情報収集は可能，ただし情報の信頼性には要注意

　クロスボーダー M&A の場合，事業構造分析を現地アドバイザーに依頼することが多いが，同時に買い手は社内でも，ある程度，現地の市場環境，業界構造などについて買い手なりの視点から情報収集することをお奨めする。

　M&A を実施する際には，自社のグローバル成長戦略・M&A 戦略を描き，定期的にアップデートしておくことはいまや必須である。この戦略に基づき，情報収集も自ら実施し，能動的に対象会社となる買収案件を探索することで，その国に対する理解やビジネスネットワークが構築でき，対象会社に対する目利き力も高まる。

　海外の情報については，どのように収集したらいいかわからないという声を聞くが，新興国の情報であっても，国によって入手できる情報の内容に差はありつつも，日本に居ながらにして，かなり充実した情報を収集することができる。ネット環境が整備されてきたお陰である。

　対象となる業界について記事検索を実施する場合は，業界新聞の検索サービスを利用することができる。さらに，業界団体が業界図書館を開設している場合，海外の専門書や同業の海外の業界団体が出しているレポート類も蔵書として収蔵していることがあるため，これらを閲覧することも有用である。

　国毎に情報収集する場合は，対象国の政府が提供している統計情報や対象国の業界団体を探して当該ウェブサイトをみると有益な情報が得られる。

　中国やインド等の新興国は，M&A が活発であり，さらに国も企業誘致に積極的に取り組んでいる。これらの国においては，ウェブ上，日本語で情報を得ることができるため，外国語を苦手とする日本人にとっては有難い。初期段階の情報収集では，JETRO（日本貿易振興機構，Japan External Trade Orga-

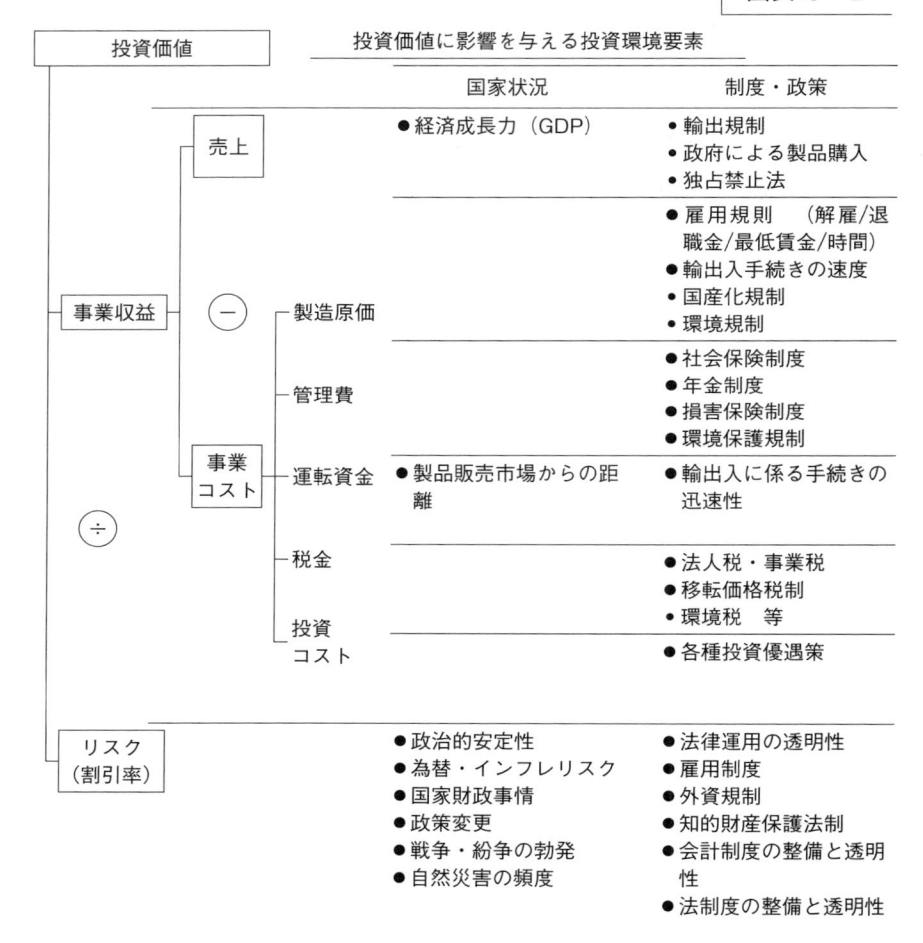

図表18-2

nization）とともに有効に活用したい情報源である。なお，これは新興国に限ったことではないが，ウェブ上の情報については，日本語や英語でなく現地語で検索した方が必要な情報をより多く得ることができる。たとえば，同一省庁のホームページに検索をかけても，英語と現地語とでは，異なる検索結果が出る。検索時には，どの言語で検索するか検討してから作業を開始するとよい。

投資環境調査項目

●特に重要
• 重要

人的資源	事業環境	生活・文化
• 市場に精通した人材 　（セールスのプロ）	●競合環境・競合他社 ●市場規模・成長性	●外資の製品に対する国 　民の意識 ●広告に対する意識
●賃金（直接労務者） ●組立て人材の質 ●設計開発人材の質 ●設計開発人材の労賃	●部品調達状況 ●有望な外注先 ●産業の集積度 ●水道・電気費用	• 盗難件数 • 欠勤に対する意識
●経営管理人材の労賃 ●経営管理人材の質 ● セールス人材の労賃 • 英語能力	●流通利便性 ●通信インフラ費用 ●資本市場の整備状況	●書類・事務手続き等の 　精度・スピード
• 通信インフラ ●在庫管理スキルを持っ 　た人材	●仕入代金の決済慣行 ●売上代金の決済慣行 ●輸送インフラの充実度	
●優秀な税理士 ●優れた財務担当者		• 外資への恣意的課税／ 　追徴の習慣
●従業員教育費用	• 地価 ●オフィス事情 ●金融事情	
●ジョブホッピング ●不正・背任行為 ● ストライキ（労働争 　議）の慣行	●金融システム安定性 • 河川等の整備状況	●治安の良さ ●アンダーマネー ●宗教民族意識の強さ ●模倣品に対する意識の 　高さ

（出所：国際協力銀行委託調査報告書の承諾を得て引用・作成）

　また，より詳しい情報を必要とする場合は，国内外のリサーチ会社が発行しているレポートを購入することができる。国によっては，対象会社の財務諸表を購入することができるが，タックス用に公表したものである場合は，利益が低めに出ているなど，数字については確認が必要である。数字の出所を明確にしてもらえれば，見る人が見れば，どういう性格の数字であるかわかるため，

参考情報としては使える。

　海外の情報については，その入手可能性は格段に高くなっているが，情報を入手できても，それが正しいデータではないことがある点については留意されたい。

　国によっては，業界団体や政府機関発表のデータでさえ，その数値や内容が信頼できないことがある。意図した虚偽発表のこともある。実は，現地の人たちは，どの情報源が信頼できて，どれが信頼できないかについては，意外とよく知っている。

　M&A担当者は，現地に赴き，業界のキーパーソンや現場の声をなるべく多く集め，多面的に実態を浮き彫りにすることを怠らないようにしたい。クロスボーダーM&Aにおいては，ニセモノの事実認識をもとに経営判断をすると大けがの元になる。

❸ 過度な投資抑制がなかったかに注目すること

　クロスボーダーM&Aの場合，対象会社の売却が数年前から計画されており，入札において日本企業が買い手として落札するケースが増えている。

　対象会社の売却を予定している場合，売り手は，売却時に利益やキャッシュが最大化するように，数年前から準備作業を始めることが多い。そのため，売却直前の数年間の対象会社の設備投資やIT投資，研究開発投資などを必要以上に抑制していることがある。

　これは売り手が投資ファンドの場合に頻繁にみられることであるが，クロスボーダーM&Aの場合は，売り手が事業会社の場合でも同様のケースがみられる。

　そのような状況の対象会社を買収する場合，買い手は，買収後，想定以上の投資や，従業員や組織が疲弊している場合は組織を活性化させる追加的な人事施策の導入が必要となるため，その分を買い手はCAPEX（Capital expenditures）として見積もることが必要である。

　事業構造分析の中では，必要な投資が過去適切になされてきたか，あまりに過度な投資抑制がなかったかについて，国内 M&A の場合よりも入念に分析することが必要である。

第*4*節 クロスボーダー M&A における「③業績構造分析」

　「③業績構造分析」で留意しなければいけないのは，日本と現地とでは会計制度や会計基準が異なる点である。財務諸表上の各科目の並びやひな形が異なり，さらに同じ営業利益とはいっても，その定義は日本のそれとは異なる。

　国によるが，特に新興国においては，監査済とはいえ，対象会社から提出された財務諸表の数字が一見して怪しいと感じることも少なくない。また同じ会社で同じ会計期間であるにも関わらず，異なる数字が並ぶ複数のパターンの財務諸表を渡されることがある。株主報告目的，税務当局報告目的，社内用など，目的に応じて作成しているためである。対象会社から「どれがいいですか？」と聞かれると，日本人の感覚からは唖然としてしまうが，慣れてくると，クロスボーダー M&A では，このようなことはそれほど特殊な光景ではないこともわかってくる。

　このような状況下であっても，業績構造分析において財務諸表が必要であることは国内の M&A の場合と同じである。

　ビジネス DD の作業では，対象会社から提供された財務諸表をもとに，これを是として分析する（しかない）。いくつかの財務諸表が出てきたら，原則，財務 DD で調査対象としている財務諸表をもとにするが，その作成目的や作成方法は事前に確認しておく。数字の正確性や正当性については，財務 DD など他の DD において調査してもらう（しかない）。

　DD にかける時間に余裕がある場合は，財務 DD を先行してスタートさせ，財務 DD のメンバーから，提供された財務諸表の数字についての感触や，日本の会計基準との相違点を先に把握してもらい，ビジネス DD のメンバーに共有しておいてもらうと，ビジネス DD の作業は効率性が図れる。

　実務上，日本の会計基準に直して財務諸表の数字を作成し直すことは稀である。たとえば，現地の会計基準を前提とした営業利益と日本のそれとは定義が異なるため，同じ営業利益であっても出てくる数字の単純な比較はできない。

とはいえ何らかの比較指標が欲しいと言う買い手の経営陣の気持ちもわからないでもない。現地アドバイザーには，いくつかのカギとなる指標については，日本基準ではどう解釈できるのかについて注釈をつけるよう事前に依頼しておくとよい。

　比較分析を実施するのであれば，同じ会計基準を採用する現地の同業他社とのベンチマーク分析が有効である。製造業であれば，歩留りの良し悪し，人材の流動性など，現地におけるオペレーションの状況が把握できる。

第*5*節 クロスボーダー M&A における「⑤シナジー・Quick Hits の抽出」

　「⑤シナジー・Quick Hits の抽出」は，クロスボーダー M&A の場合，多くの議論をよぶステップである。

■1 シナジー効果の抽出

　クロスボーダー M&A においては，コスト削減によるシナジー効果（コストシナジー）はあまり多く抽出されない。国内 M&A では，たとえば物流機能を統合することによるコスト削減や効率化などの施策が有効であるなど，コストシナジーを享受できる余地があるが，地理的に重複しないクロスボーダー M&A ではこのようなシナジー効果は望めない。

　逆にクロスボーダー M&A では，アップサイドシナジーに焦点が当たる。そのため，アップサイドシナジーばかり積み上げることが多いが，ここには大きな落とし穴がある。それは，クロスボーダー M&A では，自然体で想定されるシナジー効果に加えて，高い買収価格になってしまったことを正当化するために，後づけで無理してシナジー効果を積み上げる事態に陥りやすい点である。これは，ポスト M&A における悲劇の始まりであり，決して陥ってはならない落とし穴である。

　この落とし穴に陥らないためには，買い手は自社のグローバル戦略や各地域の事業戦略が先にありきで，M&A はそれを実現するための手段でしかなく，目の前にいる対象会社を買収することが目的ではないとしつこいくらいに社内認識を再確認しなければならない。買収の目的は何なのかを今一度明確にし，グローバル市場における買い手の強みや弱みが何であるのかを見つめなおしたうえで，シナジー効果を分析・抽出する。重ねて言うが，シナジー効果を買収

価格を正当化するための道具として使ってはならない。

　また，買い手の強みや弱みと言っても，国内市場における自社の強みと，グローバル市場における自社の強みとは異なる。たとえば，生産管理の手法やR&D など，日本市場の中では競合との比較においてそれほどの優位性が認められなくとも，グローバルに視点を移すと，これらが大きな強みとなることがある。

　さらに，クロスボーダー M&A の場合，たとえば「○○市場参入のためのビークルを手にいれる。」のように，構造的かつダイナミックなシナジー効果をうたうことになりやすい。これは IR 上，耳目をひく話ではあるが，話が大きすぎて「具体性に欠ける」，「夢物語」，「実現可能性が読めない」などと批判されかねない。IR 資料などに「○○を活用したグローバルベースでのシナジー効果が期待できる」などの曖昧なフレーズが記載されていたら要注意である。雰囲気はわかるのだが，具体的にどうやってシナジー効果が創出されるかがステークホルダーには伝わらない。

　大きい話になればなるほど，各シナジー効果については，必ず定量化し，実現への道筋についてもある程度目途をたてておく必要がある。

2 Quick Hits の抽出

　Quick Hits は，クロスボーダー M&A の場合，意識して有効に活用すべきである。残念なことではあるが，歴史がありブランドが確立した欧米企業が対象会社である場合，日本企業が親会社になること自体が社員のモチベーションを下げることがある。

　そういう社員のモチベーションを取り戻し，Day 1 後にこれをさらにあげていくためにも，「(今度の株主は日本企業であるが，) この会社が我々の新たな株主となってくれて良かった」とクロージング直後に感じてもらうことが必要である。ここでは，"直後" という点が重要である。"直後" とは，クロージング後 1 カ月以内くらいの時間的感覚のことである。対象会社がサービス業の場

合，従業員が辞めていくことは企業価値を低下させることに直結するため，このようなケースでは，従業員に対するアピール策というくらいの気持ちでクロージングを待たずに Quick Hits 実現に向けて雰囲気作りに取り組むことが重要である。

　本来は，Quick Hits 実施によって，経済効果まで期待したいところであるが，クロスボーダー M&A の場合は，経済効果がそれほど見込めなくとも，対象会社の従業員のモチベーションが向上するのであれば，これは実施したほうがいい。また，モチベーションを上げることが目的であるため，コストシナジーではなく，新たな顧客を対象会社に紹介するクロスセリングといったようなアップサイドのシナジー効果を実現させることが必要である。

　どのような Quick Hits が効果的であるのかについては，買い手には推しはかれないところもある。そのような場合は，足長おじさんかサンタクロースになったつもりで，素直に対象会社に「株主の我々に何を期待するか」と問うてみることも1つの策である。株主として，対象会社に何か貢献したいという気持ちが相手に伝わるだけでも効果はある。

第*6*節　クロスボーダー M&A における 「⑥ガバナンス体制の検討」

クロスボーダー M&A における，「⑥ガバナンス体制の検討」の主要論点は，海外の子会社をいかにコントロールするかという経営ガバナンスの設計に焦点が絞られる。本書で定義する経営ガバナンスの設計とは，第9章において解説したように，子会社に対して規律と動機づけを供与するためのしくみを設計することである。本節では，「経営ガバナンスのフレームワーク」に沿って，対象会社が海外子会社である場合の留意点を解説する。

1　海外子会社のトップマネジメント

ガバナンス体制の検討において最も重要なことは，M&A 後に誰が対象会社を経営するかについて，早い段階で明確な方向性を出すことである。

「株主が交代すると現経営陣は交代させられる，ついては株主交代直後に次のポジションに移れるように M&A 取引の最中に就職活動することは当然である」とする考え方は，海外においては稀ではない。一方で，日本企業は，現経営陣に続投してもらいたいと考えることが比較的多い。続投してもらおうと思っていた現経営陣に，新しい株主となる日本企業が，株主としての意思を明確に伝えきれていなかったために，一足先に同業他社に転職されてしまったという事例は多々みられる。

とはいえ現経営陣に続投してもらう意思があることを伝えたとしても，現経営陣側も新たな株主を評価している。買い手が対象会社の期待に応えられる存在であるか，親会社としてのコミュニケーション能力，経営スピード，意思決定スピードはどうかなどを見ている。特に，対象会社の現経営陣のリテンション活動については，買い手のトップ自らが自分に直接話をしてくれるか，その

振る舞いはどうかについて，大きな関心事として注視している。

　対象会社の経営陣が会社を去ると，トップダウン型の強いヒエラルキーを構築している企業では，多くの部下が辞めてしまうことがある。対象会社の経営陣人事は，買い手にとってはトップマターであると認識し，リテンション活動だけは，部下に任せず，買い手のトップがしっかりと一対一で向き合い，個人的な関係を構築することが求められる。

② 海外子会社の経営ガバナンス

　図表18—3（再掲）は，第9章において掲載した経営ガバナンスのフレームワークである。海外子会社のガバナンスにおいても"規律"と"動機づけ"をバランスさせることが重要であることは，国内M&Aの場合と同様であるが，グローバルM&Aの場合は，現地の事情を理解したうえで設計することが必要である。

　以下，対象会社が海外子会社の場合に留意すべき点を「a. ガバナンス体制」，

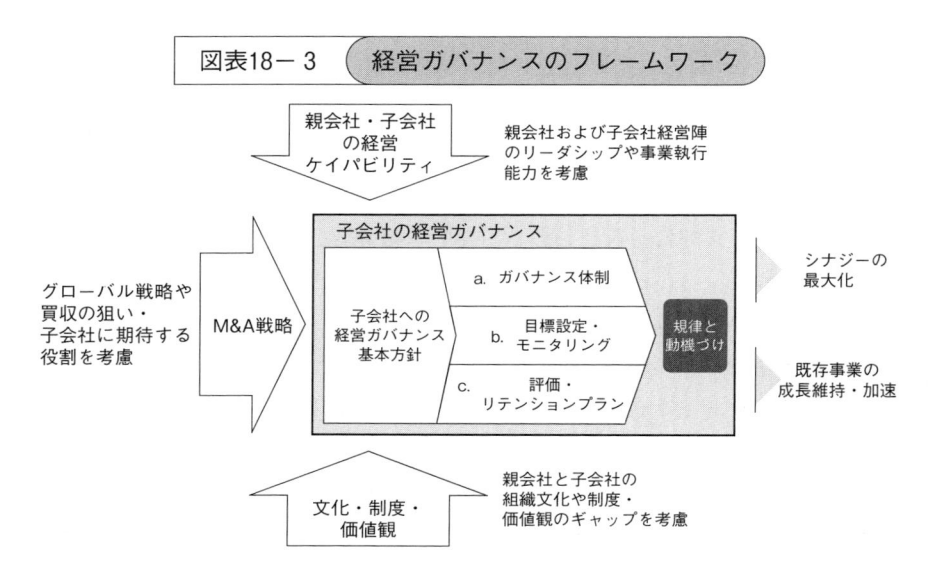

図表18— 3　経営ガバナンスのフレームワーク

「b.目標設定・モニタリング」，「c.評価・リテンションプラン」ごとに解説する。

(1)　「a.ガバナンス体制」

　図表18—4は，ある日本企業による海外子会社のガバナンス体制の事例である。本件は，対象会社の現経営陣に続投してもらった事例である。続投決定後，買い手は，現経営陣と個々に経営委託契約を締結し，買い手と対象会社が合意した事項や目標設定の内容を文書化した。

　買い手は，ガバナンスを効かせるため，トップをおさえる（Board of Directors と Core Management Committee）ことと，学習・モニタリング目的のため，主要機能をおさえることを考えた。

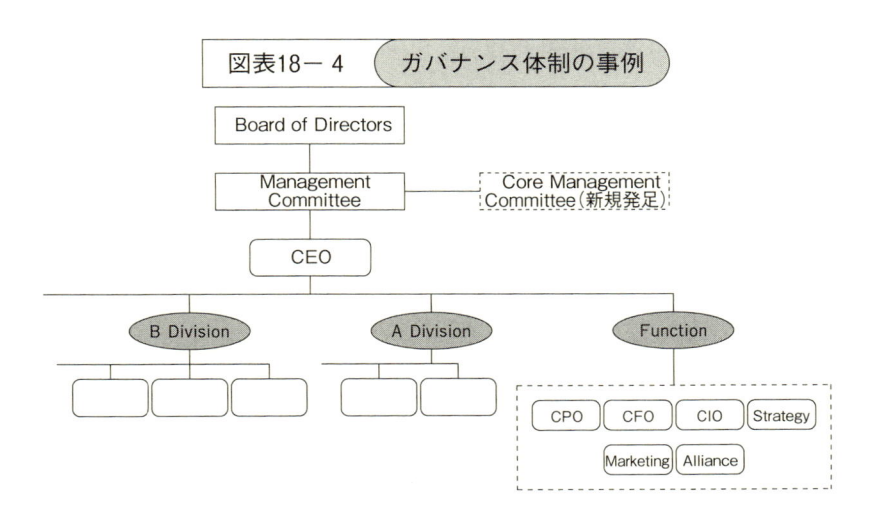

具体的には，Director を東京本社から派遣したが，他の子会社の場合とは異なり，CFO は派遣しなかった。現経営陣の自主性にゆだね過ぎると，業績悪化時に軌道修正ができなくなる。そのため，CFO は，本社からの派遣者を置き，数値の実態把握とリスク管理ができる体制にしておくという方針をとる日本企業は多い。ただし，本件の場合は，対象会社の CFO が極めて優秀であったため，CFO は交代させなかった。

その代わりに，キーパーソンである Chairman，CEO，CFO，Delivery Head の4名のみが参加する Core Management Committee を新規に発足させ，本社派遣者は，Board of Directors（コーポレートガバナンスの場）と，Core Management Committee（経営管理の場）に出席させることにした。

また，戦略／営業，R&D，会計／財務担当の中堅社員3名を日本から派遣し，現地ノウハウの吸収と各機能の遂行状況のモニタリングを行うことにした。派遣する人材の役職は，子会社に対して価値を明確に訴求できる場合は出向，難しい場合は長期出張とした。これは，出向者が現地でポジションを作りやすくするためである。

(2)　「b. 目標設定・モニタリング」

グローバル M&A においては，日本本社の戦略を浸透させるために，目標設定においては，財務指標だけでなく，非財務指標まで設定し，コミットするモチベーションを高めることが重要である。

特に，新興国においては，日本ほど内部統制が整備されていないことが多く，虚偽データや不正に対する認識が甘い場合があるため，たとえば当該 M&A 取引をリードした事業ラインの担当が，買収後数年間は直接モニタリングし，業績悪化時のリスクに備える体制をとることも一策である。

また，営業／ R&D ／会計・財務などの現場にマネージャクラスを派遣し，売上・利益のような財務指標を確認するだけではなく，受注見込みや顧客開拓状況なども併せてモニタリングすることも必要である。

(3)　「c. 評価・リテンションプラン」

海外の会社を買収したが，数年もしないうちに優秀な社員が辞めてしまい，会社という箱だけが残った，という話はよく聞く話である。

そのような事態に陥らないためには，リテンションプランが極めて重要である。

主要マネジメントの報酬水準は，ベンチマーク企業のそれと比較し，現状の報酬水準，報酬制度を勘案しながら，中長期リテンションを意識したインセンティブの提供を設計する。そのマーケットのグローバル経営者の報酬体系・水

準はヘッドハンターから入手することができる[3]。

　報酬面に伴う課題が発生した場合には，追加施策を検討できるよう，準備しておく。ポジションや責任権限，本社に至るキャリアパスを開くなど，報酬以外のリテンションプランを考慮しておくことも重要である。このような報酬体系や組織運営の設計では，日本側の常識を捨てる一方で，グローバルや現地の常識を備えなければならない。

　ある程度の権限を委譲している主要ポストの評価については，本社が直接関与することが重要である。

　丹念にケアをしても，キーパーソンが辞めることもある。このような事態についても予め想定しておき，しかるべきサクセッションプランを準備しておくことが必要である。

３　ガバナンスで果たす CFO の役割

　ここであるベンチマークスタディの結果を紹介したい。それは，図表18―5に掲載したが，グローバル企業において，買収子会社の Board of Director（取締役会）に親会社から取締役や現場のスタッフをどの程度派遣しているかに関するベンチマークスタディである。

　日本企業はマジョリティの議決権を獲得したら，取締役会においても取締役の数をマジョリティとろうとする。ガバナンスを効かせるには，何よりも取締役会をおさえることが必要だからである。

　弊社が実施した欧米のグローバル企業のベンチマークスタディによると，独立維持型の M&A 取引において，欧米のグローバル企業は，Board of Director についてはマジョリティを握っていないことが多いことがわかった。換言すると，親会社からは，非常勤を含めて過半数の取締役を買収子会社に派遣してい

3　日本企業の経営者のインセンティブ水準では現地で人が雇えないが，逆にあまりに現地に配慮しすぎると，現地一般水準より高くなることもある。適正な水準・あるいはそれより少し上ぐらいの水準でリテインするための感覚をつかむことが重要である。

ないということである。Management Team についても現状メンバーを維持することが多い。一方，モニタリング体制を強化するため，CFO と Internal Audit を派遣している会社は比較的多い。

これは，「株主の最大の権利は，取締役に対する人事権である。そもそもマジョリティの議決権を握っているのであれば，取締役を予めマジョリティにしておく必要はない。不具合が出てきた時に株主としての権利を発動して，取締役を入れ替えればいい」という考え方に基づくものである。

日本企業は，昨今，in-out の M&A 取引を活発化させている。それに伴い，買収した海外子会社をどう経営していくのかは喫緊の課題となっている。上記のようなグローバル企業の海外子会社ガバナンスの考え方は，グローバル化を目指す日本企業にとっても参考になるであろう。

図表18－5 グローバル企業のガバナンス体制			Board of Director		Management Team				Staff	
親会社	ガバナンス体制概要		Majority	Minority	CEO/COO	Deputy CEO	CFO	Other SVP/MD	GM	Internal Audit
A社	執行は委任/M&A担当GMを派遣		✓						✓	
B社	執行は委任/CFOのみ派遣		✓				✓			✓
C社	執行は委任/CFOのみ派遣		✓				✓			✓
D社	執行は委任/Board過半確保		✓							
E社	執行も関与/COO/CFOを派遣		✓		✓		✓	✓ 企画担当	✓	✓
F社	執行は委任/Deputy CEOを派遣		✓			✓		✓ 開発担当	✓	

第 *7* 節　M&A を通じたグローバル化の加速に向けて

　昨今，日本企業の間でもグローバル化の機運が高まって久しい。しかし，自社単独での市場開拓に向けては，日本とは異なる商習慣や規制，異文化・価値観や現地ニーズへの対応，顧客基盤やビジネスプロセスの確立，人材の確保など多くの課題が立ちはだかり，これらを乗り越え参入を成功させるには長い年月を要することも少なくない。そのため，スピーディな対応が求められるグローバル競争において，時間を金で買うことのできる M&A は，有効な手段となり得る。

　このような中で，実際に多くの日本企業がクロスボーダー M&A の推進を方針に掲げ，様々な取り組みが進められてきているものの，成功といわれるケースはまだまだ多くないのが実情である。

　その背景の１つとして，M&A 戦略の欠如が挙げられる。M&A は企業の変革を実現する手段であるが，いつの間にかそれ自体が目的化してしまい，買収したものの自社との有効なシナジーが描けずに，結果的に高値掴みをしてしまったという光景をよく目にする。また，魅力的な買収機会に巡り合えたものの，対象会社に対して自社の魅力や協業後の将来像を明確に伝えられず，M&A に至らないというケースや，スピーディな買収是非の判断が求められる中，その判断軸となる戦略がない故に社内での意見がまとまらず，意思決定スピードの早いグローバルプレーヤーとの取引競争に負けてしまうというケースも存在する。

　他方，M&A 戦略を有するものの，それに適合する優良案件に巡り合えずにいる内に事業環境の変化の中で戦略が陳腐化してしまうことも少なくない。このようなケースにおいては，M&A を実現するための戦術の多様化・高度化が求められ，証券会社から持ち込まれる M&A 案件情報に対するアンテナを張るだけでなく，企業が自ら M&A ターゲットを発掘・選定し，交渉を行うアプローチが有効な策と考えられる。ただし，売却を想定していない相手に対し

て一気呵成に買収までこぎつけることは容易ではない。では，どうすればよいか。

　1つの解として，一気呵成にM&Aを行うのではなく，業務提携，ジョイントベンチャーやマイノリティ出資，マジョリティ出資など，財務ストラクチャーをマイルストン化し，協業による実績を作りながら徐々に資本関係を強くしていく方法がある。結果的には，まだない案件を創出するという意味において，ここでは「仕掛け型M&A」と呼ぶ。

　この「仕掛け型M&A」では，対象会社との関わりの中で対象会社にファイナンスニーズが生じる時期を早期にキャッチしやすく，協業実績を根拠に双方の将来像を描きやすいことから，取引を相対で進められるケースが少なくない。それにより入札競争による買収価格の高騰を抑制でき，また協業実績をもとにスピーディかつ合理的な対話が可能となる。加えて，不確実性の高い当初の投資コストを抑えるということは，リスクの観点からも有効であると捉えられる。

　たとえば，ある製薬メーカがバイオベンチャーの買収を検討した時には，薬事承認までの開発失敗リスクが高いため，共同研究からスタートをして実務面での関わりを強くしていった。その後は，治験へと研究フェーズが進むとマイノリティ出資，上市までこぎつけた時点で完全子会社化に至ったが，出資や買収の決め手となったのは，実務的な研究情報の共有など対象会社の強みが明確化したことに加えて，対象会社の外国人マネジメント層の人的交流，詳細な財務状況や事業計画への理解が買い手の経営陣の間で進んだことであった。同時に，バイオベンチャーに出資していたベンチャーキャピタルや金融機関からの信頼性を増すことで，非公開の持ち込み案件が新たに出てくるという副次的な効果もあった。

　以上を踏まえると，初期的には出資を必ずしも前提としないスモールスタートにより，M&A取引の成功率が高まることもあると言えよう。実際のM&Aの現場では，相手ありきとなるため，最適な戦術やそれに付随した財務ストラクチャーは状況により異なるが，M&A戦略を明確化し，この「仕掛け型M&A」をうまく活用していくことが，今後のグローバル化の加速に向けても求められるのではないだろうか。

第19章

セカンドデューデリジェンス

第*1*節 セカンドデューデリジェンスの位置づけ

本書の最終章はセカンド DD についての解説である。

ポスト M & A を成功に導くために，株式売買契約（definitive agreement，以下，「DA」という）締結後，ポスト M & A が始まる Day 1 の前の過ごし方は極めて重要である。セカンド DD とは，図表19―1のとおり，DA 後 day1 の前に実施する DD であり，ポスト M&A の準備期間の作業と位置づけられる。

図表19―1　セカンドDDの位置づけ

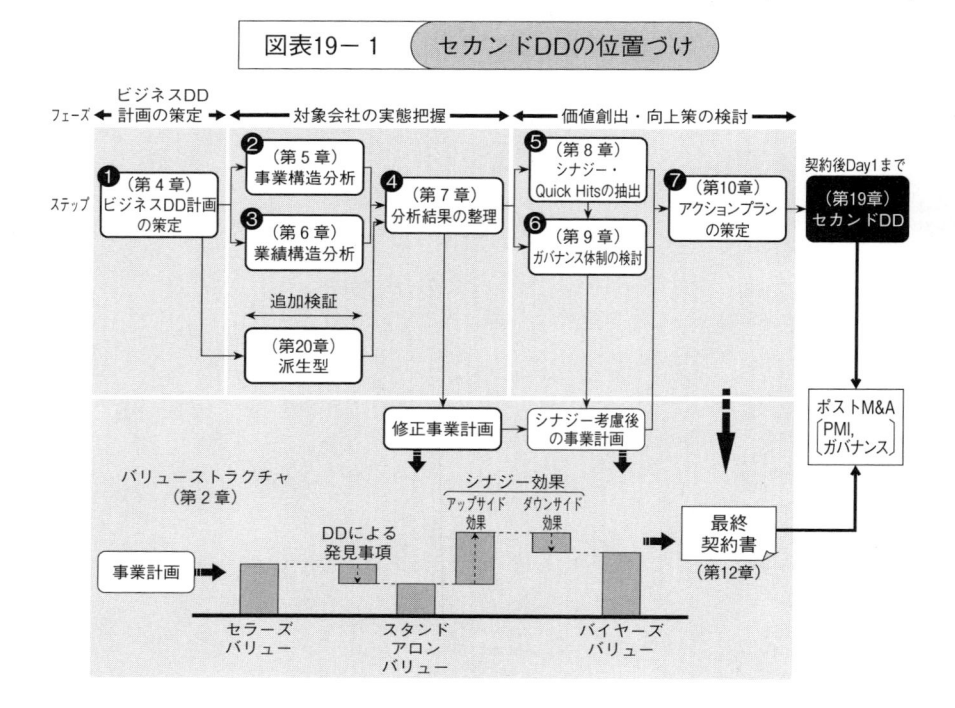

第*2*節　セカンドデューデリジェンスの前にやるべきこと

　DA[1]締結直後に実施しなければならないのは，対象会社およびその従業員に対して安心感を与えることである。

　DA締結前に，対象会社の経営陣に続投が伝えられていたとしても，買い手がどういう経営方針や戦略を持っているのかわからないうちは，対象会社の社員は不安を払拭しえない。不安があるうちは，買い手の戦略を対象会社に浸透させることは不可能である。

　クロスボーダーM&Aの場合，日本人は，「外国人はドライだ」と思い込む傾向があるが，必ずしもそうではない。オンとオフを組み合わせた積極的なコミュニケーションによって，買い手と対象会社の距離を縮めることができる。2〜3日でよいから（可能であれば1週間），双方のトップが朝から晩まで一緒に過ごす，同じものを食べる（同じ釜の飯を食う）と，トップ同士の距離は一挙に縮まり，質の高い信頼関係を構築しやすくなる。

　そのためには，トップの時間確保が必須であるが，トップは，他の人材で代替可能ではない。セカンドDDの期間は，買い手のトップは，ある程度の時間と労力を子会社のために費やす覚悟をもって欲しい。

　Day1後は，親会社と子会社の関係になり，お互いに譲れない経営上の課題が必然的に出てくる。しかしながら最初の段階でトップ同士に信頼関係があれば，ポストM&Aにおいて何らかの問題が発生したとしても，解決の糸口はつかめる。些細な行き違いが大きな溝に発展しないよう，「話せばわかる」信頼関係を早期に築いておくことが必要である。

1　DAとはDefinitive Agreementであり，最終契約のことである。

第*3*節 セカンドデューデリジェンスにて 実施すべきこと

　DA を締結すると，対象会社に関する情報量は圧倒的に増える。増えた情報量をもとに，Day1 の前のセカンド DD において実施しておきたい作業は，図表19—2のとおりである。

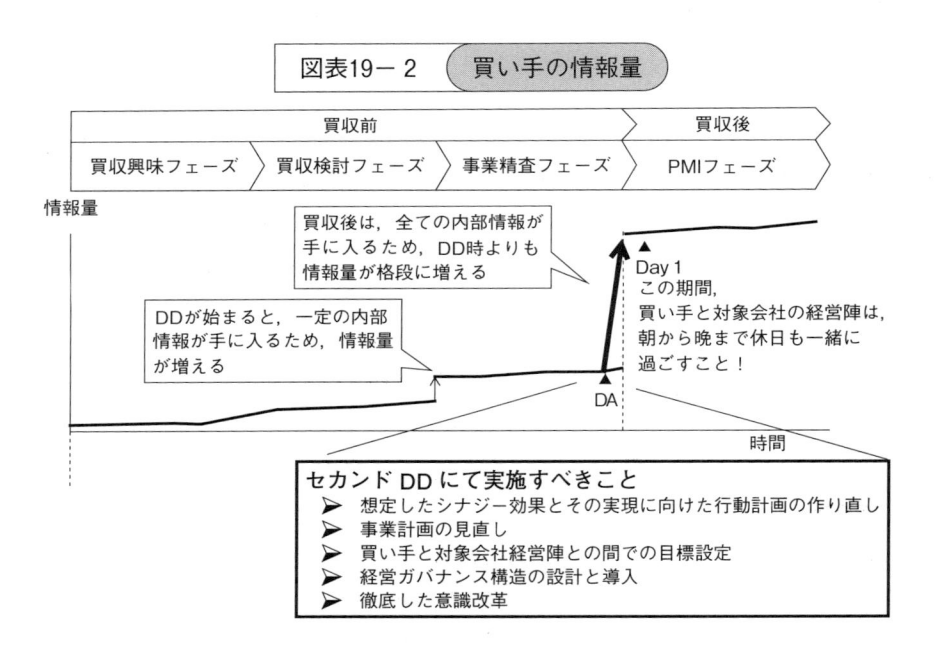

図表19—2　買い手の情報量

| | | 買収前 | | 買収後 |
| 買収興味フェーズ | 買収検討フェーズ | 事業精査フェーズ | PMIフェーズ |

情報量

買収後は，全ての内部情報が手に入るため，DD時よりも情報量が格段に増える

Day 1
この期間，
買い手と対象会社の経営陣は，
朝から晩まで休日も一緒に
過ごすこと！

DDが始まると，一定の内部情報が手に入るため，情報量が増える

DA

時間

セカンド DD にて実施すべきこと
➤ 想定したシナジー効果とその実現に向けた行動計画の作り直し
➤ 事業計画の見直し
➤ 買い手と対象会社経営陣との間での目標設定
➤ 経営ガバナンス構造の設計と導入
➤ 徹底した意識改革

⑴　想定したシナジー効果とその実現に向けた行動計画の作り直し

　対象会社に関する情報量が増えたら，買い手は，ビジネス DD の中で想定したシナジー効果の各施策について，果たして実現可能性がどれくらいあるのか，どうやって実現させたらいいか，について子会社となる対象会社のしかるべきメンバーと一緒に検討し直すことが必要である。

　場合によっては，当初想定したシナジー効果があまり現実的でなく，逆にまったく想定していなかったシナジー効果が対象会社から提案されることがある。Day 1 後，結果が出ないことがわかっているシナジー効果のために時間を浪費することのないよう，買い手が想定したシナジー効果を検証して，必要に応じて，現実的なシナジーに差し替えることはセカンド DD の期間の必須の作業である。

(2)　事業計画の見直し

　実際に着手すべき現実的なシナジー効果が抽出され，合意されたら，次に「買い手作成の修正事業計画」にも，(1)で検証したシナジー効果の施策を反映させ，修正事業計画をさらに見直すことが必要である。

　シナジー効果の施策を入れ替えると，当初計画から利益水準がかい離することがある。当初より下振れしても，買収価格を正当化するために，実現可能性のないシナジー効果を追加で積み増すようなことはこの段階においても決してやってはいけない。

　買収時に想定した事業計画と見直し後のそれとのギャップは，買い手が自分の責任として，別の手段で価値創造を図るべきである。

(3)　買い手と対象会社経営陣との間での目標設定

　子会社となる対象会社が Day 1 において新たな気持ちでスタートできるよう，買い手は対象会社の経営陣と目標設定を行う。その際にもとにするのは，(1)で見直されたシナジー効果が反映され，(2)でそれが反映された事業計画である。

　対象会社の経営陣にシナジー効果の創出にコミットしてもらうためには，対象会社が納得できる事業計画がもとになっていなければいけない。そのために(2)において見直された事業計画に基づいて，目標設定を行うのである。

(4)　経営ガバナンス構造の設計と導入

　対象会社の経営陣と目標設定ができたら，買い手は，モニタリングする経営ガバナンスのしくみについて，対象会社の経営陣と目線を合わせることが必要

である。

(5)　徹底した意識改革

　買い手は，自社の価値観や戦略を対象会社と共有するために，必要に応じて徹底した意識改革を実施することが求められる。その準備もセカンド DD の期間に本格的に開始する。

　M&A は，グループ戦略を実現させる手段である。一つひとつの M&A において PDCA を回しておくと，買い手社内には M&A に関するノウハウが蓄積されていき，その後に実施する M&A の成功の確率も高くなる。M&A を賢く使いこなして，持続的成長を実現して頂くことを弊社はこれからも支援していきたい。

第20章

派生型ビジネスデューデリジェンス

第 *1* 節　派生型ビジネスデューデリジェンスの種類

　近年，ビジネスデューデリジェンスから派生したデューデリジェンスを実施することも少なくない。本章では，派生したデューデリジェンスについて，その狙いとデューデリジェンスの視点を整理する。

　ビジネスデューデリジェンスから派生したデューデリジェンスとして，以下の6種類のデューデリジェンスがあげられる。

① 　オペレーショナルデューデリジェンス

② 　ガバナンスデューデリジェンス

③ 　サステナビリティデューデリジェンス

④ 　イングリティデューデリジェンス

　また，近年はベンチャー企業や再生企業に対するデューデリジェンスも多く行われている。

⑤ 　ベンチャー企業に対するデューデリジェンス

⑥ 　再生企業に対するデューデリジェンス

　本章では，これら6種類のデューデリジェンスについて，その目的，着眼点などを見ていきたい。

第*2*節　オペレーショナルデューデリジェンス

　日本ではオペレーショナルデューデリジェンスというと，まだピンとこない人も多いかもしれない。特にビジネスデューデリジェンスとの関係性が明確になっていない場合もある。本書ではビジネスデューデリジェンスとオペレーショナルデューデリジェンスとの違いから説明していきたい。

　オペレーショナルデューデリジェンスとビジネスデューデリジェンスの大きな違いは，ビジネスデューデリジェンスにおいては事業計画の蓋然性の検証に重きが置かれることが多いのに対し，オペレーショナルデューデリジェンスでは，対象事業のオペレーションと潜在的なリスクの把握を行い，現行のオペレーションと将来像のパフォーマンスギャップ，および改善機会の特定を行うことに焦点を当てていることである。

　具体的なオペレーショナルデューデリジェンスでの着目点を見てみたい。基本的にはバリューチェーンに沿った形で，対象企業のオペレーションアイテム

図表20-1	オペレーショナルデューデリジェンスでの着目点（例）

営業/マーケティング	研究開発	調達	生産/資材管理	物流/サプライチェーン	アフターセールス/アフターサービス
・営業，サービス体制 ・営業パフォーマンス効果 ・業界/市場のカバレッジ ・マーケティング効果	・ポートフォリオ，パイプライン ・コスト構造 ・リソースおよびケイパビリティ ・プロセスおよびアプローチ	・調達ポートフォリオ ・サプライヤの拠点 ・サプライヤのパフォーマンス ・価格 ・マテリアルグループおよび戦略	・生産拠点の配置 ・生産性 ・生産能力と稼働率 ・品質レベル ・資材の流れ	・サプライチェーン計画 ・サービスレベルおよびデリバリーパフォーマンス ・配送ネットワーク ・輸送コスト	・体制/プロセス ・サービスレベル

バックオフィス機能	・サポート機能（IT，人事，財務など） ・管理能力，競争優位性，KPI
資産	・オペレーション関連の流動資産（製品，需要計画，支払期間およびプロセス） ・Capex（投資計画および資産，施設，設備）
事業計画	・リストラクチャリングおよびコスト削減計画 ・期待されるシナジー/ディスシナジー

を抽出することから始める。そのうえで，潜在的なリスクや改善可能性を見極める。その際には，同種ないしは類似事業を営む企業をベンチマークとして検証を行うこともある。また，当然のことながら，オペレーショナルデューデリジェンスの結果は，他のデューデリジェンスと連携することが重要である。特に，ビジネスデューデリジェンスで検証を行う事業計画への反映は必須であろう。

　別の視点でオペレーショナルデューデリジェンスの意味を考えてみたい。M&A においてシナジーを検討する際には，トップラインに関するシナジーが注目されることが多い。しかしながら，実際にはトップラインに関するシナジーは定量化が難しいものが多く，また，シナジーが顕在化するには時間を必要とすることも多い。一方で，コストシナジーについては定量化がしやすく，また，比較的短期間でシナジーの顕在化が見込まれることが多い。オペレーショナルデューデリジェンスでは，コストシナジーに影響を及ぼす項目について調査を行うことが多い。しっかりとしたオペレーショナルデューデリジェンスを行うことで，コストシナジーを早期に顕在化することにつながる。

第*3*節　ガバナンスデューデリジェンス

　M&A の実行後の被買収企業に対するガバナンスの設計は，M&A を成功に導くためには非常に重要なポイントである。近年，ガバナンスの不備により企業経営に大きな影響を及ぼす事象が顕在化している。特に，海外での買収に関しては，買収後しばらくしてから問題が顕在化することも多い。

　M&A に際して，ガバナンスデューデリジェンスはビジネスデューデリジェンスの一環として行われることも多い。また，法務デューデリジェンスとの連携も不可欠である。ガバナンスデューデリジェンスで検証する主な項目を第9章でみてきたフレームワークを念頭におきながら見ていきたい。

①　ガバナンスポリシー

　被買収企業のガバナンスに関する基本的な考え方を確認する。具体的には，「各組織，各機能単位でどの程度の権限を許容するか」「経営状況，事業の状況をどのようにコーポレート機能で把握するか」について，被買収企業のルールを確認する。

②　グループ会社管理規定

　グループ会社管理規定は，前述のガバナンスポリシーに基づいて規定されているはずである。グループ会社に関して，どの程度の権限を許容し，どのような責任を負わせているかについて明文化された規定をきちんと確認することが重要である。さらに，規定に基づいた運用がなされているかについても，経営層だけではなく，経理・財務や人事などの現場担当へのインタビューを通じて把握しておきたい。

③　権限設定

　グループ会社だけではなく，被買収企業の本社に関してもガバナンス状況の確認は不可欠である。本社・グループ会社ともに，役職別などでどのような責

任と権限が設定されているかを，職務規定や投資基準などから確認する。

　さらに，実態面についても過去の不祥事の確認に加えて，インタビューを通じて確認しておきたい。

④　収益管理

　ガバナンスに関しては，収益管理の実態についても確認しておきたい。ガバナンスの視点で確認すべき収益管理は「収益管理項目と管理粒度」「収益管理体系」である。項目と粒度については，どの階層がどの単位で収益を管理しているのかを確認し，前述した責任と権限の設定を踏まえて，実態把握が遅れる，もしくはできないリスクがないかを確認する。管理体系については，レポーティングや会議体など収益状況をどのように把握する仕組みができているかを確認する。

　収益管理に関する事項は，具体的には管理会計に関するレポートを確認することとなる。確認の結果，不備もしくは自社との大きな相違が判明した場合には，PMI において，整備が必要となり，システム構築コストなどに影響を及ぼすことがある。

　上記の 4 つの視点でガバナンスについて確認を行うとともに，法務デューデリジェンスで確認するこれまで発生した紛争や不祥事などが，ガバナンスが原因となっていないかを確認する。

　また，被買収企業の①〜④が，自社とどの程度違うのかを明確にする。特に，各種権限において，裁量で動かせる金額限度については M&A 後の財務リスクの軽減の観点からも，デューデリジェンスの段階で把握しておきたい。

第*4*節　サステナビリティデューデリジェンス

　サステナビリティ経営という言葉が広まってきている。一方で，M&A に際してサステナビリティを意識した議論がされることは少ない。本来であれば，買収候補となっている企業がサステナブルな経営を行えているかについては，大きな論点となるべきであろう（大きな視点ではガバナンスも入る）。

　特に，メーカーに関しては，CSR 調達を行えているか，そもそも，調達が永続的に実現できるような手立てを打っているかなどが M&A 後の企業活動を大きく左右する。M&A に際しては，買収候補となっている企業のサステナビリティ経営に関する熟達度を確認しておきたい。

　具体的には，バリューチェーンやサプライチェーンにそって，当該業界もしくは自社が目線としているサステナビリティ経営の基準を満たしているかをインタビューなどで確認することである。その際には，SDGs[1] の各項目に関する取り組みを確認することも有効であろう。また，そのためには自社のサステナビリティへの取り組み方針を明確にしておくべきなのは言うまでもない。

1　持続可能な開発目標（Sustainable Development Goals）は，2015年9月の国連サミットで採択された2030年までの国際目標であり，持続可能な世界を実現するための17のゴール・169のターゲットから構成される。

第*5*節　インテグリティ
デューデリジェンス

　インテグリティデューデリジェンスとは，個人や組織におけるコンプライアンス違反や贈収賄などの不正行為への関与などにとどまらず，パートナーのビジネス実態や素性などの解明を目的とした調査をいう。

　昨今，クロスボーダー取引が拡大し，特に発展途上国では現地独自の商習慣や文化，人的資本のマネジメントなどを目的として，現地資本とのパートナーシップを組むケースが多い。これ自体は否定されるものではないが，一方でパートナー企業（オーナー企業の場合には個人）のビジネス実態・不正取引やそれら風評の有無，社会的な評判などを把握しておくことが，極めて重要になっている。

　最近の事例でも，海外パートナーから株式取得をし，合弁事業開始直後にコンプライアンスリスクが顕在化し，事業が破綻するといったケースが意外と多くみられ，こうした事業では，事件が起こった後の対処療法的な緊急対応に追われてしまう。本来，こうした潜在的なリスクは一連のデューデリジェンスを進める中で精査しておくべき事項であるが，たとえば法務デューデリジェンスの一環でコンプライアンスリスクの精査をする程度にとどまっているのが実態である。

　こうした問題に対処すべく，インテグリティデューデリジェンスでは，現地言語でのデスクトップリサーチや関連当局などから入手可能な公開情報をもとにした，対象会社ないし個人の調査に関する誠実性の調査から，より商務的な視点から潜在リスクを見極めて予防的な対応策を検討する。さらに場合によっては，現地における人的なネットワークの活用を通じた実地調査を加えることにより，さらなる深掘りも可能である。

　具体的な活用ケースとしては，贈収賄などのコンプライアンスリスクが高いとされる地域へのクロスボーダー案件や，非上場のオーナー系やファミリー企

業からの株式取得・合弁事業などが当てはまる。リスクが顕在化した後にもたらされる潜在的な損失額が無限ないし極めて大きいと想定される場合において，このような特殊な精査作業は有効と考えられよう。

　一般的に，大手の法律事務所や会計ファームなどにおいて，フォーレンジックサービスとして，不正取引や経済事件などに関する調査を請け負うことがある。上記のインテグリティデューデリジェンスでは，たとえば，そうした外部のケイパビリティを援用することにより，対象会社の事業性に重大なインパクトを与えうるリスクを事前に押さえておこうとするものである。各地域におけるサービスの有無は都度，確認が必要となろうが，特に，発展途上国において未だ関係の浅い現地資本パートナーとの合弁事業をはじめとしたクロスボーダー案件では，ぜひとも活用を検討したいところだ。

第 *6* 節　ベンチャー企業に対する デューデリジェンス

(1)　概　要

　近年，AI や IoT に代表されるようなテクノロジーの進歩を背景に，スタートアップによる新たなビジネスの勃興が相次いでおり，このような企業に対する投資が活発化の様相を呈している。このような中で，IT 業界プレイヤーやベンチャーキャピタルだけでなく，事業会社においてもグローバル競争の中でビジネスの変革を推進すべく，テクノロジーやエンジニア人材を自社に取り込むことを目的とした投資が積極化している。大手メーカーなどにみられるような CVC（Corporate Venture Capital）を設立する動きも増加している。

　ベンチャー投資の特徴は，通常の投資と比べて将来の不確実性が高い点にある。多くの場合はいまだ市場が黎明期にある新たなビジネスであるため，競合を含めて既存の実績やデータなどが限られる。そのため，そのビジネス機会やリスクなどについて，直接的な情報がない中で，周辺情報に基づいて将来の見立てをつくることが一層求められる。加えて，このような特性から事業計画やバリュエーションの精緻化は難しく，投資判断に向けてはビジネスの将来性とともに，既存事業とのシナジーが見込めるかなど，投資意義に関するストーリーが描けそうかという視点も重要になってくる。

(2)　検証ポイント

　ベンチャー企業の特性から，デューデリジェンスにおいてはベーシックには次のような視点で検証を行う。

①　ソリューションの普及拡大の蓋然性は見込めるか

　まずは，構想しているソリューションが市場に浸透し，事業の立ち上がりが期待できるのかという視点である。この問題を解くうえでは，ソリューションの普及拡大に向けた要件やボトルネックを明確化し，対象会社が自力でまたは

株主や新たな出資者の力を借りることでその要件を満たせそうか，ボトルネックを乗り越えられそうかということを検証する。

　たとえば，商用化に向けて技術的には確立しつつあり，パイロット運用においてユーザーから高い評価を得ている状況だが，エンジニア中心の会社であるために普及拡大を加速するうえで営業体制の不足がボトルネックであることが判明したとする。この場合は，対象会社において人材確保や他社との提携などの対策が講じられているか，新たな出資者を含む株主の力を借りて対処できるか，といったことを確認していく。

　ただし，対象会社のステージが初期であればあるほど，これらの検証には不確実性が増し，判断が難しくなる。たとえば，シード（事業構想段階）やアーリー（事業開始段階）といったマネタイズまではまだ先の段階では，そもそも技術や提供ソリューションが確立されていないために，普及拡大要件やボトルネックを特定することは難しく，時間を掛けて事業を精査することが有効ではないようなケースも少なくない。このような場合は，経営陣の経歴や外部からの評価が判断するうえでの有用な材料となる。経営陣の経歴については，マネジメント経験や過去にベンチャーをマネタイズさせた実績，想定主要顧客とのコネクションなどであり，外部からの評価については，業界有識者や既存株主に対するインタビューを行う他，資本政策の推移を追うことで間接的に確認を行う方法もある。たとえば，過去のラウンドからの株価がプラスで推移しているか，シードやアーリー段階でイグジットした株主がいないかなどの見方が挙げられる。

②　追随する競合に対する持続的優位性を確立できるか

　次に，持続的な優位性である。ベンチャーが新たな技術や価値を創り上げ，事業機会が可視化されると，類似ベンチャーによる参入が加速したり，大手企業が資金力を強みにこれに追随したりといった可能性が想定される。そのため，事業が立ち上がった後に優位性を持続できるかどうかということを確認していく。

　先行者利益が働く事業であるかどうかという視点はその１つとして挙げられる。たとえば，テクノロジーの導入において長い時間をかけて顧客と共同開発

をする必要がある，顧客がベンダーをスイッチする際に既存オペレーションへの影響が大きいなど，顧客にとってのスイッチングコストが大きい場合は，大手競合であっても追随のハードルは高く，対象会社の既存顧客に対する優位性は持続されると評価できる。また，このような場合，対象会社にとっては優良顧客を先に押さえることが Key Success Factor となる。

　続いて，特許も競合の追随を防ぐバリアとなり得る。特許情報は一般に公開されており，特許の取得範囲からバリアとしての強さを確認することができる。特許の範囲が広範であるほど参入障壁は高いと言えるが，言い換えれば，特定の部分に限定されているケースではバリアとしては弱いという見方になる。

　その他にも，取引契約や資本関係に基づいて大手顧客との長期的な取引関係が見込まれている状態や，特に消費者向けのサービスであれば当該領域でのパイオニアとしてのマインド・シェアの獲得（当該領域において最初に早期されるプレイヤーとしてのブランドになるということ）が見込めそうなケースでは，それらは対象会社の持続的な優位性の一要素として評価できる。

③　投資意義は何か

　上述の通り，ベンチャー投資においてはその不確実性から，事業計画やバリュエーションの精緻化は一般的に難しく，大きなリスクを伴う中では投資リターンに関する財務的な側面だけでなく，将来の拡張可能性や既存事業とのシナジーといった戦略上の意義，あるいは社会的意義など，当該投資を実行する意義について明確にすることが必要である。

　多くのケースでは，技術の取り込みを通じた既存事業とのシナジー創出を狙いとしているが，その場合は出資を通じてどのような将来の絵姿を描くことができるかという視点が重要である。そのためには，出資する側が戦略や出資目的を明確化し，そのために必要なケイパビリティを想定したときに，対象会社がそのピースとして有望かどうかという視点で検証を行うことが求められる。

　したがって，ベンチャー企業への投資に際しては，より将来の事業展開ストーリーや実現可能となるビジネスモデルについての考察を深める必要がある。同様の事業を行う企業があれば，その比較を行うことは必要ではあるが比較の視点はあくまで将来の可能性に置くべきである。また，その際には大資本によ

る参入可能性についても検証しておきたい。

　付け加えるならば，事業計画そのものについては，ある意味どのようにも成長のカーブを描くことができる場合も多く存在する。したがって，事業計画についての蓋然性のみを議論するのでは片手落ちである。

　また，ベンチャー投資活動自体のさらなる強化という側面からは，ベンチャー投資を通じて，ベンチャーキャピタルとの関係性構築や投資実績作りにつながるということも投資意義として解釈することができる。ベンチャー投資においては，出資競争が激しい中で優良案件に出資できる機会を獲得することが重要であり，優良ベンチャーキャピタルとのネットワークを形成することが重要だからである。

第 *7* 節　事業再生のビジネスデューデリジェンスでの留意点

　事業再生の場合におけるビジネス DD は，通常のビジネス DD とはさまざまな点で異なる。以下の 3 点は通常のビジネス DD においても留意すべき点であるが，特に事業再生のビジネス DD において，よりいっそう留意すべきである。

1　スケジュールがよりタイト

2　情報漏えいを防ぐ作業環境が必須

3　調査範囲が時間の経過とともにより変わりやすい

1　スケジュールがよりタイト

事業再生のビジネスデューデリジェンスはこうやって始まる

　事業再生のビジネス DD は，

　「 2 週間しか期間はないのだが，できる範囲でやってくれないか」，

　「あんないい加減な再生計画が出てくるとは思わなかった。財務 DD はすでに始まっているが，今からでも再生計画の妥当性を見てもらえないか」，

　「○○事業だけは，会社の人に話を聞いてもいつも言うことが異なる。実態がまるでわからない」，

　などのように，切羽詰まった状況で始まることが多い。

事業再生のビジネスデューデリジェンスは短期決戦

　通常の M&A 取引では，まずビジネス DD を行い，その後，バリュエーションを行うことにより企業価値を算定する。

　しかしながら，事業再生の場合，突然にビジネス DD の必要性が認識され

る場合も少なくない。この場合，「ビジネス DD を行ってからバリュエーションを行う」という手順でなく，すべてを同時並行的に実施せざるをえない。

ビジネス DD には，１～２週間しかかけられないことも多くある。

事業再生の場合，「今年度中になんとか金融機関の合意を得たい」といった時間をにらみながらのスケジューリングがつきものであり，突然資金繰りが危うくなったなど，状況が二転三転することも珍しくはない。状況が変わるたびにスケジュールの変更を余儀なくされ，よりタイトな方向へスケジュールが変更になることも多い。そのうえ，ディールの期間中，買い手には，売り手との交渉，DD の実施，スキームの決定，契約内容の検討など，行うべき作業が山のようにある。そのような中で DD にかけられる時間はそれほど長くはないため，さらに余裕がない状況に追い込まれていく。

スケジュールがタイトなビジネス DD では，これまで述べてきた「ビジネス DD 計画の策定」ステップを僅かな時間で終え，いかに早くビジネス DD 作業を開始できるかに懸かっている。

買い手が限られた情報の中でしか支援の意思決定ができなかったという事態を避けるためにも，「ビジネス DD 計画の策定」ステップは迅速に完了させ，できるだけ多くの時間を分析作業に使うことが重要である。

② 情報漏えいを防ぐ作業環境が必須

プロジェクトルームを確保する

事業再生のビジネス DD では，作業環境や情報管理に，より一層細心の注意が必要とされる。特に再生の場合，対象会社が風評被害にあわないよう，情報漏えいを防ぐためのプロジェクトルームを完備しておくことは必須である。

ビジネス DD 開始時には，それまで買い手と対象会社のほんの一握りのトップマネジメントしか関与していなかったのが，ビジネス DD を開始するとなると，ビジネス DD 実施メンバー以外にも，FA（Financial Adviser），財務 DD や法務 DD 等を担当する外部アドバイザー等が一斉に加わって，大量の機

密情報をやり取りすることになる。また，世間の注目を浴びるような大型再生案件となると，メディアが公式非公式を問わず接触を図ってくる。

こうした状況でビジネス DD を遂行するためには，買い手，対象会社，DD 実施メンバー間での円滑なコミュニケーションを確保しつつ，情報管理を徹底することが不可欠な要素となる。

再生案件の場合，ビジネス DD の作業場所については，通常のデータルームとは別に，プロジェクトルームを確保することが重要である。これは作業効率と情報管理の両方の観点からの要請である。

ビジネス DD では，事業別，地域別など担当者ごとの個別作業が多く，プロジェクトチーム内にコミュニケーション不足が生じることがある。情報交換や分析方法の統一化を図るためにも，分析作業は 1 つの空間で行い，緊密なコミュニケーションを取れる体制にしておく。分析対象となる会社数や事業数が多岐にわたり，買い手の主担当者が複数存在する場合であっても，M&A 取引についての意思決定は買い手総体としてなされるわけである。密なコミュニケーションは，後になって投資委員会や取締役会で「A 事業においては，B 事業で行った分析はしていないのか」，「2 つの事業で判断基準が違うのはなぜか」などの指摘を受け，追加調査が必要となるような状況を避けることにもつながる。

Column

注意一秒，怪我一生

"注意一秒，怪我一生"。データルームから有形無形のデータが物理的に出ないように十分に気を配ることが大切である。

以前，ある DD において，DD に関与している者しか知りえない重要情報がビジネス誌にスクープされたことがあった。我々は，"自分達は流していない"とわかっていても，"もしかすると我々が疑われているのではないか"とか，"誰が出したのだろう"と疑心暗鬼になってしまう。後でわかったことであるが，このクライアントは，M&A に慣れたファンドであったため，重要情報については，ビジネス DD，財務 DD，法務 DD など，各アドバイザーに少しずつ異なる内容の情報を渡していたようである。したがって，その事件については，どこから流出したのか即座にわかった。

M&A の実績がない会社ほど情報管理が甘い傾向がある。特に，会社の上層部

になればなるほど，意図したリークか，ポロッと重過失でマスコミに話をしてしまうことも多い。情報管理には注意してし過ぎることはない。

図表20－2　　情報管理ルール（例）

分類	項目	内容
作業場所外	資料の持ち出し	資料は原則持ち出さない
	資料・PC の放置	資料を外出先に放置しない。資料や PC が入った荷物を飲酒の場に持って行かない
	情報の閲覧	移動中や店内で，資料を見たり，PC を開けたりしない
	会話	外出時に会社名を出してディールの話をしない。やむなく話をする時はコードネームで呼ぶ
作業場所内	プロジェクトルーム	最終退出者は必ずプロジェクトルームの施錠を行う。部外者の立ち入りを禁止する
	プリンター	プロジェクトルーム内にあるプリンター以外からは出力しない
	ホワイトボード	使い終ったら必ず消す。裏面も忘れずに。コピーした紙も忘れずにシュレッドする
	資料の保管	鍵のかかる棚に資料を保管する。鍵のかからない場所には原則機密資料を置かない
	資料の処分	不要な資料はシュレッダーにて毎日処分し，デスクの上などに放置しない
情報交換	情報の共有	機密保持契約の範囲内でのみ資料を共有する
	コードネーム	ディールおよび会社名は，コードネームをつけ，一般の人にはわからないようにする
	パスワードの設定	資料には必ずパスワードを設定する
	USB	USB での電子データのやり取りはしない
	メールの宛先	宛先を絶対に間違えない。宛先をチェックしてから送るアウトルックのオートコンプリート機能をリセットする
	配達記録	資料は配達記録をつけて送る

情報管理ルールを策定する

　再生案件の場合，プロジェクトルームが確保できたら，ビジネス DD の作業に入る前に情報管理ルールを定めておく。一旦作業に入ってしまえば，情報は絶え間なく五月雨式にやり取りされるため，情報管理ルールは，ビジネス DD 開始時に定めておくことが必要である。

　図表20―2は情報管理ルールの一例である。ビジネスDDのキックオフ時に，全プロジェクトメンバーに通知し，徹底させることが望ましい。

❸　調査範囲が時間の経過とともにより変わりやすい

一般の調査分析における調査範囲

　一般の調査分析では，まず調査範囲，すなわち調査分析の「広さ×深さ」を定める。調査分析の「広さ」は，事業領域，地域，業務ファンクションなどで定義可能である。調査分析の「深さ」は，ブレークダウンレベルや分析手法の種類で定義していく。

事業再生のビジネスデューデリジェンスにおける調査範囲

　ビジネスDDは，調査対象が企業（または事業）まるごとであるうえ，再生案件の場合，ビジネスDDの期間が，きわめて短い。

　この短い期間に企業または事業の全範囲にわたって調査分析を行うことは，時間的な制約，あるいはリソース上の制約から非現実的なことが多いため，ビジネスDDにおいては，再生のスポンサーの目線から判断して調査分析の「深さ」に強弱をつける。

再生案件では問題意識が変わりやすい

　これまでに述べたとおり，ビジネスDDにおいては，初期の段階で設定された調査分析の「広さ」や「深さ」が，最後まで貫徹されるケースは稀である。

　その理由の1つは，分析が進むうちにDD実施者および買い手の理解が深まり，問題意識が変わるからである。特に再生案件の場合，表面に現れてこない過去からのしがらみや，誰もが話題にすることを避けてきたアンタッチャブルな領域が存在することがある。そうすると，初期段階で，重要性が低かった範囲が，途中で重要になることがある。

　もう1つの理由は，再生案件においては，金融機関が大きな存在となる。金融機関の問題意識は各金融機関の状況によってそれぞれに異なる。

　ビジネス DD が終盤になると，金融機関にとっては，債権カット額を確定していかなければならないため，ビジネス DD の内容が気になって仕方ない。ビジネス DD 実施者にとっては，望ましいことではないが，これらのステークホルダーから納得を得るために必要とあらば，ビジネス DD のスコープもある程度変えざるをえないのが実情である。

　再生案件の場合，再生ファンドが買い手になることがあるが，再生ファンドの担当者は，当初は純粋に対象会社の実態を把握するために調査範囲を定義する。ところがビジネス DD が終盤になると，投資委員会の審議をクリアする必要があるため，投資委員会の資料作りに関心が移ってくる。このように再生ファンドの社内事情にも対応することがビジネス DD においては求められる。

4　事業再生のデューデリジェンスで忘れてはならないこと

　事業再生のデューデリジェンスにおいて忘れてはならないことは，再生戦略の立案である。ともすると，コスト削減等の施策の蓋然性に目が行きがちだが，再生状況におちいった原因を把握し，事業環境の変化も認識した上で，真に再生が可能かを判断することが重要である。そのためには，対象企業のビジネスに対する深い理解が求められると同時に，中長期的視野に立った戦略構築力が極めて重要である。

第21章

業種別デューデリジェンス
のポイント

　本章では，これまで詳説してきたビジネスデューデリジェンスの手法やテクニックを実際の実務の場で活用することを意識し，近年，M&A の活動が活発な領域に着目して，業種別のデューデリジェンスにおけるポイントを取り上げる。

　国内市場の成熟化や高齢化に伴って，国内企業は自らの成長を命題として，バリューチェーンの水平・垂直的な展開やグローバルマーケットへの進出を果たすべく，M&A を梃子とした戦略展開を推進する傾向が強まっている。M&A におけるビジネスデューデリジェンスでは，対象会社の競争優位性を見極めると共に，将来にわたる持続的成長に向けた潜在力に対する洞察力が求められる。当然ながら，対象会社が属する業界動向や将来性，個別企業が有する儲けの仕組み（ビジネスモデル）やケイパビリティによってビジネスデューデリジェンスの論点は大きく異なる。実際の M&A の現場では，ディールの局面という極めて制約された時間軸の中でこれら洞察を得ることが求められ，前章まで述べた手法やテクニックを総花的に適用することはできない。仮説思考をもって対象会社の特性を踏まえた検証すべき論点を明確にし，詳細な精査作業を通じて個別企業の競争優位性や潜在性の検証を重ねていくことが，生のビジネスデューデリジェンスの現場といえる。

　本章では，そのような視点から，業種別のデューデリジェンスの肝として，顧客属性（個人・法人）および業態（製造業・サービス業）を掛け合わせた4つのビジネスパターンにおける主要な論点を示すと共に，具体的な業界事例をケースとして取り上げた。顧客属性が法人・個人では，対象会社の儲けの仕組みは大きく異なり，また，儲けの源泉である販売物の特性が有形（製品）・無形（サービス）の場合でもその特徴に違いがある。また，4つの象限をまたぐものとして，不動産業やコングロマリット（複数事業でのポートフォリオを保有している企業）を取り上げた。是非，ビジネスデューデリジェンスの現場の一端を垣間見て，読者の実務に活かしていただきたい。

図表21－1　本章の構成

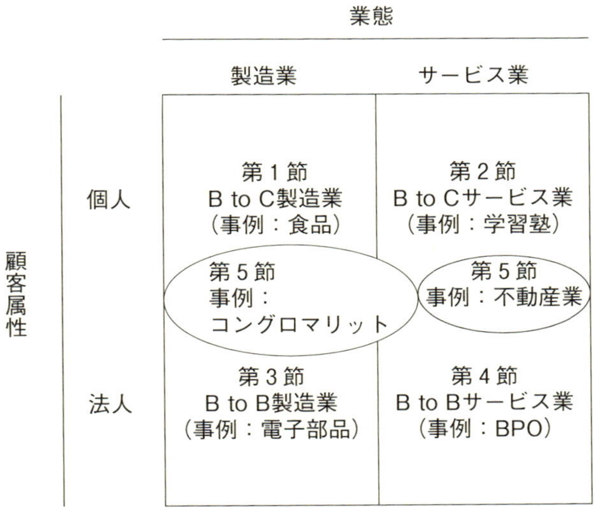

業態

	製造業	サービス業
個人	第1節 B to C製造業 （事例：食品）	第2節 B to Cサービス業 （事例：学習塾）
	第5節 事例： コングロマリット	第5節 事例：不動産業
法人	第3節 B to B製造業 （事例：電子部品）	第4節 B to Bサービス業 （事例：BPO）

顧客属性

第 *1* 節　B to C 製造業

(1)　概　要

　本節では B to C 製造業界におけるビジネスデューデリジェンスを取り上げる。ここでは，食品・飲料品，消費財・化粧品等，一般消費者向けの商材を想定している。

　これら業界においては，国内市場の縮小，ニーズの多様化や安心・安全意識の高まり，原材料価格の高騰，小売からの圧力・要請の高まり，プライベートブランドの浸透など，取り巻く環境は変化を続けており，製造事業者にとっては事業環境の厳しさが増している状況と言える。

　このような状況下，中堅・中小メーカーの集約化の進展に加えて，大手プレーヤー同士の再編の動きや海外における巨額の買収攻勢など，M&A が活発化しており，この傾向は今後益々広がっていくものと予測される。

　当該業界における M&A の主な狙いとして，商品企画，調達，製造，物流，販売といったバリューチェーン機能の獲得・拡充やブランドや顧客情報などの無形資産の獲得を通じた，新たな市場への参入，取扱製品のラインナップ拡充や付加価値化，販路の拡張，スケールメリットによるコスト競争力の確保等が挙げられる。

　ビジネスデューデリジェンスでは，M&A の目的に沿った検証を行うこととなるが，一般的には，次のような視点が主要な論点となる。

　1つ目は，製品市場のポテンシャルであり，消費者や流通構造を踏まえたうえで，セグメンテーションとターゲティングを明確にし，ターゲット市場における潜在市場規模や将来成長性を見極めることが求められる。消費者のニーズの多様化に加え，特に海外では国の中での民族・部族や宗教の違い，所得格差などが大きいため，市場を適切に分解して検証を行うことが重要である。

　2つ目は，製品競争力である。自社や対象会社の製品の流通に向けては，卸売・小売に製品を取り扱ってもらったうえで，消費者に選ばれることが必要である。そのため，ターゲット市場における卸売，小売，消費者それぞれの

Key Buying Factor（KBF）を把握し，競合品と比して充足性はどうか，どのように充足させるか，あるいはどのようなポジショニングをとるべきかといった視点で検証を行う。

　3つ目は，対象会社のケイパビリティである。商品企画，調達，製造，物流，販売といったバリューチェーンの各プロセスにおける対象会社の強みの源泉や課題・リスクを洗い出す。その評価を踏まえ，対象会社はM&Aの目的を達成するための有効なピースとなり得るかという点を見極める。なお，リスクの観点からは安全性が担保されているかという点についても留意したい。たとえば，認証取得状況，過去の事故やトラブルの状況などがチェックポイントとして挙げられる。これら検証においては法務デューデリジェンス等との連携が重要である。特に，消費者の口に入る食品等においては，異物混入等の食品事故が事業にもたらすインパクトは大きいため，これらは確認すべき重要なポイントである。

　なお，国内のM&Aでは，業界の市場やバリューチェーン構造が既に明らかとなっており，デューデリジェンスで確認すべき事項は製造や販売機能に関するものなど，対象会社の内部情報の分析を中心とするケースも少なくない。一方で，クロスボーダーM&Aでは，対象会社の内部分析だけでなく，その国の市場における消費者特性や業界構造といった外部分析についても同時に行うことが求められるため，限られた時間の中では，知見を持った外部アドバイザーを活用し，クイックに勘所を見極めていくことも有効であろう。

(2)　個別ケース：食品メーカー

　事例として，近年増加している海外市場への参入を例に，アジアの新興国における地場の食品メーカーをターゲットとしたケースについて取り上げたい。このケースでは，対象会社が有する製造および販売機能を活用して，将来的に自社の製品をその国の市場に流通させることを狙いとしているものとする。そのため，このケースにおいては，対象会社のスタンドアローンでの事業性やリスクだけでなく，将来的な自社製品の展開可能性がビジネスデューデリジェンスにおける主要なイシューであると考えられる。

　ここでは，特に自社製品の展開可能性に着目し，①ターゲット消費者とその

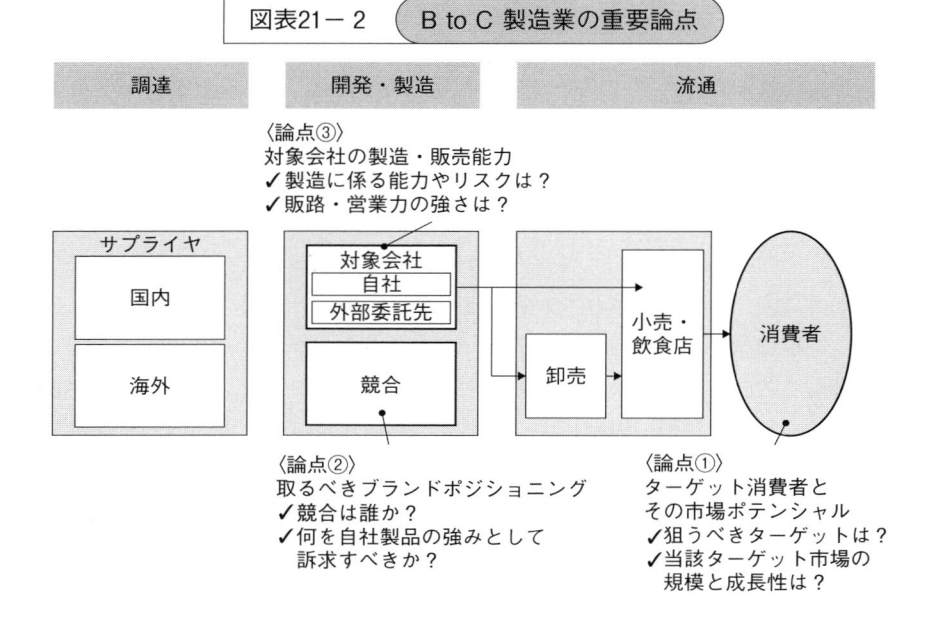

| 図表21－2 | B to C 製造業の重要論点 |

市場ポテンシャル，②取るべきブランドポジショニング，③対象会社の製造・販売能力を主要論点として解説していきたい。

【論点①】 ターゲット消費者と市場ポテシャル

　ターゲットを明らかにするうえでは，消費者のデモグラフィックデータ（年齢・性別・所得水準別人口など）や，日本とは異なる消費者の食文化・嗜好性の分析だけでなく，宗教，民族・部族，交通網の整備状況などを加味した経済圏の違いを理解することが求められる。特に新興国においては，地域による所得格差なども大きいため，これらを軸にセグメンテーションのうえ，どのセグメントの消費者をターゲットとするかを定義する。

　次に，定義したターゲット市場の規模と成長性を分析する。市場調査レポートなどでは，国全体の市場規模や成長性が説明されていることがあるが，事業計画を精緻化していく上では，できるだけターゲット市場に分解した単位で市場規模を導出することが望ましい。市場の成長性検証においては，人口や所得

向上，嗜好性の変化等に加えて，新興国では流通のモダントレード化（パパママストアなどの伝統的チャネルからスーパーやECなど近代チャネルへのシフト）や都市と山間部に通じる幹線道路などインフラ環境の整備等もドライバーになり得るため，これら視点での検証も有効である。

　ただし，現地情勢への深い洞察を行うには公開情報だけでは限界があるため，消費者アンケートや現地有識者へのインタビュー等を踏まえた検証を行うことが有効である。

【論点②】取るべきブランドポジショニング

　まずは競合を明らかにしたうえで，消費者の Key Buying Factors を評価軸としたときに各競合や対象会社がそれぞれどのようなポジションにいるかを明らかにする。そのうえで，自社製品の強みを踏まえ，競合ポジションにアドレスしてシェアを奪うのか，あるいは既存競合が満たせていない要素を取り込み，独自ポジションを築くべきかなどを考察する。

　競合のポジショニングを詳細に把握する上では，消費者アンケートが有効であることが多い。アンケートでは，想定される購買決定要素を並べ，どの要素を重視するかという点と競合や対象会社は各要素をどの程度充足しているかを確認することで，定量的に競合や対象会社のポジショニングを把握することが可能である。

　たとえば，既存の競争環境において，消費者の中には品質重視層と価格重視層がマス市場として存在する一方，高所得者層においては健康を重視する層も相応に存在していたとしよう。既存競合の評価も踏まえると，品質重視層からA社が圧倒的な支持を受け高い収益を誇っている一方，技術力や資本体力に劣る競合はこれに追随できずに価格重視層をターゲットとして各社で価格競争をしており収益的に厳しい状況，健康重視層は国内製品では満たされず，輸入品を好む傾向にある状況であったとする。このような場合には，国内競合が不在の健康重視層を狙ったポジション取りや，食品においては一般的にスイッチングコストが低いためにA社同等の品質を実現することでA社のシェアを奪うようなポジションの取り方も考えられる。

　また，ブランドマネジメントの観点からは，対象会社のポジションを把握の

上で，アップセル・クロスセルの余地だけでなく，自社と対象会社のブランド間でのカニバリゼーションがないか把握し，ある場合には，チャネルの棲み分けやブランドの統合・再編を検討していくことも重要である。

【論点③】対象会社の製造・販売能力

最後に，対象会社のバリューチェーン分析を通じた，製造・販売能力の検証について説明したい。

製造能力に関しては，量的側面としてのキャパシティや人員状況に加え，質的側面としては施設・設備状況や品質管理体制等が確認ポイントに挙げられる。ビジネスデューデリジェンスでは，対象会社から提供されたデータの分析の他，リスクの観点から過去の食品事故状況を確認する等の確認に加えて，生産や品質管理部門の担当を交えた製造現場視察等を通じた検証を行う。

次に，販売能力に関しては，販売チャネルの広さや営業力を確認する。前者については，将来自社商品を流通させる際のターゲット消費者が利用する購買チャネル（小売・外食，またはそこに納入しているディストリビューター）について，消費者アンケートなどを通じて把握したうえで，対象会社が当該チャネルを販路として押さえられているかということを確かめる。後者については，バイヤーへの新商品提案力や有利な棚割りになるような交渉力の有無が検証ポイントとなる。対象会社からのデータ開示に加え，対象会社がこれらをどのように行っているかについて仕組みや体制レベルで確認することに加えて，実際に小売などのバイヤーにインタビューを行い，対象会社に関するレピュテーションを確認することも有効な手である。

第*2*節　Ｂ to Ｃ サービス業

(1)　概　要

　本節ではＢ to Ｃ（個人向け）のサービス業におけるビジネスデューデリジェンスの論点を取り上げる。

　個人向けサービス業と言ってもその領域は，人材派遣，教育，介護，警護，インターネット，広告，旅行代理店，レジャーやホテル運営まで多岐にわたる。国内市場を語る際，国内の少子高齢化の影響により，消費的な視点からは市場減退等の否定的な見方がされることが多いが，一般的にサービス業界は国内経済の動向に応じて市場推移する傾向があり，「モノ」の消費から「サービス」の消費へと消費志向の変容を背景として，堅調な市場拡大が期待される領域と言える。

　Ｂ to Ｃ型サービス業においては，①顧客セグメンテーションの妥当性，②サービス品質と事業拡大の両立可能性，③顧客基盤の安定性，が特にデューデリジェンスで見るべきポイントである。

　1つ目の顧客セグメンテーションでは，対象会社の競争優位性の源泉となる顧客基盤を，分析軸として最適なセグメンテーションで捉えることである。個人向けサービスの事業は広範にわたるが，それぞれの事業領域における顧客たるサービス提供相手の属性は幅広い。対象会社の競争優位性が特定の顧客属性に依拠しているか，その顧客属性による需要創出に対する今後の見通し等，当該事業の利益源泉を最適なセグメンテーションで分析することで，戦略的な意味合いを抽出することが，Ｂ to Ｃ ビジネスにおけるビジネスデューデリジェンスの第一歩と言える。

　2つ目の論点は，Ｂ to Ｃ サービス業ならではの不安定な顧客基盤である。顧客のニーズは，顧客自身のライフサイクルステージやライフイベント，それらを取り巻く社会的な志向や流行などによって大きく異なる。これら顧客自身の環境変化に起因したサービスニーズの移り変わりが，対象会社にとっての顧客基盤の変容につながる。不安定な顧客基盤に対して，継続的に顧客を取り込む

仕組みを有しているかが2つ目の主要論点と言える。

　3つ目のサービス品質と事業拡大の両立可能性では，B to C サービス業における主要な顧客 KBF（Key Buying Factor）の1つと言えるサービス水準を，事業拡大期にも両立しうるかの検証である。個人向けサービス業の多くは，サービス提供者が特定サービスの専門的なノウハウや技術・スキルを有し，その水準を高位に保つことが顧客満足度を高めることが，継続的な顧客ニーズの獲得に繋がる。一方で，事業拡大期にあるサービス提供者は，高水準なサービス品質の源泉となる人的・物的資本を希薄化するリスクを常に抱える。たとえば，積極的にサービス拠点数が拡大すればするほど，適切なリソースの確保が益々困難になるイメージだ。これら相反する事象を将来にわたって両立させうるかが，論点の3つ目である。

(2)　個別ケース：学習塾

　個人向けサービス業の事例として，教育サービスをとりあげる。市場の寡占

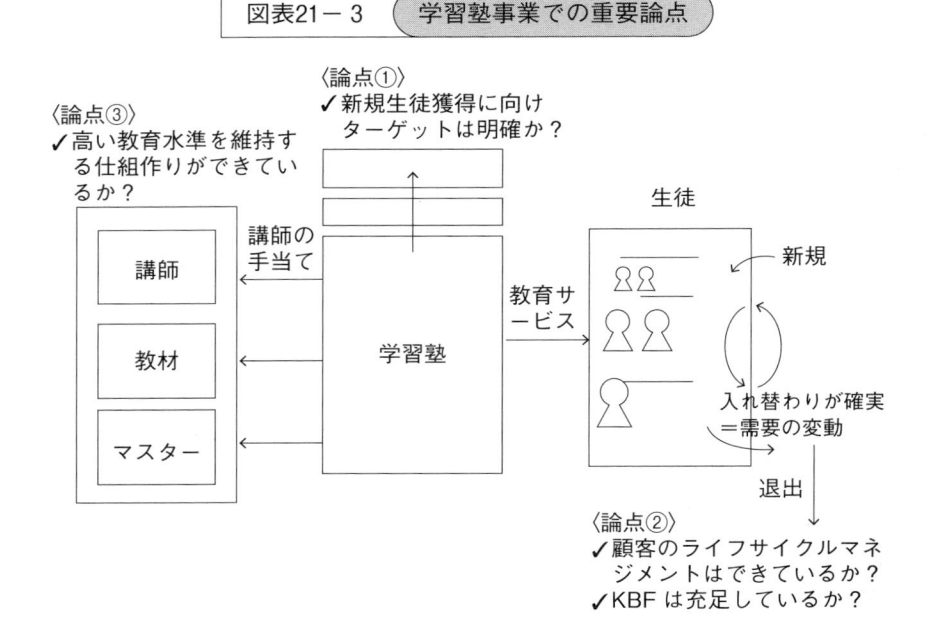

図表21-3　学習塾事業での重要論点

〈論点③〉
✓高い教育水準を維持する仕組作りができているか？

〈論点①〉
✓新規生徒獲得に向けターゲットは明確か？

講師の手当て

講師

教材

マスター

学習塾

教育サービス

生徒

新規

入れ替わりが確実＝需要の変動

退出

〈論点②〉
✓顧客のライフサイクルマネジメントはできているか？
✓KBF は充足しているか？

化に伴って競争環境が激しくなる中，教育の多様化や技術革新により競争の次元にも変容が及びつつある業界である。その中でも，不確実性の高い需要特性と，事業拡大と品質維持の両立が鍵となる学習塾事業を念頭に置いて，教育サービスにおけるビジネスデューデリジェンスを垣間見てみよう。

【論点①】ユーザー（生徒）のセグメンテーション（レベル・領域・年齢）

　学習塾におけるビジネスデューデリジェンスを進めるにあたり，第一に対象会社がサービス対象とするセグメンテーションの把握が肝となる。教育サービスと言っても，そのセグメントの考え方は多岐にわたる。中高大学受験の学習塾では，生徒の年齢のみならず，受験校の水準や学部（文系，理系，医学系等）などの区分がありえる。対象会社の提供するサービスの地域カバレージという考え方や，サービス提供手法（個別・集団・ウェブ等）という違いもあろう。

　学習塾におけるビジネスデューデリジェンスにおいて，対象会社の競争優位性を評価するためには，戦略上意味のある顧客セグメントの把握が重要となる。これにより，対象会社が誰にどういったサービスを提供し，そのセグメントにおける競争優位性の有無についての評価が可能となろう。

【論点②】定期的な入れ替わりが確実な顧客の継続的な獲得

　学習塾業界における顧客たる生徒の継続的な獲得は，事業における収益基盤という観点から大きな課題と言える。学習塾における特徴的な点は，顧客のライフサイクルに応じて定期的な入れ替わりが確実に発生することであると言える。つまり顧客たる生徒は，学校の卒業と期を一にして学習塾からも退塾し，新たに入学と同時に，新規顧客が入塾する。需要の移り変わりが確実に訪れる中，新規顧客を安定・継続的に惹きつけるための業界・地域におけるポジショニングや，ブランディング・評判など顧客 KBF を充足する仕組みの構築が，学習塾事業における KSF の１つとも言えよう。新規顧客を継続的に惹きつけるためには，たとえば，ドミナント戦略により地域密着型の事業を展開することが考えられる。次論点でも述べるが，高い教育水準の維持と事業拡大の両立は高いハードルを伴うことから，新規顧客を安定・継続的に獲得し続けるため

の1つの方策として，地域特化することが挙げられる。これにより，自社リソースを特定地域に集中させて効率的な事業運営が可能となるばかりでなく，より地元の顧客へのサービス価値訴求を可能とさせる。また，顧客のライフサイクルマネジメントという観点から顧客を継続維持する仕組みも考えられる。教育サービス対象先を広い世代向けにつなげていくことにより，継続して自社向けサービスを活用してもらえるような仕組みを構築することで，移り変わりの激しい顧客基盤に対応するものである。

　顧客の需要特性は業界により異なることから，ビジネスデューデリジェンスではまず，その顧客特性を早期の段階で把握し，当該特性に対して対象会社が戦略的打ち手を有するかが，重要なポイントの1つとなる。

【論点③】 教育水準の維持・向上と事業拡大を両立させる仕組み

　顧客が学習塾を選定する際の評価要因（KBF）を考えた時，教育水準の高低は間違いなく，重要な要素の1つとなってこよう。学習塾の教育水準を高める要素は，高い水準の講師陣を取り揃えることや，顧客満足度の高い教材の作成，IT技術を駆使した教育システムの開発等が想定される。

　一方で，事業拡大には，これら教育システムを成立させうるリソースの分散化が懸念される。学習塾が広く地域展開や拠点増設を狙う場合，教育水準を低下させることなく，事業拡大を両立できる仕組みが必要となる。たとえば，経験豊かな講師陣を取り揃えるとともに講師に対する教育や，教育手法の形式知化・標準化により，再現性が高い内部の仕組みを構築することも重要な鍵となる。さらに，講師のみならず教材を工夫することにより，顧客の高い満足度が得られよう。このようにビジネスデューデリジェンスでは，KBFの充足要件およびその可能性を明らかにしつつ，対象企業が持つ戦略との整合性にも目を向ける必要がある。

第*3*節　BtoB製造業

⑴　概　要

　本節では，BtoBの製造業におけるビジネスデューデリジェンスを取り上げる。BtoB製造業では，大きく3つの論点をとりあげたい。

　1つ目に，用途先市場の需要動向である。対象会社が製造している部品が使用されている製品が今後拡大もしくは縮小するのか，その市場性を評価する必要がある。既存の市場だけではなく，新たに用途先市場として立ち上がりそうな分野はないのか，ということもあわせて検証していく必要がある。たとえば，昨今話題となっているIoTやAI，スマート関連などマクロトレンドによる影響についても明らかにする。

　2つ目に，対象会社が扱っている製品の競争優位性の検証である。仮に高い技術が求められ，高性能・高品質が重要であるならば，それを裏付ける対象会社の競争力の源泉を検証していく必要がある。逆に，技術的な困難性が低く差別化を図るのが難しい製品の場合にはコスト競争力が重要となってくるため，対象会社が高いコスト競争力を実現する源泉とその維持可能性がどの程度かを検証する必要がある。他には，技術革新やマクロトレンドの影響により代替されてしまう可能性がないかを明らかにする必要がある。たとえば，代替素材が開発されることが見込まれている製品であれば，その影響を丁寧に評価する必要がある。

　3つ目に，必要量の確保および価格の両面での調達の安定性である。いずれも需要と供給のバランスが主な論点となるが，急激な変動が発生するリスクはどの程度あるのか，対象会社は独自の仕入れ先を確保するなど対策が講じられているか，といったことを検証する必要がある。特に，金属や鉱物など素材の場合には市場価格の影響が強いため，市場の予測をすることはできないものの，どのような見通しなのかを評価する。

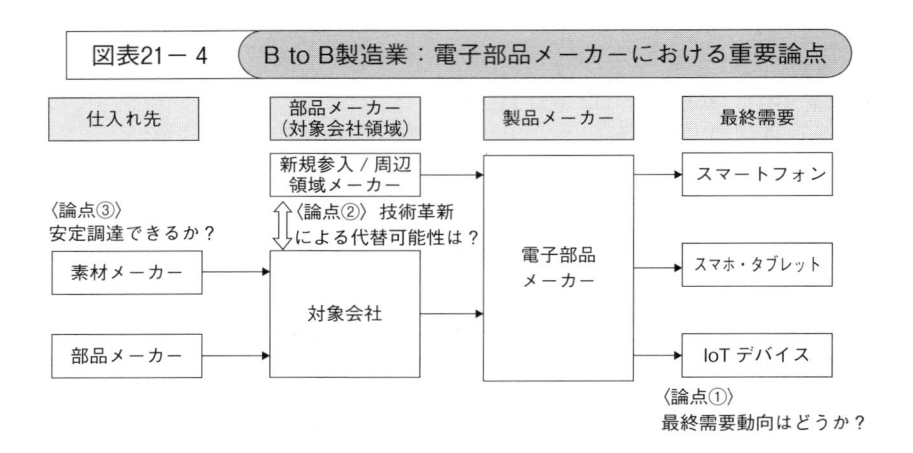

図表21-4 B to B製造業：電子部品メーカーにおける重要論点

(2) 個別ケース：電子部品メーカー

電子部品メーカーが対象会社となることを想定したケースを通して，具体的に解説したい。対象会社は，スマートフォンやタブレット端末などといった電子機器に使用される部品を製造している。その部品は，電子部品のなかでもコモディティー品ではなく，ある程度の技術水準の高さが求められる特徴があり，製造できるプレーヤーは限られている。そのため，コスト競争力は当然ながら重要な要素の１つであるが，高性能・高品質の製品を安定的に供給することが最も重要な要素になってくる。このケースでは，対象会社の競争力に最も影響を与えそうな要素と想定されているのが，代替品の開発である。当然ながら，代替品による浸食が発生した場合には競争環境が大きく変化してしまう可能性もある。トップシェアを誇り安定的に業績は推移していくと思われるものの，市場や競合の動向など外部環境の変動を捉えたうえで，対象会社の事業の見通しを立てる必要がある。

【論点①】 最終使用製品の需要動向

まず，最終的に使用される製品の需要動向が主要な論点の１つとなる。当然ながら，用途となっている製品の市場が縮小すれば，その部品の使用量も減少し対象会社の売上にネガティブなインパクトを与える。対象会社が製造している部品が，どの製品に使用されているのかをデスクトップリサーチや提供資料，

場合によっては専門家へのインタビューも活用しながら明らかにし，その市場性を評価していく。

　電子部品であるため，スマートフォンのような電子機器に搭載されていると想定されるが，搭載されている電子機器の需要をセグメントごとに分解し，セグメントごとの動向の見立てを立てることが重要となる。たとえば，スマートフォンの場合には1台あたり10万円程度の売価が設定されているものから数万円の安価なものまで存在する。当然いずれも同じような動向となっているわけではなく，異なる市場である。

　具体的には，スマートフォンはハイエンド・ミドルエンド・ローエンドと3つに分類される。先進国ではある程度普及しているため新興国での普及により市場は拡大，つまりローエンド市場が今後の成長の中心であると仮説を構築したとしても，実際には新興国などにおける所得増加による影響は，ローエンドへの新規流入とローエンドからミドルエンド・ハイエンドへの移行によって，3つのセグメントそれぞれが成長していくと思料される。このように，セグメントごとに分けて検証することによって市場の動向を正しく捉えることが重要となる。

　また，対象会社が製造している製品の用途が現状以外にも存在しないかという論点も検証する必要がある。今後，IoT に代表されるように世の中に存在する電子機器の数は膨大なものになる。仮にその機器一つひとつに必要なものであるならば，その影響を無視することはできない。対象会社が製造している部品が今後どの製品で使用される可能性があるのか，製品ごとに明らかにしていく。

【論点②】技術革新による代替可能性

　次に，技術革新による代替可能性が主要な論点の1つであり，その脅威について検証する必要がある。たとえば，製品の特性によって棲み分けているような場合には，技術革新によりその棲み分けが崩壊するケースもありうる。対象会社が製造している製品と，代替可能性がある製品，それぞれの特性を十分に理解したうえで，技術革新によって影響を受ける範囲を明確に定義する必要がある。場合によっては，対象会社の製品が使用されているほぼ全ての範囲を代

替してしまうかもしれないし，もしくは極めて限定的なこともある。

　代替品によって影響を受ける可能性がある範囲が特定されたら，その影響度合いについて見立てをする必要がある。対象会社が取り扱っている製品の研究開発動向，代替する可能性のある製品の研究開発動向，両面から検証をしていく。具体的には，エキスパートへのインタビューを通じて研究開発の動向を明らかにしていく。この時に注意する必要があるのが，複数のエキスパートにインタビューを行い，どのように解釈をすべきなのか総合的に判断することである。ビジネスデューデリジェンス全体を通じて同様のことがいえるが，このような専門性が極めて高く，日進月歩で変わりゆく技術の動向については特に重要となる。

【論点③】 調達リスク

　最後に，調達リスクの検証が主要な論点の1つとなる。対象会社は，部品の製造にあたり鉱物を仕入れている。市場価格は常に変動しているため，価格が高騰してしまうリスクがあると想定され，そのリスクを需要と供給の両面から検証していく必要がある。

　需要面では，調達している鉱物の具体的な用途をまず整理していく必要がある。主要な用途となっている市場が，今後急激に拡大していく見通しがある場合には，需給バランスがタイトになる可能性が高く，エキスパートインタビューや定量的な分析を通じて評価する必要がでてくる。また，場合によっては対象となっている鉱物の代替品による置き換えが進んでいるケースもあり，こういったことがないかを検証していく。

　供給面では，産出国のカントリーリスク，埋蔵量，仕入先といった3つの観点から検証していく。産出国において紛争が発生している，クーデターなどといった政変が発生している，といった場合には採掘が行えず供給量が減少してしまう可能性がある。埋蔵量では，短期間においてひっ迫するレベルではないのか，埋蔵量が何年分あると調査されているのかを検証しておく。仕入先の観点では，特定のサプライヤに依存する構造となっていないかなどが確認ポイントとなる。

　また，蛇足ではあるが，鉱物の場合は紛争鉱物の使用リスクも検証しておく

となおよい。紛争地域で産出され，購入することにより間接的に武装勢力へ資金援助してしまう紛争鉱物の使用は各国の法令により禁じられていることが多く，対策がなされているかについて対象会社へ確認するとよい。

第*4*節　B to B サービス業

(1)　概　要

　本節では，B to B サービス業におけるビジネスデューデリジェンスについて解説したい。B to C と異なり不特定多数に対してサービス提供を行うというより，ある程度継続的な関係のなかでのサービス提供が多いため，既存顧客基盤がどれほど盤石であるのかを検証する必要がある。また，顧客基盤の積み上げによって売上が拡大していく特性があるため，今後も継続的に新規の顧客を獲得できそうかどうか，これら2点を検証することが肝要である。

　1つ目の論点である既存顧客基盤の盤石性だが，まずはスイッチングコストがどの程度なのかを検証する必要がある。サービスの品質が重要なのかどうか，ある程度の規模でもってサービスを提供できるのかどうかなど，スイッチングコストを定義する要素までブレークダウンする。たとえば，サービスを提供している内容が企業にとってミッションクリティカルな場合や，顧客に対してカスタマイズ性が高く模倣が困難な場合にはスイッチングコストが高くなりやすい。そのうえで，スイッチングコストが高い場合，対象会社が顧客の要望を十分に満たすことができているか，ということを検証していく必要がある。スイッチングコストが低い場合には，対象会社の顧客基盤の盤石性は高くなりにくいため，対象会社における売上のうちどの程度が継続によるものなのかといったことを検証し，その背景を明らかにする。

　2つ目の論点である新規顧客獲得の蓋然性については，まずは今後伸びていくであろう市場のセグメントを見極めることが肝要となる。これまでの市場の成長を支えてきたセグメントと，これからの成長の中心となるセグメントは当然ながら同一とは限らないため，今後の成長を支えるセグメントを明らかにする必要がある。そのうえで，そのセグメントにおける KBF を検証し，対象会社がどの程度充足できそうか評価する。

(2)　個別ケース：BPO サービス事業者

　B to B サービス業のなかでも，ケースとして経理系の BPO サービス事業者を想定したビジネスデューデリジェンスの肝を具体的にお伝えしたい。顧客から数年単位での契約によって業務を代理で遂行する特性があることから，スイッチングコストがどの程度高いのか，そのなかで対象会社の顧客基盤は盤石なのか，といった論点がまさに重要になってくる。同時に，対象会社が今後も継続的に成長していくかどうか，ということを検証するうえで新規顧客獲得の蓋然性もあわせて検証する必要がある。対象会社は，業界ではトップ企業であり，競合と比べると規模感も大きい。実績も豊富であり，顧客基盤は強固そうである。これらを丁寧に分解して検証していくことで，対象会社の今後の事業性を評価してみたい。

【論点①】　既存顧客の盤石性

　まず，既存顧客の盤石性を検証したい。盤石性を評価するにあたり，スイッチングコストの高さを検証する必要がある。たとえば，顧客から業務をアウトソースするため専門性の高さがどの程度求められるのか，ミスのない業務遂行

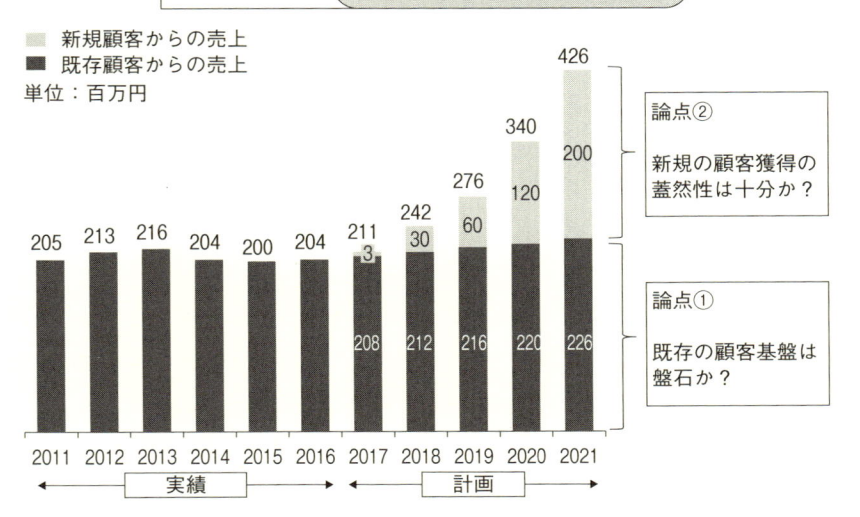

図表21－5　対象会社の事業計画（売上）

がどの程度必要なのかなどといったことに分解していき，対象会社が取り扱っているサービスにおけるスイッチングコストを定義する要素を明らかにする必要がある。

　対象会社は，経理系の BPO サービス事業者であり，小口精算業務，売掛買掛金管理業務などいわゆる経理業務のアウトソースを請け負っている。当然ながら，業務にミスが発生してしまうと，顧客の財務情報にネガティブな影響を与えてしまう。月次決算にも影響を与えるため，ミスのないことの重要性は非常に高いと思料される。そのため，顧客にとって業務をアウトソースしているBPO サービス事業者がミスのない業務の代理遂行を行っており，その品質に満足しているのであれば，よっぽどコストが群を抜いて低いといったことがない限り他の事業者を使用することはリスクとなってしまう。さらに，税務関連の業務については，より高い専門性が求められるために安定的な品質で BPOサービスを受けている状態から他の事業者を使用することのハードルはより高くなってしまう。

　また，他には，顧客が大規模である場合には，その規模においても安定的な品質でサービス提供できることの希少性がより高くなり，スイッチングコストはさらに高くなる。業界についての深い知見を持ち合わせているエキスパートへのインタビューの結果も併せながらスイッチングコストの高さとその要因を明らかにする。

　スイッチングコストが非常に高いことと，その背景が検証されたら，次は対象会社がどの程度充足できているかを明らかにする必要がある。このケースでは，ミスのない業務遂行を安定的に行うことが重要であった。このために，対象会社が行っていることを，可能な限りオペレーションレベルまで深掘りをしていくことで検証する必要がある。

　具体的には，安定した品質のために仕組みとして組み込まれているものがあるかどうかである。オペレーションの水準を評価するのは抽象度が高いため曖昧な議論となってしまいがちだが，仕組みの面から検証することで，客観性をある程度保つことができる。たとえば，チームで業務を遂行しダブルチェックが必ずされるようにしている，業務への習熟度を高めるために教育への投資を行っている，といったことが考えられる。また，従業員の満足度が高いため勤

続年数が競合よりも長い，といったことも品質向上に資する要素の1つとして対象会社の顧客基盤の盤石性を評価するうえで見ていくこともありえる。これらを対象会社へのマネジメントインタビューやQA，対象会社のBPOセンターへのサイトビジット，必要に応じてエキスパートインタビューを行うことで明らかにしていく。

可能であれば，対象会社へ過去のミス発生率のデータの提供を行い定量的に検証していく。競合との比較については業界知見者のインタビュー等を通して正確なデータを取ることはできないものの，「業界共通の認識」といった水準感であれば明らかにできる。

また，上記データのほかには，対象会社の売上のうち継続契約の顧客の割合と，それが競合と比した場合に高いのか低いのか，という観点も，顧客基盤の盤石性に対して評価を行うための材料の1つになりうる。

【論点②】 新規顧客獲得の蓋然性

2つ目の論点として，新規顧客獲得の蓋然性が挙げられる。このケースでは，対象会社が請け負っている分野はスイッチングコストが高いと想定されている。そのため，対象会社が今後売上を伸ばしていこうとするのは，既存の市場のなかでの顧客の奪い合いではなく，新たにBPOサービスを利用し始めるセグメントが対象となるであろうと想定される。

当然ながら，これまでのBPOサービス市場の成長を牽引してきたセグメントが，今後も成長を続けていくセグメントとは限らないため，どのセグメントが今後の成長の中心を担うのか明らかにする必要がある。たとえば，BPOサービスの発注を行う場合には，既存のシステムや人員が不要となるケースが多いため，システム更改のタイミングや大量の退職が想定される。また，マイナンバー等といった社会保険に関わる制度変更による影響といったことも，BPOサービスへと切り替えるタイミングになりうる。それらの社会的な要因を踏まえつつ，セグメントごとのBPOサービスへのニーズやハードルを丁寧に紐解いていく。

市場をセグメントしていくうえで，企業規模は1つの切り口となりうる。セグメントごとにBPOサービスへ切り替えるハードルやニーズを見ていく。上

記で触れたように BPO サービスへ切り替えるということは，それまで社内で使用されていたシステムを変更するということが前提となる。たとえば，中小企業では使用しているシステムはそこまで固有の作りこみをしていないため BPO サービスへの切り替えのハードルが低く，これまでの市場成長を支えていた。一方で，大企業では固有の作りこみを行っているためスクラッチで構築されたシステムを使用しており，BPO サービスへの切り替えのハードルが高かった。しかしながら，ニーズの観点から検証をしていくと，大企業においても人材不足が顕著になってきており，BPO サービスへ切り替えざるをえない状況にあるといったことが考えられる。この場合には，今後の市場成長の中心となるのは大企業セグメントあるという見立てとなる。

　今後成長が見込まれるセグメントが大企業であるのならば，大企業セグメントにおける KBF を明らかにし，対象会社が充足できるのかどうかを検証する必要がある。大企業セグメントでは，BPO サービス事業者へ移行する業務量がどうしでも膨大となってしまう。ミスのない一定の品質が担保されているかどうか，同程度もしくはそれ以上の規模での実績が豊富かどうか，といったことが KBF となりうる。この場合において，対象会社がどの程度実績を保有しているのか，資料開示請求を行い明らかにする必要がある。

　また，実際に受注をすることができたとしてもオペレーション上の問題があれば事業性に影響を与えてしまう。たとえば，今後拡大していくにあたり人的リソースを十分に確保することができるか，といったことを検証していく必要がある。OCR や AI 等の技術要因はあるものの，まだまだ十分な人手が確保できなければオペレーションを継続することはできない。対象会社が BPO センターを保有しているエリアにおける採用競争の状況や，対象会社の給与水準が周辺の求人と比べて低い水準ではないことを明らかにしておく。今後，特に国内市場は全国的に人材不足がさらに加速していくことが想定されるなか，十分に蓋然性を評価しておくべき論点となる。

第*5*節　BtoBとBtoCの両面を持つ業種

(1)　概　要

　本節では，B to C，B to B の両方の要素を持つ事業におけるビジネスデューデリジェンスとして，不動産業を取り上げる。不動産企業は一般的に，開発，販売，仲介，賃貸，管理など複数の事業領域で企業活動を行っているケースが多い。不動産企業に対するデューデリジェンスの論点の中で，B to C，B to B の両方の要素を持つことでのデューデリジェンスの留意点なども考えてみたい。

　また，異なるケースとして，コングロマリット企業に対するデューデリジェンスに関して考えてみたい。コングロマリットに類似する多角点な経営形態を持つ代表企業としては，商社や地方の中核企業などが考えられる。HD 化している企業なども多くはコングロマリット経営を行っている。また，コングロマリットとまではいかないが，1つの企業が複数の事業を行っているというケースは近年では珍しいことではない。そのような場合におけるデューデリジェンスの留意点について考えてみたい。

(2)　個別ケース：不動産業

【論点①】仕入れ状況の妥当性

　開発や販売を行っている不動産企業に関しては，事業の出発点となる土地や物件の仕入れ状況を見るべきであろう。一般的に不動産の開発や販売には数カ月から数年といった時間がかかる。その間は借り入れなどによりキャッシュフローの安定性を確保することとなるが，仕入れている土地や物件と事業計画との整合性については確認が必要である。特に，近隣事例などと比較して過大な将来キャッシュフローを見込んでいないかの検証は十分に行う必要がある。販売に関しては，見込まれる販売時期についても注意が必要である。販売期間が長引いた場合，販売に関する費用（宣伝費や人件費など）や借入金利は大きく増加してしまう。過去実績で売れ残りなどによる販売期間の延長が多く発生し

ている場合には，コスト面の妥当性についても検証が必要となる。

　このポイントについては，B to B と B to C の両面の視点での検証が求められる。開発では企業としての信頼性や情報入手ネットワークの強さといった B to B 事業としての視点が重要になるのに対し，販売や仲介などはマーケティングや宣伝力といった B to C 事業としての視点が重要になる。仕入れ状況の妥当性を検証するに際し，その両面での視点が重要となる。

【論点②】フロー事業とストック事業の整合性

　開発や販売といったフロー事業と仲介，賃貸，管理といったストック事業の両方を行っている不動産企業の場合，ストック事業の見通しがどのような前提に立っているかについては，特に注意して検証を行う必要がある。自社のフロー事業に基づくストック事業（自社開発物件の賃貸収入や管理収入など）に関しては，論理的にその整合性を検証できることが多いが，自社のフロー事業に基づかないストック事業の見通しについては，過去実績や市場環境を基に，その妥当性を検証することが必要である。また，その際，B to C 事業に関しては，景気動向などマクロ経済の影響を考慮することも重要である。不動産の場合，個人のマインドが市場の動向を左右することも多い（消費税による駆け込み需要やオリンピックなどのイベントによる影響など）。今後見込まれる個人のマインドを刺激するイベントと類似のイベントによる市場動向を分析し，その予測を事業計画の検証に適用することが必要である。

(3)　個別ケース：コングロマリット

【論点①】個別事業の競争優位性と事業ごとの相関

　多角的な企業の場合，それぞれの事業ごとに競争優位性が異なることが多い。特に M&A に際して，事業の選択と集中などを検討している場合には，個別事業の競争優位性を見極めることが必要となる。その際には，最初にその事業単体での競争優位性を見極める。その上で，その事業が他事業とどう連携しているかを明確にし，その事業の経営の中での位置づけを理解していく。ここで重要なのは単独事業としては，必ずしも競争優位性があるわけではないが，他事業への貢献が大きな事業について，その影響度を見極めることである。事業

計画を検証する際には，ある事業の売上が下がる場合には，他事業の利益にどの程度の影響を及ぼすかの検討も必要となる。

【論点②】経営ガバナンスの有効性

　コングロマリットのような経営を行っている企業の場合，それぞれに事業や企業に対するガバナンスがどのように定義され，機能しているかの確認が極めて重要である。特に，グループ企業数や事業数が多い企業の場合，それぞれのグループ企業や事業の位置づけによってガバナンスの考え方が異なることが多い。デューデリジェンスでは自社のガバナンスポリシーとの相違点を明確にし，そのギャップが許容できる範囲なのか，許容できないのであればどのような整備が必要なのかを分析・理解することが求められる。これは PMI での最重要事項でもあり，デューデリジェンスの段階できちんと把握することが望ましい。

巻末付録

■付録 1 ：主要用語の定義

以下は，各章で使用されている主要用語の定義である。

第 4 章
調査範囲の定義：

　調査範囲の定義とは，ビジネス DD の目的にもとづいて，アプローチ方法，評価対象，実施期間，成果物等を定義することである。

マイルストーン：

　マイルストーンとは，キックオフミーティングや中間報告，事業の方向性の決定など，いつの時点でどのステップやタスクを実施・終了しているかを表す道標のことである。

仮説構築：

　仮説構築とは，ビジネス DD の実施に先立って，論点に対する仮の結論または仮の解決策を設定することである。

第 5 章
マクロ環境分析：

　マクロ環境分析とは，対象会社に新たなビジネスチャンスを創出させるまたは脅威を与える，外部環境要因の分析のことである。例えば，人口統計や消費者のライフスタイルの変化等の分析が挙げられる。間接的な影響のことも多いが，経済環境の大局をみるのには，重要な分析である。

市場動向分析：

　市場動向分析とは，対象会社の事業が属する市場の現状や過去トレンドを踏まえて将来の市場の推移を見通す分析のことである。市場成長のパラメータ（要因）の特定や当パラメータの将来の変化の可能性等の分析が挙げられ

る。

競争環境分析：

　競争環境分析とは，対象会社の競合を特定し，対象会社と競合の事業内容などの特徴の違いを把握する分析のことである。シェア推移，製品材料のサプライヤーからの購入価格等の分析を実施する。

ビジネスプロセス分析：

　ビジネスプロセス分析とは，製品およびサービスが開発されてから市場に出るまでの一連のビジネスの流れ（バリューチェーン）の中で，それぞれが担っている機能の抽出や競争優位となる機能の特定を行う分析のことである。たとえば，製造業であれば，調達，製造，物流，販売，アフターフォローなど，製造に関連する一連の機能を抽出し，競合他社と比較して何が優れているのかなどについて分析する。

ビジネスインフラ分析：

　ビジネスインフラ分析とは，ビジネスプロセスの各プロセスの業務の遂行を下支えする全社的な機能について分析することである。たとえば，人材配置や労務管理，情報システムの連携等の分析の実施である。

第6章

時系列分析：

　時系列分析とは，対象会社の業績の時系列的な変化を追い，変局点を見極めることによって現状把握や将来予測を行うことである。担当者へのインタビューにより定性的要因も踏まえたうえで，売上高推移の変動要因の分析などを実施する。

競合ベンチマーク分析：

　競合ベンチマーク分析とは，対象会社と類似のビジネスを行っている競合他社と財務指標を比較する分析のことである。たとえば，企業の総合力を示

す指標として用いられる ROIC や，収益性を示す営業利益率，効率性を示す投下資本回転率などの指標を用いて比較分析を実施する。

第7章

モデリング：

モデリングとは，売上高や主要コストなどを見積もる際に必要となる算定ロジックを組むことである。買い手が一から事業計画を策定する際にはモデリングは必須の作業である。売上高であれば，「市場規模×市場シェア」という対象会社のロジックをさらに深掘し，市場規模を変動させる指標（B to C であれば消費者人口の増減など）を変動させることにより売上高全体が変動するようなロジックのことである。

第8章

売上シナジー：

売上シナジーとは，買い手と対象会社が両社の取り扱っている製品をお互いの顧客に販売するクロスセルなどを実施することにより，売上成長を見込むものである。顧客ニーズや市場動向，競争環境の影響を受けるため，コストシナジーを比較すると実現可能性は低い。

コストシナジー：

コストシナジーとは，買い手と対象会社が両社の重複する業務を効率化することにより，コスト削減を見込むものである。買い手と対象会社といった自らの努力によってコントロールできる施策が多く，実現可能性の高いものが多い。

ディスシナジー：

ディスシナジーとは，M&A 取引によりもたらされる追加投資や顧客の流出など，企業価値を毀損させるシナジーのことである。

Quick Hits：

　　Quick Hits とは，事業上のインパクトが大きく，かつ，短期的にも実現可能性が高いシナジーのことである。

第9章

経営ガバナンス：

　　「経営ガバナンス」とは，企業の事業成長を維持・加速させるための，子会社に対する経営関与・管理のことである。コーポレート・ガバナンス（企業統治）が，企業の不祥事を防ぎ，企業が社会的責任を適切に果たすための監視といった法務・制度面にフォーカスしているのに対し，経営ガバナンスは経営への関与と管理を通じて子会社に「規律と動機づけ」を行い，グループ会社間によるシナジーマネジメントや既存事業の成長維持・加速を実現させる点で異なる。

経営ガバナンスのフレームワーク：

　　子会社に規律と動機づけを与えるためのフレームワーク。具体的には，3つの外部要因（「親会社・子会社の経営ケイパビリティ」，「M&A 戦略」，「文化・制度・価値観」）に基づいて，経営ガバナンスを規定する3つの要素（「ガバナンス体制」，「目標設定・モニタリング」，「評価・リテンションプラン」）を設計する考え方である。

第10章

アクションプラン：

　　アクションプランとは，M&A 取引後に対象会社が実施していくタスクの実施計画のことである。アクションプランは5W1Hが明確であり，かつ，タスク間のつながりが明確であるものが望ましい。M&A 取引後の社内混乱の抑制や，シナジー効果の実現に向けて特にクロージング直後の100日間に

何をすべきかを明確にするといった点で重視されるものである。

第19章

セカンドデューデリジェンス：

　株式売買契約（Definitive agreement）締結後，ポスト M&A が始まる day 1 の前に実施する DD であり，ポスト M&A の準備期間の作業と位置づけられる。具体的には，買い手が DD の期間に抽出・定量化したシナジー効果について，子会社となる対象会社の経営陣や従業員とその実現可能性を精査し，必要に応じて，Day 1 後に目標とする事業計画の内容をチューニングする。

■付録2：ビジネス DD の報告書イメージ

　以下に掲載したビジネス DD の報告書イメージは，PwC アドバイザリー合同会社が過去に実施したビジネス DD のプロジェクト最終報告書から，典型的な「目次構成例」および重要な図表イメージを含む「アウトプット・イメージ（抜粋）」を抽出したものである（ただし，個別案件内容の推定に結びつく情報は伏せている）。

　なお，通例として，報告書の体系は，買い手においての利用目的の多様性に配慮し，以下のような構成をとる場合が多い。

1） 調査範囲およびアプローチや，重要発見事項等にフォーカスした
　　「エグゼクティブサマリー編」
2） 調査の全容を構造的かつ網羅的に記述した
　　「本編」
3） 本編等に記述された事象に係る詳細データや背景事実等をまとめた
　　「添付資料編」

図表1　報告書イメージの参照関係

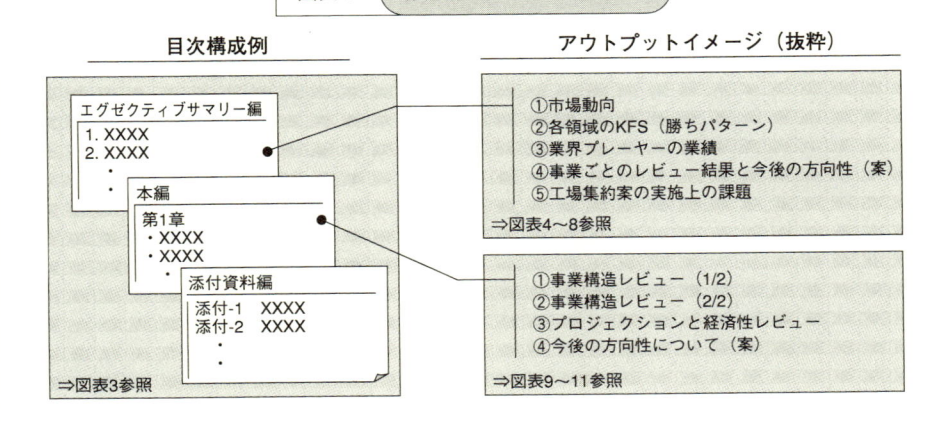

図表2　目次構成例

エグゼクティブサマリー編
目次構成例

目次

エグゼクティブサマリー編

1. プロジェクトの背景と作業内容
2. プロジェクトスケジュール
3. Z社の事業構造と本件業務の範囲
4. 作業の体系
5. レビュー結果の概要
　5-1. 業界の構造
① 5-2. 市場動向
② 5-3. 各領域のKFS（勝ちパターン）
　5-4. 業界プレーヤーの動向
③ 5-5. 業界プレーヤーの業績
　5-6. Z社の各事業の位置付け
　5-7. Z社の業績予測
④ 5-8. 事業ごとのレビュー結果と今後の方向性（案）
⑤ 5-9. 工場集約案の実施上の課題
　5-10. Z社の撤退による産業インパクト（試算）
6. 全体総括

アウトプットイメージ
掲載項目

目次

本編

第1章 事業構造レビュー　　①, ②
　1-1. A-1事業
　1-2. A-2事業
　1-3. A-3事業
　1-4. 工場レビュー結果

第2章 プロジェクションと経済性レビュー　③
　2-1. 修正事業計画の概要とその前提
　2-2. ROAによる経済性判断

第3章 事業継続のためのオプション案検討
　3-1. 概要
　3-2. 工場集約案
　3-3. 国内工場撤収（旧設備を移管）
　3-4. 国内工場撤収（中国に設備新設）
　3-5. 上海進出案
　3-6. 大連進出案

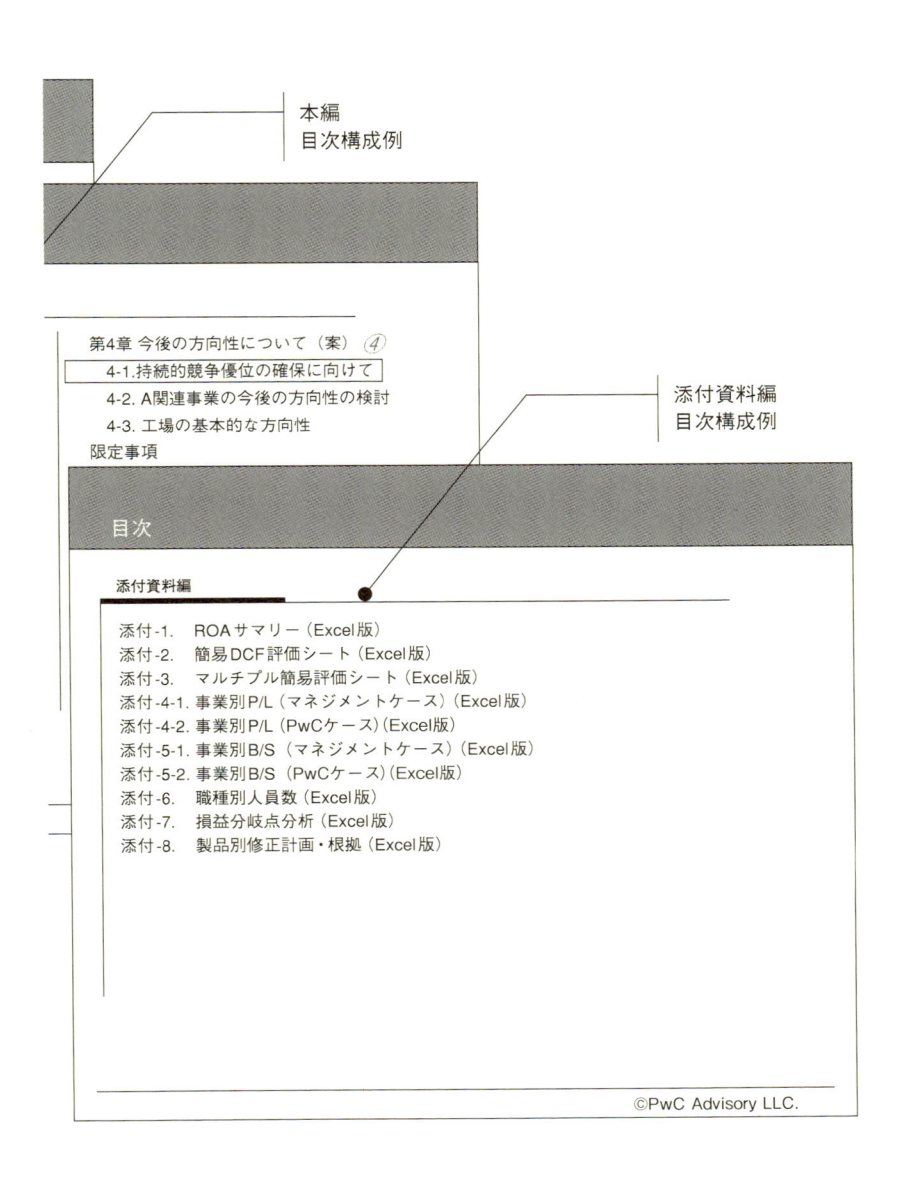

本編
目次構成例

第4章 今後の方向性について（案）④
4-1.持続的競争優位の確保に向けて
4-2. A関連事業の今後の方向性の検討
4-3. 工場の基本的な方向性
限定事項

目次

添付資料編
目次構成例

添付資料編

添付-1.　ROAサマリー（Excel版）
添付-2.　簡易DCF評価シート（Excel版）
添付-3.　マルチプル簡易評価シート（Excel版）
添付-4-1. 事業別P/L（マネジメントケース）（Excel版）
添付-4-2. 事業別P/L（PwCケース）（Excel版）
添付-5-1. 事業別B/S（マネジメントケース）（Excel版）
添付-5-2. 事業別B/S（PwCケース）（Excel版）
添付-6.　職種別人員数（Excel版）
添付-7.　損益分岐点分析（Excel版）
添付-8.　製品別修正計画・根拠（Excel版）

| 図表3 | エグゼクティブサマリーのアウトプットイメージ（抜粋） |

エグゼクティブサマリー
　5-2. 市場動向

■　現在，付加価値の高い産業資材用途は堅調であるが，付加価値の低い製
　　的な下降トレンドにある。
■　衣料品に関しては，二次製品の輸入増加に伴い，国内生産比率は約50
　　占めるようになっている。

市場の概況

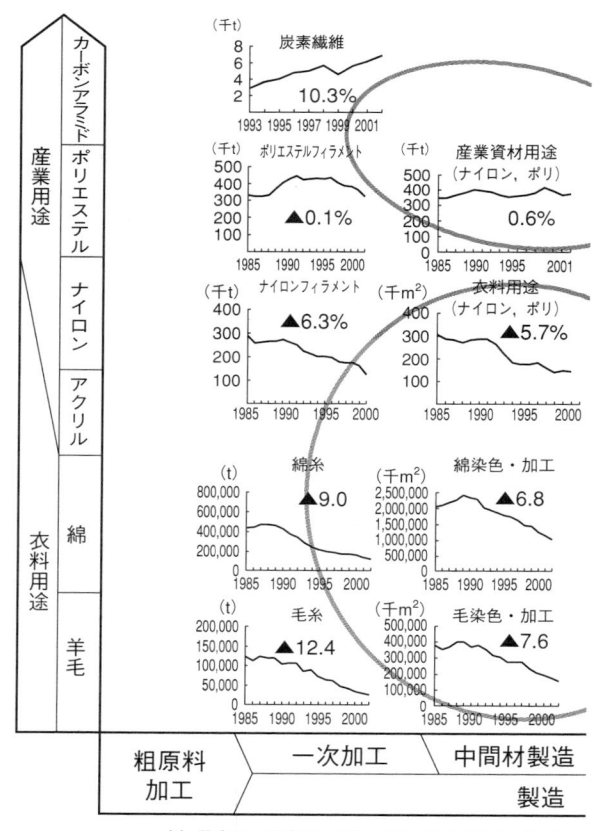

（*）数字は，国内の1985〜2004年のCAGR（加重
　　衣料用途の最終製品化工程の数値については，

造工程の約9割は，中国や他アジア諸国に移転し，国内生産量は長期

％程度と年々低下しており，そのうち8割は，中国からの輸入製品が

（国内）

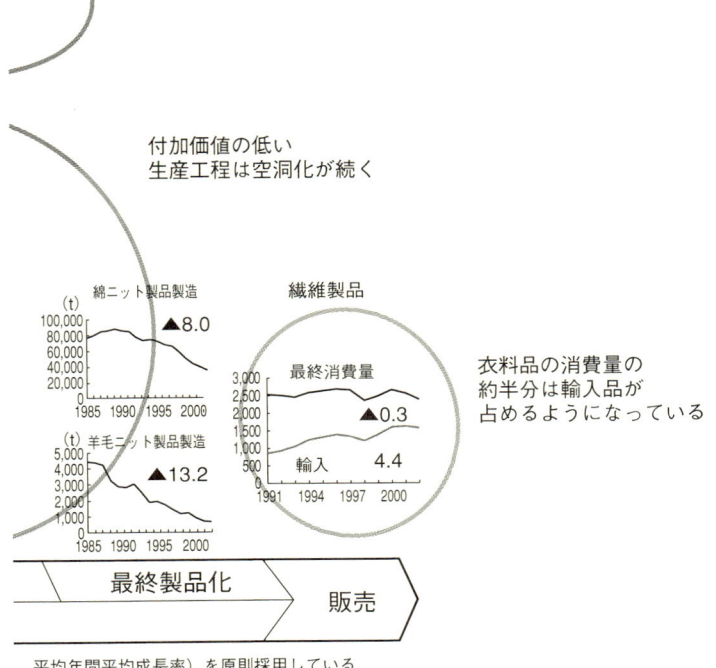

付加価値の高い
産業資材用途領域は堅調

付加価値の低い
生産工程は空洞化が続く

衣料品の消費量の
約半分は輸入品が
占めるようになっている

最終製品化　　　　販売

平均年間平均成長率）を原則採用している
国内最終製品の約1/3を占めるニット製品の製造量を適用した

| 図表4 | エグゼクティブサマリーのアウトプットイメージ（抜粋） |

エグゼクティブサマリー
　　5-3. 各領域のKSF（勝ちパターン）

■　当業界のKSF（勝ちパターン）は，以下の３事業領域ごとに異なる。
■　領域①では，大規模なR&D投資による他社に先駆けた付加価値商材の開
　　化，粗原料工程の自社保有による原価低減が，事業成功の鍵である。領
　　差別化は困難であることからコスト競争力が鍵となる。領域③において

各事業領

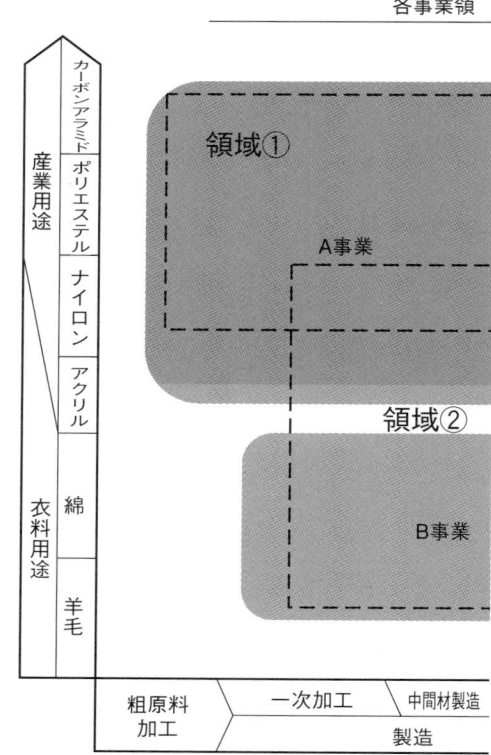

領域②のKSF
●コスト競争力
ー海外におけるローコ
　スト生産体制の確立
ースケールメリット
ー最新設備への投資に
　よる生産能力の拡充

発と，積極的なスクラップ＆ビルドによる付加価値品への生産集中
域②では，素材の特性上，一部付加価値品を除いて製造工程における
は，徹底的な顧客志向による商品開発力が不可欠である。

域のKSF

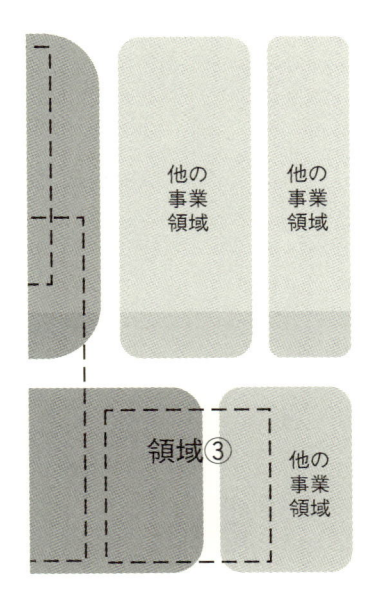

領域①のKSF
- ●研究開発への積極的投資による高付加価値商材の発掘
- ●高付加価値製品への生産集中化
- ●粗原料工程を有することによる原価構造上のメリット享受
  - ― 原料購入単価における，大量購入による割引効果（1万トン／年と5万トン／年とで，相場100円の単価が5円変わる）

領域③のKSF
- ●顧客ニーズを商品開発に生かす仕組み作り
  - ― SPAとのアライアンス等
- ●付加価値人材の獲得
  - ― 特にマーケティング人材領域

図表5 エグゼクティブサマリーのアウトプットイメージ（抜粋）

エグゼクティブサマリー
5-5. 業界プレーヤーの業績

■ 業界プレーヤーのROAを比較すると、Z社の業績は、極めて低い結果となっている。

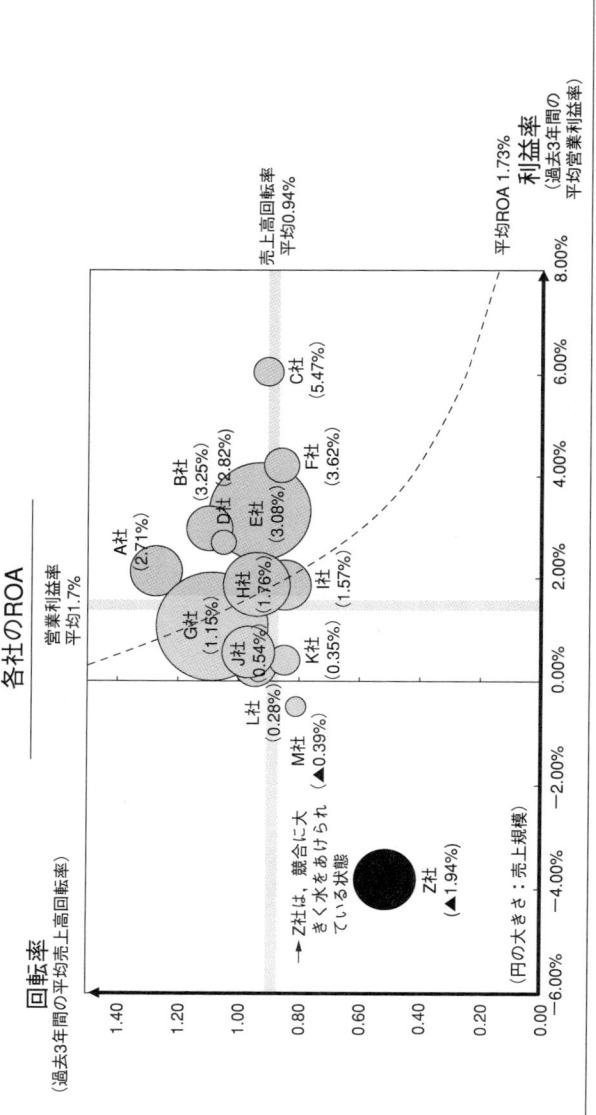

各社のROA

営業利益率
平均1.7%

回転率
（過去3年間の平均売上高回転率）

利益率
（過去3年間の
平均営業利益率）

平均ROA 1.73%

売上高回転率
平均0.94%

A社
(2.71%)

B社
(3.25%)

D社
(2.82%)

C社
(5.47%)

E社
(3.08%)

F社
(3.62%)

G社
(1.15%)

H社
(1.76%)

I社
(1.57%)

J社
(0.54%)

K社
(0.35%)

L社
(0.28%)

M社
(▲0.39%)

Z社
(▲1.94%)

→ Z社は、競合に大
きく水をあけられ
ている状態

（円の大きさ：売上規模）

エグゼクティブサマリー
　5-8. 事業ごとのレビュー概要と今後の方向性（案）

■　Z社各事業のレビュー概要は以下の通りである。レビューの結果を受けて，各事業の処理・事業推進の方向性について，各種案を抽出した。（詳細は，「第5章　今後の方向性」参照）

■事業分類		■ レビュー概要	▶ ■ 方向性（案）
A事業	A1	● 高収益商品に特化する戦略を打ち出しているが，製品別の市場を詳細分析すると，中長期的な売上げは減少	工場清算（設備等売却）
	A2	● 特定の製品群に関しては，過去数年，シェアを増加させており，今後の売上増加が見込まれるが，その他の製品は市場規模は縮小，合計売上減少の予測	工場清算（顧客基盤売却）
	A3	● 不採算製品の撤退により，収益改善の可能性はあるが，決定的な競争優位ではない。	撤退
	A4	● 海外工場の利益率水準は高いが，国内工場との取引が多く，国内の低業績に引きずられる構造。海外単独での事業継続は困難	工場単位で売却
B事業	B1	● 独自4主品目を除くその他製品の競争力に乏しく，利益を確保し難い構造	上海進出
	B2	● 工場は，比較的競争力があり，独自品が多いため，利益率は高い	
	B3	● 主要大手顧客とのOEM契約が終了すると固定費負担に耐えられず，利益減少。H19年度以降は利益率がマイナスに転じる予測	
	B4	● ニッチ製品を中心に売上を上げるも，拡販の施策には具体性がなく，収益確保は困難	
	B5	● 行政動向など外部要因が大きく，今後の事業性は未知数	
C事業	C1	● C1事業における製品群Aの競争力はあるものの製品群Bが縮小傾向であるためにROAは2.6％	商権の売却
	C2	● 現在，一定量を稼ぐことのできるC2は，代替品の影響で市場は減少傾向にあり，将来的な利益確保は困難	売却（一括は困難）もしくは，清算
	C3	● 競争の原料メーカーに対する差別化は困難であり，安定して収益を生み出す構造になることは難しい	売却（土地）ないし，清算
	C4	● 高い資産効率を持ち，当該市場で数多くの実績を持つ。新規製品等を除いても，ROA3％以上を安定的に保てる事業構造にある	大連進出

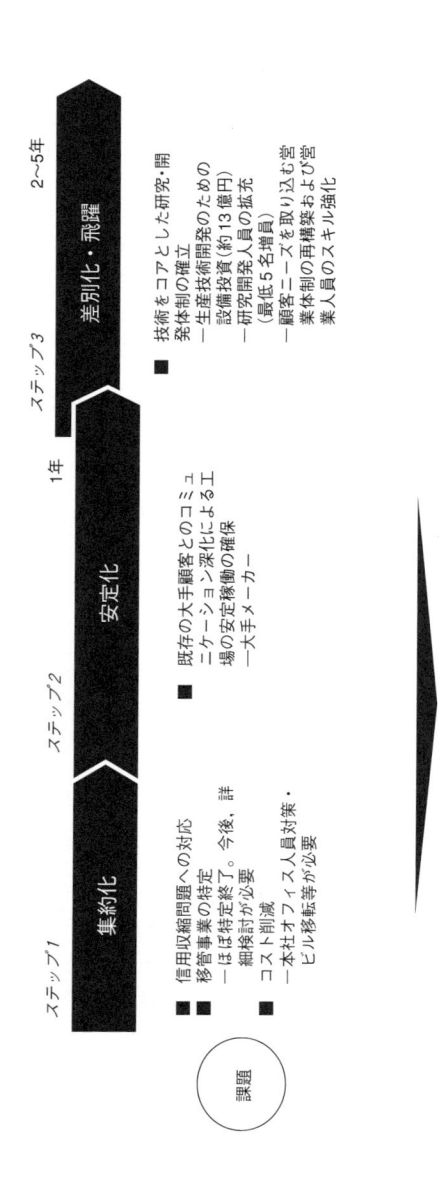

図表7　エグゼクティブサマリーのアウトプットイメージ（抜粋）

エグゼクティブサマリー
5-9. 工場移管・集約案の実施上の課題

■ Z社については、収益性の高い製品を上海工場もしくは大連工場に移管し、事業を継続させてゆくという案の可能性がある。

　ただし、当集約案については、以下の3つのステップにおける課題解決を図ることが前提である。

ステップ1　　　ステップ2　　　ステップ3
　　　　　　　　　　1年　　　　　　2〜5年

集約化　　　　安定化　　　差別化・飛躍

課題

ステップ1　集約化
■ 信用収縮問題への対応
■ 移管事業の特定
　－ほぼ特定終了。今後、詳細検討が必要
　－コスト削減
　－本社オフィス人員対策・ビル移転等が必要

ステップ2　安定化
■ 既存の大手顧客とのコミュニケーション深化による工場の安定稼働の確保
　－大手メーカー

ステップ3　差別化・飛躍
■ 技術をコアとした研究・開発体制の確立
　－生産技術開発のための設備投資（約13億円）
　－研究開発人員の拡充（最低5名増員）
　－顧客ニーズを取り込む営業体制の再構築および営業人員のスキル強化

課題が解決できれば、弊社試算では、2020年度にROA3.1%確保可能

図表 8　　本編のアウトプットイメージ（抜粋）

本編第1章　事業構造レビュー
1-1. A1事業：原料価格推移

■ A1事業の収益は、原料価格の変動が大きく利益に影響する。
■ 原料の価格は、中東情勢および石油産出国による減産効果による原油高（ナフサ）を受けて高騰している。
■ Z社は事業計画のベースとして、原料価格を156円と設定しているが、これはある程度の価格上昇懸念を見込んだ、妥当な設定といえる。

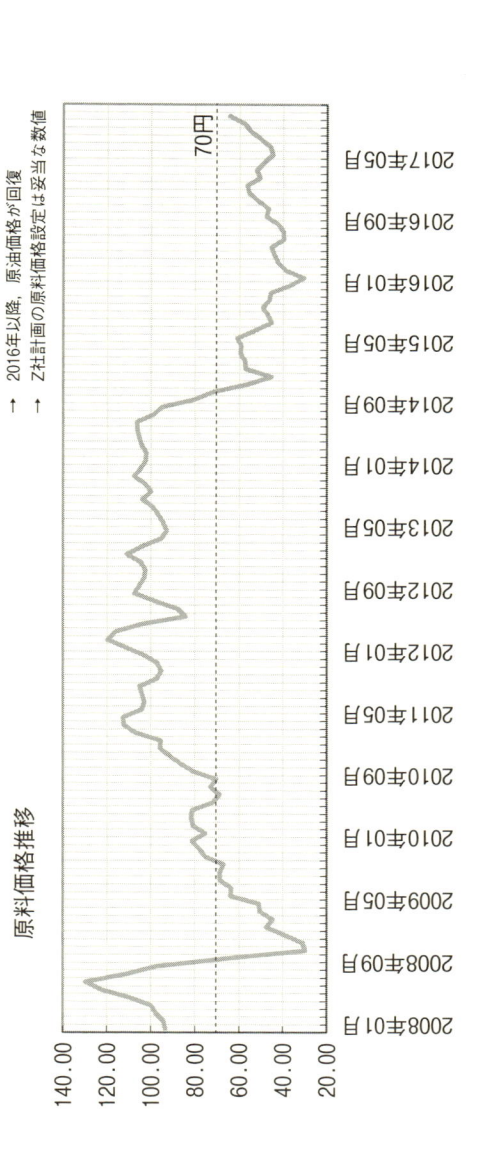

原料価格推移

→　2016年以降、原油価格が回復
→　Z社計画の原料価格設定は妥当な数値

| 図表9 | 本編のアウトプットイメージ（抜粋） |

事業構造レビュー
　　競合他社の動向

■ 競合他社は，一様に生産工程の効率化や縮小・撤退を実行する一方，付
　る。
■ Z社は，特定の生産技術に強みがあるものの開発体制は弱く，粗原料加
　設備の集約などリストラの遅れも影響し，競合に比して，低い業績とな

	原料加工（粗原料）	生産工程
	→粗原料加工工程を持つことによる利ざやの確保	→撤退・縮小・選択と集中による効率化
A社	・粗原料加工	・合併による効率化推進 ・日本工場は最新設備を導入
B社	・粗原料加工	・国内事業の縮小 ・一部製品群からの撤収完了 ・一部製品群を売却
C社	・粗原料加工	・製品群A撤退 ・製品群B縮小 ・日本工場の分社化 ・衣料用事業の移管
D社		・日本国内を6工場から3工場へ縮小 ・汎用品比率低下，付加価値品にシフト
Z社	→所有せず	→一世代前の設備 →工場設備集約は出遅れ

加価値の高い製品の用途開発に注力することで利益率を確保してい

工工程を持っていないことから，高い収益性を確保できず，また生産
っている。

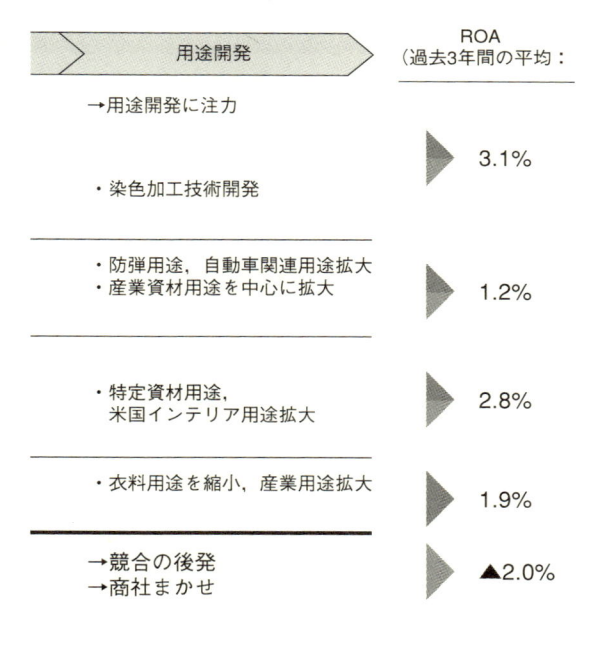

図表10 本編のアウトプットイメージ（抜粋）

プロジェクションと経済性レビュー

■ A事業は土地の評価損と投資有価証券の評価益がほぼ相殺され，資産規模に大
具体的施策は不十分と言わざるを得ず，固定費の負担増により営業利益の改善
である。

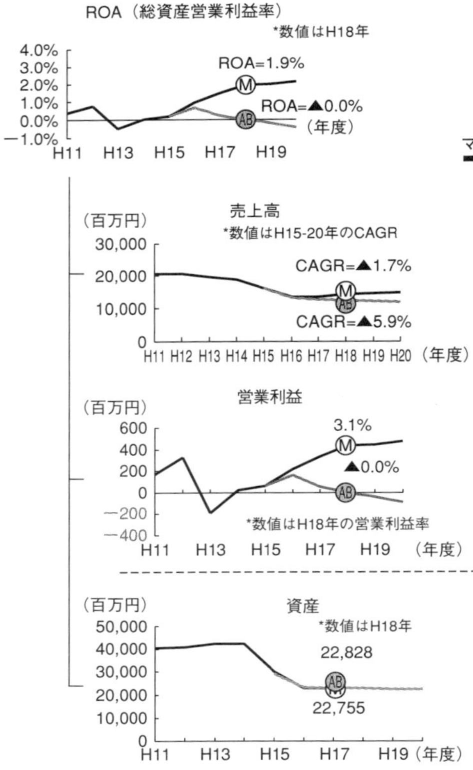

ROA（総資産営業利益率）
*数値はH18年
4.0%
3.0%
2.0%
1.0%
0.0%
−1.0%
ROA=1.9%
M
ROA=▲0.0%
AB
（年度）
H11 H13 H15 H17 H19
（百万円）
売上高
*数値はH15-20年のCAGR
30,000
20,000
10,000
0
CAGR=▲1.7%
CAGR=▲5.9%
H11 H12 H13 H14 H15 H16 H17 H18 H19 H20（年度）
（百万円）
営業利益
600
400
200
0
−200
−400
3.1%
▲0.0%
*数値はH18年の営業利益率
H11 H13 H15 H17 H19（年度）
（百万円）
資産
*数値はH18年
50,000
40,000
30,000
20,000
10,000
0
22,828
22,755
H11 H13 H15 H17 H19（年度）

マネジメントの事業計画のポイント

●不採算品の一部海外シフト化および品番の絞込みを行う。

●在庫管理基準の設定により，仕掛り期間を圧縮する。

●技術指導の積極化による海外生産基点を拡大する。

●汎用品価格競争の激化により，国内工場，および物流センターを休止し，上海工場に生産を移管する。これによって，コスト競争力維持を目指す。

●国内２工場の閉鎖に伴い，固定資産を圧縮する。

●投資有価証券の評価益による資産の増加。

きな変更はない。一方，競争力ある商品の投入による売上増に向けての
は期待できない。したがって，３％を超える ROA の達成は困難な状況

Ⓜ マネジメントの事業計画に基づく数値

ⒶⒷ 修正事業計画に基づく数値

修正事業計画の主な前提

→生産拠点を国内工場から上海工場に移転することによるコスト競争力強化を目指すが，
　その実現性についての不確定要素が多く，売上はほぼ横ばいとした。

→主力商品は，大手顧客の売上の大幅増を見込んでいるものの，具体的契約などは存在
　せず，実現可能性が低いことから売上は横ばいとした。

- -

→上記売上修正に伴う，売上債権，在庫を修正した。

→不動産 DD の結果より，土地を再評価した。

→財務 DD の結果より，主に投資有価証券，買掛金，退職給付引当金の再評価を行った。

図表11　本編のアウトプットイメージ（抜粋）

本編第4章　今後の方向性について（案）
4-1. 持続的な競争優位の確保に向けて

■ コスト競争力では中国などの海外企業に勝てない。したがって、利益率の高い②、③領域をいかに押さえるかが鍵になる。
■ 圧倒的な高利益率が確保できる製品を開発（③）し、顧客との強固な結びつきを形成し、安定したビジネスにつなげる（②）というサイクルを、継続して生み出すことが、利益を確保する方策となる。

A事業界における製品ポートフォリオの考え方

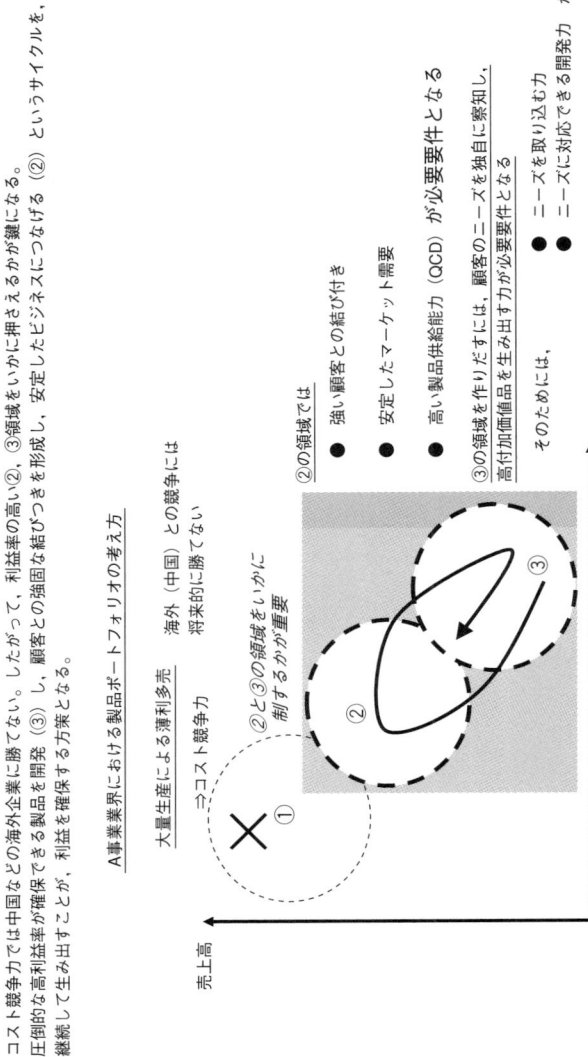

大量生産による薄利多売
コスト競争力

海外（中国）との競争には
将来的に勝てない

②と③の領域をいかに
制するかが重要

売上高

利益率

②の領域では
● 強い顧客との結び付き
● 安定したマーケット需要
● 高い製品供給能力（QCD）が必要要件となる

③の領域を作りだすには、顧客のニーズを独自に察知し、
高付加価値品を生み出す力が必要要件となる
そのためには、
● ニーズを取り込む力
● ニーズに対応できる開発力　が必要

■付録 3：情報源一覧表

　下記のリストは，PwC アドバイザリーがビジネス DD を行う際，使用頻度が高い情報源をリストアップしたものである。なお，本リストの順番は，情報源の優劣を意味するものではない。

図表12　情報源一覧表

項目	情報リソース	概要	URL	コスト
新聞・雑誌記事検索	日経テレコン21	・日本経済新聞社が提供する雑誌・新聞全文検索エンジン ・日経四紙，専門誌，雑誌の記事をはじめ，企業の基本情報，財務情報，人事情報等が入手可	http://t21.nikkei.co.jp	有料
	Dow Jones Factiva	・日本経済新聞社以外の各種新聞社，出版社の雑誌・新聞全文検索エンジン	http://jp.factiva.com/	有料
企業情報/財務情報	Bloomberg	・世界各国の上場企業の株式データ，財務情報が蓄積されたデータベース ・業種別比較や，M&A 検索，格付け等の情報も入手可 ・各社の有価証券報告書がダウンロード可	専用端末	有料
	ThomsonOne	・世界各国の上場企業の株式データ，財務情報が蓄積されたデータベース ・株主情報が充実	https://www.thomsonone.com	有料
	Speeda	・業界動向・企業情報の収集がスピーディーに行える情報プラットフォーム	http://www.ub-speeda.com/	有料
	S&P Capital IQ	・スタンダード＆プアーズ社が提供する世界最大級の M&A サポートツール ・約500万社の上場・未上場企業の関連情報をカバー	https://pages.marketinte-lligence.spglobal.com/ma_japan_g.html	有料
	Orbis	・ムーディーズ子会社（Bureau van Dijk 社）が運営する世界最大の企業データベース ・世界中の信用調査会社・登記当局等から現地企業情報の提供を受け，全世界約3億件の情報を収録	https://www.bvdinfo.com/ja-jp/our-products/company-information/international-products/orbis	有料
	帝国データバンク	・上場・非上場企業の信用調査書，COSMOS1（企業財務データ），COSMOS2（企業概要データベース）等が入手可	http://www.tdb.co.jp/	有料
	東京商工リサーチ	・帝国データバンクとほぼ同様の情報が入手可	http://www.tsr-net.co.jp/	有料
	エクスペリアン	・海外の企業の信用調査情報が入手可	https://www.experian.co.jp/index.html	有料
	EDINET	・金融庁が運営している有価証券報告書等のダウンロードサイト	http://info.edinet-fsa.co.jp/	無料
	EDGER	・アメリカ証券取引委員会が運営するサイト ・米国内で対象会社が提出を義務づけられる各種書類（有価証券届出書等）の閲覧が可能	https://www.sec.gov/edgar.shtml	無料
業界情報	業種別審査事典	・各業種の概要，トピック，主なチェックポイント等が細分化されて記載された CD-ROM ・調査初期段階で業種の概要を把握したい場合に有効	－	有料
	各種業界団体	・ホームページに業界情報を記載，独自調査レポートの発行，電話での問い合わせが可 ・トピックや業界の動き，競争環境等の情報を入手する際に有効	－	無料/有料
	矢野経済研究所	・業界情報やマーケットシェアに関する情報，独自調査レポート（白書）を揃えたデータバンク	http://www.yano.co.jp/	有料
	富士経済	・独自調査による市場・業界調査レポートを揃えたデータバンク	http://www.fuji-keizai.co.jp/	有料
	MDB	・日本能率協会総合研究所が提供する，各種調査レポートや各種文献を幅広く揃えているデータバンク ・業界雑誌・新聞・各種調査資料等が入手可	http://mdb.jmar.co.jp/	有料

	Euromonitor	・世界各国の市場・業界調査レポートを揃えたデータバンク	https://www.euromonitor.com/	有料
	BMI Monitor	・フィッチ社が運営 ・世界175か国，27業界セクターに関するマーケット動向／予測，統計データ等を提供	https://www.fitchsolutions.com/bmi-research	有料
	EMIS (The Emerging Markets Information Service)	・世界125の新興国市場における企業情報，業界情報，マクロ情報（国情報・経済指標／予測）をカバー ・新興国市場の M&A および株式資本取引を包括的に詳細情報も提供 ・technavio, Euromonitor など幅広い業界情報ソースもカバー	https://www.emis.com/	有料
マクロデータ	IHS Connect	・世界200か国以上の経済・カントリーリスク分析を提供	https://my.ihs.com/Connect? callingUrl=https%3a%2f%2fconnect.ihs.com%2f	有料
	各国統計局	・各国政府が実施している統計調査のダウンロードサイト ・各官庁が持つマクロ統計データが横断的に入手可	http://www.stat.go.jp/	無料
	The World Bank DataBank	・世界銀行が提供する世界各国の様々なマクロ統計データベース ・一部データについては，将来予測も存在 ・Databank では，参照するデータベースやレイアウト，データ抽出条件を自由に設定可能	http://databank.worldbank.org/data/home	無料
	OECD.Stat	・OECD が提供する世界各国の様々なマクロ統計データベース ・The World Bank DataBank と同様のデータが入手可	https://stats.oecd.org/	無料
	IMF	・IMF が提供する世界各国の様々なマクロ統計データベース ・The World Bank DataBank と同様のデータが入手可	https://www.imf.org/en/Data	無料
	UN Comtrade	・国際連合が提供する貿易データベース ・国及びモノ・サービスごとの輸出入データが入手可	https://comtrade.un.org/data/	無料

■付録 4：クロスボーダー M&A で役立つ英単語

用語	読み方・和訳	意味
M&A（BDD）		
Quick Hits	クイックヒッツ	対象会社の買収後，事業オペレーションや収益性に対するインパクトが大きくかつ短期的に実現可能性が高いシナジーが見込まれる施策のこと
External Due Diligence	エクスターナル DD	対象会社へのアクセスが制限され，対象会社からの内部情報やマネジメント・従業員に対するインタビューも出来ない状態において，外部情報のみでビジネスデューデリジェンスを実施すること
Indusry Structure Analysis	業績構造分析	対象会社の事業活動の結果を製品・組織などの視点から分解し，対象会社の課題・梃子入れ余地及び強みを把握する分析
Business Model Analysis	事業構造分析	対象会社が収益を生む源泉となっているビジネスの仕組み（ビジネスモデル）を分析し，対象会社の競争優位性を抽出することにより将来性を見極める分析のこと
Competitive Analysis	競合分析	対象会社が属する競争環境において，既存競合との競争状況を分析することによって，業界の収益性を把握することを通じて業界自体の有望性を分析する
Market Analysis	市場分析	対象会社の特性や案件における主要イシューに沿って市場のセグメンテーションを行い，それぞれの区分ごとに市場の規模や将来の成長性を定量・定性面から評価・検証を行う
Cross Selling Synergy	クロスセルシナジー	対象会社の製品を買収会社側の販路に乗せて販売，ないしは逆に買収会社側の製品を対象会社の販路に乗せることにより，トップライン（売上高）の伸長を実現するシナジーのこと
Cost Synergy	コストシナジー	対象会社と買収会社の共同購買により価格交渉力の増強による調達コストの低減や，間接機能の効率化による管理コスト低減など，統合・買収後にコスト削減を実現するシナジーのこと
Business Plan	事業計画	市場/競争環境分析から将来業績に強く連動するキードライバーを特定し，ドライバーの動向を踏まえて複数シナリオを想定して策定される対象会社の事業計画。買い手側では，バリュエーション（買収価格の妥当性評価）のベースとしても活用される
Adjsted Business Plan	修正事業計画	ビジネスデューデリジェンスにおける発見事項を踏まえて，対象会社が策定した事業計画（マネジメントケース）に対して，前提の変更やシナジーの織り込みなどの修正を施した事業計画のこと。買い手側では，バリュエーション（買収価格の妥

用語	読み方・和訳	意味
		当性評価）の基礎として活用される
Short Due Diligence	ショート DD	対象会社へのアクセス自体は可能であるものの, ビジネスデューデリジェンスの現場における作業実施時間が極端に制限されるケースにおいて実施されるデューデリジェンスのこと。検証すべき主要イシューの中でも極めて重要度が高いものにフォーカスして分析が行われる
Standalone Value	スタンドアロンバリュー	買い手による買収後に実現しうるシナジーを勘案せず, 対象会社が現状のままに事業を継続した場合の価値のこと。最も保守的に見積もった事業計画をもとにした企業価値（狭義のスタンドアロンバリュー）と, また対象会社内にて実現していない企業価値向上策のための施策を実行に移したと仮定した場合の企業価値（広義のスタンドアロンバリュー）がある
Second Due Diligence	セカンド DD	株式売買契約の締結後, Day-1までの間に実施されるビジネスデューデリジェンスをいう
Sellers' Value	セラーズバリュー	M&Aの取引において, 売り手が買い手に対して求める企業価値のこと。取引が成立するためには, 売り手にとっての企業価値（セラーズバリュー）が, 買い手にとっての企業価値（バイヤーズバリュー）を上回らねば, 理論的には成立しない
Buyers' Value	バイヤーズバリュー	買い手が新たな株主となることにより実現できるシナジーを織り込むことにより算定される対象会社の潜在価値のこと。買い手にとっての対象会社の企業価値
VDR	Virtual Data Room	売り手/買い手間におけるデューデリジェンスに関連する資料をウェブ上でやり取りする仕組み。文書の機密性や安全性を担保しつつ, 効率的に文書のやり取りをする目的でデューデリジェンスの過程において開設される。第三者の専門企業を起用するケースも多い
KSF	Key Success Factor	事業領域において成功要因のうち主要なものを言う。ビジネスデューデリジェンスにおいては, 市場分析や競争分析などの外部環境分析によりKSFを抽出し, 対象会社の強みやケイパビリティを踏まえた内部環境分析により, KSFの充足度を検討することにより, 競争力を評価するプロセスを経る
KBF	Key Buying Factor	対象市場における顧客が製品やサービスの購買を決定する際に判断する要素のうち主要なものを言う。例えば, 価格競争力やブランドの高さ, 高機能といった製品・サービスを構成する価値のうち, 顧客が最も重きを置く要素をいう

用語	読み方・和訳	意味
Sellers' Due Diligene	セラーズ DD	M&A 取引において，売手会社が自身の費用負担により対象会社に対して実施するデューデリジェンスをいう。買手会社との M&A 交渉に際して自ら対象会社の実態を再確認することにより交渉を優位に進める目的で行われることが多い
Deal	ディール	M&A による企業の買収・売却などの取引全般を指す
Deal Breaker	ディール・ブレイカー	ディールの相手方との交渉過程ないし DD の結果，検出された問題点や課題（ディールイシュー）のうち，いかなる対応策によっても解決できずに，ディール自体がご破算になるようなもの
M&A（全般）		
Post M&A	ポスト M&A	買い手による対象会社の買収など M&A 取引が完了し，経営や事業に対する買い手の関与が開始した後のフェーズのこと
Pre M&A	プレ M&A	買い手による戦略策定やターゲットスクリーニング，デューデリジェンスなどの M&A 取引より前のフェーズのこと
PMI	Post Merger Integration	M&A 実行後における新体制下に入った対象会社の統合プロセスをいう。ビジネスデューデリジェンスにおいて発見されたシナジー創出の施策を具体的に実現していくプロセスであり，統合直後から開始する100日プランを予め策定しておき，確実に実行することが肝要である
Management Buyout	MBO	対象会社の経営者が，ファンド等の外部資金を背景に株式を取得して経営権の支配をするような M&A 取引のことを言う
Closing Audit	クロージング監査	株式譲渡契約締結日から実行（クロージング）までの間に売手会社に生じた変化により，契約書にて取り決めた前提と乖離した場合，買収対価によって調整するケースがある。クロージング監査ではそのような前提の変更がないかを確認するために実施される監査
リーガル		
Change of Control Clause	Change of control 条項	M&A 取引を事由として，契約の当事者の経営支配権に変更が及び，経営権の移動が生じた場合に，関係する企業の事前承認が求められたり，厳しい場合には契約内容に制限が生じ，他方の契約当事者によって契約解除も可能とする条項
Earn Out Clause	アーンアウト条項	買収対価の価格調整条項の１つであり，M&A 取引の実行（クロージング）時に一旦は一定金額が買い手から支払われるが，その後の対象会社の収益状況や事前に取り決めた特定の目標達成に至っ

用語	読み方・和訳	意味
		た場合，買手会社が予め合意した算定方法に基づいて支払額の調整を行う条項
Share Purchase Agreement	株式譲渡契約書	対象会社の株式に買手企業と売手企業の間における株式譲渡に係る諸条件を取り決めた契約書。通常，株式譲渡価格や対象株式数の他，対象会社等による表明保証や諸手続きの内容について取り交わされる
Letter of Intent	基本合意書(LOI)	M&A取引の交渉過程において，買手企業・売手企業間において基本的な事項について取り交わす合意書。法的拘束力のない覚書（Memorandum of Understanding）とする場合もある
NDA	Non Disclosure Agreement	M&A取引の交渉に入るにあたり，買手会社や売手会社を含む関係者間にて関連情報の機密を担保すべく取り交わすための契約書
Shareholders' Agreement	株主間契約書	買手企業による対象会社への資本参加により，複数の株主が存在する場合，一般的に株式譲渡契約とあわせて取り交わされる契約書。各株主が契約主体となり，株式譲渡契約の実行（クロージング）直後から発行され，対象会社におけるガバナンスや各株主が有すべき権利や義務を記したもの

[参考文献一覧]

- アビーム M&A コンサルティング著『M&A におけるプライシングの実務』中央経済社，平成20年 9 月
- 落合稔編著『CFO ハンドブック』中央経済社，平成18年 2 月
- 落合誠一編著『わが国の M&A の課題と展望』商事法務，平成18年 5 月
- 「連載 M&A の実務　第 1 回 M&A 時代の幕開け」『JICPA ジャーナル』Vol.18，平成18年 1 月号
- M・E ポーター著『競争優位の戦略・いかに高業績を持続させるか』ダイヤモンド社，昭和60年12月
- グロービス著『MBA アカウンティング』ダイヤモンド社，平成 8 年 6 月
- 青島矢一，加藤俊彦著『競争戦略論』東洋経済新報社，平成15年 3 月
- M・E ポーター著『競争の戦略』ダイヤモンド社，平成11年 3 月
- フィリップ・コトラー著『コトラーのマーケティング・マネジメント』ピアソン・エデュケーション，平成13年10月
- 知野雅彦著『企業再生実務ハンドブック』日本経済新聞社，平成16年 8 月
- ゴードンビング著『デュー・ディリジェンス成功戦略』東洋経済新報社，平成12年 3 月
- リチャード・ブリーリー，スチュワード・マイヤーズ著『コーポレートファイナンス第 6 版〈上〉〈下〉』日経 BP 社，平成14年 3 月
- 森生明著『MBA バリュエーション』日経 BP 社，平成15年 5 月
- マッキンゼー・アンド・カンパニー著『企業価値評価（第 4 版)』ダイヤモンド社，平成18年 3 月
- 鈴木一功著『企業価値評価（実践編)』ダイヤモンド社，平成16年11月
- 大津広一著『企業価値を創造する会計指標入門』ダイヤモンド社，平成17年 9 月
- 枡谷克悦著『企業価値評価』精文社，平成16年 2 月
- 監査法人トーマツ著『M&A の企業価値評価』中央経済社，平成18年 2 月
- 「連載 M&A の実務（第 1 回 M&A 時代の幕開け，第 2 回法務デューデリジェンスの実務，財務デューデリジェンスの実務，第 3 回企業評価の実務)」『JICPA ジャーナル』Vol.18平成18年 1 月号〜 3 月号
- 西村総合法律事務所編著『M&A 法大全』商事法務，平成13年 7 月

- 渡辺章博著『M&A のグローバル実務』中央経済社，平成16年 7 月
- 鈴木義行，安井淳一郎，越智多佳子，岡田昌也著『M&A 実務ハンドブック［第二版］会計・税務・企業評価と買収契約の進め方』中央経済社，平成15年 3 月
- 清水洋，向山裕純，杉田利雄著『ターンアラウンド・マネジメントの基礎と実務 真の事業再生に向けて』九天社，平成17年 9 月
- 藤原総一郎著『M&A 活用と防衛戦略』東洋経済新報社，平成17年 4 月
- アンダーセン著『統合的 M&A 戦略』ダイヤモンド社，平成13年 6 月
- 服部暢達著『M&A 成長の戦略』東洋経済新報社，平成11年12月
- 服部暢達著『M&A 最強の選択』日経 BP 社，平成17年12月
- デロイトトーマツ FAS 編『M&A 統合型財務デューデリジェンス』清文社，平成22年 2 月
- KPMGFAS 編『M&A による成長を実現する戦略的デューデリジェンスの実務』中央経済社，平成18年 5 月
- デロイトトーマツ FAS 編『M&A ファイナンシャルデューデリジェンスの実務』清文社，平成18年12月
- Pwc アドバイザリー編『M&A を成功に導く財務デューデリジェンスの実務』中央経済社，平成20年 9 月
- 税理士法人トーマツ編『M&A を成功に導く税務デューデリジェンスの実務』中央経済社，平成18年11月
- 長島・大野・常松法律事務所編『M&A を成功に導く法務デューデリジェンスの実務』中央経済社，平成18年11月
- マーサー・ヒューマン・リソースコンサルティング編『M&A を成功に導く人事デューデリジェンスの実務』中央経済社，平成18年11月
- フューチャーシステムコンサルティング編『M&A を成功に導く IT デューデリジェンスの実務』中央経済社，平成18年11月
- 早川晃，大串卓矢，根岸博生編『M&A を成功に導く環境デューデリジェンスの実務』中央経済社，平成18年11月
- デロイトトーマツ FAS 編『M&A を成功に導く知的財産デューデリジェンスの実務』中央経済社，平成21年 6 月

索　引

【執筆者一覧】

鈴木慎介（パートナー，PwC アドバイザリー合同会社）

PwC における Deals Strategy 部門のリード・パートナー。国内大手メーカー，プライベート・エクイティファーム，PwC の戦略コンサルティング部門を経て現職。前職のプライベート・エクイティファームでは，DD・PMI・Exit の各フェーズをまたがる案件を数多く経験しており，ディール・ライフサイクルを通した価値創造（VCiD: Value Creation in Deals）の計画・実行を得意とする。製造業におけるさまざまな経営アジェンダに長年取り組んで来た経験から，エンジニアリングチェーン・サプライチェーンのトランスフォーメーションを要する製造業プロジェクトの経験が豊富。

西川裕一朗（パートナー，PwC アドバイザリー合同会社）

一貫して M&A や戦略的提携に関連した戦略コンサルティングに20年以上従事。日々のコンサルティング活動の傍ら，日本企業の M&A について，正しく理解してもらうための情報発信活動にも注力。2016年から 2 年間，PwC 米国 サンフランシスコ事務所（シリコンバレー）にて勤務。M&A だけでなく，新規事業開発などを目的としたスタートアップ投資なども支援。
講演実績として「M&A において PDCA サイクルを回すための課題・障壁とは」日本 CFO 協会，などがある。

加藤靖之（パートナー，PwC アドバイザリー合同会社）

大手製造業，大手広告代理店，アパレル企業，大手 IT・インターネット企業，コンテンツ企業，食品企業等に対して，グローバル展開を含めた事業戦略策定，新規事業立案，ビジネスデューデリジェンス，M&A アドバイザリー等の豊富なプロジェクト経験を有する。近年は，特にデジタルおよび AI・機械学習などを含むデータアナリティクスの手法を用いた高度な分析と経営改革に有効な新規ソリューションの開発を担当。青山学院大学大学院にて非常勤講師も務める。

大屋直洋（パートナー，PwC アドバイザリー合同会社）

都市銀行を経て大手会計事務所系アドバイザリーファームに入社。主に事業再生や M&A 関連業務に従事した後，戦略系コンサルティングファームへ転じ，多様な業種を対象に戦略コンサルティング業務に従事。その後，組織・人材開発サービス会社を経て，PwC アドバイザリー合同会社に参画。M&A を活用した新規事業構築や PE ファンドのデューデリジェンス等を中心にクライアントを支援

松岡慎一郎（パートナー，PwC アドバイザリー合同会社）

総合商社勤務ののち，戦略コンサルティングファームでのコンサルティング業務，プライベートエクイティでの投資業務を経て PwC に参画。経営戦略・事業戦略，業務・資本提携／

M&A 構想等を担当。プライベートエクイティでは，上場企業への出資に伴い，経営企画・コーポレート担当の常勤取締役として着任し，構造改革を主担当として統率した経験も有する。PwC においては，Deals Strategy 部門における戦略領域に加えて，PwC ネットワークが有する ESG やテクノロジー等の多様な知見と連携，クライアントの企業価値創造を支援する Value Creation Office にも所属して活動。

宮本　翔（ディレクター，PwC アドバイザリー合同会社）
国内コンサルティングファームにて事業戦略策定や新規事業立案，組織設計等のプロジェクトを経験。その後，PwC アドバイザリー合同会社に参画し，日系企業の海外展開を中心とした M&A・アライアンス戦略策定やビジネスデューデリジェンスなどのプロジェクトをリード。

飯塚洋平（ディレクター，PwC アドバイザリー合同会社）
建設，不動産，投資ファンド，総合商社，エネルギー，通信，IT・ハイテク等，様々な業界のクライアント企業に対して，全社／事業戦略／M&A 戦略の策定，ビジネスデューデリジェンス，新規事業立案，営業戦略立案，PMI 推進支援，人事戦略検討等，幅広いプロジェクト経験を有する。近年は，建設・不動産業界に対するトランスフォーメーション支援や，スマートシティ戦略検討支援，スポーツビジネス検討支援等を多く担当。

近間　圭（マネージャー，PwC アドバイザリー合同会社）
建設，不動産，投資ファンド，総合商社，ヘルスケア，IT・ハイテク，食品等のクライアント企業に対して，経営戦略・事業戦略，新規事業立案，M&A・アライアンス戦略，ビジネスデューデリジェンス，スタートアップ投資支援，PMI 推進，組織再編，業務改革等の豊富なプロジェクト経験を有する。

髙橋正幸（マネージャー，PwC アドバイザリー合同会社）
投資ファンド，総合商社，製造業，メディア，IT・ハイテク，エネルギー，金融等，多様な業界のクライアント企業に対して，事業・M&A 戦略立案，ビジネスデューデリジェンス，PMI 推進，事業ポートフォリオ再構築，組織・ガバナンス設計，管理会計の高度化，生産機能再編，スタートアップ投資等，幅広いテーマのプロジェクト経験を有する。PwC 参画以前は，大手自動車部品メーカーにて管理会計業務等に従事。

【編者紹介】───────────────────────────

PwC アドバイザリー合同会社 （英文名称：PwC Advisory LLC）
URL：www.pwc.com/jp/deal-advisory
設立：1999年 6 月15日（2016年 2 月29日，組織変更を行い PwC アドバイザリー合同
　　　会社を設立）
代表者：代表執行役　平林　康洋

PwC アドバイザリー合同会社は，M&A，事業再生・再編，インフラ関連の高い専門性をもって，変化する企業の成長戦略の実現を支援しています。PwC グローバルネットワークと連携しながら，クライアントがグローバル市場で競争優位性をより強固に確立できるよう，最適なサービスを提供します。

〈提供サービス〉
・アジア・グローバルに向けた仕掛け型 M&A のアレンジ
・インキュベーション型 M&A のアレンジ
・成熟（斜陽）産業の産業再編／ビジネスモデル転換のアドバイス
・M&A の形式知化，組織強化
・ファイナンシャル・アドバイザリー業務
・企業価値評価（M&A，知財・ブランド等）
・財務デューデリジェンス
・ストラクチャリング
・SPA（株式売買契約書）作成支援
・Day 1・Day100計画の策定と実行支援
・PMO（後のインテグレーション支援）
・不動産の売買仲介・鑑定評価業務等
・再生計画策定，資金繰り改善
・再成長/アライアンス戦略策定，実行支援
・金融機関対応，モニタリング支援
・不正会計，贈収賄，独禁法，知財権に関わる調査
・米国訴訟における電子証拠開示への対応
・民営化，プロジェクトファイナンス
・官民パートナーシップに関するアドバイス

M＆Aを成功に導く

ビジネス デューデリジェンスの実務（第4版）

2006年11月20日	第1版第1刷発行
2009年6月30日	第1版第13刷発行
2010年11月10日	第2版第1刷発行
2012年8月1日	第2版第4刷発行
2013年5月20日	第3版第1刷発行
2017年10月20日	第3版第10刷発行
2018年10月1日	第4版第1刷発行
2025年6月20日	第4版第20刷発行

編　者　　PwC アドバイザリー合同会社

発行者　　山　本　　　　継

発行所　　㈱中　央　経　済　社

発売元　　㈱中央経済グループ
　　　　　　パ ブ リ ッ シ ン グ

〒101-0051　東京都千代田区神田神保町1-35
電話 03（3293）3371（編集代表）
　　 03（3293）3381（営業代表）
https://www.chuokeizai.co.jp
印刷・製本／文唱堂印刷㈱

©2018
Printed in Japan